ACCESO GRATIS *a la Lectura en la Nube*

Para visualizar el libro electrónico en la nube de lectura envíe junto a su nombre y apellidos una fotografía del código de barras situado en la contraportada del libro y otra del ticket de compra a la dirección:

AF617345

ebooktirant@tirant.com

En un máximo de 72 horas laborables le enviaremos el código de acceso con sus instrucciones.

La visualización del libro en **NUBE DE LECTURA** excluye los usos bibliotecarios y públicos que puedan poner el archivo electrónico a disposición de una comunidad de lectores. Se permite tan solo un uso individual y privado.

LA DISTRIBUCIÓN DUAL

LA DISTRIBUCIÓN DUAL

Javier Badenas Boldó

tirant lo blanch
Valencia, 2024

En caso de erratas y actualizaciones, la Editorial Tirant lo Blanch publicará la pertinente corrección en la página web www.tirant.com.

© TIRANT LO BLANCH
EDITA: TIRANT LO BLANCH
C/ Artes Gráficas, 14 - 46010 - Valencia
TELFS.: 96/361 00 48 - 50
FAX: 96/369 41 51
Email: tlb@tirant.com
www.tirant.com
Librería virtual: www.tirant.es
DEPÓSITO LEGAL: V-3248-2024
ISBN: 978-84-1071-113-6

Si tiene alguna queja o sugerencia, envíenos un mail a: *atencioncliente@tirant.com*. En caso de no ser atendida su sugerencia, por favor, lea en *www.tirant.net/index.php/empresa/politicas-de-empresa* nuestro procedimiento de quejas.

Responsabilidad Social Corporativa: http://www.tirant.net/Docs/RSCTirant.pdf

A mi madre.

Índice

Abreviaturas

AA.VV.	Autores varios.
ACCC	*Australian Competition & Consumer Commision.*
ACM	Anteproyecto de Ley del Código Mercantil de 30 mayo 2014.
AG	Abogado General.
AP	Audiencia provincial.
CC	Código civil.
CCom	Código de comercio
CE	Comisión Europea.
CEDAM	*Casa Editrice Dott. Antonio Milani.*
CEE	Comunidad Económica Europea.
cfr.	Confróntese.
CIS	Comunidad de Estados Independientes
CMA	*Competition Markets Authority.*
CNMC	Comisión Nacional de los Mercados y la Competencia.
coord./coords.	Coordinador/coordinadores.
DCFR	Marco Común Europeo de Referencia para el Derecho Contractual.
DDP	*Delivered Duty Paid.*
dir./dirs.	Director/directores.
DOUE	Diario Oficial Unión Europea.

DSA	Ley de 5 de julio de 2022 de Servicios Digitales.
ed./eds.	Editor/edición/editores.
EE.UU.	Estados Unidos de América.
etc.	Etcétera.
EXN	*Ex Works.*
FTC	*Federal Trade Commission.*
GPL	*General Public Licence.*
Ibidem	En el mismo lugar.
INCOTERMS	*Internatinal Commercial Terms.*
IJIST	*International Journal of Information System and Tourism.*
LCA	Ley 12/1992, de 27 de mayo, sobre Contrato de Agencia.
LCD	Ley 3/1991, de 10 de enero, de Competencia Desleal.
LCGC	Ley 7/1998, de 13 de abril, sobre Condiciones Generales de la Contratación.
LDC	Ley 15/2007, de 3 de julio, de Defensa de la Competencia.
LOCM	Ley 7/1996, de Ordenación del Comercio Minorista.
LSSICE	Ley 34/2002 de 11 de julio, de Servicios de la Sociedad de la Información y del Comercio Electrónico.
MAPs	*Minimum advertised price policies.*
MFN	*Most-favored-nation clauses.*
MPR	Mantenimiento Precio Reventa.

n°/núm/n.o.	Número.
OMPI	Organización Mundial de la Propiedad Intelectual.
op. cit.	Obra citada.
p. ej.	Por ejemplo.
p./pp.	Página/páginas.
PLCD	Proyecto de Ley de Contratos de Distribución Comercial de 29 de junio de 2011.
RD	Real Decreto.
RDM	Revista Derecho Mercantil.
RECAV	Reglamento de Exención por Categorías para Acuerdos Verticales.
s(s).	Siguiente(s).
S(s)TS(s).	Sentencia(s) del Tribunal Supremo.
S(s)TSJ.	Sentencia(s) del Tribunal Superior de Justicia.
t.	Tomo.
TDC	Tribunal de Defensa de la Competencia.
TFUE	Tratado de Funcionamiento de la Unión Europea.
TRLGDCU	Real Decreto Legislativo 1/2007, de 16 de noviembre, por el que se aprueba el texto refundido de la Ley General para la Defensa de los Consumidores y Usuarios y otras leyes complementarias.
TS	Tribunal Supremo.
UE	Unión Europea.
v.	*Versus.*

VABEO	*Vertical Agreements Block Exemption Order.*
vid./vide.	Véase.
Vol.	Volumen.
XOM	*XOM Metals GmbH.*

Prólogo

Es frecuente entre los que se inician en las tareas investigadoras plantearse los retos de los posibles temas sobre los que centrar su estudio doctoral, y, por ello, no son tan frecuentes los trabajos doctorales que se enfrenten, además de al aprendizaje de las técnicas de investigación, a una verdadera construcción doctrinal. El tema escogido por Javier Badenas Boldó responde a estas dos finalidades, a las que una tesis en Derecho Mercantil debería atender, respondiendo a la necesidad de abordar desde una perspectiva dogmática y general, la aparición de nuevas figuras contractuales, o su adaptación a la evolución tecnológica de las telecomunicaciones en las últimas décadas.

En efecto, ya el título de la tesis doctoral "La distribución tradicional y online: la distribución dual", permite intuir la complejidad de un tema, que no solo cualitativa, sino también cuantitativamente, deviene elemento nuclear de la actividad comercial de las últimas décadas. Y es por ello por lo que el ya doctor desgrana en el índice de la obra que ahora presenta al lector interesado, un estudio sistemático en el que aborda las distintas perspectivas de esta figura, la de los contratos de distribución, que dada su heterogeneidad y atipicidad, está más que nunca necesitada de una ordenación dogmática, capaz de delimitar el ámbito de aplicación de las normas que, en distintos ámbitos, como el del Derecho de la competencia o del comercio electrónico, inciden en ella.

El desarrollo de un trabajo de esta entidad, como puede perfectamente entenderse, no está exento de dificultad, siendo la primera la ausencia de un texto normativo que con carácter general aborde el tratamiento de esta figura, a pesar de los intentos que conocemos en nuestro Derecho nacional. Pero quizá, el principal reto ha sido abordar desde una perspectiva omnicomprensiva y general la realidad mercantil de la distribución comercial.

Son, sin duda, las cualidades concurrentes en el autor las que han permitido concluir con brillantez su trabajo doctoral. Su sólida formación jurídica, su experiencia práctica profesional en el ámbito del Derecho mercantil y en la docencia universitaria, su buen conocimiento de idiomas, así como la obtención de la prestigiosa beca del Real Colegio de España en Bolonia, que le ha permitido profundizar en el estudio del Derecho italiano, europeo e internacional en un tema que, por su globalidad, exigía de dicho análisis, son solo una muestra de los extraordinarios mimbres sobre los que Javier Badenas Boldó ha construido su obra, que sin duda va a convertirse en cita obligada para los estudiosos de la materia y los profesionales del sector.

Y es que, además del tratamiento sistemático y general que el autor efectúa de los contratos de distribución (exclusiva, selectiva, física o tradicional y online), quizá la parte fundamental y de mayor interés de la obra que se presenta es el estudio de la "distribución dual". Como destaca el autor, no se trata de un fenómeno nuevo ni reciente, pero sí lo ha sido su generalización, a lo que ha contribuido la situación pandémica, que ha tenido una gran incidencia global y ha generado un aumento sin precedentes del negocio comercial online.

A la evidencia de que en la actualidad un gran número de redes de distribución practican actualmente alguna forma de distribución dual, y de que los sistemas de franquicia pueden ser considerados duales por naturaleza, responde con acierto Javier Badenas Boldó proporcionando un examen centrado en la aplicación del Derecho de la competencia en situaciones de distribución dual. Se enfrenta en esta parte de su tesis a cuestiones tales como la determinación de la actividad concurrencial en relación con las ventas directas efectuadas por los propios fabricantes mayoristas, o la concreción de la especial naturaleza de las plataformas digitales, por su doble condición de intermediarios y de verdaderos competidores de los fabricantes.

En esta última parte de su trabajo, destacable, como ya se ha comentado, por la novedad de su estudio y la profundidad en el análisis, se centra el ya doctor en el análisis de los intercambios de información, delimitando el ámbito de aplicación del nuevo RECAV 2022. Analiza aquí recientes resoluciones europeas en las que se ha abordado el intercambio de información en una red empresarial, y que han llevado a las autoridades europeas a destacar la relevancia de la verticalidad para el reconocimiento de la exención del acuerdo de intercambio de información. Esta parte del estudio realizado desgrana y ofrece una crítica fundamentada del nuevo Reglamento europeo, ofreciendo además una guía clara y fundada sobre aquellos intercambios de información que resultarían ajustados y se incluirían en el ámbito de aplicación de la exención por categorías ofrecida por el Reglamento y aquellos que deberían ser objeto de una valoración individual, para en su caso, ser objeto de exención. Así, la relación y proporcionalidad con el acuerdo vertical competitivo devienen las claves para determinar si el intercambio de información queda o no incluido en el ámbito de aplicación de la exención general. Pero yendo más allá, no solo da estas claves generales, sino que se adentra en los concretos ejemplos de informaciones exentas en situaciones de distribución dual, proporcionando, como ya se ha dicho, una muy útil guía para el práctico, ante los desafíos que la distribución dual plantea en el día a día de la actividad comercial, así como a la aplicación del Derecho antitrust.

Lo expuesto es solo una muestra de la profundidad y exhaustividad de la obra presentada, fruto de la tesis doctoral del autor, defendida en la Biblioteca histórica del Real Colegio de España en Bolonia, que mereció la máxima calificación de un tribunal presidido por el Prof. Dr. José Miguel Embid Irujo, y que he tenido el honor de codirigir junto con el Prof. Dr. Enrico Al Mureden, Catedrático de Derecho Privado en la Universidad de Bolonia. Es nuestro deseo como codirectores, sin duda, que este solo sea el comienzo de una brillante carrera universitaria. Reúne Javier Badenas Boldó las mejores condiciones académicas para continuar su carrera investigadora y docente, en la que ha obtenido las Mejores valoraciones, pero además, y es de justicia resaltarlo aquí, sus cualidades personales, su esfuerzo, su extraordinaria disponibilidad y su capacidad de trabajar en equipo, son, a mi juicio, muy necesarias para construir una verdadera vida universitaria. El doctor Badenas Boldó ha dado buena cuenta de todas estas cualidades sorteando las no pocas dificultades que el inicio de la vida académica plantea en la actualidad. Y, por ello, la publicación de la presente obra ha de ser para el autor una gratísima recompensa al trabajo bien hecho, al esfuerzo exigido y a sus años de formación.

No deseo retener por más tiempo al lector interesado en esta obra, por lo que solo me resta felicitar cordialmente a su autor, reconociendo sus méritos y el acierto en el tratamiento del tema escogido. Enhorabuena.

María de Lourdes Ferrando Villalba

Abril de 2024

Preliminar

La presente obra comprende, con algunas modificaciones, el contenido de mi tesis doctoral *La distribución tradicional y online: la distribución dual*, que fue leída en el Real Colegio de España en Bolonia, el día 1 de marzo de 2024. Fueron miembros del tribunal que la juzgó los profesores José Miguel Embid Irujo, José Ramón de Verda Beamonte, Giovanni Iorio, Arianna Fusaro y Alessandra Spangaro. A todos ellos me gustaría agradecer, además de su presencia en el acto, la benevolencia con que la juzgaron y las acertadas observaciones que, en relación con el contenido de la misma, me hicieron, que han sido tenidas en cuenta a la hora de dar a este trabajo su redacción definitiva.

Para la obtención de los fondos bibliográficos relacionados con el tema de estudio tuve la ocasión de visitar, además de las dos universidades donde cursé los estudios de doctorado: la *Alma Mater Studiorum - Università di Bologna* y la Universidad Jaume I, la *Scuola di Giurisprudenza della Università degli studi di Firenze.* Allí fui acogido por el prof. Niccolò Abriani. A él y a las entidades otorgantes de las becas que hicieron posible mis estancias, el Real Colegio de España en Bolonia y la Fundación Hermanos Balaguer-Gonell, quisiera hacer público mi agradecimiento.

También me gustaría agradecer a mis directores de tesis, María de Lourdes Ferrando Villalba y Enrico Al Mureden, no sólo por su orientación y consejos, sino también por su incondicional apoyo y comprensión durante estos años. Ambos son para mí referentes a seguir por su profesionalidad, constancia en el trabajo y, especialmente, por su enorme calidad humana.

A la junta del patronato y al Rector del Real Colegio de España, Juan José Gutiérrez Alonso, por concederme en septiembre de 2020 el honor y privilegio de ser colegial. Agradecimiento que debo extender al Cardenal Gil Álvarez de Albornoz y a mis compañeros del Real Colegio de España con los que he compartido estos años en esa gran casa.

Y, por último, de forma especial, me gustaría mostrar mi gratitud a mi familia, que me ha mostrado su apoyo, comprensión y cariño en todos los momentos, en especial a mi madre, por enseñarme que la constancia y el esfuerzo son el camino para lograr los objetivos que nos proponemos. Sin duda, ella es mi ejemplo y modelo a seguir.

Introducción

La categoría de los contactos de distribución engloba ciertos contratos que, sin dejar de ser de colaboración, presentan como rasgo común el servir de vía estable para lograr la distribución de bienes y servicios en el mercado, permitiendo una cierta integración -más o menos intensa según la figura- del distribuidor en la red del fabricante o proveedor. Concretamente hace referencia a las operaciones comerciales destinadas a vincular la fase de producción de las mercancías con la de su colocación en el usuario final, a través de la participación de diferentes figuras de profesionales especializados. En esencia, se trata de una categoría de contratos que contempla las distintas formas en que se expresa la organización estructural del proceso de distribución. De esta forma se incluyen en la misma tanto los contratos típicos, como la agencia, como los atípicos, como la franquicia, la distribución en exclusiva, etc.

Conviene remarcar los factores económicos subyacentes que han contribuido a la creciente importancia de estas figuras en la práctica y que han sido determinantes para su desarrollo, tanto en España como en el resto del mundo. La decisiva expansión de los mercados, con su paso de la dimensión nacional a la supranacional, el fuerte desarrollo de la industrialización de masas, el aumento de la competencia, la mutabilidad cada vez más acentuada de los gustos del consumidor y la aparición de internet como nueva herramienta, han trasladado a los empresarios nuevas exigencias, entre las cuales se encuentra la dedicación a una mayor atención a la fase de distribución. En efecto, la implantación de la producción para garantizar la difusión de la propia mercancía en mercados cada vez más amplios, a menudo alejados físicamente, ha suscitado la preocupación de éstos por encontrar salidas comerciales seguras. Se trata de hacer frente al llamado reto de la distribución, es decir, una capacidad de producción que supera ampliamente la demanda del mercado. Desde este punto de vista, es esencial dotar a las empresas de estructuras organizativas periféricas capaces de estimular la absorción de bienes, reduciendo al mismo tiempo la distancia entre la producción y el consumo. En este sentido, el proveedor o fabricante ha comprendido la importancia del papel que desempeña el fenómeno de la distribución y se ha convencido de la necesidad de dotarse de su propio aparato para llevarla a cabo. Asimismo, se han desarrollado nuevos modelos contractuales y, con ellos, nuevas formas de realización del comercio, como, por ejemplo, a través de internet. Todo ello ha contribuido a la aparición de nuevas categorías de sistemas de distribución.

En el presente trabajo, destacamos, de entre los nuevos modelos de distribución, la distribución a través del canal *online*. Y ello habida cuenta que la compra y distribución de bienes a través de internet constituye uno de los grandes temas del momento, como atestigua la atención que el comercio electrónico recibe de manera prácticamente constante por parte del legislador europeo. Esta situación se explica por sí sola si atendemos a los datos. El comercio electrónico, según datos estadísticos proporcionados, en el año 2019, por la Comisión Nacional de los Mercados y la Competencia[1], se superó los 5.900 millones de euros de facturación. En junio de 2020, las ventas del comercio minorista por este canal fueron un 5,8% superiores que el año anterior. Asimismo, en el año 2022, el comercio electrónico superó en España los 15.600 millones de euros, un 25,3% más que el año anterior[2], superando en 2023 los 20.000 millones de euros.

---

1 Véase en: https://www.cnmc.es/prensa/ecommerce-4T20-20210702

2 Véase en: https://www.cnmc.es/prensa/ecommerce-i-trimestre-2022- cnmc-20221007

Desde sus inicios internet se presentó de forma excelente como un nuevo espacio o canal comercial para distribuir productos y prestar servicios de diversa índole, muchos de los cuales ya existían en el mercado tradicional y otros productos de nueva creación, que se han adaptado al nuevo entorno. Internet permite la expansión y diversificación de la oferta, amplía enormemente la demanda y, en definitiva, se convierte en un medio para estimular la competencia, ya que fomenta la inversión, elimina las barreras de entrada a los mercados tradicionales y reduce considerablemente los costes de transacción. En resumen, internet se está convirtiendo en una nueva herramienta de distribución comercial.

Por un lado, internet y los distintos servicios de información que se prestan a través de la red, están llamados a transformar paulatinamente los modelos tradicionales de distribución, adaptándose al nuevo entorno virtual incluso en el envío, en el suministro o en la entrega de las mercancías; es decir, creando nuevos métodos o modelos para facilitar el acceso al contenido de los bienes, servicios e información entre los distintos agentes del mercado.

Por otro lado, hace años que la economía de red ha empezado a crear nuevas relaciones entre productores, distribuidores y clientes, facilitando la interacción directa a distancia entre los fabricantes o proveedores y sus consumidores, lo que está permitiendo sustituir los antiguos modelos de producción, almacenamiento y comercialización de existencias por nuevos modelos de distribución, por la puesta a disposición y prestación de servicios a la carta.

Esto se debe a que las interacciones virtuales o en línea entre fabricantes, distribuidores y prestadores de servicios con los clientes, permiten a los proveedores de bienes y servicios conocer de antemano las preferencias y necesidades de los demandantes, adaptando la producción a sus necesidades, lo que, por otra parte, reduce los inconvenientes de exceso y almacenamiento de *stocks*, facilitando la reducción de los costes universales de producción y distribución.

Por consiguiente, los proveedores crean sitios en línea para promocionar sus productos y recibir directamente las demandas de los consumidores. A partir de un mínimo de unidades, aquellos comenzarán a producir sus productos bajo demanda, y los enviarán directamente al domicilio de éstos. En este sentido, el objeto de las transacciones económicas se desarrolla a veces hasta tal punto que llegan a desmaterializarse, permitiendo que la operación se ejecute a través de la red, como ocurre con la música, los videojuegos, las películas, etc.

En los inicios, el negocio electrónico se limitaba a la publicidad, oferta y contratación de bienes materiales en línea, y luego se extendió a la prestación de servicios en línea entre proveedores o distribuidores y consumidores ("*Business to consumer*" B2C). Más tarde, la red comenzó a realizar interrelaciones estrictamente comerciales entre industriales, como proveedores y consumidores o proveedores y distribuidores ("*Business to business*" B2B). Y al final, surgieron nuevos modelos de comercio más que como intermediarios electrónicos, que permiten sumar la oferta y la demanda de bienes y servicios de cualquier tipo, facilitando la contratación entre empresas (B2B), entre empresas y consumidores (B2C) e incluyendo la comercialización y el intercambio entre consumidores ("*Consumer to consumer*" C2C).

A través de internet, los consumidores tienen la posibilidad de contratar la obtención o prestación de bienes o servicios sin necesidad de intermediarios. En consecuencia, son muchos los proveedores o fabricantes que distribuyen sus productos directamente a los consumidores y sin embargo, mantienen, en muchas ocasiones, los contratos de distribución con sus distribuidores, ocasionando una situación de competencia entre el proveedor y el distribuidor por un mismo producto o servicio. Nos encontramos entonces ante un sistema de distribución dual. La distribución dual es una situación en donde un fabricante decide distribuir sus productos de manera directa (utilizando sus propios distribuidores) y, al mismo tiempo, contratar a distribuidores independientes. La distribución dual deriva su nombre del hecho de que se utilizan dos medios de distribución simultáneamente: uno propio y uno contratado.

Se trata entonces de una mezcla de las dos opciones básicas de distribución con las que cuenta un fabricante. Una es integrarse verticalmente y asumir todas las actividades de distribución hasta llegar al consumidor final, y la otra es externalizar estas actividades y contratar a distribuidores independientes para que las lleven a cabo.

Si bien la elección de un sistema distribución dual es perfectamente legal, en algunos casos plantea cuestiones de carácter competitivo[3]. En efecto, en la distribución dual, el fabricante o proveedor compite a dos niveles, por un lado, a nivel de fabricante -compite con otras empresas que fabrican productos que son posibles sustitutos- y, por otro lado, a nivel de distribución -compite con los distribuidores independientes en la venta de sus propios productos-.

Es en este último nivel en donde existe un riesgo de limitación a la competencia cuando el fabricante o proveedor impone restricciones (por ejemplo, precios mínimos u otras condiciones de venta) a sus distribuidores independientes. No obstante, la relación competitiva entre los distribuidores (propios e independientes) no es del todo clara y muchas veces plantea dudas a las autoridades de competencia. Por una parte, cuando el fabricante o proveedor solo utiliza distribui-

---

3 BACHES OPI, S., "La política y el Derecho de defensa de la competencia de la Unión Europea (II). Acuerdos restrictivos de la competencia, abuso de posición de dominio y control de concentraciones", en (Orenga Gómez. M. (dir.)) *Las políticas de la Unión Europea en el siglo XXI*, J.M. Bosch, Barcelona, 2017, p.239.

dores independientes, puede imponer sin mayores problemas determinadas restricciones. Por otra parte, cuando decide incluir distribuidores propios, las mismas restricciones pueden ser contrarias a las normas de competencia. En consecuencia, para lograr un análisis coherente, las autoridades de competencia deben fijarse en los incentivos que sustentan la imposición por parte del proveedor de determinadas restricciones a sus distribuidores (propios y/o independientes). En este trabajo intentaremos analizar las cuestiones que suscita esta figura, a nuestro juicio de forma destacada aquellas relativas a los intercambios de información que tienen lugar entre proveedor y distribuidores, cuando ambos son competidores. En consecuencia, propondremos determinadas soluciones para prevenir los problemas que puedan surgir de dichos intercambios, tales como murallas chinas, auditorias de información, acuerdos de confidencialidad, etc.

Expuesto a grandes rasgos el *status quaestionis* de la materia objeto de este trabajo, podemos apuntar que nos encontramos, sin duda, ante un tema novedoso y de gran importancia: la nueva figura de la distribución dual, que examinaremos a la luz del nuevo Reglamento (UE) 720/2022 relativo a la aplicación del artículo 101, apartado 3, del TFUE a determinadas categorías de acuerdos verticales y prácticas concertadas (RECAV 2022). Para llevar a cabo este análisis se ha utilizado una metodología basada en el estudio de diferentes normativas nacionales y de Derecho comparado, así como de la doctrina y jurisprudencia más relevante en relación a los temas tratados en las distintas partes en las que se divide este trabajo.

Hay que partir, como antes hemos señalado, del importante hito que supone en la materia objeto principal de nuestro estudio, la distribución dual, de la publicación del RECAV 2022. En dicho texto se conceptualiza por primera vez en la legislación europea el concepto de distribución dual, concretamente en su considerando nº 12[4]. De este modo, se ha producido un gran avance en esta materia, ya que el anterior RECAV 2010, no utilizaba expresamente el término "distribución dual" pero hacía referencia a lo que esta expresión engloba, estableciendo una excepción por categoría al artículo 101 a los denominados acuerdos verticales (artículo 2.4. RECAV 2010)

En el RECAV 2022 el art. 2.4 sigue conservando la misma redacción y por lo tanto la distribución dual queda exenta de la prohibición del 101.1 TFUE. Dicha exención se produce siempre que sea un acuerdo no recíproco y el proveedor opere en el nivel ascendente (aguas arriba) como fabricante, importador o mayorista y, en el nivel descendente (aguas abajo), como importador, mayorista o minorista de bienes; y el comprador opere en el nivel descendente como importador, mayorista o minorista, sin ser competidor del proveedor en el nivel ascendente en el que compra los bienes.

Por lo tanto, entre las novedades más significativas introducidas en el RECAV 2022 se encuentra la relativa a la regulación de la distribución dual. Uno de los objetivos de nuestro estudio es analizar las características especiales y la implantación en la

---

4 El Considerando nº12 del Reglamento (UE) 720/2022 relativo a la aplicación del artículo 101, apartado 3, del TFUE a determinadas categorías de acuerdos verticales y prácticas concertadas conceptualiza la distribución dual como: "*una situación en la que un proveedor vende bienes o servicios no solo a nivel ascendente, sino también en sentido descendente, compitiendo así con sus distribuidores independientes. En tal caso, en ausencia de restricciones especialmente graves, y siempre que el comprador no compita con el proveedor en el nivel ascendente, el impacto negativo potencial del acuerdo vertical en la relación competitiva entre el proveedor y el comprador a nivel descendente es menos importante que el impacto positivo potencial del acuerdo vertical sobre la competencia en general a nivel ascendente o descendente. Por consiguiente, han de quedar exentos en virtud del presente Reglamento los acuerdos verticales celebrados en dichas situaciones de distribución dual*".

práctica de la distribución dual. En definitiva, el presente trabajo tratará de abordar el sistema de distribución dual en profundidad, dado que, no existe, hasta la fecha, ningún estudio que haya examinado a fondo esta figura.

Para ello, partimos de un planteamiento más amplio y general que aborde el análisis del fenómeno de la distribución, a otro más concreto dirigido al estudio específico de la distribución dual. De acuerdo a dicho esquema, hemos dividido el presente trabajo en tres capítulos. El primer capítulo aborda el estudio de la naturaleza del contrato de distribución comercial en el Derecho español. En particular, su distinción de figuras afines, las obligaciones de las partes, la normativa aplicable y los diferentes intentos por parte del legislador de cuerpos normativos relativos a dicha figura como el Proyecto de Ley de Contratos de Distribución de 29 de junio de 2011 (PLCD) y el Anteproyecto de Ley de Código Mercantil de 30 de mayo de 2014 (ACM). Se concluye con el análisis de la doctrina y jurisprudencia en relación a las posibles indemnizaciones en caso de terminación anticipada del mismo.

El segundo capítulo se centra en el estudio de la distribución *online*, habida cuenta de su gran repercusión que tiene en nuestros días, como se ha puesto de manifiesto anteriormente. Se analizan, por una parte, los modelos de distribución de los productos y servicios en la red, ya sea realizada a través de los propios fabricantes/proveedores o a través de distribuidores independientes integrados o no integrados, y mediante los agregadores de información. Por otra parte, se lleva a cabo un exhaustivo estudio de las plataformas digitales o *marketplaces*, poniendo de relieve sus características, sus clases y los sujetos que intervienen en ellas. Además, se examina la posibilidad de calificar como contrato de distribución el contrato entre las plataformas digitales y el vendedor o suministrador del servicio, analizando su contenido contractual y su encaje en el Reglamento (UE) 2019/1150, de 20 de junio, sobre fomento de la equidad y de la transparencia para los usuarios profesionales de servicios de intermediación en línea. Y, por último, con el propósito de centrarse en las ventas en línea, se observa que frecuentemente las características locales de cada uno de los Estados son tenidas en cuenta por los fabricantes que venden o directamente *online* o a través del *marketplace,* ya que éstos tienden a crear diversificaciones nacionales, tanto en los precios como en las calidades de los productos. Por ello, son cada vez más habituales las medidas conocidas como de geobloqueo y filtrado geográfico, mediante las cuales el vendedor profesional ofrece al consumidor diferentes condiciones de compra en función del estado de residencia. En consecuencia, se analiza en profundidad el Reglamento (UE) 2018/302 de 28 de febrero (Reglamento *Geoblocking*), norma que prohíbe el geobloqueo basado en la nacionalidad del comprador *online.* Este Reglamento ofrece la definición de "bloqueo geográfico" o "geobloqueo" que se trata de cualquier barrera tecnológica que tenga por finalidad impedir o dificultar las compras *online* de forma transfronteriza, o para impedir o dificultar el disfrute de forma transfronteriza de un servicio de contenido digital. Asimismo, hemos considerado oportuno analizar dos de las resoluciones más relevantes en los últimos años en este sentido, como son los casos *Pierre Fabre* y *Coty,* ambos determinantes para el devenir de las regulaciones presentes y futuras en materia de distribución *online.*

El tercer y último capítulo se centra en el estudio de la distribución dual, tema principal del presente trabajo. En primer lugar, analizamos el concepto de distribución dual, consolidado desde hace décadas en los Estados Unidos, al mismo tiempo, por un lado, sus ventajas competitivas y, por otro lado, sus posibles riesgos y/o desventajas. En segundo lugar, dada su relevancia en los sistemas anglosajones, como hemos mencionado, se lleva a cabo su comparación con el sistema europeo. En tercer lugar, habida cuenta de la entrada en vigor del RECAV 2022, citado anteriormente, se lleva a cabo un minucioso análisis de dicha normativa europea, dada su notable relevancia para este trabajo. Por último, centramos nuestro estudio en los intercambios de información que se realizan dentro de un sistema de distribución dual y en los problemas que se plantean en este ámbito, principalmente referidos a si pueden acogerse o no a una exención por categorías.

Para finalizar, la extensión de esta materia nos lleva a realizar dos puntualizaciones. Por una parte, en los primeros capítulos el estudio se centra más en los aspectos contractuales de la distribución comercial ya sea en el ámbito tradicional como *online*. Sin embargo, a medida que nos adentramos en el análisis de la distribución *online* y, sobre todo, cuando nos centramos en la distribución dual, nuestro enfoque varía y se dirige, principalmente, al ámbito del Derecho *antitrust*, pues es en esta sede donde encontramos la normativa al respecto, concretamente, como se ha mencionado, el RECAV 2022. Por otra parte, somos conscientes de que existen muchas parcelas en materia de distribución que dejamos de lado, y que tienen que ver con el llamado Derecho de redes, con diversas derivadas que afectan incluso al ámbito de los grupos de sociedades, cuestiones ampliamente tratadas ya por la doctrina. Dada la necesidad de acotar nuestro tema de estudio hemos optado por centrarnos, dada su novedad, y con la metodología ya descrita en el sistema de distribución dual y la aplicación al mismo de la normativa señalada.

Capítulo I

El contrato de distribución comercial en el Derecho Español

SUMARIO: I. EL CONTRATO DE DISTRIBUCIÓN COMERCIAL. 1. Naturaleza jurídica del contrato de distribución comercial y similitudes con otras modalidades de contratos de distribución. 1.1 El contrato de compraventa en exclusiva. 1.2 El contrato de concesión. 1.3 El contrato de distribución exclusiva y/o autorizada. 1.4 El contrato de franquicia. 1.5 El contrato de agencia. 2. Normativa aplicable. 2.1 Ley de Defensa de la Competencia, Ley 15/2007, de 3 de junio (LDC). 2.2. Código Civil y Código de Comercio. 2.3. Normativa europea. 2.4 Ley del Contrato de Agencia, Ley 12/1992 (LCA). 3. Normativa proyectada. 3.1 Proyecto de Ley de Contratos de Distribución, de 29 de junio de 2011 y Anteproyecto de Ley de Código Mercantil, de 30 de mayo de 2014. 3.2 Dificultades de regulación del contrato de distribución. Los códigos de conducta. II. OBLIGACIONES DE LAS PARTES EN EL CONTRATO DE DISTRIBUCIÓN COMERCIAL. 1. Obligaciones de las partes. 2. La obligación del proveedor de información precontractual. 2.1 Características de los contratos de distribución y el alcance del deber de información precontractual. *2.1.1 Desigualdad en las partes del contrato. 2.1.2 Información precontractual obligatoria en algunos contratos de distribución.* 2.2 Régimen normativo de la información precontractual. *2.2.1 Derecho proyectado. 2.2.2. Ley de Ordenación del Comercio Minorista. 2.2.3. Real Decreto, núm. 201/2010, de 26 de febrero, sobre el contrato de franquicia.* 2.3 Consecuencias del incumplimiento de deber de información precontractual. *2.3.1 Anulación del contrato por defectos en la información: aplicación del régimen del error y el dolo. 2.3.2 Jurisprudencia sobre el error y el dolo en los contratos de distribución.* 3. Independencia, cesión y subcontratación. 4. Política de precios. 5. Información, promoción, régimen de garantías y responsabilidad. 5.1 Flujos de información. *5.1.1 Flujos de información en sentido estricto y servicio preventa. 5.1.2 En general: el intercambio de información entre el distribuidor y el proveedor. 5.1.3 En especial: obligaciones de información en el contrato de franquicia.* 5.2 Flujos de persuasión. 5.3 Actividad publicitaría. 5.4 Flujos de transmisión: régimen de garantías y responsabilidad. 5.5 Garantía de buen funcionamiento de los productos distribuidos. 5.6 Responsabilidad por daños derivados de los productos defectuosos distribuidos. III. SIGNIFICADO DEL PACTO DE EXCLUSIVIDAD EN EL CONTRATO Y ANÁLISIS DEL PACTO DE NO COMPETENCIA POSTCONTRACTUAL A LA LUZ DEL DERECHO DE LA COMPETENCIA. 1. El pacto de exclusividad en los contratos de distribución y sus efectos sobre la libre competencia. 2. Pactos verticales. Los contratos de distribución y el derecho de la competencia. 3. La exención general por categorías en relación a los acuerdos verticales: el reglamento (UE) nº 720/2022 de la Comisión de 10 de mayo de 2022. 4. La vulneración de los pactos del contrato como actos de competencia desleal. 4.1 La vulneración de pactos en el contrato de distribución. 4.2 La vulneración de los códigos de conducta. 4.3 Cláusulas de no competencia y el pacto de exclusiva. 4.4 El umbral de la deslealtad. *4.4.1 La cláusula general del art. 4 LDC. 4.4.2 Inducción de infracción contractual. 4.4.3 Explotación de la situación de dependencia.* 4.5 Incumplimiento contractual y competencia desleal en el seno de los grupos de sociedades. IV. DURACIÓN Y EXTINCIÓN DEL CONTRATO. INDEMNIZACIONES. 1. Duración y extinción 1.1 Inversiones del distribuidor (disp. Adic. 1.ª4 LCA). 1.2 Stock (disp. Adic. 1ª. 6 LCA). 2. Régimen de las indemnizaciones. 2.1 Indemnización por clientela. 2.2 Indemnización por daños. 2.3 Indemnizaciones laborales.

I. EL CONTRATO DE DISTRIBUCIÓN COMERCIAL

1. Naturaleza jurídica del contrato de distribución comercial y similitudes con otras modalidades de contratos de distribución

Los contratos de distribución pertenecen a la modalidad de contratos dedicados a la distribución de productos, cuya naturaleza sirve de distinción dentro de las diferentes clases de contratos que contempla el Derecho mercantil. El objetivo general de los contratos de distribución es conseguir una colaboración entre los distintos empresarios involucrados para poder promocionar y concluir contratos en zonas geográficas donde existe demanda de su producto. Por tanto, responden a una necesidad de contratación final por parte del empresario principal para la una ampliación de comercialización de sus productos y servicios, provocándose en última instancia unas redes de empresarios a través de acuerdos verticales y obteniendo una disgregación económica de los riesgos, con el objetivo de facilitar el acceso al mayor número posible de consumidores.[5]

---

5 ALÉS GARCÍA, J. F., "Contrato de distribución: llegó la ansiada regulación", *Legal Today*, 2011, véase en: https://www.legaltoday.com/

Por ello, a día de hoy, se conocen como contratos de distribución y sirven para llevar a cabo la actividad antes descrita, contratos como la comisión, agencia, franquicia y corretaje. Se trata de contratos cuya forma de actuar está más arraigada y consolidada a través de una regulación más segura y estable, como es la Ley 12/1992, de 27 de mayo, sobre Contrato de Agencia (LCA), que es una norma en la cual se respaldan las otras modalidades de contrato, como puede ser la cláusula de indemnización por clientela y que se regula en el artículo 28 de la LCA.[6]

Desde el punto de vista de su tratamiento legal, los contratos de distribución en su mayor parte son atípicos, en tanto que carecen de régimen legal. Un intento para su regulación se llevó a cabo por la Propuesta del Anteproyecto de Ley de Contratos de Distribución elaborado por la Comisión General de Codificación (en adelante PALCD) y por el Proyecto de Ley de Contratos de Distribución de 29 de junio de 2011 (en adelante PLCD), tanto el PALCD y el PLCD serán objeto de análisis en el presente capítulo. Ambos textos proponían similares definiciones del contrato de distribución. Para el PALCD son contratos de distribución, aquellos que, con independencia de su denominación "*tengan por objeto establecer las condiciones en las que una de las partes, denominada distribuidor, se obliga a adquirir de la otra, denominada proveedor, bienes o servicios para comercializarlos de manera duradera y estable*" lo que comprende "*tanto los contratos celebrados por proveedores con mayoristas o minoristas, como los concertados por mayoristas con minoristas*". Por su parte, el PLCD,

---

practica-juridica/derecho-mercantil/transporte-logistica/contratos-de-distribucion-llego-la-ansiada-regulacion-legal-2011-03-24/ .

6 BROSETA PONT, M. y MARTÍNEZ SANZ, F., "Contratos de Gestión de Negocios Ajenos y Distribución Comercial" capítulo 29, *Manual de Derecho Mercantil volumen II,* 25ª edición, año 2019, Tecnos, pp. 123-143.

establece que, en los contratos de distribución, el distribuidor se obliga "*a realizar actos u operaciones de comercio consistentes o relacionadas con la venta de productos, prestación de servicios o la combinación de ambos, de manera continuada o estable, actuando como empresario independiente y asumiendo el riesgo y ventura de tales operaciones*". Los caracteres que permiten delimitar a este tipo de contratos (que pueden presentar gran diversidad) frente a otros negocios jurídicos son su finalidad de distribución de bienes o servicios mediante la asunción del riesgo de venta por el distribuidor, y la integración de éste en la red de distribución o comercialización creada por el proveedor.

La atipicidad de estos contratos, antes mencionada, plantea el problema de encontrar un régimen jurídico subsidiario que pueda cubrir las lagunas no cubiertas por la voluntad de las partes. Son contratos consensuales y no formales, aunque es aconsejable la forma escrita, sobre todo cuando son muy complejos. También son contratos onerosos, conmutativos y de tracto sucesivo, dado que las prestaciones de las partes no se agotan en un solo acto. Las partes pueden establecer su duración o pueden ser indefinidos. Esta característica ha dado lugar a muchos conflictos, en torno a la eficacia extintiva de la voluntad de las partes y la existencia o no de un deber de indemnización por la clientela procurada por el distribuidor durante el contrato.[7]

Se recoge asimismo referencia a los contratos de distribución en el ámbito del Derecho de la competencia, tanto en lo que se refiere a las normas nacionales de la defensa de la

---

7 RONCERO SÁNCHEZ, A., "Caracterización y tipología de los contratos de distribución", en AA.VV. (dir. ALCALÁ DIAZ, M.A.) *Los contratos de distribución comercial: aspectos económicos y jurídicos*, Bosch, 2015, p. 50.

libre competencia,[8] como, sobre todo, por lo que respecta a las normas comunitarias relativas a la exención por categorías de acuerdos, que también resulta aplicable a nuestro país. Nos referimos al Reglamento (UE) 720/2022 de la Comisión, de 10 de mayo de 2022, relativo a la aplicación del art. 101, apartado 3 del Tratado de Funcionamiento de la Unión Europea a determinadas categorías de acuerdos verticales y prácticas concertadas (en lo sucesivo RECAV 2022),[9] norma que, por su importancia, será analizada en distintos apartados de este trabajo.

El fenómeno de la distribución comercial comprende todo procedimiento aplicado a instancias de productores, fabricantes o importadores (designados conjuntamente con el término "proveedores") para la comercialización de productos o servicios, es decir, el conjunto de actividades de intermediación que permiten al productor o importador llegar al consumidor o usuario final.[10] Se pueden distinguir dos tipos: la distribución

---

8 En este sentido, el Real Decreto 261/2008, de 22 de febrero por el que se aprueba el Reglamento de Defensa de la competencia, aun cuando en general se refiere a redes o sistemas, así como a los contratos de distribución de manera genérica, en algunos casos hace referencia modalidades específicas tales como redes o sistemas de distribución selectiva o contratos de distribución exclusiva.

9 La aprobación el 10 de mayo de 2022 (DOUE L 134 de 11.5.22) del nuevo Reglamento de Exención por Categorías para Acuerdos Verticales (RECAV 2022) que viene a sustituir el anterior Reglamento 330/2010, la Comisión Europea ha actualizado el marco legal de los acuerdos verticales y las Directrices no vinculantes (DOUE 2022/C 248 de 30.6.22) dictadas en su aplicación. Esta reforma tiene como principal objetivo renovar las normas de competencia en el entorno tecnológico actual donde la venta on-line y la distribución de productos a través de plataformas digitales ("*marketplaces*", "*online* retail centers", etc.), cobran una relevancia trascendental en el tráfico mercantil existente. Todo ello será objeto de análisis en el Capítulo III de este trabajo.

10 RONCERO SÁNCHEZ, A., *op. cit.*, p. 50 y ss.

directa, en la que la comercialización la realiza el productor o importador por sus propios medios, y la distribución indirecta, en la que la comercialización del producto se encarga a intermediarios autónomos e independientes respecto al fabricante o importador.[11] Dejando al margen los supuestos de distribución directa a través de órganos propios o colaboradores sujetos al proveedor, los sistemas de distribución indirecta, que son los que nos interesan en el presente trabajo, pueden ser de distribución indirecta simple, cuando se llevan a cabo a través de intermediarios que asumen el compromiso de promover la contratación del bien o servicio y/o de concluir los contratos con otros eslabones de la cadena de distribución hasta el consumidor o usuario final, actuando siempre por cuenta del proveedor del producto o servicio, o bien de distribución indirecta integrada, mediante intermediarios que adquieren en firme los productos o servicios del proveedor para ofrecerlos seguidamente a otros distribuidores o al consumidor final. La distinción entre estos dos sistemas estriba en el hecho de que, en la distribución indirecta simple, el intermediario actúa por cuenta ajena, mientras en los casos de distribución indirecta integrada, lo hace por cuenta propia.

Tanto en uno como en otro caso, el intermediario es un empresario autónomo e independiente del fabricante o importador, y por lo tanto asume el riesgo de su empresa. En el caso de la distribución indirecta simple, el intermediario no adquiere previamente los productos o servicios al proveedor, limitándose su actividad a la búsqueda de terceros dispuestos a realizar dicha adquisición y en su caso, a proporcionar a éstos los productos o servicios actuando por cuenta del mismo. Por contra, en la distribución indirecta integrada, el intermediario

---

11 *Vid.* GALÁN CORONA, E., "Los contratos de distribución. Ideas generales", en (HERRERO GARCÍA, Mª.J. (dir)) *La contratación en el sector de la distribución comercial*, Cizur Menor, 2010, p. 23 y ss.

adquiere en firme al proveedor los productos o servicios, por lo que deviene titular de los mismos.

La distribución integrada indirecta implica mayor riesgo que la distribución integrada simple, ya que en la primera el intermediario se compromete a adquirir previamente y en firme los productos del proveedor. Normalmente, para compensar dicho riesgo, la distribución integrada indirecta se utiliza cuando el producto o servicio es conocido o de prestigio y cuenta con una demanda potencial en el mercado. Pero hay que tener en cuenta que al proveedor de estos productos o servicios le interesa concluir una pluralidad de contratos con diferentes intermediarios con quienes organizará relaciones (formación, asistencia técnica) con la finalidad de homogeneizar y controlar el proceso de comercialización de sus productos y establecer vínculos entre los distintos intermediarios. Así pues, la distribución integrada indirecta se basa en la organización de una red de distribución o comercialización, que se apoya en la marca o signo distintivo del proveedor, en la que se integran todos los intermediarios. Dos rasgos definen, por lo tanto, la distribución integrada indirecta: el riesgo lo corre el distribuidor y que éste se integra en la red de comercialización o distribución del producto creada por el proveedor.[12]

En la actualidad la modalidad de distribución integrada indirecta en sus diferentes versiones ha logrado gran éxito y mucha difusión internacional. Frente a esta situación, a diferencia de otros países como Egipto, China, Rusia o Estados Unidos, en España no se trata de un contrato regulado, por lo que para establecer su régimen jurídico tendremos que atender a los pactos entre las partes, y a la doctrina y la jurisprudencia[13] que

---

12 RONCERO SÁNCHEZ, A., *op. cit.*, p. 52.

13 *Vid.* MANZANARES BASTIDA, B., "Aspectos básicos del contrato de distribución internacional", *Tradelex Abogados*, 23 de mayo de 2022, sitio web: https://tradelex.com/2020/05/23/aspectos-basicos-del-

interpretan los casos que se van sucediendo a través de aplicaciones analógicas de otras normas nacionales como la Ley de Defensa de la Competencia (LDC) y la Ley del Contrato de Agencia (LCA) en ciertos aspectos concretos, y la aplicación de normativa europea como el reglamento de la Comisión Europea RECAV 2022 que se encarga de respaldar y reforzar el artículo 101.3 del Tratado de Funcionamiento de la Unión Europea (TFUE).[14]

Por otro lado, hay que señalar que este contrato comparte tanto diferencias como similitudes con otras modalidades dentro de la misma categoría de distribución. Este hecho complica su trato, y por ende, su distinción y regulación. Las diferentes categorías de contratos de distribución pueden subsumirse en figuras jurídicas básicas, que vamos analizar someramente poniendo de relieve las características y diferencias de cada contrato de distribución. A ello le añadiremos el análisis de las diferencias con el contrato de agencia, siendo de interés por la aplicación analógica de alguna de sus normas a los contratos de distribución.

---

contrato-de-distribucion-internacional/; Asimismo, véanse en este sentido las SSTS de 26 de julio de 2000 y de 5 de febrero de 2004 afirmando que "*así como el contrato de agencia tiene por objeto la promoción de actos u operaciones de comercio por cuenta ajena del agente o intermediario independiente, en la concesión ese objeto se circunscribe a la reventa o distribución de los propios productos del concedente, y por lo general, con un pacto de exclusiva –positivo y negativo-: vender sólo el concesionario y no vender nadie más en su zona*".

14 El Reglamento 330/2010 es el sucesor del Reglamento 2790 de la Comisión, de 22 de diciembre de 1999, y así asentarse como la norma básica europea al respecto. El artículo 10.1.3 del TFUE se corresponde con el artículo 81 del Tratado de la CE de determinadas categorías de acuerdos verticales y prácticas concertadas.

1.1 El contrato de compraventa en exclusiva

Se trata de un contrato que tiene como base el de compraventa en el que se incluye una cláusula de exclusiva (a cargo de una de las partes contratantes o de ambas). Sin embargo, tendremos que analizar cada caso en concreto para dilucidar si el compromiso es el de adquirir bienes al proveedor mediante sucesivos contratos de compraventa, o el de fraccionar la entrega de bienes ya adquiridos, siendo este último un supuesto de contrato de suministro como modalidad atípica de compraventa.[15] Junto a estas prestaciones típicas de la compraventa (entrega de cosa y de precio) y a la cláusula de exclusiva, se pueden incluir otras contraprestaciones como contrapartida a esta última, propias de un contrato de distribución.

El Tribunal Supremo ha trazado la distinción entre una sucesión de compraventas y un contrato de distribución, indicando que en este último es típica *"la sujeción del colaborador respecto del empresario principal, al que corresponde impartir instrucciones y fijar las condiciones en las que debe llevarse a cabo la distribución de productos"*, apuntando que para que se pueda hablar de un contrato de distribución *"es necesario que el distribuidor se someta al poder de decisión, dirección y supervisión que corresponde al empresario para el que colabora, aun cuando el distribuidor actúe con terceros en su propio nombre y por cuenta propia"* y ello es así *"incluso en casos de distribución sin exclusiva, pues, aunque la autonomía del empresario cooperador es mayor en la distribución autorizada o selectiva, ello no*

---

15 La propuesta del art. 2 PLCD definía el contrato de compra en exclusiva como aquel por el cual *"el distribuidor, a cambio contraprestaciones especiales, se obliga a adquirir para su comercialización, viene so servicios solamente al proveedor o a otras personas que éste designe"* mientras que el contrato de venta en exclusiva se refería al *"el proveedor se obliga a vender únicamente a un distribuidor en una zona geográfica determinada, los bienes o servicios especificados en el contrato para su comercialización es dicha zona"*.

implica que no deba atender a las instrucciones o indicaciones de su principal."[16] Por lo tanto, para el Tribunal Supremo, el criterio determinante para identificar un contrato de distribución es, en primer lugar, la vinculación entre distribuidor y proveedor, en virtud de la cual al primero se somete a las instrucciones del segundo en relación con la comercialización de bienes o servicios. Y, en segundo lugar, que el distribuidor actúe frente a terceros en su propio nombre y por cuenta propia. Estos dos rasgos diferencian a la compra o venta exclusiva como modalidad del contrato de distribución de la compraventa (o sucesión de contratos de compraventa independientes entre sí). Las principales cuestiones que suscitará el primero serán en torno a la determinación, alcance y límites del pacto de exclusiva.[17]

1.2 El contrato de concesión

La denominación contrato de concesión se ha utilizado por la jurisprudencia en muchos casos como sinónimo de contrato de distribución, y se ha definido por la misma como un acuerdo de duración determinada o indeterminada mediante el cual el contratante proveedor encarga al contratante revendedor la tarea de promover en un territorio determinado la distribución y el servicio postventa de determinados productos del sector y, a su vez, el proveedor se compromete con el distribuidor a no suministrar dentro del territorio convenido los productos contractuales para su reventa, más que al distribuidor o, en su defecto, a un número limitado de empresas de la red de distribución.

---

16 STS de 18 mayo de 2009 (RJ 2009/102).

17 *Vid.* ALONSO SOTO, R., "Tipología de los contratos de distribución comercial" en (ALONSO UREBA, VELASCO SAN PEDRO, ALONSO LEDESMA, ECHEBARRÍA SAEZ, VIERA GONZÁLEZ (dirs.)) *Los contratos de distribución,* La Ley, Madrid, 2020, pp. 64 y 65.

Por su parte los proyectos de regulación (PALCD y PLCD) definen al contrato de concesión mercantil como "*contrato en cuya virtud el distribuidor pone su establecimiento al servicio de su proveedor para comercializar, en régimen de exclusividad y bajo directrices y supervisión de éste, bienes y servicios en una zona exclusiva determinada*" (art. 2 letra e). Por parte de la doctrina surge un concepto que combina el compromiso en la adquisición de los productos o servicios para su comercialización en una zona o territorio determinado, exclusiva de reventa, comercialización bajo las directrices y supervisión del concedente y actuación del concesionario en nombre y por cuenta propios.[18] Por lo tanto en el contrato de concesión es esencial el pacto de exclusiva, así como el control de la actividad del concesionario por el concedente, por el estrecho vínculo de colaboración entre ambos y la integración del concesionario en una red creada por el proveedor.

Existe una definición legal de contrato de concesión en el art. 2 RD 201/2010 de 26 de febrero por el que se regula la franquicia, que para distinguirlo de esta figura lo define como aquel en virtud del cual "*un empresario se compromete a adquirir en determinadas condiciones, productos normalmente de marca, a otro que le otorga una cierta exclusividad en una zona, y a revenderlos también bajo ciertas condiciones, así como a prestar a los compradores de estos productos asistencia una vez realizada la venta.*"

La diferencia más sobresaliente del contrato de concesión con el contrato de compraventa en exclusiva es que en el primero los vínculos entre proveedor y distribuidor son más estrechos en la concesión, y por lo tanto hay más prestaciones entre ambos contratantes. Asimismo, mientras en el contrato de compraventa exclusiva predominan las prestaciones propias de la compraventa, el contrato de concesión es más com-

---

18 *Vid.* ALONSO SOTO, R., *op. cit.*, p. 57.

plejo porque las prestaciones provienen de diversos negocios jurídicos. No es fácil, sin embargo, diferenciar entre ambos y tampoco ello llevaría a la aplicación de un diferente régimen jurídico.[19]

1.3 El contrato de distribución exclusiva y/o autorizada

A raíz de la variedad de posibilidades que existen a la hora de realizar negocios jurídicos, ha surgido una nueva modalidad contractual conocida como contrato de distribución en exclusiva. Un tipo de contrato que ha sido creado en atención a las necesidades de las partes y que puede entenderse como el resultado de combinar las necesidades que satisface el contrato de agencia y de comisión. La labor de la parte que se encarga de la distribución del producto puede confundirse con la que realiza un comisionista o el agente por el simple hecho de que su objetivo es prácticamente el mismo, pero con ciertas matizaciones que lo distinguen de éstos. Las principales diferencias que se pueden apreciar radican, por un lado, en la forma de retribución del distribuidor, y, por otro lado, en que éste es el propietario de la mercancía objeto del contrato.

Este contrato consiste en canalizar la comercialización de los productos a través de distribuciones seleccionados previamente por criterios no territoriales, sino establecidos sobre la base del cumplimiento de una serie de condiciones, características o requisitos establecidos por el proveedor.[20] Este tipo de

---

19 *Vid.* RONCERO SÁNCHEZ, A., *op, cit.* p. 82.

20 El artículo 1, letra e) del Reglamento (UE) 330/2010 de la Comisión, de 20 de abril de 2010, relativo a la aplicación del art. 101, apartado 3 del Tratado de Funcionamiento de la Unión Europea a determinadas categorías de acuerdos verticales y prácticas concertadas, define el sistema de distribución selectiva, como *"un sistema de distribución por el cual el proveedor se compromete a vender los bienes o servi-*

comercialización está indicado para productos de alta gama o que poseen una marca de alto valor o renombre a la que se asocia un alto nivel de calidad y también para aquellos productos que requieran asistencia técnica en un momento posterior a su venta. No se basa en limitar el número de distribuidores por una zona determinada, sino asegurar que el producto se comercializa únicamente por distribuidores que reúnan los requisitos subjetivos (nivel de preparación técnica) u objetivos (establecimiento dotado de las características necesarias para mantener la imagen y prestigio de una marca en el mercado).[21]

El PLCD establecía dos modalidades de contratos de distribución en exclusiva: los contratos de distribución selectiva y los de distribución autorizada. Los de distribución selectiva serían aquellos en los que "*el proveedor se obliga a vender los bienes o servicios objeto del contrato únicamente a distribuidores seleccionados por él y que no gozan de exclusividad territorial, mientras que el distribuidor se compromete a revender esos bienes o prestar esos servicios a consumidores y usuarios finales, respetando las instrucciones pactadas y, prestando, en su caso asistencia técnica a los compradores*" (art. 2 letra d PLCD) Por otro lado, el contrato de distribución autorizada sería aquel en cuya virtud "*el proveedor se obliga a suministrar al distribuidor bienes y servicios para que éste los comercialice, bien directamente, bien a través de su propia red, como distribuidor oficial en una zona geográfica determinada.*" (art. 2 letra c PLCD). En realidad, se trata de dos variantes de la misma modalidad contractual.

A su vez el Tribunal Supremo ha definido el contrato de distribución selectiva como "*aquel contrato por el que fabricante*

---

cios contractuales, directa o indirectamente, sólo a distribuidores seleccionados sobre la base de criterios específicos, y los distribuidores se comprometen a no vender tales servicios a agentes no autorizados en el territorio en el que el proveedor haya decidido implantar ese sistema".

21 RONCERO SÁNCHEZ A., *op. cit.*, p. 84.

o proveedor se compromete a vender productos o servicios del contrato únicamente a distribuidores seleccionados por él en base a criterios específicos y los distribuidores se comprometen, por una parte, a revenderlos en su establecimiento en régimen de no exclusividad, respetando las condiciones pactadas y, en su caso, prestando asistencia técnica a sus compradores y de otro lado, a no vender tales productos o servicios a comerciantes o distribuidores no autorizados".[22] La definición dada por la doctrina coincide, en rasgos generales, con la que la jurisprudencia ha establecido.

De este modo, distribución selectiva y distribución autorizada son distintas denominaciones de una misma modalidad de contrato.[23] Se diferencia de la compra y venta en exclusiva por la inexistencia de pacto en exclusiva y la previsión de requisitos no territoriales que determinan la selección del distribuidor. En estos casos también se integra al distribuidor en una red de comercialización o distribución creada por el proveedor y en la que se contempla la colaboración entre sus miembros. El nivel de integración en los sistemas de distribución selectiva es de menor intensidad que en los sistemas de distribución exclusiva y en particular del contrato de concesión.[24]

1.4 El contrato de franquicia

Según establece el art. 62 de la Ley 7/1996, 15 de enero, de ordenación del comercio minorista, la franquicia es el contrato por el que una empresa franquiciadora, cede a otra, denominada franquiciada el derecho a la explotación de un sistema propio de comercialización de productos o servicios. Dicha definición es contemplada también por jurisprudencia y doctri-

---

22 Véanse en este sentido las SSTS de 26 de abril de 2000 y 26 de abril de 2002.

23 ALONSO SOTO, R. *op. cit.*, p. 200.

24 ALONSO SOTO, R., *op. cit.*, p. 201.

na. Consiste por lo tanto la franquicia en la autorización para la utilización de un sistema de comercialización propio del franquiciador lo que exige que previamente éste comunique al franquiciado los conocimientos técnicos o el saber hacer *(know how)* en qué consiste dicho sistema de comercialización. El *know how*, a su vez, se concibe como el conjunto de técnicas relativas a la comercialización de un producto o servicio compuesto por una pluralidad de elementos entre los que se encuentran la marca u otros signos distintivos, diseño industrial, derechos de la propiedad intelectual así como otros elementos materiales e inmateriales que tienen como fin presentarse frente a los terceros con la misma apariencia a la prevista por el franquiciador y observar el comportamiento comercial predeterminado por éste, que será idéntico al de otros franquiciados. Esta función económica le distingue del contrato de distribución y del contrato de concesión, aunque tiene rasgos comunes a estos contratos.[25]

La franquicia presenta también similitud con el contrato de licencia sobre bienes inmateriales (derechos de la propiedad intelectual e industrial) ya que se da autorización para la utilización de un bien inmaterial, el propio sistema de comercialización de productos. De esta manera, permite aplicar al mismo normas comunes a cualquier tipo de contrato de licencia de bienes inmateriales. Pero añade el aspecto organizativo, presente en la franquicia pues el franquiciado se integra en la red de comercialización creada por el franquiciador, lo que determina un mayor nivel de integración del distribuidor

---

25 *Vid.* por todos, RUIZ PERIS, J.I., "Las redes empresariales en el Proyecto de Ley de contratos de distribución español de 2011" en (VIERA GONZÁLEZ, J., ECHEBARRÍA SÁEZ, J.A., y RUIZ PERIS, J.I. (dirs.)) *La reforma de los contratos de distribución comercial;* Madrid 2012, pp. 75 y ss.

(franquiciado) en la red de comercialización del proveedor (franquiciador).[26]

1.5 El contrato de agencia

El contrato de agencia puede definirse, como "*aquel contrato en el que una persona natural o jurídica, denominada agente, se obliga frente a otra de manera continuada o estable a cambio de una remuneración, a promover actos u operaciones de comercio por cuenta ajena, o a promoverlos y concluirlos por cuenta y en nombre ajenos, como intermediario independiente, sin asumir, salvo pacto en contrario, el riesgo y ventura de tales operaciones*" (art. 1 LCA).

El contenido esencial del contrato es la actividad de promoción continuada de actos y operaciones de comercio. Además, se puede incluir la obligación adicional de concluir esas mismas operaciones en representación del empresario principal. El agente deberá realizar esta actividad de forma genérica, es decir, sin esperar a recibir encargos concretos y determinados. Asimismo, estas funciones podrán unirse a otras complementarias, como puede ser el recibir pagos, hacer entregas, etc. Si no se establece la duración del contrato, será indefinida. El contrato de agencia será oneroso, porque siempre es una colaboración remunerada. Será, además, un contrato consensual, por lo que basta el simple consentimiento de ambas partes, incluso expresado verbalmente, para que se considere eficaz-

---

[26] RONCERO SÁNCHEZ, A., *op. cit.*, p. 90.

mente celebrado. Es también, un contrato que se celebra *intuitu personae*[27] ya que está basado en una relación de confianza.[28]

La función económica del contrato de agencia es la de responder a la necesidad de ampliar un círculo de clientela. La actividad de promoción consiste en la realización de los actos necesarios para conseguir la conclusión de contratos, lo cual debe distinguirse de la conclusión misma.

El contrato de agencia además es un contrato de duración, por lo que la actividad de promoción debe ser continuada y estable, aunque no es imprescindible que sea permanente. La conclusión de los contratos por el agente, cuando proceda, consiste en el perfeccionamiento jurídico de los mismos.[29]

La regla general es que el agente se limite a promover los contratos que le han sido encomendados, siendo el principal el que concluya los contratos que el agente le propone. Sin embargo, en ocasiones, el agente también puede concluir o al menos iniciar la conclusión del contrato, pero en estos casos el agente ha de tener la representación del empresario.

Por lo que respecta a las obligaciones del agente, éste habrá de ejercitar su actividad profesional de promover o de concluir las operaciones que se le hubieren encomendado (bien personalmente o por medio de sus dependientes) actuando siem-

---

27 Sobre la condición de *intuitu personae* en los contratos de distribución véase en profundidad al autor JARNE MUÑOZ, P., "*El intuitu personae* en los contratos de distribución integrada", *Actualidad Civil,* nº6, 2016, p.2 y ss. Dicho autor sostiene que "*los contratos de distribución constituyen el instrumento a través del cual se articula una relación comercial de carácter estable, por los que la confianza de las partes ocupa un lugar preponderante*".

28 BROSETA PONT, M., y MARTINEZ SANZ, F., *op, cit.* p. 203.

29 TORRUBIA CHALMETA, B., "Contratos de distribución", en DE LA CUESTA RUTE, J.Mª. (dir) y VALPUESTA GASTAMINZA, E., (coord.) *Contratos mercantiles,* 2ª ed. Barcelona, 2009, pp. 93 y ss.

pre de forma leal y de buena fe y velando por los intereses del empresario principal por cuya cuenta actúe. Esta obligación implica que el agente ha de cuidar con la diligencia de un ordenado empresario la promoción y, en su caso, conclusión de las operaciones que tuviere encomendadas, comunicando al empresario principal toda información relevante, desarrollando su actividad conforme a las instrucciones recibidas, siempre que no afecten a su independencia. El agente tiene también una legitimación pasiva para recibir reclamaciones de terceros.

Asimismo, el agente tiene como obligación la de no competencia, que implica el deber a cargo del éste de no ejercer por su cuenta, o por cuenta de otro empresario, una actividad profesional respecto a los mismos bienes o servicios iguales o análogos a los que debe promover como consecuencia del contrato de agencia; es decir, el agente no debe hacer la competencia al empresario principal.

Por otro lado, por lo que respecta a las obligaciones del empresario principal, debe de facilitar al agente el desarrollo de la actividad proporcionándole las informaciones necesarias para ello y poniendo a su disposición los muestrarios y la documentación que sea precisa. El empresario deberá, además, comunicar al agente dentro del plazo de quince días, si la acepta o la rechaza la operación propuesta por éste. Aceptada la operación, el empresario deberá comunicar al agente en el plazo más breve posible, según la naturaleza de la operación, su ejecución total o parcial, o bien su falta de ejecución.

Asimismo, es obligación del empresario el pago de la remuneración pactada. La remuneración, salvo pacto en contrario, impide que el agente pueda reclamar al empresario los gastos en los que incurra. La remuneración puede consistir en una cantidad fija, en una comisión o en una combinación de los dos sistemas anteriores. Si en el contrato no se ha fijado la remuneración, será la que resulte de los usos y en defecto de éstos la que sea razonable dadas las circunstancias. El sistema más común de remuneración del agente es la comisión, calculada ésta según el volumen o el valor de las operaciones promovidas. El nacimiento del derecho a la comisión surge o bien en el momento en que el empresario haya ejecutado o debido ejecutar la operación promovida o concluida por el agente, o bien cuando la operación haya sido ejecutada total o parcialmente por el tercero. El derecho nace cuando se produce cualquiera de los dos supuestos anteriores, sin que las partes en el contrato puedan establecer que solo surgirá en uno de los dos casos. El derecho a la comisión se extinguirá si la operación concluida por su intervención entre el empresario y el tercero no ha sido ejecutada por circunstancias que no sean imputables al empresario.

El agente, en defensa de su derecho a la comisión, tiene un derecho de información frente al empresario principal, que debe suministrar trimestralmente, o en un plazo inferior si así se ha pactado, los datos precisos sobre los elementos pueden servir de base para el cálculo de las comisiones. La comisión se pagará al agente no más tarde del último día del mes siguiente al trimestre natural al momento en el que hubiera nacido el derecho, salvo que se hubiere establecido en el contrato un plazo inferior.

El contrato de agencia podrá pactarse por tiempo determinado o indefinido. Si no se hubiera fijado una duración determinada, se entenderá que el contrato ha sido pactado por tiempo indefinido. El contrato de agencia convenido por tiempo determinado se extinguirá por cumplimiento del término pactado. No obstante lo anterior, los contratos de agencia por tiempo determinado que continúen siendo ejecutados por ambas partes después de transcurrido el plazo inicialmente previsto, se considerarán transformados en contratos de duración indefinida.[30]

El contrato de agencia de duración indefinida se extinguirá por la denuncia unilateral de cualquier de las partes mediante preaviso por escrito. El plazo de preaviso será de un mes para cada año de vigencia del contrato, con un máximo de seis meses. Si el contrato de agencia hubiera estado vigente por tiempo inferior a un año, el plazo de preaviso será de un mes. Respecto a las consecuencias de la extinción unilateral del contrato por lo que respecta a las indemnizaciones por clientela y por daños y perjuicios, trataremos de este tema en otros apartados para examinar su aplicación analógica a la finalización de los contratos de distribución.[31]

Las grandes diferencias que presentan el contrato de distribución y el contrato de agencia son las siguientes:[32]

a) Un elemento que les identifica a ambos y a su vez les distingue, es a quién rinde cuentas el distribuidor y a quién el agente en el caso de la agencia. Es decir, el agente siempre estará bajo las instrucciones del empresario principal, debiendo rendir cuentas y compartiendo el riesgo. En cambio, en el contrato de distribución, el distribuidor actúa siempre en su nombre y propia cuenta dejando atrás posibles conflictos en cuanto a responsabilidades ya que el empresario principal nunca estará afectado por las actuaciones del distribuidor.

b) Otra característica propia del contrato de agencia, y que ha causado problemas de interpretación y aplicación de

---

30 BROSETA PONT, M. y MARTINEZ SANZ, F., *op. cit.*, p. 260.

31 Al respecto, *vid.* por todos, MARTINEZ SANZ, F., *La indemnización por clientela en los contratos de agencia y concesión*, Madrid, 1995.

32 ARROYO APARICIO, M. L., *Contrato de agencia. Principios y análisis.*, Aranzadi, 2019. p. 89.

la norma, es una de las consecuencias que se da tras la extinción del contrato de agencia, la indemnización por clientela. En principio esta consecuencia no se contempla para los contratos de distribución, pero sobre esta cuestión la jurisprudencia del TS ha sido determinante a la hora de decidir si es aplicable o no la norma de la LCA por analogía, ya que se trata de aplicar un precepto legal a otro supuesto contractual, tema que será analizado en este trabajo.[33]

c) También otra diferencia a destacar es que, como resultado de que la agencia posee regulación expresa, se facilita expresamente un concepto o definición de este contrato, mientras que para el de distribución la única definición la proporciona la ya mencionada jurisprudencia, que indica que en dicho contrato "*el empresario que se compromete, a cambio de una contrapartida, a promover en nombre y por cuenta propia, la reventa de los productos de un empresario principal en un territorio determinado. Integrándose así el concesionario en la red de distribución del concedente.*"[34]

d) Otro aspecto conflictivo es el tiempo de duración de esta modalidad de contrato, ya que lo más habitual es que el contrato tenga una duración de 1 o 2 años y una

---

33 El Tribunal Supremo ha señalado finalmente (STS 317/2017 de 19 de mayo (RJ 317/2017), confirmando así sus pronunciamientos anteriores de las sentencias 356/2016 de 30 de mayo y 137/2017 de 1 de marzo) que, a los contratos de distribución, en cuanto a la indemnización por clientela puede ser aplicado lo previsto en el artículo 28 LCA, siempre y cuando se pruebe la efectiva aportación de clientes que beneficien al concedente. El cálculo de dicha indemnización ha de hacerse sobre el margen neto, es decir, el beneficio del distribuidor después de descontar los gastos e impuestos.

34 STS de 26 de julio de 2000 (RJ 2000/2340) y de 5 de febrero de 2004 (RJ 2004/1299).

posible prórroga que se dará de forma automática salvo expresa voluntad de no continuar con el mismo.

En cuanto a la celebración del contrato de distribución, como ya hemos analizado en epígrafes anteriores, no posee una regulación específica en la que basarse para su perfección, de modo que el acuerdo de voluntades cobra una gran importancia teniendo como límites las leyes marco como el Código Civil (CC) y el Código de Comercio (Ccom), y la doctrina y la jurisprudencia recaída sobre dichos contratos. Es el caso de la aplicación analógica de ley 12/1992 de la Ley de Agencia, concretamente, el artículo 28 sobre la indemnización por clientela, que es el hecho que más controversia ha generado, ya que, en principio, la única indemnización que se contempla en relación a toda modalidad contractual es la de daños, como analizaremos posteriormente.

Por otra parte, las labores que lleva a cabo el distribuidor son las mismas que realiza el agente, salvando las diferencias relativas a la naturaleza de sus objetivos, ya que como se ha indicado, los contratos son similares pero diferentes. Esa diferencia radica en el nivel de independencia del que goza cada uno, como ya se ha señalado, puesto el distribuidor trabaja por cuenta propia y actúa como propietario del material obtenido por el empresario principal, por lo que su trabajo se fundamenta en la reventa y distribución de los productos.[35] De esta manera el distribuidor obtiene sus ingresos de la diferencia con la reventa. Por su parte, el agente se limita a actuar en nombre del empresario principal mediante la promoción de ventas por cuenta ajena. Es decir, no promueve actos por cuenta ajena, natural de un agente, sino que como distribuidor compra y revende y en cuyo sobreprecio está su propia remuneración.

---

35 SAP Madrid de 20 de febrero de 2012 (RJ 2012/ 54): existe contrato de distribución cuando el concesionario o distribuidor actúa en su nombre y por cuenta propia.

Como consecuencia de todo lo anterior, la jurisprudencia y la doctrina ha declarado que los contratos de distribución deben ser redactados con gran claridad para evitar confusiones con otras modalidades contractuales.

2. Normativa aplicable

Al ser un contrato claramente identificado dentro de la modalidad de distribución, es un contrato atípico y que carece de regulación propia de naturaleza jurídico-privado. Por tanto, se caracteriza porque predomina la autonomía de la voluntad limitada siempre por la normativa española y europea aplicable sobre defensa de la competencia y por la normativa de contratos de índole similar.

Por tanto, la legislación aplicable al contrato de distribución es la siguiente:

2.1. Código Civil y Código de Comercio

Al tratarse de un contrato atípico entre empresarios y consensualmente típico, la ausencia de normativa expresa da cabida a la voluntad de las partes y por lo tanto a la libertad contractual que se estipula en el artículo 1.255 del CC, que quedará como un límite máximo a los pactos y cláusulas que se concreten. Al igual que otro límite será el de respetar y actuar conforme a la buena fe[36] que reclaman los preceptos 1258 del CC. y el 57[37] del Ccom.

2.2 Ley del Contrato de Agencia, Ley 12/1992 (LCA)

Esta ley se aplica en ciertos aspectos destacados a modo de analogía, ya que es la única ley que regula una de las modalidades de distribución: la agencia. Por lo tanto, el único contrato que tiene normativa jurídico-privado es el contrato de agencia y dada la similitud existente entre ambos contratos, la jurisprudencia entiende que es viable la transposición por analogía de determinados preceptos en los casos que sea conveniente.[38]

2.3. Normativa europea

El Tratado de Funcionamiento de la Unión Europea (TFUE), en su artículo 101.1 recoge una serie de casos que tien-

---

36 La buena fe del art. 1258 aparece recogida como fuente externa la voluntad contractual. Como afirma DÍAZ- REGAÑÓN GARCÍA ALCALÁ, C., *En Comentarios al Código Civil,* Aranzadi, Pamplona, 2009, p. 1483: "*responde a la necesidad de llenar las lagunas que las partes han dejado subsistentes en el contrato*".

37 De acuerdo con el artículo 57 Ccom.: *«los contratos de comercio se ejecutarán y cumplirán de buena fe, según los términos en que fueren hechos y redactados, sin tergiversar con interpretaciones arbitrarias en sentido recto, propio y usual de las palabras dichas o escritas, ni restringir los efectos que naturalmente se deriven del modo con que los contratantes hubieran explicado su voluntad y contraído sus obligaciones».*

38 BROSETA PONT, M. y MARTÍNEZ SANZ F., *op. cit.,* p. 210. Para el sector de la distribución de vehículos, la ley 2/2011, de Economía Sostenible, expone que la disposición adicional primera de la Ley del Contrato de Agencia (12/1992), dispone expresamente que la normativa relativa a este contrato podrá ser aplicada por analogía en los negocios jurídicos de distribución de vehículos.

den a surgir de acuerdos de empresas con las consecuencias de restringir o impedir la competencia libre entre las mismas en el mercado interior de los Estados miembros, determinando si se aplica esa nulidad de pleno derecho a esos acuerdos.

No obstante, en su apartado 3, contempla supuestos en los que serán inaplicables las circunstancias anteriores, ya que su finalidad atiende a un bien superior y sus consecuencias son en beneficio del interés del mercado común por contribuir a mejorar la distribución o producción de mercancías y a fomentar el progreso técnico y económico, proporcionando una participación equitativa a los usuarios.

Para cumplir dichos fines, se promulga el RECAV 2022[39] cuyo objetivo es regular lo dispuesto en el artículo antes mencionado sobre las exenciones a los supuestos de falseamiento de la competencia, y que supone la norma principal y de base sobre la materia. Dicho Reglamento comunitario atiende a los casos de acuerdos y asociaciones de empresas que contempla el artículo 101.1 del TFUE, que cooperan entre sí de una manera piramidal, estableciendo así unos niveles distintos de producción y distribución, y que son conocidos como "acuerdos verticales". El objetivo de este Reglamento es que aquellos acuerdos que, aun cumpliendo con lo que establece el artículo 101.3 del TFUE, puedan contemplarse como una de las exenciones que se disponen, ya que pueden mejorar la eficiencia económica de una cadena de producción o de distribución al dejar una mayor coordinación entre las empresas que formen parte del negocio jurídico en cuestión. En este sentido, en concreto cabe destacar la reducción de costes y diversificación

---

39 Reglamento (UE) 2022/720 de la Comisión de 10 de mayo de 2022 relativo a la aplicación del artículo 101, apartado 3, del Tratado de Funcionamiento de la Unión Europea a determinadas categorías de acuerdos verticales y prácticas concertadas.

del trabajo permitiendo un aumento en los niveles de ventas.[40] Por lo tanto, la Comisión estructura el RECAV 2022 en torno a las exenciones por categorías,[41] dotando de esta manera de equilibrio y de un abanico de posibilidades a los acuerdos verticales.[42]

2.4 Ley de Defensa de la Competencia, Ley 15/2007, de 3 de junio (LDC)

Al carecer de una legislación propia que regule de manera expresa esta modalidad contractual, solo se posee como protección a nivel nacional la LDC. Esta norma trata de imponer los límites de manera general para que no se den supuestos de ataque a la libre competencia y al interés común. Uno de los mecanismos más importantes que se posee en la actualidad es la Directiva 2014/104/UE[43] del Parlamento Europeo y Consejo, cuyo objeto es la regulación de las acciones de daños y perjuicios derivados de ilícitos competitivos.

---

40 VIDAL MARTÍNEZ, P., "Novedades de competencia en materia de reglamentos de exención por categorías de acuerdos verticales, automóviles y seguros". *Revista de actualidad jurídica de Uría Menéndez*, 2010, pp. 74-79.

41 *Vid.* VIDAL MARINEZ, P., *op. cit.*, p. 75.

42 Se desarrollará más ampliamente esta cuestión en el último capítulo de este trabajo.

43 La Directiva 2014/104/UE es la relativa a determinadas normas por las que se rigen las acciones por daños en virtud de derecho nacional, por infracciones del Derecho de la Competencia de los Estados Miembros y de la Unión Europea.

3. Normativa proyectada

3.1 Proyecto de Ley de Contratos de Distribución, de 29 de junio de 2011 y Anteproyecto de Ley de Código Mercantil, de 30 de mayo de 2014

Como se ha mencionado en el presente trabajo, los contratos de distribución carecen de regulación normativa, por lo que son denominados atípicos. En consecuencia, hace ya algunos años, se pusieron en marcha varios proyectos normativos con el objetivo de eliminar dicha atipicidad. Para llevar a cabo tal propósito, se promueve la en la reforma de la LOCM, a través de la entrada en vigor de la Ley 1/2010, de 1 de marzo, con la finalidad de adaptarla a la Directiva 2006/123/CE del Parlamento Europeo y del Consejo relativa a los servicios en el mercado interior, introduciendo en dicha norma nacional una nueva disposición adicional. En esa disposición adicional con el número 11ª, se emitía un mandato al Gobierno mediante el cual debía de regular el régimen jurídico de los contratos de distribución.

Poco tiempo después, la Ley 1/2011, de 4 de marzo, de Economía Sostenible, en su Disp. Adicional 16ª introducía otro nuevo mandato, en este caso en la LCA, la cual regulaba, de forma transitoria, y hasta el momento en que entrara en vigor la esperada Ley de Contratos de Distribución, los contratos de distribución de vehículos automóviles e industriales.

No obstante, la vigencia de esta regulación fue cuanto menos breve, habida cuenta que, en pocos días posteriores a la entrada en vigor, la disposición final 4ª de la Ley 7/2011[44] suspendió la vigencia de la Disposición Adicional 1ª de LCA, sin

---

[44] Ley 7/2011, de 11 de abril, por la que se modifican la Ley 41/1999, de 12 de noviembre, sobre sistemas de pagos y de liquidación de valores y el Real Decreto-ley 5/2005, de 11 de marzo, de reformas

explicación alguna de este cambio en el Preámbulo de la norma[45]. Únicamente disponía la Disposición Final 4ª que, en el plazo de seis meses, el gobierno debía de aprobar un Proyecto de Ley de Contratos de Distribución. Asimismo, hasta el momento en el que esa Ley no entrará en vigor, el Gobierno debía presentar a las principales asociaciones automovilísticas un código de buenas prácticas donde se contemplará la constitución de un comité de seguimiento y con capacidad de resolución de conflictos.

El 24 de junio de 2011, cumpliendo con la disposición antedicha, el Gobierno presentó un Proyecto de Ley de Contratos de Distribución (PLCD). Pesé a su tramitación por el procedimiento de urgencia, el PLCD caducó a causa de la disolución de las Cortes ese mismo año. Adentrados ya en la siguiente legislatura, fue presentado en diciembre del 2011 una Proposición de Ley de Contratos de Distribución, de idéntico contenido al PLCD, propuesta que finalmente no consiguió su aprobación por falta de apoyo.

---

urgentes para el impulso a la productividad y para la mejora de la contratación pública (BOE nº87, de 12/04/2011).

45 Según CRUZ RIVERO, D., La regulación proyectada (y fracasada) de los contratos de distribución. *El proyecto de Ley de contratos de distribución y la propuesta de Código Mercantil. Estudios sobre el futuro Código Mercantil: Libro homenaje al profesor Rafael Illescas Ortiz*, Getafe, 2015, p. 1263. Al parecer, ello sería consecuencia de la oposición mostrada a la nueva regulación por parte de los fabricantes de automóviles. Como consecuencia el Gobierno pactó con las asociaciones de fabricantes y de concesionarios (ANFAC, ANIACAM, FACONAUTO y GANVAM) la derogación de la norma a cambio de la promulgación de una Ley de contratos de distribución. Incluso por parte del sector de dejó entrever que esta regulación tendría como consecuencia un cambio en el modelo de las redes de distribución actuales, dando lugar a que los propios fabricantes implantaran una red de comercialización propia, lo que originaría una elevación del precio de los automóviles y una crisis en el sector.

Sin embargo, el camino de la regulación proyectada de los contratos de distribución continuó en el seno de la Comisión General de Codificación, a través de la Propuesta del Código Mercantil[46] (ACM), en el que quedó incluido como una modalidad de contrato de colaboración en su art. 543, continuando de esa forma con lo que pretendía plasmar el PLCD, una regulación unitaria y uniforme para todo este tipo de contratos, incluyendo los relativos a la distribución de vehículos automóviles.

En cambio, de forma sorprendente, en el ACM[47] desaparecieron todas las referencias hacia los contratos de distribución, ya que únicamente regulaba el contrato de agencia, derogando de ese modo la LCA, y no contemplando el resto de modalidades, como la franquicia, por lo que se excluía de la Disposición Derogatoria el art. 62 LOCM.

Tanto en el ACM como en el PLCD partían del respeto a la autonomía de la voluntad y, en ese sentido, otorgaban a las partes la posibilidad de confeccionar su relación de forma contractual. A saber, la enumeración de tipos de contratos de distribución que aparecen tanto el art. 2 PLCD como en el art. 543-2 ACM era única y meramente ejemplificativa. Básicamente, se contemplaba que el empresario busca distribuir sus productos o servicios a través de otros empresarios y ordenar a estos de la forma en la que estime más oportuno[48]. Del mismo modo que, el punto de partida del distribuidor era la libertad

---

46 Puede consultarse la Propuesta de la Comisión General de Codificación en la página *web* del Ministerio de Justicia: http://www.mjusticia.gob.es/cs/Satellite/es/1215197775106/Medios/1288780618794/Detalle.html.

47 Puede consultarse el Anteproyecto en la página *web* del Ministerio de Justicia: http://www.mjusticia.gob.es/cs/Satellite/es/1215197775106/Medios/1288788719402/Detalle.html.

48 *Vid.* JARNE MUÑOZ, P., "Algunas consideraciones sobre la problemática de la distribución comercial", *ProQuest.* https://search.proquest.com/docview/1869481583?pq-origsite=primo. p. 3.

como empresario, ya que es quien distribuye los productos o servicios del proveedor a los destinatarios finales, integrándose, por lo general, en la red estructurada del proveedor.

Por ello, la normativa proyectada se presentaba como un conjunto de reglas complementarias a lo establecido por las partes en el propio contrato. Por un lado, en la exposición de motivos del PLCD aparecía entre los propósitos de la norma el de formular "*unas reglas de contratación claras, transparentes y eficaces para todo el sector, que ofrezcan un régimen supletorio mínimo ante la ausencia de previsión contractual por las partes*", plasmándose dicha idea en su art. 4.1, incluyendo como principio rector el de libertad de pactos. Por otro lado, y en el mismo sentido, en la Exposición de Motivos del ACM expresaban que la regulación de los contratos mercantiles era generalmente dispositiva. A propósito de ello, debe ser mencionado que en su art. 542-3 establecía con carácter imperativo la regulación del contrato de agencia, sin extenderse dicha imperatividad al resto de modalidades.

No obstante, es cierto que en los sucesivos intentos de regular los contratos de distribución han intentado en mayor o menor medida garantizar la protección del distribuidor, considerado ampliamente por todos, la parte débil del contrato[49]. Ahora bien, pese a tratarse de un contrato entre empresarios, el presupuesto de igualdad entre las partes suele no estar correspondido a la hora de negociar el contrato, característico de las redes empresariales verticales[50]. Por ejemplo, en el contra-

---

49 ALONSO SOTO, R., "Bases para una futura regulación de los contratos de distribución", en AA. VV. *La reforma de los contratos de distribución comercial,* La Ley, Las Rozas, 2013, pp. 49-62.

50 *Vid.* ALCALÁ DIAZ, M.A., "Los contratos de distribución como instrumentos de descentralización empresarial", *Revista de Derecho de la competencia y la distribución,* nº5, 2009, pp. 65-106. En igual sentido, JARNE MUÑOZ, P. "La responsabilidad precontractual en el sector

to de agencia, usualmente, el proveedor ostenta una posición de dominio que se substancia en la capacidad de imposición sobre el distribuidor (en este caso el agente) de unas condiciones generales. Por tanto, la protección de la parte débil del contrato, el distribuidor, es un argumento fundamental a favor de la regulación positiva de los contratos de distribución. En este sentido, resulta innecesario el sometimiento contemplado en el art.9 PLCD de los contratos de distribución a la Ley 7/1998, de 13 de abril, sobre Condiciones Generales de la Contratación, (en adelante LCGC), cuando se utilizaran este tipo de cláusulas. No obstante, el principal obstáculo es que la LCGC no admite un control del contenido de las condiciones generales, habida cuenta que tal posibilidad queda reservada a la contratación con consumidores, reserva ampliamente criticada por parte de la doctrina[51], puesto que existen autores que proponen un control del contenido de las condiciones generales abusivas en la contratación entre empresarios, debiéndose aplicar en dichos casos de forma analógica la normativa en las relaciones con consumidores[52]. Únicamente en el ámbito del Derecho de la competencia, como un posible abuso de posición dominante, o conductas desleales, el empresario débil podría encontrar protección frente a los abusos del proveedor[53].

---

de la distribución comercial" *Revista de Derecho de la competencia y la distribución,* nº13, 2013, pp. 51-79.

51 *Vid.* por todos MATO PACÍN, Mª. N., *Cláusulas abusivas y empresario adherente,* Boletín Oficial del Estado (BOE), Madrid, 2017.

52 En este sentido, PEÑAS MOYANO, M.J. y SÁNCHEZ PACHÓN, L.A., "Control de las condiciones generales de la contratación y otras formas de protección. Las ventas a distancia en particular" en AA. VV. *Distribución comercial y Derecho de la competencia,* La Ley, Las Rozas, 2011, pp. 103-136.

53 ECHEBARRÍA SÁENZ, J.A., "Problemas de política jurídica y de técnica jurídica en la regulación de los contratos de distribución", *Revista de Derecho de la competencia y la distribución,* nº10, 2012, pp. 15-53.

En conclusión, a nuestro parecer, ambas normativas proyectadas abandonaron la idea de regular la distribución comercial, distinguiendo los diversos sectores económicos y recogiendo sus peculiaridades. Ésta era una visión compartida por el legislador al redactar la Ley de Economía Sostenible[54] que introdujo en la LCA. la regulación de los contratos de distribución de vehículos automóviles e industriales, considerando que existen problemas de diversa índole dependiendo del sector y del mercado en el que se encuentren. Sin embargo, este posible obstáculo de las normativas proyectadas habría sido posible abordarlo por el hecho de que se proponían leyes principales, con la idea de que hubieran sido posteriormente desarrolladas por códigos de conducta para cada uno de los diversos sectores[55].

Asimismo, en relación con lo anterior, eran objeto de regulación las cuestiones relativas al común de los contratos de distribución, sin normativizar cada uno de forma individualizada, sino estableciendo normas supletorias y regulando los distintos pactos que normalmente podemos encontrar en los mismos, como los de información precontractual, exclusividad, duración y extinción del contrato, etc. Con ello, no se restringiría la capacidad de los distribuidores, ni tampoco la autonomía de la voluntad que identifica a esta modalidad contractual.

En definitiva, sería interesante contar con una regulación normativa de los contratos de distribución con un planteamiento como el expuesto en los párrafos precedentes, siendo una de las principales argumentaciones la desigualdad entre las partes que propicia en ocasiones situaciones abusivas que de esta forma podrían prevenirse y controlarse, más allá de

---

54 Ley de Economía Sostenible, publicada en el BOE núm. 55, de 05/03/2011. https://www.boe.es/eli/es/l/2011/03/04/2/con

55 *Vid.* ECHEBARRÍA SÁENZ, J.A., "Problemas de política jurídica y de técnica jurídica...", *cit.*, p. 24.

la tutela que ofrece el Derecho de la competencia[56]. Dada la inexistencia de una regulación clara, ordenada y sistemática de esta modalidad contractual provoca la aparición de problemas y conflictos, debiendo acudir por analogía para la resolución de los mismos a la LCA. No obstante, no es desconocida la crítica vertida al PLCD por la CNMC, recogida en su informe IPN 58/11[57], en el que consideró que la normativa proyectada regulaba en exceso los contratos de distribución, lo que conllevaría, a juicio de la comisión, una restricción de la libertad de empresa. Al mismo tiempo, intentar equilibrar el poder negociador de las partes podría llevar a cabo una menor flexibilidad en la configuración de las cadenas de distribución. Y como consecuencia de dicha rigidez normativa conllevaría una disminución de la competencia[58].

Probablemente el mencionado informe se ha tenido en cuenta a la hora de adoptar la decisión política de continuar con la atipicidad en este tipo de contratos. Y a ello se le debe sumar la gran oposición de ciertos sectores económicos, posiblemente temerosos de perder su gran capacidad de negociación.

3.2 Dificultades de regulación del contrato de distribución. Los códigos de conducta

Una de las dificultades que se ha puesto de manifiesto en relación a la regulación de los contratos de distribución es el dinamismo de la actividad distributiva. Una Ley de Contratos de

---

56 CRUZ RIVERO, D., La regulación proyectada (y fracasada) de los contratos de distribución… *cit.*, p. 1286.

57 http://www.cncompetencia.es/Inicio/GestionDocumental/tabid/76/Default.aspx?EntryId=83141&Command=Core_Download&Method=attachment .

58 JARNE MUÑOZ, P., "La responsabilidad…", *cit.*, p. 54.

Distribución podría suponer un freno a la evolución del sector, y que su contenido se viera pronto superado por la realidad del tráfico, naciendo ya obsoleta. También, se ha alegado que tal regulación sería innecesaria, bastando con el régimen del Derecho común en materia de obligaciones y contratos. Sin embargo, frente a esas razones se ha alegado que sería suficiente con contemplar la libertad de pactos de las partes, dejando la normativa con un contenido imperativo mínimo. Además, se considera la aptitud del Derecho común de obligaciones para hacer frente a las necesidades del sector de la distribución como limitada, ya que la primera se articula en torno a estructuras ajenas al Derecho de obligaciones clásico, que carece de referencias relativas a la comercialización en red.[59]

Hay que apuntar la falta de entusiasmo por las autoridades de la competencia para desarrollar una normativa aplicable a los contratos de distribución comercial. Así, como hemos señalado, en su informe relativo al Anteproyecto LCD, la CNMC alertó sobre el peligro de la "sobrerregulación", que, con la vista puesta en alcanzar un equilibrio entre las partes contratantes, redujera en exceso el principio de libertad de pactos.

Otras voces se han alzado, desde una postura intermedia, señalando que, con independencia de la posible conveniencia de regular otro tipo de relaciones distributivas, incluidas aquellas que presentan carácter ascendente, la distribución comercial integrada descendente demanda una normativa sustantiva propia, que tenga presentes los matices de la distribución en red y la vertiente organizativa de estas relaciones comerciales introducen en relación a las partes y a su contenido obligacional.[60]

---

59 *Vid.* RUIZ PERIS, J.I., "Las redes empresariales en el Proyecto de Ley de distribución 2011" en (VIEIRA GONZÁLEZ, J., (dir.)) *La reforma de los contratos de distribución comercial,* Madrid La Ley, 2012, p. 77 y ss.

60 Véase en ese sentido, JARNE MUÑOZ, P., *op. cit.*, p. 12.

Teniendo en cuenta las dificultades anteriormente reseñadas para abordar una regulación de los contratos de distribución, hay que hacer referencia a los códigos de conducta, que se perfilan en ese sentido, como una auténtica alternativa, y que serán también objeto de estudio en epígrafes posteriores. El propio prelegislador se mostró partidario de su difusión y promoción en los distintos ámbitos sectoriales, sirviendo así de ayuda para interpretar y ejecutar los contratos en el sector de la distribución comercial.

Es evidente la mejora que los códigos de conducta suponen respecto a la legislación en cuestiones como la flexibilidad y la posibilidad de prestar atención a cuestiones concretas que se presentan, siendo igualmente de gran utilidad a los jueces a la hora de valorar la conducta de las partes. Sin embargo, la libertad que plantean como instrumentos de autorregulación es, a su vez, su principal debilidad, ya que, tratándose de instrumentos de adhesión voluntaria, sus declaraciones únicamente resultarán exigibles en relación a aquellos operadores que hayan decidido libremente someterse a ellas, y lo mismo puede predicarse de la eficacia de las sanciones a que den lugar los incumplimientos. Esta es la razón que ha llevado a cierto sector doctrinal a defender la conveniencia de códigos de conducta positivos, que marquen la línea a seguir a través de la fijación de estándares que se consideran adecuados para actividad en el sector y en general en el mercado.[61] Esta es la filosofía que late tras el Código Deontológico Europeo de la franquicia, que constituye la muestra más destacada del fenómeno de la autorregulación en España, no sólo por el respaldo de venir suscrito por la Asociación Europea de Franquiciadores, sino por el contenido que desarrolla. De esta forma los Códigos de

---

61 *Vid.* MARTÍ MIRAVALLS, J., "Los códigos de conducta en las redes de franquicias: el modelo americano versus el europeo" *RDM*, 2008 nº 269, pp. 953 y ss.

conducta, con el suficiente respaldo, se convierten en una herramienta poderosa susceptible de influir en las decisiones de la clientela, por lo que se entiende que las autoridades de la competencia promuevan su utilización.

II. OBLIGACIONES DE LAS PARTES EN EL CONTRATO DE DISTRIBUCIÓN COMERCIAL

1. Obligaciones de las partes

La labor principal del concesionario o distribuidor es la de centrarse en la promoción y explotación máxima de los productos que el concedente le ha facilitado para así poder revender todos los productos a su disposición para aquella zona geográfica que se le indique como objetivo.

Es decir, se pactan entre las partes que conforman el contrato una serie de objetivos, relativos a la reventa, para poder conseguir unas cifras o resultados satisfactorios para ambas partes en cuanto a promoción del producto y por los beneficios que le proporciona el margen de reventa al distribuidor. Se considera una práctica habitual y que no plantea problemas siempre y cuando no se perciba una conducta abusiva por parte de concesionario, cuando cumpla con los mínimos exigibles, tal y como indica la Sentencia del Tribunal Supremo de 2 de marzo de 2001[62]. Por tanto, las obligaciones del distribuidor son las de cumplir con los objetivos marcados por el empresario principal mediante la promoción y reventa de los productos y

62 La citada sentencia dictamina que la jurisprudencia y la doctrina lo dan por válido dichos mínimos sin ni siquiera considerarlos un abuso del artículo 1256 del Código Civil. (STS de 2 de marzo de 2001, RJ 2616).

mercancías objeto del contrato, siempre y cuando los objetivos marcados en el contrato no atenten contra la defensa de la competencia ni tiendan a ser abusivos, hecho difícil de determinar ya que al ser un contrato que se rige por la autonomía de la voluntad sin norma expresa, resulta complicado realizar una interpretación de la voluntad de manera exacta. Por este motivo la jurisprudencia tiende a ser prudente y aceptar la resolución del contrato cuando haya diferencias sustanciales entre lo reflejado en el contrato y lo logrado finalmente.[63]

Por otro lado, las obligaciones del concedente son de apoyo y consisten en llevar a cabo aquellas actividades que afecten positivamente al contrato sin frustrar las expectativas del mismo. Es decir, que el distribuidor pueda generar sus ganancias facilitando y aportando medidas publicitarias para hacer el producto más atractivo y respetar las cláusulas del contrato relativas a la exclusividad.

2. La obligación del proveedor de información precontractual

La proyectada regulación en materia de deberes precontractuales incluida en el Libro Cuarto del ACM[64], sobre obligaciones y contratos mercantiles en general y en cuyo Título I, Capitulo II sobre *"deberes en la fase preparatoria del contrato"* recogía el deber de confidencialidad (art. 412-1) y la responsabilidad derivada de su incumplimiento, así como un artículo específico sobre responsabilidad precontractual, el art. 412-2 sobre "*Responsabilidad por los daños causados en la fase preparatoria del contrato*". De otra parte, en su momento, el PLCD dedicó su título II a la formación del contrato, lo que demuestra el

---

63 DANIEL VAZQUEZ, A., ALONSO SOTO, R. y BALCELLS CABANAS, J.M., *Los Contratos de distribución comercial: novedades legislativas y jurisprudenciales*, Tirant lo Blanch, 2010, pp. 45 y ss.

64 Aprobado en Consejo de Ministros, de 30 de mayo de 2014.

interés del legislador por las cuestiones relativas al periodo de formación del contrato, siguiendo la senda de muchos ordenamientos europeos, y sobre todo del Reglamento Roma II.

En relación a las características de los contratos de distribución, una de las más destacadas es la desigualdad existente entre las partes del contrato, que puede presentarse en forma de asimetría informativa. Ello lleva, cuando la desigualdad entre las partes es intensa, a que el legislador incluya una serie de deberes de carácter precontractual en diversas normas. Su finalidad sería proteger la libertad contractual de las partes para que éstas puedan formar su voluntad de forma correcta. En general, como hemos señalado anteriormente, los contratos de distribución son contratos de adhesión en los que, aunque ambas partes reúnen la condición de empresarios, una de las mismas tiene el carácter de contratante débil y por lo tanto en ocasiones merece una tutela específica ante situaciones de simetría informativa.[65] Por ello puede ser conveniente una regulación especial de los deberes precontractuales de información. Este es el caso del contrato de franquicia, como hemos visto, y se plantea si también debería contemplarse para otro tipo de contratos de distribución a través de una regulación especial o bastaría con la protección general del Código Civil. El PLCD recogía un deber de información precontractual general, sin limitarlo a algunas modalidades precontractuales.[66]

En concreto, el PLCD establecía una serie de deberes de información más allá de los que pudieran derivarse del deber de buena fe contractual. Por lo que respecta al proveedor, el deber de información se concretaría en información sobre su

---

65 VALMAÑA OCHAÍTA, M., "La información precontractual..., cit., p. 101.

66 Coincidiendo con trabajos a nivel europeo como la *Principles, Definitions and Models Rules of European Private Law. Draft Common Frame of Reference (DCFR).*

negocio, estructura y extensión general de la red, titularidad y uso de los signos distintivos duración del contrato y sus condiciones de modificación, derechos y obligaciones de las partes pactos de exclusiva, restricciones a la actividad del distribuidor y exigencias derivadas de su incorporación a la red de distribución, régimen de extinción del contrato, precios y costes de la operación, etc. En cuanto al distribuidor, se le requería información sobre sus datos identificativos, su grado de solvencia y cualificaciones técnicas, procesos judiciales o administrativos en los que estuviera incurso y que guardara secreto sobre las informaciones a las que hubiera accedido y cuya difusión no quisiera o pudiera dañar al proveedor.

En relación al ACM tan sólo se regulaba en él el contrato de comisión, de agencia y el contrato estimatorio, y por lo que respecta a los deberes de información se limitaba a algunas obligaciones (arts. 542.9 y 542.15) referentes al contrato de agencia. [67]

Entre los pocos contratos que cuentan con una regulación específica de los deberes precontractuales de información se encuentra el contrato de franquicia. La regulación la contiene la Ley 7/1996, de Ordenación del Comercio Minorista (LOCM) y el Real Decreto núm. 201/2010 que la desarrolla. El art. 62 LOCM establece un marco de deber de información aplicable al contrato de franquicia: *"Con una antelación mínima de 20 días a la firma de cualquier contrato o precontrato de franquicia o entrega por parte del futuro franquiciado al franquiciador de cualquier pago, el franquiciador deberá haber entregado al futuro franquiciado por escrito la información necesaria para que pueda decidir libremente y con conocimiento de causa su incorporación a la red de franquicia y, en especial, los datos principales de identificación del*

---

67 A diferencia de la Propuesta de Código Mercantil de la Comisión General de Codificación, que dedicaba veinticuatro artículos a los contratos de distribución.

franquiciador, descripción del sector de actividad del negocio objeto de franquicia, contenido y características de la franquicia y de su explotación, estructura y extensión de la red y elementos esenciales del acuerdo de franquicia. Reglamentariamente se establecerán las demás condiciones básicas para la actividad de cesión de franquicias." Sin embargo, los efectos del incumplimiento del deber de información quedarían relegados a la posible nulidad o anulabilidad de contrato, tratándose de una norma incompleta ya que no se pueden derivar de la misma consecuencias jurídicas directas. [68]

Hay que tener en cuenta, que el Registro de Franquiciadores desaparece con la aprobación del Real Decreto ley 20/2018 de Medidas Urgentes para el Impulso de la Competitividad Económica en el Sector Industrial y Comercial en España. Este Registro de Franquiciadores suponía una fuente de información pública previsto en el artículo 62.2 de La Ley 7/ 1996 de 15 de enero de Ordenación del Comercio Minorista (LOCM) y estaba desarrollado reglamentariamente por el Real Decreto 201/2010 de 26 de febrero, por el que se regula el ejercicio de la actividad comercial en régimen de franquicia y la comunicación de datos al registro de franquiciadores.

Dicho RD sobre franquicia 201/2010 recoge en su artículo tercero el contenido de la información contractual que el franquiciador debe suministrar al futuro franquiciado. Consiste básicamente en suministrar los datos relativos al franquiciado (identificación), así como en el Registro Mercantil, si se trata de una sociedad; información sobre titularidad o licencia de los signos distintivos; sector en el opera la franquicia; la experiencia de la empresa franquiciadora; información sobre el saber hacer o *Know How* y sistema de negocio de la franquicia, estimación de inversiones y gastos para su puesta en marcha; estructura y extensión de la red y elementos esenciales

---

68 DOMINGUEZ GARCIA, M. A., "El contrato de franquicia" en AA.VV. *Contratos mercantiles,* Tomo I, Aranzadi, 2009, p. 897.

del acuerdo de franquicia. En cuanto a las consecuencias del incumplimiento del plazo de 20 días de antelación a la firma del contrato, y aunque la jurisprudencia es discrepante, parece que adquiere importancia el término establecido por la ley, por cuanto se refiere a un periodo de reflexión para la formación del consentimiento del franquiciado.[69] Paralelamente al deber de informar por parte del franquiciador se prevé un deber de confidencialidad por parte del franquiciado en relación a la información precontractual por parte del franquiciador.

2.1 Características de los contratos de distribución y el alcance del deber de información precontractual

En los últimos años se ha venido realizando un profundo estudio sobre los denominados deberes precontractuales y su tratamiento normativo.[70] El término "deber de informar" se utiliza con preferencia al de "obligación de informar" ya entendemos que hay centrarse en la información proporcionada en el precontrato, y ello sin prejuzgar el hecho que se aplique a una eventual responsabilidad precontractual las normas de la responsabilidad contractual[71].

En el tema que nos ocupa, los contratos de distribución, se ha venido a promover una labor reguladora de este extremo

---

69 *Vid.* SAP Barcelona de 18 de mayo de 2009 (SAP B 4581/2009).

70 A este respecto entre otros VALMAÑA OCHAITA, M., "La información precontractual en los contratos de distribución comercial: aspectos económicos y jurídicos", en AA. VV. (ALCALÁ DIAZ, M. A. dir.) *Los contratos de distribución comercial*, Bosch, 2015, pp. 98 y ss.; GÓMEZ-POMAR F., y GILI SALDAÑA, M, "Cuestiones de formación del contrato en la Propuesta de Anteproyecto de Ley de contratos de distribución", *InDret*, 1/2010, pp. 1-37.

71 DE LA MAZA GAZMURI, I., *Los límites del deber precontractual de la información*, Aranzadi, 2010, p. 60.

debido a que entran de lleno en el ámbito de la aplicación de los deberes de información. En ese sentido, hay que destacar el art. 412.1 del ACM que incide directamente sobre este tema: *"Deber de confidencialidad. Cada una de las partes deberá mantener confidencialidad sobre la información reservada que con ese carácter reciba la otra en el curso de las negociaciones. La parte que infrinja el deber de confidencialidad responderá de los daños y perjuicios que ocasione a la otra parte la infracción de ese deber"*. Asimismo, hay que destacar el tratamiento de este tema que se lleva a cabo en el PLCD, que dedicó su Título II a la formación del contrato, recogiendo un sistema que regula el comportamiento de las partes en la fase precontractual.[72] A ello dedica sus artículos 6 y 7.[73]

---

72 Como se señala en su Exposición de Motivos.

73 *Artículo 6. "Deberes precontractuales de información.*
1. Sin perjuicio de las obligaciones que deriven de la aplicación del principio de buena fe previsto en el artículo cuarto, las partes deberán entregarse mutuamente, y con razonable antelación a la formalización del contrato, toda la información necesaria para que puedan obligarse con conocimiento de causa la celebración del contrato de distribución de que se trate.
2. En particular, en el supuesto de ingreso en una red de distribución integrada el proveedor que organice y dirija la misma, y decida entablar negociaciones encaminadas a la posible perfección de un contrato de distribución, suministrará información por escrito si así lo solicita la otra parte:
a) Datos principales de identificación del proveedor, incluyendo, en su caso, los que obren en los Registros especiales para determinados contratos de distribución.
b) Descripción del contenido y características esenciales del negocio objeto de distribución comercial, así como del sector de actividad en el que se desarrolla el mismo.
c) Estructura y extensión de la red de distribución que opera bajo la misma marca al tiempo de celebración del contrato.
d) Titularidad y condiciones de uso de los signos distintivos que identifiquen el establecimiento, actividad, bienes o servicios de la red de distribución.
e) Duración del contrato así como las condiciones de renovación y modificación del mismo.

---

f) Derechos y obligaciones de las partes.
g) Eventual existencia de pactos de exclusividad.
h) Restricciones a la actividad del distribuidor y exigencias de actuación derivadas de su eventual incorporación a la red de distribución.
i) Causas, formalización y efectos de la extinción del contrato.
j) Precio o coste total de la operación propuesta, incluyendo los contratos con terceros que por indicación del proveedor deba celebrar el distribuidor para el correcto cumplimiento de sus obligaciones.
3. El distribuidor que acceda a una red de distribución integrada deberá informar por escrito si así lo solicita la otra parte sobre los siguientes puntos:
a) Datos principales de su identificación, incluyendo, en su caso, los que obren en los Registros oficiales.
b) Grado de solvencia que habrá de ser suficiente para el cumplimiento de sus funciones.
c) Cualificaciones técnicas necesarias para la ejecución de todas y cada una de las prestaciones vinculadas con el cumplimiento del contrato.
d) Eventuales procesos judiciales o administrativos que pudieran afectar al prestigio y reputación de la marca de los productos o servicios que se vayan a comercializar.
4. La exigencia de entrega de una cantidad de dinero, de la prestación de una fianza o cualquier otro tipo de garantía, como condición para la incorporación a la red de distribución o para la efectividad de determinadas cláusulas contractuales, deberá ser proporcionada y razonable, atendiendo a la previsión de facturación, al objeto del contrato de distribución y a su duración. En este caso, se deberá precisar tanto las prestaciones garantizadas como contrapartida como las obligaciones recíprocas de las partes en caso de que no llegase a celebrarse el contrato.
5. En el caso de que el contrato no llegara a celebrarse, la parte que hubiera incumplido los deberes de información establecidos en este precepto responderá de los daños y perjuicios que ocasione a la otra parte como consecuencia de dicho incumplimiento.
Artículo 7. Confidencialidad.
1. Las partes no podrán comunicar a terceros ni utilizar para otros fines distintos de la conclusión del contrato la información que reciban con ocasión de la negociación del contrato,, que sea susceptible de lesionar a la otra parte, a excepción de las comunicaciones que realicen con cualquier profesional que les preste asesoramiento jurídico o económico. En este caso las partes adoptarán las medidas que sean razonables para garantizar el cumplimiento de este

Como se ha puesto de manifiesto, los contratos de distribución poseen una serie de características que han llamado la atención del legislador en estos años. Sobre todo, en las cuestiones relativas a la etapa en la cual se forma el contrato, y ello incluso en aquellos sistemas jurídicos que tradicionalmente han sustraído ese deber de informar, como es el caso de los países anglosajones. De este modo, el tratamiento de los deberes precontractuales de información y de la responsabilidad derivada de su incumplimiento es un tema que ha sido objeto de discusión en el ámbito europeo, y las soluciones propuestas van desde acudir a normas ya existentes,[74] hasta la aplicación del régimen de la responsabilidad extracontractual a la responsabilidad contractual[75], solución esta última que ha generado cierta controversia.[76]

---

deber de confidencialidad respecto de aquellos asesores que no estén sometidos por su estatuto profesional a una obligación de idéntica naturaleza. La obligación de confidencialidad se entiende sin perjuicio de los deberes legales de información a los que pueda quedar sometida alguna de las partes.
2. La exigencia de este deber es independiente de que finalmente se celebre el contrato. Una vez se haya formalizado el contrato, se extenderá durante todo el tiempo de vigencia del mismo.
3. La parte que infrinja este deber estará obligada a resarcir a la otra los daños y perjuicios que se deriven de su incumplimiento, sin perjuicio de otras acciones legales que pudieran ejercerse."

74 *Vid.* ALFARO ÁGUILA-REAL, J., "Anteproyecto de ley de contratos de distribución",véase en: https://cms.law/es/media/local/cms-asl/files/publications/publications/cms_comentarios_al_anteproyecto_de_ley_de_contratos_de_distribucion_doc , junio 2011, p. 5.

75 Tal y como aparece en el art. 12 del Reglamento Roma II, ante opiniones críticas de la doctrina, *vid.* ARENAS GARCÍA, R., "La regulación de la responsabilidad precontractual en el Reglamento Roma II" *Indret,* 2008, pp. 1 -27.

76 En realidad, se relaciona con la controversia en torno a cuál debe ser el régimen jurídico aplicable a la culpa in contrahendo o responsabilidad precontractual.

2.1.1 Desigualdad en las partes del contrato

La doctrina y la jurisprudencia están de acuerdo en establecer que, una de las características de los contratos de distribución es la desigualdad entre las partes. La idea de la autonomía de la voluntad y su plasmación en el contrato, comienza a ser revisada debido a la contratación en masa y la aparición de la figura del contratante débil, que son los sujetos que ocupan una posición necesitada de una determinada protección especial. Esta figura es muy usual en los contratos que estipulan el sometimiento a unas condiciones generales, como los contratos de seguros, contratos de telefonía, luz, agua, etc, pero que también aparecen en determinadas modalidades de contratos de distribución, fenómeno al que antes hemos hecho referencia.

También se ha señalado por parte de la doctrina diversas funciones que se deben de tener en cuenta a la hora de una futura regulación de los deberes precontractuales, entre las cuales destacamos:

a) La función de protección del contrato, más concretamente, de la libertad contractual de las partes, con el fin de que puedan formar su voluntad sin presiones externas.

b) El interés de conservación, dirigido a la seguridad física de la persona contratante que en la satisfacción contractual.

c) El interés de protección del mercado[77].

En el caso que nos ocupa, que es el de los contratos de distribución, por lo general, se trata de contratos en los cuales una de las partes se adhiere a la otra, con independencia de que ambas partes tengan la condición de empresario, de manera

---

[77] DE LA MAZA GAZMURI, I., *Los límites del deber precontractual de la información,* Aranzadi, 2010, pp. 127-130.

que la que se adhiere será la parte contratante débil. Por tanto, dadas las circunstancias la parte "débil" es merecedora de una tutela específica ante las situaciones de falta de información. Los contratos de distribución son contratos *intuitu personae*,[78] en los que su pilar básico es la confianza, lo que influye en gran medida en el contenido del deber precontractual de informar de forma adecuada a la otra parte. Por esa razón, es necesaria una regulación en la materia de los deberes precontractuales de información, como se dan en el contrato de franquicia, debiéndose plantear en el resto de contratos análogos a éste.

En esta cuestión, existe una disparidad de opiniones entre la doctrina especializada en la materia. Una parte de la misma defiende que solamente deberían hallarse deberes de información en el precontrato cuando el grado de introducción del distribuidor en la red del proveedor así lo justifique, como sucede en la franquicia y en ciertos contratos de concesión. Frente a esta postura, otros autores argumentan que el deber de información precontractual debe predicarse de todo contrato de distribución. Y como prueba de ello traen a colación el Proyecto de Ley de Contratos de Distribución (PLCD) que en su art. 6 establecía un deber de información precontractual para todos los contratos de distribución, debido a que debe existir una protección para la parte contratante débil, cuestión que se expondrá en el siguiente epígrafe.

Es precisamente esa situación de inferioridad del distribuidor, que en muchas ocasiones adquiere la condición de empresario en el momento de la firma del contrato (ej. Contrato de franquicia), lo que justifica la imposición de deberes precontractuales.

---

78 Si bien, como destaca VALMAÑA OCHAITA, M., *op. cit.*, p. 102, el carácter personalísimo recaería más bien en su organización, hablándose más bien de *intuitu instrumenti.*

Asimismo, de los deberes de información precontractuales se derivan, según la regulación en España, las denominadas responsabilidades precontractuales, a causa del incumplimiento de estos, lo que protege en gran medida a la parte más débil[79].

2.1.2 Información precontractual obligatoria en algunos contratos de distribución.

Si analizamos algunos de los contratos de distribución podemos apreciar que, en algunos casos existe la obligación de facilitar cierta información antes de la firma del contrato como, por ejemplo, en el contrato de franquicia. En el art. 2 del RD 201/2010 de 26 de febrero, que contiene regulación sobre la franquicia se establece el contenido mínimo de tal contrato, y en el art. 3, la información precontractual que el franquiciador debe proporcionar al franquiciado. En este caso, el franquiciador proporciona al franquiciado la información esencial al contenido mínimo del contrato, esto es, el *Know-how*, los signos distintivos de la empresa y la asistencia técnica, tal y como se reconoce en la doctrina[80] y en la jurisprudencia.[81]

---

79 GARCÍA RUBIO, Mª.P., "La responsabilidad precontractual en el Derecho Español…", cit., p. 46.

80 Esta información, a su vez, modula, en lo referente a su contenido y alcance, la obligación del franquiciado de cumplir con su obligación de confidencialidad, teniendo en cuenta el grado de conocimiento que puede haberse difundido en el público en general, *vid.* ALONSO SOTO, R., "Los contratos de distribución comercial", en AA.VV., Curso de Derecho Mercantil, Tomo II, Navarra, 2007, pp. 177-203; y en "Tipología de los contratos de distribución comercial"..., cit., pp. 71 y 72.

81 SAP Pontevedra, de 23 diciembre de 2013, sobre contenido mínimo del contrato de franquicia en relación con lo establecido en el art. 2 del RD 201/2010.

2.2 Régimen normativo de la información precontractual

La fase precontractual del contrato abarca aquel periodo en el que se produce la formación de la voluntad de las partes y en que pueden derivar diversos deberes para las mismas; no serían obligaciones en sentido estricto al no haber un fundamento contractual y a pesar de que su incumplimiento si pueda trascender posteriormente al ámbito del contrato[82].

En este período de formación, las partes del futuro contrato, e incluso los terceros que puedan intervenir de alguna forma, deben actuar de acuerdo a la buena fe y confianza mutua. Existen tres tipos de deberes que deben cumplirse en la fase precontractual según la doctrina, que son: los deberes de información, el deber de lealtad y el deber de protección[83]. Los deberes enumerados anteriormente, son deberes no regulados o atípicos, aunque nos encontramos ante una tendencia al alza acerca de su regulación, debido a la protección legal que la parte contratante "débil" precisa.

En la actualidad, los deberes de información ha sido objeto de regulación dentro de los deberes precontractuales, como hemos indicado anteriormente. Vamos a centrarnos ahora en su análisis, contemplando, en primer lugar, los intentos del legislador al respecto que finalmente no han visto la luz y, en segundo lugar, su plasmación en el Derecho positivo.

---

82 DE LA MAZA GAZMURI, I., *Los límites...*, cit., p. 60.

83 *Vid.* En este sentido, GARCÍA RUBIO, Mª.P., "La responsabilidad precontractual en el Derecho Español"..., cit., pp. 43 y ss.

2.2.1 Derecho proyectado

A) Proyecto de Ley de Contratos de Distribución

En el PLCD,[84] se regulaban los deberes precontractuales, concretamente, el deber de información y las obligaciones exigidas durante el contrato. Tanto el proveedor, como el distribuidor que pretende integrarse en la red de este, deben de cumplir los deberes y obligaciones de información que en la norma proyectada se recogen.

Por una parte, en lo que respecta al proveedor, según el art. 6 de del PLCD,[85] el deber de información en la fase previa al contrato contempla los siguientes aspectos: datos acerca de la identificación sobre el proveedor, características de su negocio, estructura de la red de distribución que opera bajo la misma marca al tiempo de celebración del contrato, uso de los signos distintivos, duración del contrato, derechos y obligaciones de las partes, pactos de exclusividad, restricciones de la actividad del distribuidor, causas, formalización y efectos de la extinción del contrato y por último el precio o coste de la operación.

Por otro lado, el distribuidor que acceda a una red de distribución integrada deberá informar acerca de: datos principales de su identificación, grado de solvencia, cualificaciones técnicas para la ejecución de las prestaciones vinculadas al contrato y eventuales procedimientos judiciales que pudieran afectar al prestigio de la marca.

---

84 Publicado en el Boletín Oficial del Congreso de los Diputados en fecha 29 de junio de 2011,

85 El contenido del precepto establece obligaciones de información para el proveedor y para el distribuidor, aparte de las que obviamente puedan derivarse de la buena fe.

Asimismo, se aprecia en el art. 7 del mismo cuerpo legal el deber de confidencialidad, en el cual las partes no podrán comunicar a un tercero, ni utilizar para otro fin distinto la información que reciban con objeto a la negociación del contrato. La obligatoriedad de este deber es independiente de si al final acaba celebrándose el contrato o no, y en el caso en el que se formalice, se extenderá a lo largo de toda la vigencia del mismo.

Además de los artículos mencionados, el deber de información también aparece en el artículo 10, el que se recogen los deberes de información durante el contrato como parte de su contenido.

B) Anteproyecto de Ley del Código Mercantil, de 30 mayo de 2014

Del Anteproyecto de Ley del Código Mercantil (ACM) se debe mencionar que, únicamente se dedican los arts. 542-9 y 10 y 542-15, que regulan los deberes de información referente al contrato de agencia. Estos preceptos solamente recogen los deberes de información que afectan a la fase formativa del mismo, incidiendo también el segundo de ellos en los que afectan al contrato en su fase de formación.[86]

---

[86] En virtud del art. 542-9 del ACM se expresan como obligaciones del agente "*1. En el ejercicio de su actividad profesional, el agente deberá velar por los intereses del empresario o empresarios por cuya cuenta actúe. 2. En particular, el agente deberá: a) Ocuparse con la diligencia profesional exigible a esta clase de empresarios de la promoción y, en su caso, de la conclusión de los actos u operaciones que se le hubieren encomendado. b) Comunicar al empresario toda la información de que disponga, cuando sea necesaria para la buena gestión de los actos u operaciones cuya promoción y, en su caso, conclusión, se le hubiere encomendado, así como, en particular, la relativa a la solvencia de los terceros con los que existan operaciones pendientes de conclusión o ejecución. c) Desarrollar su actividad con arreglo a las instrucciones razonables recibidas del empresario, siempre que no afecten a su independencia. d) Recibir en nombre del empresario cualquier clase de recla-*

Respecto a los deberes precontractuales, no hay que señalar cambios relevantes respecto a la versión de la Propuesta de Código Mercantil de junio de 2013, donde ya se recogía un capítulo dedicado a la fase preparatoria del contrato. En concreto, se trataba de dos artículos, el 412-1 sobre el deber de confidencialidad y el art 412-2, en el que se plantea por primera vez en Derecho español la positivación de la *culpa in contrahendo*[87].

---

maciones de terceros sobre defectos o vicios de calidad o cantidad de los bienes vendidos y de los servicios prestados como consecuencia de las operaciones promovidas, aunque no las hubiera concluido. e) Llevar una contabilidad independiente de los actos u operaciones relativos a cada empresario por cuya cuenta actúe". Además, en el Artículo 542-10 del citado cuerpo legal se determinan las obligaciones del empresario en cuanto a que "*1. En sus relaciones con el agente el empresario deberá: a) Poner a disposición del agente, con antelación suficiente y en cantidad apropiada, los muestrarios, catálogos, tarifas y demás documentos necesarios para el ejercicio de su actividad profesional. b) Procurar al agente todas las informaciones necesarias para la ejecución del contrato de agencia y, en particular, advertirle, desde que tenga noticia de ello, cuando prevea que el volumen de los actos u operaciones va a ser sensiblemente inferior al que el agente hubiera podido esperar. c) Satisfacer la remuneración pactada. 2. Dentro del plazo de quince días, el empresario deberá comunicar al agente la aceptación o el rechazo de la operación comunicada. Asimismo, deberá comunicar al agente, dentro del plazo más breve posible, habida cuenta de la naturaleza de la operación, la ejecución, la ejecución parcial o la falta de ejecución de ésta*".

87 Por una parte, en virtud del art. 412-1 del ACM se establece en lo relativo al deber de confidencialidad que, "*Cada una de las partes deberá mantener confidencialidad sobre la información reservada que reciba de la otra en el curso de las negociaciones. La parte que infrinja el deber de confidencialidad responderá de los daños y perjuicios que ocasione a la otra parte la infracción de ese deber*". Por otra parte, en virtud del art. 412-2 del mismo texto se establece con respecto a responsabilidad por los daños causados en la fase preparatoria del contrato que, "*1. La parte que hubiera negociado o interrumpido las negociaciones con mala fe será responsable por los daños causados a la otra parte. En todo caso se considera mala fe el hecho de entrar en negociaciones o de continuarlas sin intención de llegar a un acuerdo. 2. En el caso de que se hubieran entablado*

2.2.2. Ley de Ordenación del Comercio Minorista

Dejamos atrás el derecho proyectado y nos adentramos en la parte del Derecho vigente con la Ley de Ordenación del Comercio Minorista (LOCM), en el que se encuentran los deberes precontractuales del contrato de franquicia. Más concretamente en su art. 62, que contiene una previsión de los deberes de información en la fase de formación del contrato, norma cuyo contenido ha sido transcrito en páginas anteriores. En lo que respecta a la regulación española, a las obligaciones precontractuales no les acompañan unas consecuencias jurídicas que castiguen los eventuales incumplimientos en el ámbito privado. Únicamente podría ser aplicable lo establecido en el art. 63 LOCM, y el art. 1902 CC, en el régimen de aplicación de la responsabilidad extracontractual.

Por lo tanto, y en relación a los efectos derivados del incumplimiento de los deberes de información del art. 62 LOCM, la doctrina sostiene que quedarían relegados al ámbito privado y concretamente en lo que respecta a la nulidad o anulabilidad del contrato, ya que nos encontramos con normas incompletas y no podrían derivarse consecuencias jurídicas directas de ellas.[88]

---

negociaciones para la celebración de un contrato mercantil, ninguna de las partes incurrirá en responsabilidad por el solo hecho de que no se consiga un acuerdo definitivo". *Vid.* VALMAÑA OCHAITA, M., "La información ...", *cit.*, p. 112.

88 DOMÍNGUEZ GARCÍA, M.A., "El contrato de franquicia...", cit., p. 894.

2.2.3. Real Decreto, núm. 201/2010, de 26 de febrero, sobre el contrato de franquicia

El contenido del precontrato viene recogido en el art. 3 del RD[89] sobre el contrato de franquicia, básicamente consiste en

---

[89] Señala el artículo 3 RD 201/2010 que: *"Información precontractual al potencial franquiciado. Con una antelación mínima de veinte días hábiles a la firma del contrato o precontrato de franquicia o a la entrega por parte del futuro franquiciado al franquiciador de cualquier pago, el franquiciador o franquiciado principal deberá dar por escrito al potencial franquiciado la siguiente información veraz y no engañosa:*
a) Datos de identificación del franquiciador: nombre o razón social, domicilio y datos de inscripción en el registro de franquiciadores, así como, cuando se trate de una compañía mercantil, capital social recogido en el último balance, con expresión de si se halla totalmente desembolsado o en qué proporción y datos de inscripción en el Registro Mercantil, cuando proceda.
Cuando se trate de franquiciadores extranjeros, además, los datos de inscripción en los registros de franquiciadores a que vengan obligados, de acuerdo con las leyes de su país o Estado de origen. De tratarse de franquiciado principal se incluirán, además, las circunstancias anteriores respecto de su propio franquiciador.
b) Acreditación de tener concedido para España, y en vigor, el título de propiedad o licencia de uso de la marca y signos distintivos de la entidad franquiciadora, y de los eventuales recursos judiciales interpuestos que puedan afectar a la titularidad o al uso de la marca, si los hubiere, con expresión, en todo caso, de la duración de la licencia.
c) Descripción general del sector de actividad objeto del negocio de franquicia, que abarcará los datos más importantes de aquél.
d) Experiencia de la empresa franquiciadora, que incluirá, entre otros datos, la fecha de creación de la empresa, las principales etapas de su evolución y el desarrollo de la red franquiciada.
e) Contenido y características de la franquicia y de su explotación, que comprenderá una explicación general del sistema del negocio objeto de la franquicia, las características del saber hacer y de la asistencia comercial o técnica permanente que el franquiciador suministrará a sus franquiciados, así como una estimación de las inversiones y gastos necesarios para la puesta en marcha de un negocio tipo. En el caso de que el franquiciador haga entrega al potencial franquiciado individual de previsiones de cifras de ventas o resul-

los datos relativos al franquiciador. Igualmente se debe de informar acerca de la titularidad o licencia de los signos distintivos, el sector en el que opera la franquicia, la experiencia de la empresa franquiciadora, el *Know-How*, el sistema de negocio objeto de la franquicia, estimación de inversiones y gatos; estructura y extensión de la red y elementos esenciales del acuerdo de franquicia[90].

Resalta de entre toda la información recogida en la mencionada norma el *Know-How*[91]. Es conocido como el contenido mínimo esencial del contrato de franquicia o la "Biblia del franquiciado" tal y como lo reconoce la jurisprudencia[92] y dada su importancia dentro del desarrollo del contrato.

---

tados de explotación del negocio, éstas deberán estar basadas en experiencias o estudios, que estén suficientemente fundamentados.

f) Estructura y extensión de la red en España, que incluirá la forma de organización de la red de franquicia y el número de establecimientos implantados en España, distinguiendo los explotados directamente por el franquiciador de los que operen bajo el régimen de cesión de franquicia, con indicación de la población en que se encuentren ubicados y el número de franquiciados que hayan dejado de pertenecer a la red en España en los dos últimos años, con expresión de si el cese se produjo por expiración del término contractual o por otras causas de extinción.

g) Elementos esenciales del acuerdo de franquicia, que recogerá los derechos y obligaciones de las respectivas partes, duración del contrato, condiciones de resolución y, en su caso, de renovación del mismo, contraprestaciones económicas, pactos de exclusivas, y limitaciones a la libre disponibilidad del franquiciado del negocio objeto de franquicia."

90 Sobre la información precontractual requerida en el contrato de franquicia por la normativa aplicable. RUIZ PERIS, J.I., *Los tratos preliminares en el contrato de franquicia*, Aranzadi, Navarra, 2000.

91 Se puede consultar el Código Deontológico Europeo para la Franquicia (http://www.efffranchise.com(spip.php?rubrique13) que define el *know how* como *"a body of non-patented practical information, resulting from experience and testing by Franchisor, which is secret, substantial and identified"*.

92 SAP Málaga de 3 de octubre de 2013 (2013/2854).

Además, otra de las informaciones más complejas y que mayor problemática provoca es la de previsiones de ventas y resultados de explotación, ya que no es una información que exija el art. 3 del RD 201/2010 pero sí se incluye, de hecho, debería hacerse con una determinada prudencia, como se ha puesto de relieve[93].

Cabe resaltar que, en el RD sobre los contratos de franquicia, es obligatorio el suministro de información en un plazo de 20 días con respecto a la fecha de la firma del contrato. En el caso de incumplimiento de determinado plazo, cabe plantearse qué consecuencias tendría para el franquiciador. En este sentido encontramos jurisprudencia contradictoria. Así, por un lado, la SAP de Barcelona, de 19 de junio de 2012 señala que "*exacerbaría las consecuencias del incumplimiento de una norma por la sola presencia de un defecto formal intrascendente en este caso e inapropiado para la finalidad pretendida de protección al minorista*". Por el contrario, la SAP de Barcelona de 18 de mayo de 2009, si que se muestra a favor de otorgar mayor importancia al mencionado plazo[94].

---

93 VALMAÑA OCHAITA, M., "La información ...", cit., p. 116. Como se señala en la STS 62/2012, de 27 de febrero, "*en el caso de que el franquiciador haga entrega al potencial franquiciado individual de provisiones de cifras de ventas o resultados de explotación del negocio, éstas deberán estar basadas en experiencias o estudios, que estén suficientemente fundamentados.*"

94 *Vid.* SAP de Barcelona de 18 de mayo de 2009 (2009/5734), Fundamento Tercero: "*Como con gran precisión y acierto expresa la sentencia, la finalidad del precepto legal, que impone exigencias informativas al franquiciador con una antelación mínima a la celebración del contrato o precontrato (en definitiva, precisamos nosotros, a la acusación de cualquier tipo de compromiso u obligación de la franquicia) es clara y no puede ser otra que la de instituir un auténtico período de reflexión, muy similar al "cool period" existente en la regulación aplicable a numerosos contratos celebrados por consumidores (contratos concluidos fuera de establecimientos comerciales, contratos concluidos a distancia, contratos de aprovechamiento de inmuebles*

Para concluir, al mismo tiempo que existe para el franquiciador un deber de informar, existe un deber de confidencialidad para el franquiciado, debido a que toda la información suministrada a lo largo del precontrato tiene carácter confidencial. En este sentido, establece artículo 4 del RD 201/2010 que "el *franquiciador podrá exigir al potencial franquiciado un deber de confidencialidad de toda la información precontractual que reciba o vaya a recibir del franquiciador*".[95]

---

compartidos, etc.) teniendo que proteger al franquiciado de compromisos insuficientemente informados o simplemente precipitados. La propia norma ya valora y objetiviza la situación de déficit informativo que se produce fuera del marco legalmente acotado y dispone que en ese caso el contrato es contrario a derecho. No tiene sentido, por tanto, entrar a elucubrar en el caso concreto, en que se produce una situación de incumplimiento normativo, sobre el grado de conocimiento que pudo alcanzar la otra parte a fin de poder considerarlo suficiente. Es la ley la que se considera suficiente o no y en ese caso no lo ha sido. Los términos de la demanda y la solución del conflicto han obedecido a este planteamiento, es decir el incumplimiento de los requisitos legales establecidos para garantizar el cumplido conocimiento de la parte de las circunstancias del contrato de franquicia cuyo alcance y exigibilidad no pudieron llegar a calibrarse adecuadamente. No se ha producido ningún tipo de incongruencia. En cuanto a las consecuencias del incumplimiento de la obligación de información, aunque no las exprese la ley, es obvio que han de estar en coherencia con la liberación del franquiciado, sea por la vía de la nulidad del contrato o de la posibilidad de desistimiento. En cualquier caso, lo que está claro es que no puede quedar sujeto y perjudicado económicamente por el mero hecho de la firma del documento contractual o del pago. Volviendo a utilizar los términos de la sentencia de primera instancia, cualquier otra interpretación llevaría a la norma a la categoría de "lex imperfecta", carente de sanción y, por tanto, de todo efecto útil. Otra cosa que hay que decir, saliendo al paso de determinadas alegaciones de la parte apelante, es que el momento decisivo donde concurre el incumplimiento relevante es el de la suscripción del contrato no el posterior en que se ejercita la facultad de anulación o de separación"

95 Dicha exigencia queda también recogida en el Código Deontológico Europeo de la Franquicia (principio 2.3).

2.3 Consecuencias del incumplimiento de deber de información precontractual

2.3.1 Anulación del contrato por defectos en la información: aplicación del régimen del error y el dolo

Dentro de las consecuencias jurídicas que el incumplimiento de los deberes precontractuales de información puede generar para quien, debiendo conocer la información, no la proporcionó, o lo hizo de manera incorrecta, o cuando debiendo conocerla, no lo hizo, podría destacarse la indemnización de daños y perjuicios y la anulación del contrato, no así su resolución[96].

El contrato podría ser anulado si concurriera un vicio en el consentimiento, es decir, error o dolo. La diferencia más importante entre ambos conceptos es la intencionalidad de la conducta que comete el vicio.

Por un lado, el error se define como: "*una falsa representación de la realidad que vicia el proceso formativo del querer interno, y que opera como presupuesto para la realización del negocio*"[97]. En el caso que nos ocupa, los contratos de distribución, más concretamente en el marco de la información precontractual, el error en la información suministrada tendría relevancia si el distribuidor habiendo conocido esa información o bien no hubiera contratado, o lo habría hecho en condiciones diferentes.

A tenor de lo establecido en el art. 1266 CC: "*Para que el error invalide el consentimiento, deberá recaer sobre la sustancia de la cosa que fuere objeto del contrato, o sobre aquellas condiciones de la misma*

---

96 DE LA MAZA GAZMURI, I., *Los límites* ... cit. p. 63. Véase, además, MORALES MORENO, A. M., *El error en los contratos*, Astrea, 2017.

97 DÍEZ-PICAZO, L, GULLÓN, A., *Sistema de Derecho Civil*, II, 8ª ed., Tecnos, Madrid, p. 63.

que principalmente hubiesen dado motivo a celebrarlo. El error sobre la persona sólo invalidará el contrato cuando la consideración a ella hubiere sido la causa principal del mismo. El simple error de cuenta sólo dará lugar a su corrección".

Según la doctrina y la jurisprudencia para que del error surjan efectos que puedan anular el contrato, debe recaer sobre un aspecto esencial del mismo, tal y como se desprende del tenor literal de la norma. Y, asimismo, debe de ser un error excusable por quien lo soporta, requisito que no se recoge específicamente en el CC, y que exigiría que el error no se haya debido a su negligencia, lo que significa que si el error pudiera haber desaparecido si el errado hubiera empleando una diligencia media, no se apreciaría su existencia. Cuanta más profesionalidad pueda constatarse en la parte que reclama el error, más difícil será probar la excusabilidad del mismo, como han señalado, la doctrina y la jurisprudencia[98]. De esa manera, si pudiera haber desaparecido el error o si el que comete el error hubiera actuado con una diligencia media, que le hubiese permitido enmendarlo, no se apreciaría la existencia de error. No obstante, al contrario que el dolo, lo usual es que el error no lleve aparejado un resarcimiento por daños y perjuicios a los agraviados, sino tan sólo la anulación del contrato, aunque en algunas sentencias sí que se ha determinado[99].

---

98 DÍEZ-PICAZO, L., y GULLÓN, A., *Sistema de Derecho Civil* II, 8ª ed. Madrid p.63 y ss. y MORALES MORENO, A., "Artículo 1266 CC", en *Comentario del Código Civil*, ((dirs.) BERCOVITZ RODRIGUEZ-CANO, DÍEZ-PICAZO PONCE DE LEÓN, SALVADOR CODERCH, PAZ-ARES), 1993, 2ª ed., Tecnos, Madrid 1993, 2ª ed. pp. 462 y 463.

99 *Vid.* SAP de Madrid, sentencia núm. 83/2010, de 30 de diciembre, Fundamento Tercero señala que: *"De ello se colige una primera conclusión, cuál es, la difícil verosimilitud en la concurrencia de un vicio de consentimiento, mediando, a mayor abultamiento, la cualidad en la actora de la empresa profesional del sector, con lo que tal circunstancia conlleva en orden a la suscripción de contratos, ya que para que este se produzca, como*

Por otro lado, encontramos el dolo, definido en el art. 1269 CC: "*Hay dolo cuando, con palabras o maquinaciones insidiosas de parte de uno de los contratantes, es inducido el otro a celebrar un contrato que, sin ellas, no hubiera hecho*". Y sus consecuencias en el art. 1270 CC: "*para que el dolo produzca la nulidad de los contratos deberá de ser grave y no haber sido empleado por las dos partes contratantes*". Asimismo, en el 1270 CC se establece que el dolo incidental no es suficiente para anular el contrato y sólo obliga a indemnizar los daños y perjuicios a quien lo utilizó. Debemos de matizar que, en los artículos antes mencionados del Código Civil en los que se recoge el dolo, se hace desde una doble representación, como un vicio del consentimiento que da lugar a la anulación del contrato y, como supuesto de culpa en la negociación o "*contrahendo*"[100].

Junto con el error, el denominado dolo *"in contrahendo"* como vicio de la voluntad consiste en un vicio del consentimiento y por tanto una causa de anulabilidad del contrato. El dolo puede radicar una actuación que tiende a originar engaño en la otra parte o en una omisión del deber de aclaración (dolo omisivo) ocultando de manera intencionada determinada información que debía haber sido proporcionada.

Puesto que existe una gran similitud y analogía entre el error y el dolo, de manera que incluso incurrir en el error puede ser a causa del dolo, algunos autores plantean la unificación de ambos, ya que sus diferencias se basan únicamente en la intención de engañar en el dolo y en que, por lo tanto, no hace falta que se demuestren los elementos que en el error si es necesario probar (excusabilidad). Eso sí, el dolo, al igual que el error, debe de ser grave, ya que no se produciría la anula-

---

vicio de la voluntad negocial, es necesario que el error sea invalidante del consentimiento prestado (art. 1266 CC)".

100 DE COSSÍO, A., *El dolo en el Derecho Civil*, Comares, Granada, 2004, p. 187 y ss.

ción del contrato si el dolo fuera incidental, pero sí que podría generar daños y perjuicios, como se ha mencionado anteriormente. Cabe matizar que el dolo debe de ser probado, por lo que no se presume, precisamente por su carácter externo, a diferencia del error, que se ha calificado como algo "íntimo, psicológico pues es una creencia o estado de ánimo que no tiene exteriorización"[101] En definitiva, el dolo no se presume, y da lugar a un resarcimiento que, si bien en el CC se refiere al dolo incidental, se entiende también aplicable al dolo causante.

2.3.2 Jurisprudencia sobre el error y el dolo en los contratos de distribución

En primer lugar, y por lo que respecta al error, muchas de las demandas de nulidad de contratos de distribución están basadas en su concurrencia, sobre todo en el contrato de franquicia, ya que el franquiciado no consigue los beneficios esperados. Los tribunales, en esos casos, suelen exigir que el error sea esencial, es decir, que la frustración de las expectativas del franquiciado se deba a razones objetivas y no meramente subjetivas, y que concurra una información precontractual deficiente que haya causado el error sobre los elementos esenciales del contrato.[102] De esta forma, se señala que cualquier pretensión

---

[101] DE COSSÍO, A., *op. cit,*. p. 187.

[102] Así se señala en la Sentencia de la AP Madrid, de 23 de abril de 2014 (2014/18750) *"Como se indicó, las circunstancias erróneamente representadas pueden ser pasadas, presentes o futuras, pero en todo caso, pueden ser tomadas en consideración, en los términos dichos, en el momento de la perfección o génesis de los contratos...lo determinante es que los nuevos acontecimientos producidos con la ejecución del contrato resulten contradictorios con la regla contractual. Si no es así, se tratará de meros eventos posteriores a la generación de aquellas, explicables por el riesgo que afecta a todo lo humano. SE expuso antes que el error vicio exige que la representación equivocada se muestre razonablemente segura, de modo que difícilmente cabrá*

de nulidad del contrato basada en el error, debe recaer sobre un elemento esencial del contrato sin que tenga este carácter la información que pueda suministrarse sobre las inversiones y beneficios posibles que, consecuencia del contrato de distribución, se pudieran generar.[103] En ese sentido, también se recoge que para que el error invalide el consentimiento debería recaer sobre un elemento sustancial o condiciones principales del contrato y no sobre previsiones de beneficios o informaciones sobre la inversión.[104] También hay que señalar que en muchos contratos de franquicia aparece una cláusula que señala que las informaciones sobre los beneficios esperados dependen de una serie de factores, principalmente del volumen de clientes que el franquiciado consiga y, que son de carácter meramente estimativo y en ningún caso una garantía por el franquiciador en relación a los resultados de la franquicia. El franquiciado tiene tiempo para informarse de los posibles beneficios lo que, como se ha puesto de relieve, hace más difícil probar la concurrencia del error excusable.[105] Además el art. 3 del Reglamento de 2010 sólo exige que si se incluye informa-

---

admitirlo cuando el funcionamiento del contrato se proyecta sobre un futuro más o menos próximo con un acusado componente de aleatoriedad, ya que la consiguiente incertidumbre implica la asunción por los contratantes de un riesgo de pérdida, correlativo a la esperanza de una ganancia."

103 Sentencia AP de Madrid 6 de noviembre de 2007 (2007/6435). "E*n el contrato de franquicia la causa o es la obtención de un lucro o beneficio puesto que, aun siendo el móvil subjetivo que guía a todo franquiciado, debe la causa tener carácter meramente objetivo, esto es, la finalidad que se persigue con el contrato no es otra para el franquiciado que la explotación y gestión de una actividad de restauración con base a los métodos de Cañas y Tapas".*

104 Que en el ámbito de la franquicia son calificadas por la Sentencia de la AP de Barcelona de 21 de septiembre de 2004 (2004/6263) como "prestaciones accesorias precontractuales."

105 VALMAÑA OCHAITA, M., *op. cit.*, p. 124.

ción sobre previsiones de ventas se hagan de manera racional y con fundamento en criterios objetivos.[106]

Y, en segundo lugar, en ocasiones se encuentran demandas de nulidad en base a informaciones falsas relativas a la escasa experiencia del franquiciador, el número de franquicias existentes, el origen de determinados gastos etc. La nulidad del contrato por error exige que este ha de ser, además de relevante, sea excusable, y no sea imputable al que lo padece y no se haya podido evitar empleando una diligencia media o regular.[107]

3. Independencia, cesión y subcontratación

La independencia jurídica se expresa en la capacidad para "ser titular de las obligaciones" y se manifiesta en todos los contratos de distribución exigiendo la presencia de una organización material y personal, aunque sea mínima para sostener una estructura autónoma de funcionamiento. Desde ese punto de vista, todos los distribuidores son independientes, ya que, sin subordinación ni dependencia jerárquica del empresario principal, sino ligados por un contrato mercantil de colaboración, se proponen fomentar su actividad.[108]

La independencia es una característica propia de todos los contratos de colaboración, aunque en cada contrato reviste diferente intensidad. Además, debe ponerse en conexión con el aspecto económico de las redes de distribución. La integración de los empresarios en un canal implica necesariamente la pérdida de independencia, aunque varía dependiendo de la modalidad. En este sentido viene distinguiéndose entre la

---

106 En este sentido, *vid.* SAP Madrid de 16 de enero de 2006 (2006/20206).

107 SAP MADRID 23 de abril de 2014 (2014/9538).

108 BROSETA PONT, M., y MARTINEZ SANZ, F., *op. cit.,* p. 126.

distribución libre y la integrada, denominado a ésta última la doctrina "distribución en sentido estricto".

La distribución libre o extensiva se caracteriza por la utilización por el fabricante de otros empresarios que no se hayan integrado en su red comercial. Son los comisionistas y los agentes. Asimismo, otro de sus caracteres es que no se limita el número de revendedores de la cadena, no se les asigna un territorio de actuación, de forma que todo comerciante podrá obtener los productos del fabricante para su reventa.

Por otra parte, la distribución integrada, o distribución en sentido estricto, comprende la actividad de los empresarios que se incorporan a la disciplina y condiciones de un canal impuestas por el fabricante, perdiendo autonomía y por tanto, independencia. La característica de la autonomía y la independencia plantea la cuestión de si los acuerdos entre fabricante y distribuidor en los sistemas de distribución integrada son acuerdos que restringen la libre competencia y por lo tanto, deben resultar prohibidos. La jurisprudencia ha desarrollado principios que fundamentan que el contrato de distribución selectiva quede fuera de esa prohibición, cuando los criterios de selección sean concretos y se desplazasen sus efectos a un mercado abierto.[109]

Con respecto a la cesión de contrato de distribución, la jurisprudencia exige para que sea eficaz, la concurrencia de tres declaraciones de voluntad, estructurándolo como un negocio trilateral, de manera que, a falta de alguna de las declaraciones, el negocio sería inexistente. La parte cedida debe consentir y su consentimiento debe ser expresado preventiva, simultánea o posteriormente. Si tiene carácter previo al del cedente y cesio-

---

109 MUÑOZ PEREZ, A. F., "Algunas consideraciones sobre el contenido del contrato de distribución. Independencia, cesión y subcontratación...", cit., p. 143.

nario, se trata de una autorización, de manera que basta por notificar al cedido ese acuerdo para que la cesión produzca efectos. Si el consentimiento es posterior, nos encontraremos ante un contrato de formación progresiva o sucesiva del negocio de cesión del contrato. Sin embargo, dicho régimen no se aplica cuando el contrato tiene naturaleza *"intuitu personae"*, lo que supone especiales consecuencias en la facultad de transmisión.[110]

4. Política de precios

El régimen de precios se contempla en las normas de competencia, en particular, en el RECAV 2022, relativo a la aplicación del art. 101, 3 del Tratado de Funcionamiento de la Unión Europea a determinadas categorías de acuerdos verticales, que en este sentido sigue la estela del anterior RECAV 2010. Esta última norma modificó en algunos puntos el sistema de valoración de acuerdos verticales vigente desde 2000, y desde ese punto de vista es destacable la flexibilidad que se introduce para el mantenimiento del precio de reventa (MPR).

El criterio tradicional consistía en considerar ilícita la cláusula que faculta al proveedor a imponer los precios de reventa por resultar contraria al principio de libertad de empresa. La facultad del proveedor de imponer los precios finales de venta se consideraba una restricción especialmente grave de imposible exención cuando se trate de precios fijos o mínimos. La Comisión sólo admitía que los fabricantes informaran sobre precios recomendados o fijaran precios máximos[111].

---

110 MUÑOZ PEREZ, A. F., *op. cit.*, p. 146.

111 *Vid.* Régimen de prohibiciones del Reglamento 2790/1999 de 22 de diciembre, relativo a la aplicación del apartado 3 del artículo 81 del Tratado CE a determinadas categorías de acuerdos verticales y prácticas concertadas.

En la actualidad, el RECAV 2022 sigue contemplando entre las restricciones especialmente graves, las relativas al mantenimiento de los precios de reventa en el sentido de que los proveedores no podrán fijar el precio (mínimo) al que los distribuidores pueden revender sus productos. El Reglamento comunitario mantiene esa clasificación de restricción grave, sin embargo, las Directrices reconocen que, en determinados casos muy tasados, como la introducción de un producto nuevo, esta práctica puede dar lugar a eficiencias y estar amparada por el tercer apartado del art. 101 TFUE, aunque al margen del Reglamento. Las directrices 2022 admiten (al igual que lo hicieron previamente las de 2010) que, en determinados casos específicos, el fabricante establezca los precios a los que el distribuidor vende sus productos. La Comisión considera en ese sentido que el mantenimiento del precio de reventa para introducir un producto nuevo puede promover la venta del producto al influir positivamente en el esfuerzo realizado por el distribuidor. Asimismo, puede resultar útil mantener el precio de los productos que exigen un esfuerzo por parte del distribuidor en la prestación de servicios de preventa *(experience goods y hi-tech goods)* para evitar que un consumidor se beneficie de servicios preventa prestados por un distribuidor para elegir un producto y compre luego a un precio más barato a otro distribuidor que no se preocupa por prestar servicios de valor añadido. En ese caso deberá probarse que los servicios benefician globalmente a los consumidores. En sistemas de distribución uniforme, como la franquicia, los consumidores podrán también beneficiarse de campañas de precios de reventa bajos [112].

5. Información, promoción, régimen de garantías y responsa-

---

112 *Vid.* MUÑOZ PEREZ, A. F., *op. cit.*, p. 156.

bilidad

5.1 Flujos de información

Encontramos dentro de una red de distribución integrada un intercambio de información entre el proveedor y el distribuidor, este flujo de información intercambiado por los sujetos del canal de distribución puede ser de dos formas, puede ser en sentido estricto o los llamados "flujos de persuasión".

5.1.1 Flujos de información en sentido estricto y servicio preventa

Denominamos a los flujos de información en sentido estricto a aquellos que tienen como finalidad el intercambio de información en esencia, es decir, todo intercambio de comunicación que no tiene como objetivo la promoción de los productos, ni la venta de los mismos. Este tipo de flujo de información es de vital importancia para el correcto desarrollo de la actividad distributiva, al que se le añade el servicio preventa al consumidor.

5.1.2 En general: el intercambio de información entre el distribuidor y el proveedor

El intercambio de información en las redes de distribución integrada se produce de forma bidireccional, entre el proveedor y el distribuidor, a saber, el proveedor tiene la facultad de la transmisión de instrucciones necesarias para que el distribuidor desarrolle su actividad. Por otro lado, el distribuidor está obligado a transmitir al proveedor toda la información que le permita comprobar el buen desarrollo de la actividad, la información del mercado y que se cumplen las directrices suministradas.

Además, encontramos que el proveedor debe informar sobre diferentes aspectos que deben de tenerse en cuenta, como, el volumen de suministro, los objetivos o volumen de ventas, *stock* de los productos, precio del suministro, descuentos, bonificaciones y precios de reventa. Sin olvidarnos de la documentación técnica, la cual se puede facilitar al distribuidor o a sus empleados o colaboradores directamente. En resumen, *"el proveedor estará obligado a suministrar al distribuidor la información comercial y técnica que sea precisa para la más amplia distribución de los bienes y servicios objeto del contrato"*, como se establecía en el art. 543-7.1 ACM.

Se debe de tener en cuenta que la información suministrada del proveedor al distribuidor es de carácter sensible, ya que se trata de información con un gran valor comercial que no debe trascender a terceros, puesto que forma un secreto empresarial. En consecuencia, en los contratos de distribución se incluyen cláusulas de confidencialidad, mediante las cuales el distribuidor esta obligado a no difundir ni revelar la información suministrada por el proveedor a terceros. Esta obligación no solamente es impuesta al distribuidor directamente, sino también a sus trabajadores y/o colaboradores. El deber de confidencialidad está vigente durante toda la vida del contrato, incluso tras su conclusión.

En cuanto a la información que debe proporcionar el distribuidor sería la relativa a la situación comercial, financiera, contable y técnica, todo ello de forma periódica[113]. Del mismo modo, tiene la obligación de informar al proveedor acerca del mercado, puesto que es quien está más cerca del consumidor final y le permite conocer en mayor medida sus demandas.

5.1.3 En especial: obligaciones de información en el contrato de

---

113 DOMÍNGUEZ GARCÍA, M.A., "El contrato de franquicia", en *Contratos Mercantiles* (BERCOVITZ RODRIGUEZ CANO, A. (dir.), CALZADA CONDE, M.A. (dir. Adj.)), t.I, 5ª ed., Cizur Menor, Thomson Reuters-Aranzadi, 2013, p. 872.

franquicia

En referencia a las obligaciones de información, debemos hacer hincapié en el contrato de franquicia dadas características. Ya en el un epígrafe anterior hemos tenido ocasión de referirnos a esta obligación. Se establecía en el ACM en su art. 543-7 las obligaciones del franquiciador tanto, por un lado, de comunicar los conocimientos secretos para desarrollar la actividad, como, por otro lado, de transmitirle la técnica requerida para el mismo fin. En cambio, el franquiciado tiene la obligación de no divulgar los secretos transmitidos por el franquiciador.

En cuanto al proveedor, la obligación de información se ha visto reforzada dado que la comunicación de información debe realizarse en la transmisión del *know-how* del contenido técnico al distribuidor al que antes hemos hecho referencia. Existen muchas definiciones acerca del *know-how*, que podríamos traducir al castellano como conocimientos técnicos y/o comerciales. En el artículo 101 apartado 3, del Tratado de Funcionamiento de la Unión Europea lo define como un conjunto de información práctica no patentada que tiene su origen en la experiencia y ensayos que ha realizado previamente el franquiciador, a lo que hay que añadir que mencionada información es secreta. Dicha información es determinante para llevar a cabo la actividad por el franquiciado, es decir, es una información sustancial y determinada, ya que los conocimientos técnicos que se ponen a disposición del franquiciado están exhaustivamente descritos[114].

---

[114] Téngase en cuenta también la regulación en materia de protección de secretos empresariales recogida en el art. 13.1 de la Ley 3/1991 de Competencia Desleal que establece que "*se considera desleal la divulgación o explotación, sin autorización de su titular, de secretos industriales o de cualquier otra especie de secretos empresariales a los que se haya tenido acceso legítimamente, pero con deber de reserva, o ilegítimamente*".

Por otro lado, encontramos la Directiva (UE) 2016/943 del Parlamento europeo y del Consejo de 8 de junio de 2016 relativa a la protección de los conocimientos técnicos y la información empresarial no divulgados (secretos comerciales) contra su obtención, utilización y revelación ilícitas,[115] que establece una serie de requisitos para comprender que se entiende por secreto comercial, primero, que la información sea secreta en el sentido de que no sea generalmente conocida ni fácilmente accesible para las personas pertenecientes a los círculos en que normalmente se utilice el tipo de información en cuestión, segundo, que tenga un valor comercial por su carácter secreto, y tercero, que haya sido objeto de las medidas razonables, en las circunstancias, para mantenerla secreta, tomadas por la persona que legalmente ejerza su control.[116]

Asimismo, debemos destacar al respecto la Ley 1/2019, de 20 de febrero, de Secretos Empresariales, cuyo objeto de protección es la información que sea secreta en el sentido de no ser, en su conjunto o en la configuración y reunión precisas de sus componentes, generalmente conocida por las personas pertenecientes a los círculos en que normalmente se utilice el tipo de información en cuestión, ni fácilmente accesible para estas; tenga un valor comercial por su carácter secreto, y haya sido objeto de medidas razonables, en las circunstancias del caso, para mantenerla secreta, tomadas por la persona que legítimamente ejerza su control.

115 DOUE del 15.6.2016 L 157/1.

116 Art. 2.1 Directiva (UE) 2016/943: "A los efectos de la presente Directiva se entenderá por: 1) «secreto comercial»: la información que reúna todos los requisitos siguientes: a) ser secreta en el sentido de no ser, en su conjunto o en la configuración y reunión precisas de sus componentes, generalmente conocida por las personas pertenecientes a los círculos en que normalmente se utilice el tipo de información en cuestión, ni fácilmente accesible para estas; b) tener un valor comercial por su carácter secreto; c) haber sido objeto de medidas razonables, en las circunstancias del caso, para mantenerla secreta, tomadas por la persona que legítimamente ejerza su control".

En base al TFUE y a la Directiva (UE) 2016/943, podemos establecer una nueva definición de *know-how* como *"conjunto de conocimientos prácticos no patentados, derivados de la experiencia del franquiciador y que, verificados por éste, cumplan cuatro requisitos: ser secreto, substancial, útil e identificado"*[117].

En definitiva, el *know-how* resumidamente, es cierta información suministrada al franquiciado, que podría patentarse si fuera de naturaleza técnica, secreta, ya que no es de dominio público, única o específica y con valor de mercado, ya que con la obtención de está, el franquiciado puede llevar a cabo la actividad mediante la cual ha decidido entrar en la red de la franquicia. Debe de tenerse en cuenta que el franquiciador no responde del resultado económico al aplicar el *know-how*, pero sí que tiene la obligación de suministrarlo, de lo contrario, se declararía nulo el contrato por ausencia de uno de sus elementos objetivos esenciales o aludir un vicio del consentimiento, según establece la jurisprudencia[118].

En lo que respecta al contrato de franquicia, para que tenga esta calificación es necesario transmitir paquetes de información que deben ser identificados como *know-how*, a diferencia de lo que ocurre en otros contratos de distribución. La información transmitida debe cumplir con los objetivos establecidos anteriormente expuestos.

El proveedor debe cumplir con su obligación de entregar el *know-how* contenido en el soporte correspondiente de la franquicia y traspasarlo al nuevo franquiciado. Este documento

---

117 MARTÍ MIRAVALLS, J., "*El contrato de franquicia*", en AA.VV., (VÁZQUEZ ALBERT, D. (Dir.)) *Los contratos de distribución comercial novedades legislativas y jurisprudenciales*, Tirant lo Blanch, Valencia, 2010, p. 106.

118 STS de 27 de septiembre de 1996 (RJ 1996/7215), STS de 21 de octubre de 2005 (RJ 2005/758) y STS de 9 de marzo de 2009 (RJ 2009/941).

suele ser llamado "manual operativo", y no queda suplido por la asistencia solo verbal. Por tanto, el precio de la entrada se configura parcialmente como un medio económico y técnico de adquisición del *know-how* suministrado. Por otro lado, la cesión de dicho *know-how* debe proporcionar asistencia técnica y / o comercial durante todo el período de vigencia del contrato, el cual se configura como uno de los intereses básicos del franquiciador, pudiendo también la falta de exclusividad determinar la nulidad del contrato.

Esta obligación puede cumplirse a través de la formación de los distribuidores o de sus empleados o socios. Y ello teniendo en cuenta que la finalidad en la actualización del *know-how* a lo largo de la vida del contrato y mantener de esa forma su valor patrimonial.[119]

Así mismo, en el contrato de franquicia, el distribuidor debe realizar las actividades de acuerdo con las instrucciones formuladas en el *know-how* dentro del ámbito comercial del franquiciado. Del mismo modo, el distribuidor solamente puede aplicar el conocimiento transferido en el ámbito del negocio del contrato, ya que puede ser considerado un acto de competencia desleal el uso del *know-how* para otra actividad distinta.

El requisito de mantener en secreto el *know-how* para evitar pérdidas impone una estricta obligación de confidencialidad a los distribuidores, así como el compromiso de transferir al proveedor lo que el *know-how* genera o adquiere durante la vigencia del contrato. Todo ello se recoge en la cláusula denominada "cláusula de retorno de conocimientos" mediante la cual se pacta la no exclusividad de los conocimientos técnicos resultantes

---

119 HERNÁNDEZ, J.A., "El contrato de franquicia y el concepto de know how: comentario a una trabajada sentencia del Tribunal Supremo", *Comunicaciones en propiedad industrial y derecho de la competencia*, N°. 41, 2006, pp.90-101

del aprendizaje adquirido por el distribuidor, practica permitida a proveedores de la red y otros distribuidores, y puede entenderse que no vulnera la prohibición de conductas colusorias.[120]

Las obligaciones de no competencia también se aplican después de la terminación del contrato, con el fin de evitar que el ex distribuidor utilice el *know-how* cuando ya ha finalizado la relación contractual. Las cláusulas generalmente utilizadas en términos de objetos se refieren a cualquier método, proceso, técnica y cualquier otro conocimiento obtenido como resultado del contrato, ya sea estrictamente confidencial o no. Esta amplitud parece demasiado amplia, en cualquier caso, la información que no se considera secreto comercial o empresarial no está protegida por el art. 13 LCD.

En definitiva, la diferencia entre el contrato de franquicia y el resto de los contratos de distribución, respecto de las obligaciones de información que recaen sobre el distribuidor, es que en lo que respecta a la franquicia, dichas obligaciones son herramientas para proteger la propiedad de los activos intangibles y mantener la reputación de la red.[121]

En la franquicia se trata fundamentalmente de un sistema de control, es decir, el franquiciado presta los servicios según el método impuesto por el franquiciador y lo hace manteniendo los estándares de calidad establecidos en la red. Por otro lado, en la concesión, el control estará básicamente orientado a los resultados. Del mismo modo en los contratos selectivos, se buscaría principalmente controlar si el distribuidor cumple

---

[120] *Vid.* SEGURA MENA, R.E., "El contrato de know how y licencia del Know how", *El Foro,* Nº. 12, 2012, pp. 46-58.

[121] JARNE MUÑOZ, P., "En torno a la utilización desleal de los signos distintivos y del know how de la franquicia", *La Ley mercantil,* Nº. 28 (septiembre), 2016, p.4.

con los requisitos establecidos por el proveedor para la distribución de sus productos. [122]

5.2 Flujos de persuasión

El flujo de persuasión es diferente del flujo de información en sentido estricto. El flujo de persuasión implica el intercambio de información con fines promocionales o publicitarios. En este caso, la marca, su uso y todos los signos únicos asociados a ella juegan un papel fundamental.

La imagen de marca y el uso de la marca son aspectos diferentes de este signo distintivo[123]. La primera refleja la percepción de la identidad de marca en la mente de los consumidores. Contiene una serie de elementos característicos que le dan significado y que le confieren un valor único, de manera que se puede distinguir de otras marcas en el mercado por el público. En pocas palabras, la imagen de marca no es sino el conjunto de representaciones mentales, tanto cognitivas como afectivas que una persona o grupo de personas tiene frente a una marca o una empresa[124]. Por tanto, la marca será el referente básico de la imagen de marca, además, la propia marca es un elemento intangible de gran valor para ambas partes, para el proveedor, que suele ser el dueño de la misma, y también para

---

122 LASTIRI SANTIAGO, M., "La franquicia y los bienes intangibles (III): know-how y el secreto industrial", en *Código franquicia* (coord. por BURGOS PAVÓN, G., GARBAYO BLANCH, J., ALONSO PRIETO, M., 2017, pp. 219-244.

123 RODRIGUEZ PARAJA, Mª. Á., "La imagen de marca de las empresas verticalmente integradas en los sectores energéticos: efectos en la competencia y en el consumidor", en (CASES, L. (dir.)) *Anuario de la competencia*, 2018, pp.273-292.

124 FERNÁNDEZ NOVOA, C., *Estudios sobre la protección de la marca renombrada*, Marcial Pons, Madrid, 2014, p. 33 y ss.

el distribuidor ya que es un elemento cuya reputación se utiliza en la captación de clientes[125].

En relación a esta cuestión, en el contrato de franquicia, la tarifa de admisión pagada por el distribuidor se configura como una contraprestación por la obtención de "*goodwill*". En definitiva, la marca es el elemento básico de identidad del canal de distribución integrado, que no solo aglutina la reputación de la red de distribución, sino que también, indica una cierta calidad al destinatario. Y ello es aplicable no sólo a la franquicia, sino también al resto de contratos de colaboración[126].

En el contrato de distribución se suelen establecen una serie de cláusulas para proteger la imagen de marca, pero también son necesarios otros elementos en la relación contractual. Asimismo, los distribuidores poseen la obligación general de realizar actividades que respeten la imagen de marca, tal y como se estipulaba en el art. 548-3.2 ACM, y en caso de incumplimiento, el proveedor tiene la capacidad de rescindir el contrato (art. 543-11ACM).

Acorde al mismo texto legal proyectado, se establecían las siguientes obligaciones al distribuidor: obligación de disponer de las instalaciones de exposición, venta y almacenamiento conforme a las directrices de calidad establecidas por el proveedor, obligación de mantener los locales en perfecto estado acorde al prestigio de la marca del proveedor, además de la obligación

---

125 CARBAJO CASCÓN, F., "La marca en los sistemas de distribución selectiva (el problema de las ventas paralelas)", en (GALÁN CORONA, E., CARBAJO CASCÓN, F., (coords.)) *Marcas y distribución comercial*, Universidad de Salamanca, 2011, pp.153-212.

126 *Vid.* ORTEGA DÍAZ, J.F., "La marca del distribuidor: la llamada marca blanca", CARBAJO CASCÓN, F., La marca en los sistemas de distribución selectiva (el problema de las ventas paralelas), en (GALÁN CORONA, E., CARBAJO CASCÓN, F., (coords.)) *Marcas y distribución comercial*, Universidad de Salamanca, 2011, pp.269-308.

de inversión. Del mismo modo, en el momento en el que se termina la relación contractual el distribuidor tiene la obligación de desmantelar las instalaciones. Muchas de estas obligaciones pueden especificarse en el propio contrato de distribución.

Sin embargo, las obligaciones del distribuidor no acaban ahí, ya que debe de contar con personal cualificado para la venta de sus productos, a lo que se le debe de añadir la pertinente formación de dicho personal. Además, debe de presentar clara y permanentemente los productos de la marca del proveedor en el local y disponer de un *stock* acorde a su demanda. A todo lo anteriormente expuesto se añade, la obligación de asistir al cliente en preventa, lo que en este caso obliga al proveedor a surtir de muestras gratuitas, demostraciones, etc., al distribuidor.

Con respecto a todas las obligaciones del distribuidor, el contrato otorga al proveedor la facultad de controlar o supervisar su cumplimiento, es decir, el poder general para supervisar las condiciones cualitativas de las actividades del distribuidor, incluyendo la de visitar y supervisar su actividad en sus propias instalaciones.

Por lo tanto, de lo dicho anteriormente se concluye que el uso por parte del distribuidor de la marca del proveedor es absolutamente necesario, puesto que es un elemento básico para la promoción y venta de los productos objeto del contrato. En los contratos de distribución en exclusiva tiene más relevancia si cabe, ya que el distribuidor se presenta como distribuidor autorizado u oficial de los productos del proveedor que cuentan con una marca de prestigio y renombre en el mercado[127].

Por otro lado, en el contrato de franquicia el uso de la marca , es una facultad esencial, pues el franquiciado va a desarro-

---

127 GINER PARREÑO, C.A., y ROBLES MARTÍN-LABORDA, A., "Jurisprudencia europea. Derecho de marcas", *Derecho de los negocios,* 2012, p.107 y ss.

llar su actividad basándose en el uso de los signos distintivos del franquiciador, exclusivamente, aunque se presente como empresario o persona jurídica independiente. Dicha condición de empresario independiente es algo que tiene una consecuencia jurídica relevante para su identificación como sujeto responsable de ciertas obligaciones que tienen su origen en el contrato y en las actividades desarrolladas en base al mismo.

Los contratos de distribución en este sentido pueden establecerse de forma positiva, otorgando derechos sobre el uso de la marca y de los demás signos distintivos. Por el contrario, también pueden hacerlo de forma negativa estableciendo prohibiciones, por ejemplo, prohibiendo el uso de la marca en los productos distintos de los suministrado por el proveedor o prohibiendo la incorporación de la marca del proveedor en la denominación social o nombre comercial del distribuidor[128].

Ante la falta de previsión legal al respecto, se debe aplicar lo dispuesto en el art. 34.4 de la Ley de Marcas "*el titular de una marca registrada podrá impedir que los comerciantes o distribuidores supriman dicha marca sin su expreso consentimiento, si bien no podrá impedir que añadan por separado marcas o signos distintivos propios, siempre que ello no menoscabe la distintividad de la marca principal*".

No solo el distribuidor tiene prohibido el uso de la marca en ciertas circunstancias, sino también, está obligado a notificar al proveedor cualquier infracción de sus derechos de marca por parte de un tercero, así como a emprender acciones legales contra el infractor o asistir al proveedor en la decisión

---

128 *Vid.* ALONSO ESPINOSA, F.J., *El nuevo Derecho de marcas (Ley 7/2001, de 7 de diciembre, de marcas)*, Comares, 2002. Véase también, MARTÍ MOYA, V., "Reseña de: ALONSO ESPINOSA, F. J. (coord.): El nuevo Derecho de marcas (Ley 1712001 de 7 de diciembre, de marcas); Ed. Comares, Granada, 2002", *Revista Derecho Mercantil*, 2003, pp.403-409.

de cualquier acción emprendida contra la persona que infrinja los derechos de propiedad industrial[129].

En definitiva, en los contratos de distribución se concede una licencia de marca sin su titularidad o únicamente la autorización de su uso, lo que significa que el distribuidor no puede fabricar productos con la marca del proveedor. Según establece parte de la doctrina, si no hay consentimiento explícito, no hay licencia, y en este caso, dicho uso está sujeto a la regla de agotamiento del derecho de la marca y sus restricciones o límites[130]. En el caso de la distribución en exclusiva, puede confirmar la existencia de una licencia implícita, dado que, la condición de distribuidor exclusivo implica la presencia de una licencia de marca, que permitiría al distribuidor exclusivo a hacer un uso de ella más intenso que aquel que podría ejercer el revendedor no autorizado o no exclusivo[131]. Esta suposición no podría extenderse al contrato de franquicia, debido a que éste requiere necesariamente de la licencia de marca y de su uso en el propio contrato[132].

---

129 Véase en este sentido, para una mayor profundidad, RUIZ MUÑOZ, M., y GONZÁLEZ, B.A., "Derecho de marcas", *Derecho de la propiedad intelectual,* Tirant lo Blanch, 2017.

130 *Vid.* DOMÍNGUEZ PÉREZ, E.M., "Algunas cuestiones sobre la distribución de productos de imitación: el aprovechamiento de la reputación ajena desde la perspectiva del derecho de marcas y el derecho contra la competencia desleal", (GALÁN CORONA, E., CARBAJO CASCÓN, F., (coords.) *Marcas y distribución comercial,* Universidad de Salamanca, 2011, pp.309-338.

131 Véase también, MARTÍN ARESTI, P., "La legitimación del distribuidor para el uso del signo distintivo del proveedor", GALÁN CORONA, E., CARBAJO CASCÓN, F., (coords.)) *Marcas y distribución comercial,* Universidad de Salamanca, 2011, pp.17-38.

132 ANDREVA, M., "Los contratos de distribución, el agotamiento del Derecho de marca y el fenómeno del comercio paralelo", *Economist & Jurist,* 2012, véase en: https://www.economistjurist.es/noticias-

5.3 Actividad publicitaría

Es competencia del proveedor llevar a cabo la dirección de la publicidad de los productos objeto del contrato de distribución, lo que no excluye que el distribuidor apoye dicha actividad publicitaría en coordinación con el proveedor o no. En primer lugar, hay que poner de relieve la actividad publicitaria del proveedor, que tiene la obligación de suministrar el material publicitario al distribuidor, además de realizar las actividades de promoción y publicidad pactadas, que en todo caso el distribuidor deberá respetar, de la misma forma, que este último deberá de exponer los elementos publicitarios, como por ejemplo carteles o eslóganes, a la vista en su establecimiento[133]. En cuanto al coste, éste puede ser asumido por el proveedor, aunque el proveedor puede exigir a que el distribuidor participe en su financiación y asuma el coste de las actividades publicitarias realizadas por el proveedor en beneficio propio y de toda la red.

En segundo lugar, con referencia a la actividad publicitaria del distribuidor, es usual que el distribuidor este obligado por contrato a participar en ferias, exposiciones o a realizar campañas publicitarias dirigidas por el proveedor. No obstante, el distribuidor también puede realizar actividades publicitarias en beneficio propio, siempre y cuando siga las pautas de imagen y publicidad determinadas por la política comercial del proveedor, todo ello sin que perjudique a la imagen del proveedor y

---

juridicas/un-militar-condenado-a-prision-por-abandono-de-destino-es-absuelto-al-probar-que-sufria-una-adiccion/

133 MARTÍN ARESTI. P., "Políticas de marca y actividad publicitaria del distribuidor", en (CARBAJO CASCÓN, F. (dir.)) *Los contratos de distribución en las propuestas armonizadas del derecho contractual europeo: repercusiones en el derecho español y en la práctica contractual*, Tirant lo Blanch, 2015, pp.411-421.

no entre en conflicto con las campañas publicitarias realizadas por el proveedor[134].

En relación con lo expuesto, en el art. 543.12 ACM establecía que debía de obtenerse previamente a la actividad publicitaría desarrollada por el distribuidor la aprobación del proveedor, en cuanto al diseño y contenido del mensaje publicitario, con la finalidad de mantener la imagen comercial del producto o servicio. Igualmente, en el mismo texto legal proyectado se establecía la necesaria autorización antes de desarrollar la campaña publicitaria por el distribuidor en caso de ausencia de pacto expreso con el proveedor.

5.4 Flujos de transmisión: régimen de garantías y responsabilidad

Flujo de titularidad significa que cambia la propiedad del producto a distribuir, y este cambio conllevará la correspondiente transmisión del riesgo, en función de los asumidos por los distintos agentes que componen el canal de distribución. Dicho riesgo puede provenir de los productos que no han sido vendidos o de los productos que tienen un carácter defectuoso[135].

Cuando un producto lleva asociado una complejidad de uso es esencial la prestación del servicio postventa, lo que hace que sea una actividad ineludible. Es usual que en la prestación del servicio postventa colaboren el proveedor y el distribuidor, sin embargo, como se ha venido indicando a lo largo de este trabajo, el distribuidor es un empresario independiente del proveedor, en términos jurídicos. No obstante, debemos de tener en cuenta

---

134 DOMÍNGUEZ PÉREZ, E.M., "Obligaciones sobre publicidad comercial", en (CARBAJO CASCÓN, F. (dir.)) *Los contratos de distribución en las propuestas armonizadas del derecho contractual europeo: repercusiones en el derecho español y en la práctica contractual*, Tirant lo Blanch, 2015, pp.395-410.

135 DOMÍNGUEZ PÉREZ, E.M., "Algunas cuestiones...", cit., p.319.

que las prestaciones derivadas de los contratos de distribución, que son suministradas por el distribuidor a los consumidores de los productos objeto del contrato, no vinculan al proveedor. Para proveedores y distribuidores, la relación con terceros se lleva a cabo como un empresario independiente, y frente a terceros, cada uno es responsable de sus propias acciones.

5.5 Garantía de buen funcionamiento de los productos distribuidos

La garantía comercial de un producto concedido por el proveedor al distribuidor, es un aspecto que suele estar presente en los contratos de distribución, y que este último transmitirá al cliente final, además de la prestación del servicio de asistencia técnica postventa. Esencialmente cuando nos encontramos con productos tecnológicos o especializados, es usual que dicho servicio de asistencia y de garantía sea proporcionado por un tercer empresario autorizado por el proveedor y especializado, es por eso que el distribuidor se limita a dar una primera asistencia y dirigir el servicio postventa hacia el empresario elegido por el proveedor. Sin embargo, cabe la posibilidad de que el servicio postventa y garantía sea prestado directamente por el personal del distribuidor, siempre siguiendo las directrices y autorizado por el proveedor[136].

Para el destinatario final, los costes derivados del servicio postventa y garantía son gratuitos si el producto está dentro del periodo de garantía establecido en dos años, tal y como se establece en el art. 123.1 TRLGDCU, y será el proveedor y no el distribuidor quien responda y asuma la responsabilidad.

---

136 CORVO LÓPEZ, F.M., "Distribución y protección de la clientela", en *Los contratos de distribución en las propuestas armonizadas del derecho contractual europeo: repercusiones en el derecho español y en la práctica contractual* (CARBAJO CASCÓN, F. (dir.)), Tirant lo Blanch, 2015, pp.151-178.

En el resto de los casos será responsable el distribuidor (art. 114 TRLGDCU[137]). Además, el vendedor tiene la obligación de poseer un stock suficiente de recambios y repuestos para satisfacer los posibles desperfectos de los productos obtenidos por los consumidores.

5.6 Responsabilidad por daños derivados de los productos defectuosos distribuidos

Nuevamente, debemos de centrarnos en el principio de independencia jurídica que ostentan el proveedor y el distribuidor, en lo referente a la responsabilidad derivada de los daños causados por productos defectuosos. Según lo dispuesto en el art. 30 TRLGDCU responderá en un primer momento el proveedor, debido a su condición de fabricante y por otro lado, el distribuidor responderá cuando no pueda identificarse al proveedor o cuando suministre el producto siendo conocedor de la existencia del defecto en el producto[138].

Sin embargo, cabe preguntarse si los distribuidores deben ser responsables de los daños y defectos del producto ya defectuoso causados por su intervención. Según el art.133 TRLGDCU la respuesta debe ser afirmativa, ya que el proveedor está facultado para repercutir sobre el distribuidor la parte que le corresponde con su intervención en la producción del daño. Por otro lado, es común en los contratos de distribución ins-

---

137 Se establece como principio general en el art.114 TRLGDCU que "*El vendedor está obligado a entregar al consumidor y usuario productos que sean conformes con el contrato, respondiendo frente a él de cualquier falta de conformidad que exista en el momento de la entrega del producto*".

138 LATORRE LÓPEZ, Á., "La responsabilidad civil derivada del daño ocasionado por un producto defectuoso", en (FERNÁNDEZ ENTRALGO, J. (dir.)) *Cuadernos de Derecho Judicial* nº2, 1999, pp.397-430.

taurar el derecho al distribuidor de exigir al proveedor el cambio del producto o reembolso del precio satisfecho, en el caso en que el distribuidor haya tenido que retirar el producto por cuestiones objetivas que no sean responsabilidad del mismo.

Finalmente, si la fuente del daño radica en el servicio prestado por el distribuidor, debe entenderse la exoneración de responsabilidad por parte del proveedor. En ese caso no habría sido defectuoso el producto sino el servicio que se presta para la utilización o aplicación del mismo, por lo que sería responsable el distribuidor (arts. 147 y 148 TRLGDCU).

III. SIGNIFICADO DEL PACTO DE EXCLUSIVIDAD EN EL CONTRATO Y ANÁLISIS DEL PACTO DE NO COMPETENCIA POSTCONTRACTUAL A LA LUZ DEL DERECHO DE LA COMPETENCIA

1. El pacto de exclusividad en los contratos de distribución y sus efectos sobre la libre competencia

Todos los contratos que se encuadran dentro de la modalidad de distribución tienen como uno de sus elementos comunes que se establezca como cláusula accesoria, el "pacto de exclusividad" cuya aplicación supone unas consecuencias para el distribuidor, y esencialmente implica una obligación de no hacer que recae de manera directa sobre el empresario principal.

Su objetivo es disminuir al máximo los riesgos de distribución ya que el empresario principal no va a contar con más empresarios ejerciendo dicha labor en una determinada zona geográfica. Recíprocamente, establece una obligación del distribuidor de no realizar tareas de distribución en beneficio de otros empresarios ajenos al principal.

La conclusión que se obtiene de la aplicación de este pacto y que afecta de manera directa a ambas partes, da paso a que se elimine de alguna manera la intromisión de otros empresarios que puedan dificultar el éxito del contrato y beneficiar a ambos lados con la posible creación de una red de distribución sólida que los asocie bajo la misma identificación de imagen empresarial y de marca entre el empresario principal y el distribuidor.

Como principales efectos, la sentencia de la Audiencia Provincial de Madrid de 27 de septiembre de 2012[139] entiende que se derivan en unas ventajas económicas y en una limitación a la voluntad de actuar libremente a cada una de las partes pues el titular de la marca obtiene su beneficio en que el distribuidor actúa exclusivamente para él en una zona determinada, y a su vez el distribuidor se beneficia de ser el único en comercializar dichos producto en la zona, influyendo directamente en su beneficio económico.

Una de las cuestiones que se plantean en la doctrina y la jurisprudencia es naturaleza accesoria[140] o natural[141] de la cláusula, ya que se incluye en gran parte de contratos y tiene una gran relevancia, pero es calificada como no esencial, por lo tanto, su aplicación o no supone una variación en su definición y que será de distinto ámbito dependiendo de qué contrato de distribución sea.

---

139 RJ 2012/345.

140 URÍA Y MENÉNDEZ. (*op. cit.*, p. 102), defiende el carácter accesorio en los contratos de distribución, mientras que el contrato de concesión lo califican como "natural" pero "no esencial", tomando como referencia la jurisprudencia del Tribunal Supremo en sus sentencias de 5 de octubre de 1995 y 18 de diciembre de 1995

141 RONCERO SÁNCHEZ, A., (*op. cit.*, p. 75) es partidario de entender dicha cláusula según sea el caso en concreto, llegando a ser tanto natural, accesoria o esencial y que como consecuencia no tiene un efecto restrictivo de la competencia.

El carácter esencial de la exclusividad del pacto va ligado a si se considera que es un requisito definitorio del contrato. La presencia de esta cláusula puede condicionar la calificación del contrato como concesión, franquicia o venta en exclusiva. Asimismo, en el caso de incluir en el contrato una cláusula de exclusividad, su incumplimiento supondría la resolución de la relación contractual.

2. *Pactos verticales. Los contratos de distribución y el derecho de la competencia*

Vamos a exponer a continuación el tratamiento genérico que se hace desde el punto de vista del Derecho de la competencia europeo y español de los contratos de distribución en su faceta de acuerdos verticales, incluyendo aquellas conductas que resulten cuestionables por posibles efectos anticompetitivos. Con el fin de diferenciar los contratos de distribución de los acuerdos horizontales o cárteles, hay que tener en cuenta que los acuerdos verticales operan siempre entre empresas que no compiten en un mismo eslabón de la cadena de distribución[142]. La mayoría de los contratos de distribución se conciertan en un sentido vertical, por lo que vamos a examinar la normativa aplicable a restricciones verticales y el tratamiento de las cláusulas restrictivas de la competencia que habitualmente se usan en los contratos de distribución.

3. *La exención general por categorías en relación a los acuerdos verticales: el reglamento (UE) nº 720/2022 de la Comisión*

[142] A excepción de los casos de distribución dual, objeto de estudio en el último capítulo del presente trabajo y en donde se estudia en profundidad la situación de competencia entre el proveedor y distribuidor y los posibles conflictos derivados.

de 10 de mayo de 2022

En el Tratado de Funcionamiento de la Unión Europea (TFUE), en su artículo 101.1 se establecen una serie de supuestos de acuerdos de empresas con las consecuencias de restringir o impedir la competencia libre entre las empresas en el mercado interior de los Estados miembros, determinando si se aplica esa nulidad de pleno derecho a esos acuerdos.

No obstante, en su apartado 3, contempla supuestos en los que serán inaplicables las circunstancias anteriores, ya que su finalidad atiende a un bien superior y sus consecuencias son en beneficio del interés del mercado común por contribuir a mejorar la distribución o producción de mercancías y a fomentar el progreso técnico y económico, proporcionando una participación equitativa a los usuarios.

Para cumplir dichos fines, se promulga el reciente Reglamento 720/2022, reemplazando al pasado Reglamento (UE) 330/2010[143], cuyo objetivo es regular lo dispuesto en el artículo antes mencionado sobre las exenciones a los supuestos de falseamiento de la competencia, y que es la norma principal y de base sobre la materia. Dicho Reglamento comunitario atiende a los casos de acuerdos y asociaciones de empresas que contempla el artículo 101.1 de TFUE, que cooperan entre sí de una manera piramidal, estableciendo así unos niveles dis-

---

143 Ya se recogía en el Reglamento (UE) nº 330/2010 las indicaciones de la Comisión Europea sobre restricciones verticales: «*Las modificaciones introducidas en el Reglamento 330/2010 y sus Directrices interpretativas obedecen esencialmente a cambios estructurales que se han producido en el ámbito de la distribución comercial en los últimos años, y muy en particular, a partir de la difusión generalizada de las ventas por Internet. A grandes rasgos, las principales modificaciones afectan a cuatro ámbitos: (i) el umbral de cuota de mercado aplicable a la exención; (ii) la fijación de los precios de reventa; (iii) las ventas por Internet; y (iv) determinadas prácticas habituales en algunos segmentos de la distribución.*»

tintos de producción y distribución. Estos se llaman "acuerdos verticales", y se definen por RECAV 2022, en su art.1.1.a) como "*acuerdos o prácticas concertadas, suscritos entre dos o más empresas que operen, a efectos del acuerdo o de la práctica concertada, en planos distintos de la cadena de producción o distribución y que se refieran a las condiciones en las que las partes pueden adquirir, vender o revender determinados bienes o servicios*". De esta definición se desprende que la exención sólo puede aplicarse a acuerdos (contratos) entre dos o más empresas, excluyendo por tanto las conductas unilaterales, que tendrían que estar examinadas bajo el art. 102 TFUE. Tampoco podrán beneficiarse de la exención los acuerdos con consumidores finales, ya que la norma menciona expresamente a las empresas como parte contratante. El precepto menciona que las empresas vinculadas por el acuerdo han de operar en distintos niveles de la cadena de distribución, por lo que la exención no se podrá aplicar a empresas que operen en el mismo plano, es decir, a empresas que compiten entre sí. Por último, para poder beneficiarse de la exención, los acuerdos tienen que tener por objeto la adquisición venta o reventa de bienes o servicios[144].

El objetivo de este Reglamento son aquellos acuerdos que aun cumpliendo con lo que establece el artículo 101.3 del TFUE, tras su análisis, puedan contemplarse como una de las exenciones que se disponen, ya que pueden mejorar la eficiencia económica de una cadena de producción o de distribución al dejar una mayor coordinación entre las empresas que formen parte del negocio jurídico en cuestión. En este sentido en

---

144 La exención se aplicará igualmente a los acuerdos verticales suscritos entre una asociación de empresas y sus miembros, o entre una asociación y proveedores de la misma, siempre y cuando se encuentren en los diversos niveles de la cadena de producción o distribución.

concreto cabe destacar la reducción de costes y diversificación del trabajo permitiendo un aumento en los niveles de ventas[145].

Por tanto, la Comisión estructura el RECAV 2022[146]en torno a las exenciones por categorías[147],de esta manera da un equilibrio y un abanico de posibilidades a los acuerdos verticales[148].

Los requisitos para la aplicación del Reglamento son los siguientes:

a) El reglamento se aplicará a los acuerdos verticales celebrados entre una asociación de empresas y un miembro individual, o entre dicha asociación y un proveedor individual, siempre y cuando todos los miembros de la asociación sean minoristas de bienes y ningún miembro individual tenga un volumen de negocio superior a 50 millones de euros al año. La exención expuesta no se aplicará a los acuerdos verticales que, directa o indirectamente tengan por objeto ciertas restricciones especialmente graves (artículo 4 del RECAV 2022):

---

145 VIDAL MARTÍNEZ, P., "Novedades de competencia en materia de reglamentos de exención por categorías de acuerdos verticales, automóviles y seguros", *Revista de actualidad jurídica de Uría Menéndez,* 2010, pp. 74-79.

146 Reglamento (UE) nº 1/2003: La Comisión otorga facultades a los Estados Miembros para que puedan someter bajo la normativa europea de defensa de la competencia y así hacer cumplir en toda la comunidad. Salvo aquellas situaciones especialmente graves que se reservar el derecho a inspeccionar y sancionar arts. 4 y 5 del reglamento)

147 *Vid.* VIDAL MARTINEZ, P., "Novedades de competencia...", cit., p. 75.

148 La Comisión Europea publicó el 30 de junio de 2022 una Comunicación que acompaña dicho Reglamento y en la que se exponen las directrices para la aplicación del mismo.

- Imposición de zona geográfica o clientela: no se les podrá obligar a los distribuidores a vender exclusivamente en una zona o para un cierto tipo de clientela potencial. Es decir, tienen el derecho a poder vender libremente, aunque se contempla la posibilidad de ciertas excepciones que les permite funcionar con un sistema de distribución exclusiva[149] o selectiva[150].

---

149 Art. 4. b) del Reglamento (UE) 720/2022 establece que: "*cuando el proveedor opere un sistema de distribución en exclusiva, la restricción del territorio en el que, o de los clientes a los que, el distribuidor exclusivo pueda vender activa o pasivamente los bienes o servicios contractuales excepto:*
i*) La restricción de las ventas activas del distribuidor exclusivo y sus clientes directos en un territorio o a un grupo de clientes reservado al proveedor o asignado por el proveedor exclusivamente a un máximo de otros cinco distribuidores exclusivos.*
ii) La restricción de las ventas activas o pasivas del distribuidor exclusivo y sus clientes a distribuidores no autorizados situados en un territorio en el que el proveedor gestione un sistema de distribución selectiva de los bienes o servicios contractuales,
iii) La restricción del lugar de establecimiento del distribuidor exclusivo,
iv) La restricción de ventas activas i pasivas a usuarios finales por un distribuidor exclusivo que opere a nivel del comercio al por mayor,
v) La restricción de la facultad del distribuidor exclusivo de vender activa o pasivamente componentes suministrados con el fin de su incorporación a un producto, a clientes que tengan intención de usarlos para fabricar el mismo tipo de bienes que el proveedor;"

150 Art. 4. c) Reglamento (UE) 720/2022 determina "*en el caso de que el proveedor opere en un sistema de distribución selectiva.*
i*) La restricción del territorio en el que, o de los clientes a los que, los miembros del sistema de distribución selectiva pueden vender activa o pasivamente los bienes o servicios contractuales excepto:*
1*) La restricción de ventas activas por parte de los miembros de un sistema de distribución selectiva y de sus clientes directos en un territorio o a un grupo de clientes reservado al proveedor o asignado por el proveedor exclusivamente a un máximo de cinco distribuidores exclusivos;*

b) El límite máximo de cuota de mercado del 30% (artículo 3 del RECAV 2022): se aplicará cuando tanto el distribuidor como el empresario principal o proveedor no superen su cuota de mercado y que dependiendo de quién sea se tomará como referencia un mercado distinto:

- El mercado de referencia de comprador será su mercado de compra, entendiendo como tal el lugar donde compra los bienes o servicios.
- El mercado de referencia del distribuidor[151] será el lugar donde se suministre o vendan los bienes y servicios. Para su valoración se tendrá en cuenta la cuota de mercado relevante, que contempla el mercado

---

2) La restricción de ventas activas o pasivas por parte de los miembros del sistema de distribución selectiva y de sus clientes a distribuidores no autorizados situados en el territorio en el que opera el sistema de distribución selectiva;

3) La restricción del lugar de establecimiento de los miembros del sistema de distribución selectiva;

4) La restricción de ventas activas o pasivas a los usuarios finales por parte de los miembros de un sistema de distribución selectiva que operen al nivel de comercio al por mayor;

5) La restricción de la facultad de vender activa o pasivamente componentes suministrados con el fin de su incorporación a un producto, a clientes que tengan intención de usarlos para fabricar el mismo tipo de bienes que el proveedor".

151 *Vid.* GUTIERREZ SANCHEZ, I., «Normativa sobre restricciones verticales: un viaje de ida y vuelta al enfoque económico», *Gaceta Jurídica de la Unión Europea y de la competencia* 1575-2054, nº 220, 2004, p, 92. Este autor da a entender que existen grandes dudas sobre si el umbral de cuota de mercado está en un nivel apropiado, ya que pueden quedar dentro de la exención empresas que tienen poder de mercado como otras, aun superando el 30% de la cuota pueden exhibir comportamientos competitivos a causa de las presiones a las que se enfrentan.

de productos y el mercado geográfico de referencia en el que se lleva a cabo la venta en todo caso a los distribuidores, no al usuario final.

- Cuando la cuota de mercado de ambas partes, proveedor y distribuidor, en el mercado de referencia en que vendan o adquieran respectivamente los bienes o servicios contractuales no exceda del 30%, se presume que aquellos acuerdos verticales carentes de restricciones especialmente graves y contrarias a la competencia conducen, a grandes rasgos, a una mejora de la producción o distribución, reservando a los usuarios una parte equitativa en los beneficios resultantes. Por lo tanto, si se superan dichas cifras se considerará automáticamente que los acuerdos verticales en cuestión no producirán unas ventajas objetivas que beneficien a la competencia[152].

c) Los proveedores o el empresario principal no podrán imponer el precio mínimo de venta. El Reglamento mantiene la calificación de las prácticas de fijación de precios de reventa, ya sean precios mínimos o fijos, como "restricciones especialmente graves" que impiden la aplicación de la exención automática a los acuerdos verticales[153]. No obstante, en atención a determinada evolución doctrinal y jurisprudencial (esencialmente,

---

152 En atención al punto 9 del Reglamento 2790/99, que fue sustituido por el Reglamento 330/2010 y ahora por el Reglamento 720/2022.

153 En el artículo 4 a) del Reglamento (UE) 720/2022 se expone "*la restricción de la facultad del comprador de determinar el precio de venta, sin perjuicio de que el proveedor pueda imponer precios de venta máximos o recomendar un precio de venta, siempre y cuando éstos no equivalgan a establecer un precio de venta fijo o mínimo como resultado de presiones o incentivos procedentes de cualquiera de las partes;*"

de los tribunales norteamericanos véase el caso *Leegin*[154] del Tribunal Supremo de los EE.UU. en 2007[155]), las nuevas Directrices suavizan la postura tradicional de la Comisión Europea en este ámbito. En concreto, se reconoce expresamente que en ocasiones este tipo de restricciones pueden generar eficiencias y cumplir los requisitos de exención del artículo 101.3 TFUE. A título de ejemplo, y aunque esta cuestión deba analizarse caso por caso, como ya ha sido expuesto anteriormente, las Directrices admiten este tipo de prácticas de forma transitoria en los supuestos de introducción de un nuevo producto o servicio en el mercado o en el marco de acuerdos de franquicia o sistemas de distribución similar, en los que sea necesario aplicar durante un período de tiempo limitado (de 2 a 6 semanas) precios promocionales con un formato uniforme[156]. De igual modo, también puede considerarse admisible la fijación del precio de reventa en determinados supuestos para evitar el parasitismo de distribuidores que no prestan servicios preventa necesarios para introducir un nuevo producto o servicio complejo en el mercado. La apertura que muestra la Comisión Europea en este punto constituye un gran avance. No obstante, al tratarse de una excepción al régimen general, debe interpretarse con cautela y sopesando todas las circunstancias que concurren en el caso concreto. A esos efectos, no debe olvidarse que recae sobre las partes del acuerdo restrictivo la carga de

---

154 LLORENTE GÓMEZ DE SEGURA, C., "La decisión del Tribunal Supremo de los EEUU en el caso Leegin", *Actualidad jurídica Aranzadi,* nº 736, 2007, pp. 2-4.

155 VIDAL MARTÍNEZ, P., *op. cit.,* p. 76.

156 Véase el apartado 197 b) de las Directrices relativas a las restricciones verticales (2022/C 248/01).

la prueba de que la restricción cumple los requisitos de exención del artículo 101.3 TFUE.

4. La vulneración de los pactos del contrato como actos de competencia desleal

En el presente epígrafe se exponen los principales problemas que plantea el incumplimiento del contrato de distribución como acto de competencia desleal. Sin embargo, dado que el abanico de supuestos que se podían encajar en este estudio es muy extenso, se va a delimitar su análisis.

En primer lugar, se realiza el estudio exclusivamente de la vulneración de los pactos de un contrato de distribución y de la posibilidad de trasladar tal incumplimiento al ámbito de la competencia desleal[157]. En segundo lugar, dentro de los posibles incumplimientos de los pactos del contrato de distribución, nos centraremos sólo en la vulneración de algunos pactos contractuales, en especial el pacto de no competencia o de exclusiva. En este sentido, habrá que ajustarlos a los supuestos comprendidos en los artículos 5 a 18 de la Ley de Competencia Desleal (LCD), en concreto, sobre todo a la inducción a la infracción contractual o la explotación de situaciones de dependencia según su grado de deslealtad. También el incumplimiento puede tener encaje en la cláusula general del art. 4, lo que nos obliga a analizar si concurre el parámetro de la buena fe.

Se pretende analizar el incumplimiento desde la perspectiva de la cláusula general del artículo 4 LCD que establece que *"se reputa desleal todo comportamiento que resulte objetivamente contrario a las exigencias de la buena fe."* Se entiende que tanto el incumplimiento de los pactos de un contrato de distribución

---

[157] Quedan fuera del estudio las remisiones, por ejemplo, a incumplimientos en el ámbito laboral.

puede calificarse como acto susceptible de ser desleal puesto que se trata de una conducta de mercado, realizada con fin concurrencial y por empresarios. No es fácil calificar el incumplimiento de los pactos de un contrato de distribución como acto desleal, más bien el ámbito natural de la LCD se presenta en el de la responsabilidad extracontractual, y así lo expresa la jurisprudencia.[158] Sin embargo hay algunos supuestos que son concebidos por la LCD como perseguibles y pueden entrar en juego en el caso que nos ocupa: la inducción a la infracción contractual y la explotación de la situación de dependencia.

Por un lado, como se establece en el art. 14 LCD, se considera desleal la inducción a proveedores, clientes y demás obligados, a infringir los deberes contractuales básicos que han contraído los competidores. En el siguiente apartado, se establece el criterio de deslealtad de la inducción a la terminación irregular de un contrato o el aprovechamiento de una infracción contractual ajena. La deslealtad de la inducción a infringir los pactos tendrá lugar cuando el inductor no busca tanto un aseguramiento o difusión de sus propias prestaciones como el perjuicio ajeno. El inductor carece de una prestación propia que pueda ser comparada por el deudor contractual con la del acreedor perjudicado y en esa medida su comportamiento no se justifica sobre la base del mérito de sus propias prestaciones el perjuicio ajeno.[159] No busca tanto un aseguramiento o difusión de sus propias prestaciones, sino fundamentalmente la obstaculización a los competidores.

---

158 NAVARRO LERIDA, M.S., "La vulneración de los pactos del contrato de distribución como actos de competencia desleal", en *Contratos de distribución comercial: Los aspectos económicos y jurídicos* (ALCALÁ DIAZ, M.A. (dir.)), Bosch, p. 294.

159 CAMPINS VARGAS, A., "Inducción a la infracción contractual, Análisis del art, 14 LCD" en (EMPARANZA SOBEJANO, A. (dir.)) *Orientaciones actuales del Derecho Mercantil IV Foro de Magistrados y profesores de Derecho Mercantil*, Marcial Pons, 2013, p. 111 y ss.

Por otro lado, el art. 16.2 LCD considera desleal la explotación por parte de la empresa de la situación de dependencia económica en que puedan encontrarse sus empresas, clientes o proveedores que no dispongan de alternativa equivalente para el ejercicio de su actividad. Se trataría de actos que se enmarcan en una situación "grupal", de red de distribución, en el caso de que una de las partes no dispone de alternativa, algo que hace imprescindible la relación con la contraparte para continuar en el mercado. En la relación comercial hay una empresa "fuerte" y que ostenta una situación de poder relativo al mercado, y una empresa "débil" que se encuentra en situación de dependencia económica. La "débil" no puede prescindir de las relaciones comerciales que mantiene con la fuerte sin que su capacidad competitiva quede afectada. En ese sentido, la cuestión es señalar si esa independencia económica debe existir siempre o, por el contrario, pudiéndose dar una situación de dependencia, debe perseguirse desde la perspectiva de la competencia desleal cuando constituye un acto abusivo. Otro supuesto perseguible sería cuando el proveedor se introduce en el canal de distribución haciendo venta directa del producto, lo que no sólo puede conllevar un aprovechamiento ilegítimo de la labor de captación de clientela del distribuidor, sino que puede conducir a una situación de inviabilidad económica de la actividad del distribuidor.[160]

4.1 La vulneración de pactos en el contrato de distribución

Es complejo definir lo que debe entenderse por contratos de distribución, y por ello no es sencillo profundizar en el estudio de su incumplimiento. Dotar a estos contratos de una normativa de carácter general, capaz a la vez de dar cabida a la

---

160 NAVARRO LERIDA, M.S., *op. cit.*, p. 298.

diversidad de problemas que los mismos plantean no es tarea fácil.[161]

Existe un debate doctrinal sobre si la posible regulación de estos contratos debería contemplar las obligaciones contractuales básicas aplicables a todos los contratos o también normas específicas de sus distintas modalidades.[162] La doctrina también sugiere que, debería dejarse la configuración de este tipo de contrato en manos de la autonomía de la voluntad, y únicamente regular aspectos específicos de los concretos tipos encajables en esta categoría tan amplia de los contratos de distribución.

Cabe matizar que, esencialmente, parte de lo estipulado en los contratos de distribución, además de regulaciones específicas, entre las que regularmente se encontrarán estipulaciones comunes, estará conformado por las condiciones generales de la contratación. A saber, independientemente de la conexión entre estas condiciones y su inclusión desde la perspectiva del Derecho de la competencia, cabe recordar que el acuerdo contenido en el contrato de distribución debe ser reconocido como vinculante y también, debe ser catalogado como una condición general que debe cumplir los criterios de inclusión y control de contenido especificados en la normativa aplica-

---

161 Y en ese sentido, como hemos tenido ocasión de analizar, han fracasado el PLDC y también el ACM aunque éste sí que constituye un destacado intento de regular las cuestiones más controvertidas y problemáticas del contrato de distribución, en el Título IV del Libro Quinto de la Propuesta de Código Mercantil elaborada por la Comisión General de Codificación.

162 ALONSO SOTO, R., "Bases para una futura regulación de los contratos de distribución" en (VIERA GONZÁLEZ, J., ECHEVARRIA SÁEZ, M., RUIZ PERIS, J.I. (dirs.)), *La reforma de los contratos de distribución comercial,* La Ley, 2013 p. 51 y ss.

ble[163]. Es interesante remarcar, en este sentido, como ha defendido por parte de la doctrina, la no incorporación de "cláusulas sorpresivas", o la obligada apelación a la "equivalencia" de posiciones. Este tipo de cuestiones abarcan la lealtad en el marco de las relaciones que surgen a raíz de los contratos de distribución. En esta relación, nacida en estos contratos, se presume la buena fe por ambas partes.

En resumen, formarán parte de este contrato no solo las estipulaciones pactadas entre los contratantes, sino, además, las condiciones generales correctamente incluidas teniendo también en cuenta el criterio de razonabilidad[164].

4.2 La vulneración de los códigos de conducta

Asimismo, y siguiendo con el contenido de los contratos de distribución, podemos encontrar además de los elementos "naturales" que se desarrollarán más adelante, los llamados códigos de conducta.[165] El posible incumplimiento del contrato que pueda calificarse como una conducta de competencia des-

---

163 *Vid.* al respecto CHAMORRO DOMINGUEZ, Mª. C., "Control de las condiciones de contratación en los contratos celebrados entre empresarios: perspectiva comparada y perspectiva de futuro" en (VIEIRA GONZÁLEZ, J., ECHEBARRIA SÁEZ, M., RUÍZ PERIS, J.I. (dirs.)) *La reforma...*, cit. p. 181 y ss.

164 Para el autor GONZÁLEZ CASTILLA, F., "El criterio de razonabilidad de las condiciones comerciales impuestas en los contratos de distribución", en (VIERA GONZÁLEZ, J., ECHEBARRÍA SÁEZ, M., RUIZ PERIS, J.I. (dirs)) *La reforma...*, cit., p. 173 y ss.; el criterio de razonabilidad no es equiparable a racionalidad, ni siquiera a término equitativo, sino que quiere proporcionar un criterio objetivo de contraste, haciendo referencia "a aquello que sorprende al contratante de buena fe".

165 Al respecto MASSAGUER, J., "El incumplimiento de los códigos de conducta como acto de competencia desleal", en (VIERA GONZÁ-

leal, afecta tanto a los elementos naturales como a los códigos de conducta.

Los códigos de conducta se perfilan en el ámbito de la distribución comercial, como una auténtica alternativa a la regulación positiva de estos contratos, tal y como hemos tenido ocasión de analizar. Se enmarcan dentro de un movimiento más amplio y de mayor calado que tiene como base la superación del sistema de fuentes clásico y la concepción del Estado como único autorizado para la creación del Derecho[166]. Es en ese marco en el que debe plantearse la viabilidad de los códigos de conducta en el ámbito de la distribución, instrumento por excelencia del denominado *soft law.*

Es el propio legislador el que fomenta la difusión de los códigos de conducta, que en el ámbito de los contratos de distribución son objeto de promoción por las administraciones públicas, con el objetivo de que se lleven a cabo con carácter sectorial, de modo que puedan servir de ayuda a la hora de interpretar y ejecutar los contratos en el sector de la distribución comercial.[167]

La Ley de Competencia Desleal, tras su reforma por la Ley 29/2009, de 30 de diciembre, por la que se modifica el régimen legal de la competencia desleal y de la publicidad para la mejora de la protección de consumidores y usuarios, no solo se limita en su art. 37 a prever la posibilidad de que se adopten códigos de conducta, sino que establece en buena medida el

---

LEZ, J., ECHEVARRÍA SÁENZ, M., RUIZ PERIS, J.I., (dirs.)) La reforma..., cit. p. 577 y ss.

166 GARCIA RUBIO, M. P., "Responsabilidad social empresarial y autorregulación: los códigos de conducta y las fuentes del Derecho", *Boletín del Ministerio de Justicia,* nº 2141, 2012, p. 2 y ss.

167 Como se demuestra en el mandato a la Administración contenido en el art. 5.1 del PLCD.

régimen al que habrán de someterse éstos y los propios operadores para evitar caer en supuestos de deslealtad.[168]

Tal y como hemos señalado anteriormente y creemos que merece la pena recalcar, los códigos de conducta poseen algunas ventajas frente a la legislación, sobre todo en lo que respecta a la flexibilidad y a la posibilidad de atender situaciones concretas, siendo también de utilidad al juzgador en relación a la valoración de la conducta de las partes.[169] Sin embargo el hecho de la libertad que plantean como instrumentos de autorregulación es su principal debilidad, ya que tratándose de instrumentos de adhesión voluntaria, sus declaraciones únicamente resultarán exigibles en relación a aquellos operadores que hayan decidido libremente someterse a ellos y lo mismo puede mantenerse respecto a la eficacia de las sanciones a que den lugar los incumplimientos. De hecho, algún sector doctrinal ha defendido la conveniencia de optar por códigos de conducta que podríamos denominar "positivos" que marquen la línea a seguir a través de la fijación de estándares que se consideran adecuados para la actividad de un sector y en general, del mercado.[170] Creemos que se trataría de fomentar comportamientos beneficiosos en el marco de los contratos que estamos analizando, y no tanto de regular la conducta de los operadores, algo que puede exceder el ámbito de la autorregulación propio de los códigos de conducta.

---

168 IRACULIS ARREGUI, N., "El incumplimiento de códigos de conducta como acto de competencia desleal", en (VIERA GONZÁLEZ, J.(dir.)) *La reforma de los contratos de distribución comercial*, Madrid, La Ley, p. 646.

169 SORO RUSELL, O., "Veinte años de resoluciones judiciales de interés civil y mercantil en materia de códigos de conducta: una repercusión todavía muy limitada", *InDret*, 2010, pp. 12 y ss.

170 MARTÍ MIRAVALLS, J., "Los códigos de conducta en las redes de franquicia. El modelo americano versus el europeo", *Revista de Derecho Mercantil*, 2008, nº 269, p. 953 y ss.

Este es el sentir que se recoge en el Código Deontológico Europeo de la Franquicia, que es el ejemplo más claro de la utilidad de la autorregulación en el sector de la distribución en el ámbito no sólo español sino europeo, no sólo el respaldo de estar suscrito por la Asociación Europea de Franquiciadores, sino por su propio contenido.[171]

Cabe señalar que, la oportunidad de abordar aquí los códigos de conducta no procede del hecho que las consecuencias legales de su infracción se consideren efectivamente en el

---

171 En particular, el código es la piedra angular de la acción de las Asociaciones Miembros de la Federación Europea de la Franquicia (EFF). Sus respectivas reglas de pertenencia, de acreditación, así como sus provisiones disciplinarias deben cumplir con las normas establecidas en el código. El código, en su totalidad, es vinculante para todos los miembros de la EFF, así como para sus respectivos miembros. El código es aprobado por todas las Asociaciones Miembros de la EFF; cada uno de los cuales está comprometido con su promoción, interpretación y aplicación en su propio país. Cada asociación es responsable de asegurar que el código esté disponible para el público y, especialmente, para todos los que quieran entrar a formar parte de la industria de las franquicias. Las Asociaciones nacionales de franquicias miembros de la Federación Europea de la Franquicia (EFF) pueden añadir al código deontológico europeo de la franquicia una extensión (a nivel doméstico) y/o una interpretación, siempre y cuando no sean contrarias al referido Código. El código deontológico europeo de la franquicia fue escrito originalmente en el año 1972 por los principales actores de la industria en Europa, miembros de las asociaciones fundadoras de la EFF; y refleja directamente la experiencia del buen comportamiento de franquiciadores y franquiciados en Europa. El código ha sido actualizado en el 2016 con el fin de integrar aún más las disposiciones que reflejan la continua experiencia entre franquiciador y franquiciado en el mercado en los países de sus asociaciones miembros, así como para cumplir con las recomendaciones de la Comisión Europea en materia de autorregulación. El código es un plan vivo de acción. Sus actualizaciones, para poder seguir siendo de utilidad para esta industria en constante evolución, son constantes.

marco de la Ley de Competencia Desleal, sino de la realidad que creemos necesario resaltar que, existe un ámbito donde los contratos de distribución tienen suma importancia, es el de los canales de distribución de alimentos, ya que, se plantean muchos problemas en relación con el Derecho de la Competencia en general, no solo desleal.[172]

El objetivo que se pretende abordar aquí es establecer qué contenido puede llegar a abarcar un contrato de distribución, cuáles de sus cláusulas pueden ser objeto de incumplimiento y cuando dicho incumplimiento conlleva una conducta contraria a la competencia. Dado que las partes involucradas en el contrato de distribución se han "obligado" a cumplir un código de conducta, incumplir el mismo encajaría de pleno en el estudio que aquí se desarrolla[173].

Ante todo lo expuesto, se considera incumplimiento de contrato el incumplimiento de estos códigos y esto mismo podrá ser considerado como un acto de competencia desleal. Para que el incumplimiento de un código de conducta se considere

---

172 En el marco de la distribución de lo que se define como cadena alimentaria, hay que destacar la Ley 12/2013, de 2 de agosto, de medidas para mejorar el funcionamiento de la cadena alimentaria. y que es aplicable a las relaciones comerciales que se produzcan entre los operadores que intervienen en la cadena alimentaria desde la producción hasta la distribución de alimentos. Esta norma contiene un conjunto de artículos referidos a Códigos de Buenas Prácticas en la Contratación Alimentaria, de ámbito estatal, que la Ley dispone adoptar entre el Ministerio de Agricultura y las organizaciones representativas nacionales de la producción, la transformación, la industria y la distribución y otros códigos que también puedan suscribirse.

173 *Vid.* JARNE MUÑOZ, P., "Algunas consideraciones sobre la problemática de los contratos de distribución comercial", *ProQuest*, véase en: https://search.proquest.com/docview/1869481583?pq-origsite=primo

una conducta desleal, debe de cumplir los siguientes tres requisitos: indicación de la vinculación a un código de conducta en una práctica comercial, compromiso firme y verificable de esa vinculación y distorsión del comportamiento económico del destinatario. Será necesario, por tanto, verificar si la expectativa del cumplimiento del código de conducta generado en los destinatarios pudo determinar su comportamiento económico.[174]

4.3 Cláusulas de no competencia y el pacto de exclusiva

Por otro lado, en nuestro ordenamiento jurídico, cualquier contrato obliga, no únicamente a lo pactado, si no también, a lo que de él deriva, es decir, nos podríamos preguntar si en este tipo de contratos, podría defenderse la existencia de un contenido que podríamos llamar "natural", esté incluido en el contrato o no.

A lo que nos referimos en el párrafo anterior es que, existen determinadas cláusulas que no están presentes en el contrato de forma escrita, pero debe sobrentender su presencia en este tipo de contratos, ya que son connaturales a la propia naturaleza de esa categoría contractual. Nuestro análisis se centra en las cláusulas que podríamos llamar "usuales", puesto que analizar todas y cada una de las cláusulas que podrían contemplarse en este tipo de contrato sería una ingente tarea. El estudio que se realiza en este apartado, se basa principalmente en las cláusulas más usuales de no competencia y pacto de exclusiva.

Partiendo en primer lugar por el pacto en exclusiva, no es fácil sustentar que en el marco de los contratos de distribución en general, y no de uno de los tipos específicos dentro de

---

174 NAVARRO LERIDA, M.S., "La vulneración de los pactos del contrato de distribución...", cit., p. 287.

esta categoría, la exclusividad sea connatural a los mismos. En cambio, la doctrina y la jurisprudencia afirman lo contrario, ello quiere decir que el pacto de exclusividad se encuentra implícito en los contratos de distribución. Es decir, parece que el reconocimiento implícito del pacto de exclusividad es evidente cuando, la exclusividad a favor del distribuidor se pretende por las partes derivándose, particularmente, en una exclusividad territorial.[175] En ese sentido, es el respeto a esa exclusividad, no expresa pero connatural al contrato, el que puede plantear problemas en el ámbito de la competencia desleal, en especial en el supuesto en el que se procede a una venta directa en el territorio marcado por la exclusiva por parte del fabricante, con el consiguiente riesgo de desviación de la clientela o de explotación de situación de dependencia[176], como ya hemos tenido ocasión de examinar en páginas anteriores.

Por otro lado, y en segundo lugar, encontramos la cláusula de no competencia, que puede darse de dos formas, una de ellas sería durante la duración del contrato de distribución, y la otra, el pacto de prohibición de competencia postcontractual. Firmar un acuerdo de distribución no significa necesariamente que los distribuidores deban evitar vender productos de la competencia, más allá, del concreto tipo de contrato que nos encontremos. Hay determinada línea doctrinal y jurisprudencial que se inclina por considerar que, al igual que sucede con el mencionado pacto de exclusiva, se debe considerar implícita en este tipo de contratos durante la duración de los mismos[177].

---

175 En ese sentido, la SAP Alicante (sección 8) de 8 de febrero de 2005 (55/2005), en la que se reconoce la exclusividad en un supuesto de un contrato verbal. Se indica que "la nota que caracteriza más singularmente el contrato de distribución es el pacto de exclusiva.

176 NAVARRO LÉRIDA, Mª. S., "La vulneración de los pactos del contrato de distribución…", cit., p. 289.

177 En este sentido es de interés la STS de 18 de mayo de 2012, (RJ 2012/567) en la que se contiene la defensa de la interpretación de

En cambio, el planteamiento de incluir una cláusula de no competencia (implícita) postcontractual sería más complejo, dado la gran afectación a la competencia que ello supone.

4.4 El umbral de la deslealtad

4.4.1 La cláusula general del art. 4 LDC

Una vez analizado el contenido del contrato de distribución en base a las cláusulas de exclusividad y competencia se refiere, debemos centrarnos ahora en el incumplimiento de ese mismo contenido, como acto de competencia desleal. Se circunscribe el estudio al primer inciso del artículo 4 LDC, por lo tanto, la cláusula general no aplicable a las relaciones entre empresas y consumidores, ya que en esta sede la configuración de la cláusula general es diferente.

En este apartado se acomete el encaje del incumplimiento desde la perspectiva de la cláusula general contenida en el artículo 4 de la LCD[178]. El art. 4 LCD establece que *"se reputa desleal todo comportamiento que resulte objetivamente contrario a la*

---

una parte de la doctrina mercantilista, partidaria de entender que el fundamento de esta prohibición entronca con la buena fe.

178 Como bien señala NAVARRO LÉRIDA, Mª. S., ("La vulneración ...", *op. cit.*, p. 291) la sistemática obligaría a realizar este análisis en un momento posterior, ya que, "el diseño contenido en la LCD con una cláusula "general" de deslealtad y unos concretos actos que la desarrollan, obligan a descartar previamente los artículos 5 y siguientes de la norma (y los requisitos de cada uno de ellos) y una vez superado ese análisis, a identificar con claridad las razones en las que se basa la deslealtad de la conducta en cuestión, apelando a la cláusula de cierre." Así lo recogen también MARTINEZ SANZ, F. y PUTZ, A., "Ámbito de aplicación y cláusula general de competencia desleal", *RCD,* núm. 7, pp.17 y ss. Sin embargo, comenzar por ese descarte previo puede antojarse complejo en el caso de los contratos de

exigencia de la buena fe". De tal norma emana la siguiente pregunta: ¿puede el incumplimiento de los pactos de un contrato de distribución resultar objetivamente contrario a la buena fe?

La buena fe objetiva sirve para expresar la confianza que legítimamente tienen todos los que participan en el mercado en que todos los demás que actúan en él tendrán una conducta correcta sin necesidad de que exista mala fe subjetiva[179]. En este caso lo primordial es que, ante la existencia de una conducta ilícita, se restablezca lo antes posible el equilibrio.

Podemos encontrar en la jurisprudencia pronunciamientos acerca de lo que se considera el "ámbito natural" de la LCD. Dicha norma salvaguarda a los intervinientes del mercado contra las conductas que se caracterizan básicamente porque entre el sujeto activo y el pasivo no existe ningún contrato que vincule una conducta que pueda restringir legalmente a este último, de abstenerse a ejecutar la conducta censurada. Cuando se produce dicha situación, el perjudicado no obtiene la protección de la LCD al tener siempre que proteger sus intereses por la posibilidad de ejercitar acciones que emanan del propio contrato. La infracción en sí misma de un compromiso de no concurrencia de origen contractual es simplemente una conducta incumplidora de un contrato que solamente puede ser enervada, corregida o reprimida mediante el ejercicio de su acción natural, a saber, la acción personal emanada del propio contrato[180]. Parece, por lo tanto, que en este ámbito no podría entrar en juego el criterio de deslealtad. Sin embargo,

---

distribución por las múltiples posibilidades de aplicación de ilícitos desleales.

179 BERCOVITZ RODRIGUEZ CANO, A., "Cláusula general...", cit., p.100.

180 Según el fundamento de derecho Tercero de la SAP Madrid (secc. 20) de 14 de julio de 2011, que cita a su vez doctrina de sentencias anteriores, como la de 14 de mayo 2010 o 21 de enero de 2011.

hay autores que afirman lo contrario, es decir, que puede ser invocada la LCD también en su art. 4 en el marco del incumplimiento de un contrato de distribución.

Y ello en base a que, como se ha venido diciendo con anterioridad, el contrato obliga no solamente a lo pactado entre las partes, sino también, a lo que pueda derivar de él. Se pone el ejemplo de un contrato de distribución en el que no se ha pactado ningún tipo de cláusula de exclusiva o de prohibición de competencia, pero ello no implica que por parte del distribuidor se confíe en que esa exclusividad se puede esperar o por parte del proveedor se entiende que el distribuidor no va a realizar ninguna actividad de competencia. Si alguna de las partes incumple esa "expectativa" tal vez deba entenderse que el perjudicado no debe circunscribirse a obtener una solución en el marco de la resolución e indemnización del Derecho contractual, sino que pueda también acudir a la protección que le otorga la LDC[181]. En consecuencia, y en base a esa tesis, a la que nos sumamos, el incumplimiento de una cláusula no expresa no sólo es incumplimiento de contrato (ex art. 1258 CC), sino que también puede calificarse como vulneración de la buena fe contenida en el art. 4 LCD.[182]

4.4.2 Inducción de infracción contractual

Aun cuando el universo de supuestos en los que el incumplimiento del contrato de distribución puede considerarse también un acto de competencia desleal es mucho más amplio, vamos a profundizar sobre los casos más comunes ya tratados anteriormente, como son la inducción a la infracción contractual y la explotación de la situación de dependencia.

---

181 NAVARRO LÉRIDA, M. S., *op. cit.*, p. 295.

182 Esta argumentación es también sostenida por la STS de 18 de mayo de 2012 (RJ 2012/567).

En el art. 14 LCD se establece: "*Se considera desleal la inducción a trabajadores, proveedores, clientes y demás obligados a infringir los deberes contractuales básicos que han contraído con los competidores*". La primera controversia que aparece al leer mencionado artículo es delimitar, en el marco de un contrato de distribución, lo que puede o debe entenderse por deber "básico", la posibilidad de incorporar condiciones generales o el juego que tenga el reconocimiento de cláusulas de exclusividad o no competencia implícitas. En todo caso, el deber contractual básico cuya vulneración se pretende por el inductor, tiene que formar parte del contenido que conforma la finalidad económica del contrato.[183] Como señala la doctrina en este aspecto, haciendo referencia al art. 14.1 LCD, este precepto no sanciona la inducción en sí misma sino en tanto en cuanto se dirige al incumplimiento de un contrato y en la medida que éste puede verse objetivamente afectado por la conducta inductiva del sujeto agente[184].

Cuando el inductor trate de buscar el perjuicio ajeno, antes que la difusión o el aseguramiento de sus prestaciones, tendrá lugar la deslealtad de inducción a infringir los pactos del contrato de distribución. La deslealtad de la inducción a infringir los pactos contractuales en un contrato de distribución[185] tendrá lugar cuando el inductor carece de una prestación propia que pueda ser comparada por el deudor contractual con la del acreedor perjudicado y en esa medida su comportamiento no justifica sobre la base del mérito de sus propias prestaciones

---

183 NAVARRO LÉRIDA, M.S., *op, cit.*, p, 269.

184 CAMPINS VARGAS, A., "Inducción a la infracción contractual. Análisis del art 14 LCD", en (EMPARANZA SOBEJANO, A. (dir.)) *Orientaciones actuales del Derecho Mercantil. IV Foro de magistrados y profesores de Derecho Mercantil*, Marcial Pons 2013, p. 116.

185 A este respecto, es interesante el caso resuelto por la SAP Barcelona de 26 de octubre de 2005 (RJ 2005/12412).

sino fundamentalmente sobre la obstaculización a los competidores[186].

4.4.3 Explotación de la situación de dependencia

Por otra parte, distinto acto de competencia desleal que entramos a analizar es el regulado en el art. 16.2 LCD, "*Se reputa desleal la explotación por parte de una empresa de la situación de dependencia económica en que puedan encontrarse sus empresas clientes o proveedores que no dispongan de alternativa equivalente para el ejercicio de su actividad. Esta situación se presumirá cuando un proveedor, además de los descuentos o condiciones habituales, deba conceder a su cliente de forma regular otras ventajas adicionales que no se conceden a compradores similares*". Lo que establece una clara definición de lo que significa una situación de dependencia. Se trata de un supuesto que puede tener bastante aplicación a las situaciones de redes de distribución.

Como señala la doctrina, en la relación comercial que el legislador contempla en este precepto, existe una empresa "fuerte", que ostenta una posición de poder en el mercado, y otra empresa "débil" la cual se encuentra en una situación de dependencia económica[187]. La empresa "débil" no puede prescindir de la relación con la empresa "fuerte", ya sea comercial u otra, ya que se vería en una situación en la cual su capacidad competitiva decaería. Por lo tanto, debemos preguntarnos si esa independencia económica debe existir en todo lugar, o por el contrario, pudiendo darse una situación de dependencia debe perseguirse, desde la perspectiva de la competencia desleal por su abuso.

---

186 CAMPINS VARGAS, A., *op. cit.*, p, 118.

187 Hay que destacar que la situación de dependencia que abre la aplicación de la LCD no es jurídica, sino económica.

Sería necesario atender a la situación real de dependencia valorando en todo caso variantes como la intensidad del poder, mercado relevante o la existencia o no de alternativas en el mercado. Todo ello aboca a la complejidad de intentar catalogar el incumplimiento de los pactos del contrato de distribución como explotación de una situación de dependencia.[188]

Un supuesto que es puesto de relieve por los autores es el del proveedor que se introduce en el canal de distribución haciendo venta directa del producto, lo que se puede traducir en un aprovechamiento ilegítimo de la labor de captación de clientela del distribuidor y conllevar una situación de inviabilidad económica de la actividad de éste.[189]

4.5 Incumplimiento contractual y competencia desleal en el seno de los grupos de sociedades

Uno de los principios rectores de los contratos de distribución es que proveedor y distribuidor conservan su independencia económica y autonomía jurídica. Sin embargo, lo cierto es que existen redes de distribución de productos, en general asociados a una marca y en situación de cohesión que, aun no siendo una realidad jurídica, si poseen entidad desde una óptica económica.

En el PLCD si se reconocían y se definieron en su art. 1.2 como: "*aquellas en las que un organizador dirige o coordina el reparto de las funciones comerciales entre varios distribuidores repartidos territo-*

---

188 BELLIDO, J., "Art. 16. Discriminación y dependencia económica" en (BERCOVITZ RODRIGUEZ-CANO, A. (dir.)) *Comentarios a la Ley de Competencia Desleal,* Aranzadi, 2011, p. 433 y ss.

189 *Vid.* NAVARRO LÉRIDA, M. S., *op. cit.*, p. 298 y ZABALETA DÍAZ, M., La explotación de la situación de dependencia económica como supuesto de competencia desleal, *La explotación de dependencia económica,* Marcial Pons, Madrid, 2020, p. 34.

rial o sectorialmente"[190]. Sin perjuicio de un estudio pormenorizado de la problemática que presentan los grupos, y que se estudia en otro contexto,[191] particularmente el hecho de que proveedor y distribuidor pertenezcan a la misma red es un hecho que puede afectar al hecho mismo del incumplimiento del contrato de distribución como acto de competencia desleal[192]. Y así puede demostrarse en ejemplo que toma como base un contrato de distribución sin pacto de exclusiva territorial expreso o con cláusula de exclusiva confusa. Parece que sería contrario a la buena fe, y por ello desleal, la apertura de un nuevo establecimiento por el proveedor bien para realizar venta directa, bien a favor de otro distribuidor en el territorio, cuando la apertura del mismo pudiera considerarse como contraria al espíritu del contrato y, por lo tanto, un supuesto de incumplimiento de contrato como se establece en el art. 4 LCD[193].

Un supuesto distinto es aquel en el distribuidor forma parte de la red integrada del proveedor, entendida como tal aquella

---

190 En relación a las redes empresariales *vid.* RUIZ PERIS, J. I., "Las redes empresariales en el Proyecto de Ley de Contratos de Distribución español", en (VIERA GONZÁLEZ, J., ECHEBARRÍA SÁENZ, M., RUIZ PERIS, J.I. (dir.)) *La reforma de los contratos de distribución comercial,* La Ley, 2013, pp. 75 y ss.

191 *Vid.* EMBID IRUJO, J. M., *Introducción al derecho de los grupos de sociedades,* Comares, Granada, 2003, y su numerosa obra posterior sobre el tema de grupos de sociedades; asimismo, EMBID IRUJO, J.M., "La ordenación jurídica de los grupos de sociedades: del interés del grupo a la tutela de los socios externos", en *Los intentos de reforzamiento del poder de la junta y de los socios en los grupos de sociedades* (EMPARANZA SOBEJANO, A. (dir)), Marcial Pons, 2018, pp.17-43.

192 NAVARRO LÉRIDA, S., *op.* cit., p. 299.

193 Una calificación tal se desprende del análisis de NAVARRO LÉRIDA, S., *op., cit.,* p. 299; de la doctrina norteamericana del *good faith convenant,* que es estudiada por RUIZ PERIS, J.I., *Intromisión en la clientela ajena y redes de distribución (Encroachment),* Thomson Aranzadi, 2007, p. 85.

en la que el proveedor ostenta un poder de dirección comercial sobre una pluralidad de distribuidores, bajo una marca o sistema operativo propio[194]. En este sentido, el texto proyectado del PLCD establece que cuando el diseño de una red de distribución por atribución contractual o situación de hecho, implique la atribución a un proveedor de poder de dirección comercial sobre la pluralidad de distribuidores, dicho poder deberá ejercerse bajo los principios de responsabilidad, desarrollo en interés común e información de los partícipes. Como se ha destacado, se aprecia en la norma proyectada una especie de "interés grupal" que es el que debe perseguir el cabeza de red, con independencia de que la incorporación a la red se haya producido en virtud de un contrato o sea puramente fáctica[195]. Ese "interés grupal" puede hacer variar la calificación de una actuación del cabeza de red en el sentido de que, aunque de partida suponga un incumplimiento que puede calificarse como un acto de competencia desleal, en cambio contemplado desde la óptica de ese interés colectivo, pueda no merecer dicha calificación, ya que pudo ser necesario para salvaguardar el interés común de la red de distribución. El sacrificio por parte de algún miembro de la red (por ejemplo, no respetando un pacto de exclusiva, con la apertura de un nuevo establecimiento) puede ser conveniente en virtud de ese "interés de grupo",[196] y en ese sentido no cabría calificar la

---

194 Tal y como se describe en el art. 1.2 PLCD.

195 *Vid.* RUIZ PERIS, J.I., *op. cit.,* p. 83; NAVARRO LÉRIDA, M.S., *op. cit.,* p. 300. Esta última autora señala que no deben extrapolarse de forma automática las aportaciones doctrinales sobre grupos de sociedades y el llamado "interés de grupo" pero si la configuración jurídica que puede hacerse del perjuicio causado a un distribuidor del grupo por la actuación del proveedor que está en la cabeza de la red.

196 Sobre interés de grupo *vid.* EMBID IRUJO, J.M., "Interés del grupo y ventajas compensatorias. Comentario de la sentencia del Tribunal Supremo (Sala Primera) de 11 de diciembre de 2015", *RDM,* Nº

conducta del cabeza de red como errónea o desleal, siendo lo importante que ese sacrificio se compense razonablemente,[197] ya que lo normal es que el distribuidor "afectado" por el incumplimiento no va a estar satisfecho con la idea del beneficio del grupo, ya que como empresario independiente velará por sus propios beneficios, que dependen de esa exclusividad. En todo caso, es un debate interesante en el tema de las redes de distribución que puede enlazar con la tesis de que, en ocasiones, el incumplimiento es eficiente.[198]

IV. DURACIÓN Y EXTINCIÓN DEL CONTRATO. INDEMNIZACIONES

1. Duración y extinción

Como en toda modalidad contractual, la duración del contrato es una de las cuestiones más importantes, pues determina cuándo se extingue el mismo y las consecuencias que ello supone para las partes contratantes. Por este motivo, en el contrato que nos ocupa tiene mucha mayor importancia conocer cuál es su dinámica, porque es aquí donde ya surgen los problemas y controversias entre la jurisprudencia y doctrina sobre la posible aplicación analógica de otras normas. En cuanto a la

---

300, 2016, pp. 301-320, tema que el autor ha seguido tratando en obras posteriores.

197 NAVARRO LÉRIDA, M.S. *op. cit.,* p. 301. En todo caso, es un debate interesante que en el tema de las redes de distribución puede suscitar.

198 O como sostiene CAMPINS VARGAS, A., "Inducción a la infracción contractual". Análisis del art. 14 LCD", en (EMPARANZA SOBEJANO, A. (dir.)) *Orientaciones actuales del Derecho Mercantil. IV Foro de Magistrados y Profesores de Derecho Mercantil,* Marcial Pons 2013, p. 119.

duración, la jurisprudencia se remite a la práctica dando como válido en aquellos contratos que se establezcan con un periodo de tiempo determinado que suele ser de dos años y como en todo contrato, indicando expresamente si al final del contrato se desea continuar o no. En caso de ser de duración indefinida, siempre se podrá indicar por alguna de las partes, mediante un preaviso, su voluntad de extinguir el contrato. Para este supuesto, la jurisprudencia, STS de 28 de enero de 2002[199], admite ese modo del contrato por motivos de "razonabilidad" como son la utilidad y la similitud en los supuestos la posible aplicación analógica del artículo 25 de la Ley del Contrato de Agencia.

Al igual que la duración, existen otros motivos de extinción del contrato de distribución. Y es aquí donde más discusiones y controversias se originan entre jurisprudencia y doctrina, ya que existen muchas interpretaciones sobre algunos aspectos que no tienen regulación expresa.[200] Es el caso de las consecuencias patrimoniales o indemnizaciones que se pueden obtener, como son las "indemnizaciones por clientela" del artículo 28 de la LCA (Ley 12/1992) y la "indemnización por gastos de confianza". Es decir, teniendo en cuenta las grandes diferencias que existen entre ambos, se aprecian aspectos que los identifican y que por lo tanto coinciden. A estos aspectos la jurisprudencia los califica como un "activo común"[201] relativo a los clientes conseguidos durante el periodo de vigencia del

---

199 Recurso muy útil a las normas de la Ley 12/1992, STS 28 de enero de 2002 (RJ 2305/ 2002).

200 Véase en este sentido, ZURITA HERRERA, P., "Duración y extinción del contrato de distribución en el proyecto de ley del contrato de distribución", *RDPat,* nº. 29, 2012.

201 Hace que resulte equitativo compensar al distribuidor. Postura mantenida por el TS incluso en supuestos en los que no resultaba de aplicación aún la Ley 12/1992, siquiera empleando argumentación distinta como la del enriquecimiento injusto (*vid.* STS 22 de marzo

contrato que surge en el momento de la extinción del contrato y que fue aplicado incluso con anterioridad a que se considerara la aplicación de la Ley de Contrato de Agencia tras la inclinación por parte del Tribunal Supremo de la viabilidad de su aplicación. Dicha teoría fue respalda después con la aprobación de la norma, y dicha aplicación queda patente en las sentencias del Tribunal Supremo de 15 de octubre de 1992 y 14 de febrero de 1997, concluyendo esta línea jurisprudencial con la sentencia del Pleno del Alto Tribunal de 15 de enero 2008, la cual aceptaba la transposición del artículo 28 de la LCA sobre los contratos de distribución, estableciendo como límites la exigencia de pruebas de su viabilidad sin atender a automatismos, ya que la idea fundamental es que no se trata de contratos idénticos sino que tienen peculiaridades que han de ser tomadas en consideración a la hora de valorar la validez de la indemnización, por el simple hecho de que predomina la autonomía de la voluntad dándose la posibilidad, si las partes lo reflejan en el contrato, de excluir dicha cláusula y así no tener ningún problema interpretativo al respecto. Dicha exclusión no cabría en un contrato de agencia ya que aparece regulado por una ley que lo enmarca, obligando a la parte a la inclusión y ejecución de la cláusula de indemnización por clientela. Otro de los motivos por los que la jurisprudencia exige que debe ser analizado en cada caso concreto atiende a la cuantía de la prestación al concesionario, ya que, como se ha indicado, una de las labores del concederte es la de facilitar y fomentar de manera positiva la reventa de los productos, hecho que con el simple renombre y la imagen de la marca el distribuidor ya se verá respaldado y el consiguiente esfuerzo por promocionar las mercancías será menor.[202]

1988 (RJ 2224/ 1988); STS de 15 de octubre de 1992 (RJ 7822/ 1992); SSTS de14 de febrero de 1997 (RJ 1418/ 1997) entre otras.

202 GARCÍA HERRERA, A., *La Duración del Contrato de Distribución exclusiva,* Tirant lo Blanch, 2006, pp. 46 y ss.

También hay que observar que las labores y el beneficio que pueden obtener el agente y el distribuidor son diferentes, por el simple hecho de que la contraprestación del agente se basa en un porcentaje sobre cada venta con un precio ya marcado, mientras que el segundo depende totalmente de él mismo ya que la reventa queda a su cargo intentando sacar el máximo beneficio posible ya que el límite que se impone es el mínimo precio y no es el máximo. Es la indemnización por clientela, por tanto, el elemento que ha causado la confrontación en las distintas posturas de la jurisprudencia nacional y que será tratado más adelante.[203]

Además del punto de vista de la jurisprudencia, esta norma también es aplicable a algunos casos de distribución porque la Ley 2/2011 de Economía Sostenible[204] introdujo la modificación de las disposiciones adicionales de la Ley de Contrato de Agencia, sustituyendo la primera por una nueva en la que se pretende ampliar el marco de aplicación de dicha norma a la distribución de vehículos e industrias tal y como se refleja en el apartado de la Disposición Adicional Primera: "E*n defecto de Ley expresamente aplicable, las distintas modalidades de contratos de distribución de vehículos automóviles e industriales, cualquiera que*

---

203 Normativa europea relativa al Derecho de Defensa de la Competencia: artículo 101 del TFUE relativo a las conductas colusorias, artículo 102 relativo al abuso de posición dominante, desarrollado por el Reglamento 1/2003 de 16 de diciembre de 2002 cuya entrada en vigor fue en mayo del 2004. El Reglamento 139/2003 que derogó el 4064/89 de 21 de diciembre de 1989 para el ámbito del control de Concentraciones.

204 Dicha reforma es resultado de un largo proceso de debate en las Cortes -que se viene produciendo desde 1.998- acerca de la necesidad de regular las relaciones de distribución, y la urgencia de hacerlo a iniciativa parlamentaria ha devenido inevitable tras el fracaso (en el año 2.008) de la iniciativa legislativa popular encabezada por la Federación de Concesionarios de Automoción.

sea su denominación, se regirán por lo dispuesto en la presente Ley, cuyos preceptos tienen carácter imperativo". Con ello se consigue que haya alguna norma escrita que de manera expresa regule esta modalidad contractual de manera provisional hasta que se lleve a cabo una ley relativa a estos contratos; ya que, aunque se pueda considerar regulación para esta modalidad contractual, realmente se centra en la distribución de vehículos, es decir, esta disposición adicional sobre los preceptos de la LCA solo se consideran imperativos en estos casos. La norma hace hincapié en decretar la nulidad o inviabilidad de los contratos cuando se contengan ciertas cláusulas como la de reservase el derecho unilateral a modificar las cláusulas básicas del contrato, como regular y en qué circunstancias las inversiones del distribuidor, la cantidad de mercancía mínima que debe comprar al inicio del negocio el distribuidor de manera que pueda hacer frente a las comprar o peticiones de los usuarios, el *stock*, y la cuestión de la indemnización por clientela.

1.1 Inversiones del distribuidor (disp. Adic. 1.ª4 LCA):

El distribuidor quedará obligado a realizar solamente las inversiones que sean necesarias para la consecución del contrato y que solo puedan ser utilizadas para tal finalmente e indicando el plazo de tiempo que se considere que quedarán amortizadas.

1.2 Stock (disp. Adic. 1ª. 6 LCA)

Se trata de una medida estandarizada en estos contratos en los que ambas partes llegan a un acuerdo de compra inicial mínima en cada pedido para atender aquellas demandas de productos previstos y, si se diera el caso, poder hacer frente a ventas que no se tenían contempladas. Pero en el caso de que dicho *stock* no se vendiera todo o en parte, el fabricante podrá recomprar el material bajo el mismo precio que lo vendió, siempre y cuando el distribuidor lo quiera una vez haya pasado un periodo de 60 días a contar desde la fecha de adquisición. Este precepto, tiene como fin que cuando termine la relación contractual el distribuidor que ya no posee poder legítimo ni derecho a comercializar esos productos, no pueda venderlos y obtener un beneficio propio al margen del fabricante.

2. Régimen de las indemnizaciones

En el momento en el que la relación contractual termina, se abre la posibilidad de recibir por parte del distribuidor una compensación económica por el trabajo realizado. Dentro de este concepto se distinguen los siguientes conceptos, que serán analizados con más detalle en el epígrafe correspondiente:

a) Indemnización por clientela[205]: según la jurisprudencia del Tribunal Supremo y la doctrina, el distribuidor bajo unos requisitos y análisis de las consecuencias de la extinción del contrato, podrá recibir una indemnización referente a los clientes que haya podido consolidar en beneficio de la empresa fabricante, siempre y cuando se contemple en el contrato y se trate de distribución exclusiva. En cambio, si esto no se refleja en el contrato y no sea de naturaleza exclusiva ni reúne los requisitos jurisprudenciales, el distribuidor no tiene derecho a la dicha indemnización.[206] Esta indemnización resultará

---

[205] Aplicación analógica del artículo 28 de la Ley del Contrato de Agencia, en el que la jurisprudencia aprecia su viabilidad cuando se estipule "expresamente".

[206] TRIGO SIERRA, E., y PÉREZ-PUJAZÓN, E., "La última posición de la jurisprudencia sobre la indemnización por clientela en los contratos de distribución", R*evista de actualidad jurídica de Uría Menéndez,* 2008, pp. 60-67.

del importe medio anual de las ventas del proveedor o fabricante al distribuidor durante un periodo de 5 años o la totalidad de la duración del contrato si esta hubiera sido inferior a 5 años.

b) Indemnización por daños[207]: no es más que la aplicación analógica del artículo 29 de la LCA en la que se contempla que el distribuidor tiene derecho a percibir cualquier indemnización a raíz de los perjuicios que le hay podido causar la extinción del contrato y que no esté obligado a soportar. Uno de los casos es el de las inversiones realizadas por el propio distribuidor, las cuales tendrá derecho a que se le devuelva la inversión, siempre y cuando en el momento de la extinción no se hayan amortizado.

c) Indemnizaciones laborales: esta clase es una nueva tendencia, aunque no deja de ser una consecuencia negativa o un daño que provoca la extinción del contrato y que por tanto le debe ser satisfecha al distribuidor. Se entiende dentro de este tipo de indemnizaciones, aquellas que haya tenido que hacer frente con sus trabajadores a la hora de extinguir su relación laboral como consecuencia de la culminación de la relación contractual entre proveedor y distribuidor.

2.1 Indemnización por clientela.

Tanto la jurisprudencia como la doctrina han mostrado posturas encontradas sobre las respuestas que puede arrojar la Ley

---

207 La jurisprudencia entiende que este precepto no es una aplicación analógica del todo, ya que aún son existir una cláusula que lo diga expresamente, es un derecho del distribuidor ser resarcido.

de Contrato de Agencia 12/1992[208], con relación a los problemas que se originan en los contratos de distribución, como puede ser la "indemnización por clientela".[209]

La jurisprudencia del Tribunal Supremo ha recogido que la aplicación por analogía del artículo 28 de la LCA en los contratos de distribución es totalmente viable. Tomando como referencia la Sentencia del TS de 22 de junio del 2007[210], se admite la aplicación de las Directrices que están incluidas en el artículo 28 y 30 de la LCA a los contratos de distribución.

Pero, de todos modos, en la jurisprudencia y en la doctrina también existen posturas contrarias a dicha aplicación analógica. En este sentido se ha sostenido que la aceptación de la apli-

---

208 La ley 12/1992, de 27 de mayo, sobre Contrato de Agencia, es el resultado de la transposición de la Directiva del Consejo, de 18 de diciembre de 1986, referente a la coordinación de los derechos de los estados miembros sobre los agentes comerciales independientes.

209 Específicamente sobre la aplicación de la indemnización por clientela a los contratos de distribución *vid.* MORALEJO MENËNDEZ, I., La indemnización por clientela en los contratos de distribución en AA.VV., *Contratos de distribución comercial: garantías personales: ponencias y comunicaciones presentadas en los Congresos organizados...* / coord. por ÁVILA DE LA TORRE. A., GARCÍA VICENTE. J.R., VAQUERO PINTO, Mª.J., HERRERO GARCÍA. Mª.J., (dir.), 2010, p. 137-154; MARTINEZ SANZ, F., La indemnización por clientela de los distribuidores, en AA.VV., *Los contratos de distribución* / ALONSO UREBA, A., (dir.), ANTONIO VELASCO, L., SAN PEDRO (dir.), ALONSO LEDESMA, C., (dir.), ECHEVARRÍA SÁENZ, J.A., (dir.), VIERA GONZÁLEZ, J. (dir.), 2010, pp. 587-599

210 La Sentencia del TS de 22 de junio del 2007 (RJ 2007/303) señala: "*del análisis de esta doctrina jurisprudencial puede deducirse que, en el sentir de un amplio número de decisiones, la llamada indemnización por clientela no es exclusiva del contrato de agencia y, pese a las diferencias estructurales con otros instrumentos jurídicos utilizados por los empresarios para la distribución de productos, puede ser apreciada en otros contratos, entre los cuales se encuentra el de distribución*"

cación de la LCA a los contratos de distribución podría llevar a un enriquecimiento injusto[211]por parte del distribuidor, ya que se puede entender como una indemnización compensatoria a raíz de que la clientela obtenida por el distribuidor se traslada al fondo comercial del concedente transformándose de esta manera en un disfrute a costa del esfuerzo ajeno llevado a cabo por el distribuidor. Es decir, a la liquidación de la relación contractual se produce un desplazamiento de una clientela hacia el empresario principal por el trabajo de captación realizado por el distribuidor.[212]

Por ello, la doctrina y jurisprudencia contraria a la aplicación analógica de la las normas de la agencia, consideran que la razón principal que impide que se deba aplicar dicha indemnización es precisamente la característica que seguramente más identifica y más ventajas puede aportar al distribuidor, esto es el trabajo en nombre propio y por propia cuenta. Se justifica en que impide hablar de una insuficiencia remuneratoria porque no recibe contraprestación alguna sino unos beneficios derivados de las reventas exitosas. Asimismo, como destaca la Sentencia del Tribunal Supremo de 15 de enero de 2008, para que la Ley de Agencia sea aplicable analógicamente a los contratos de distribución hay que verificar en cada caso, si concurre la analogía, siendo *"la integración o no del concesionario en una red comercial que aproxime significativamente su posición a la del agente"* el criterio más relevante; que las partes puedan excluirla mediante la cláusula correspondiente y que si no se ha excluido y procede la aplicación analógica, ha de verificarse para cada caso concreto si se dan los requisitos establecidos en

---

211 Sentencia AP Girona de 15 de septiembre de 2011 (RJ 2011/607)

212 GONZÁLEZ ORÚS CHARRO, M., *Los Contratos de Distribución. Extinción: Problemática y Práctica,* 1ª edición, Tirant lo Blanch, 2017, p. 89.

la LCA para otorgar la compensación por clientela o cualquier indemnización.[213]

Esta es la posición que alguna jurisprudencia[214] y doctrina adoptan, ya que consideran que no son motivos ni fundamentos suficientes para darle ese carácter compensatorio o retributivo al distribuidor y, por tanto, indemnizarle por ese aspecto. Su planteamiento se basa principalmente en la naturaleza del tipo de contrato de que se trata, es decir, es un contrato cuyo objetivo principal es de favorecer las relaciones comerciales del proveedor a toda costa, en las que el distribuidor es un mero medio, por lo tanto, la finalidad del contrato es que el empresario principal sea quien adquiera directamente esos clientes captados por el distribuidor sin ninguna indemnización o compensación, salvo que se pacte previamente de manera expresa.

No es solo ese aspecto en el que se basa la doctrina para no considerar legítima esa indemnización. Algún autor[215], llega a afirmar que los clientes son libres y que no se les puede considerar una propiedad con la que el distribuidor y proveedor puedan pactar a su antojo quién será el "propietario", es decir,

---

213 *Vid.* ALFARO ÁGUILA-REAL, J., "La terminación de los contratos de distribución", en Almacén de Derecho, 14 de abril 2016, http://almacendederecho.org/la-terminación-de-los-contratos-de-distribución. El autor comenta a este respecto la Sentencia del Tribunal Supremo de 16 de marzo de 2016, que puede, en su opinión, utilizarse de plantilla para resolver los problemas que se plantean a la terminación de un contrato de distribución.

214 El tema ha sido objeto de estudio por parte de los autores desde hace ya bastante tiempo, *vid.* ALONSO MARTÍNEZ, L., I., "Criterios jurisprudenciales sobre la indemnización por clientela en los contratos de agencia y distribución", *Treinta años de integración europea* (MOLINA DEL POZO, C.F. (coord.)), 2009, pp. 553-565

215 CUTILLAS TORNS. J. M., "La transmisión de la clientela en el derecho español", *RGD,* nº.668, 2000, pp. 5624-5646.

los clientes son libres de poder negociar y comerciar con quien quieran sin que nadie les pueda obligar a ser fieles a una determinada marca.

Desde otra posición hoy en día mayoritaria, se ha admitido la aplicación analógica de los art. 28 a 30 LCA al contrato de distribución siempre que se den unos requisitos y unas circunstancias, establecidos por la jurisprudencia ya que a pesar de ser aceptada la analogía no se debe caer en su aplicación automática (SSTS 15 enero 208,16 marzo 2016, entre otras)[216].

Son los siguientes:

1) Integración en una red comercial que aproxime la situación del distribuidor al agente.

2) Que las partes puedan excluir la indemnización por clientela.

3) Y si no se ha excluido, que se den los requisitos previstos por la LCA para otorgar indemnización por clientela o cualquier otra.

En relación a este tercer requisito, la sentencia de la AP de Madrid de 4 de febrero de 2013[217] subraya y desarrolla las previsiones del art. 28 LCA:

a) Captación de clientes o incremento sensible de las operaciones de la clientela preexistente.

b) Que la actividad anterior pueda continuar produciendo ventajas sustanciales al empresario, lo que ha sido ponderado por la jurisprudencia como un pronóstico razonable de aprovechamiento económico.

c) Que la compensación resulte equitativamente procedente por la existencia de pactos de limitación de com-

---

216 ALFARO ÁGUILA-REAL, J., *op cit.*, p. 3.

217 RJ 2013/89.

petencia, por las comisiones que pierda el agente o por las demás circunstancias que concurran.

De esta manera la jurisprudencia justifica estos requisitos de la siguiente manera "*la cuestión de la aplicación analógica a los contratos de distribución de las reglas del de agencia ha venido ocupando de forma intermitente a la jurisprudencia, que no ha negado dicha posibilidad por lo que se refiere a la compensación por clientela establecida para la solución de las relaciones en los contratos de agencia, aunque rechaza su aplicación de forma automática, porque debe probarse la concurrencia de la identidad de razón necesaria para la aplicación analógica*[218]".

Estas matizaciones con los requisitos exigibles[219] y su justificación atienden, a que las diferencias entre los dos tipos de contrato quedan sensiblemente difuminadas en ciertos aspectos, aunque fuera viable la aplicación analógica de la LCA.

En definitiva, hay que tener en cuenta estas directrices cuando de una manera u otra, el precepto que impone la indemnización por clientela se justifica en un momento de liquidación de la relación para que el distribuidor o empresario principal obtengan la compensación por un valor calculado y proporcional a los beneficios dejados de obtener. Por ello, la parte que pretenda dicha indemnización tendrá que probar la aportación de clientela y el consecuente beneficio del empresario principal, al igual que será labor del tribunal analizar todas las situaciones del caso, como la posible o la efectiva entrada

---

218 SAP de Barcelona de 2 de diciembre de 2010, (RJ 2010/ 456) a efectos de indemnización por clientela, resumen los aspectos esenciales de la jurisprudencia al respecto

219 Sentencias TS: 15 de enero de 2018 (RJ 2018/12), 26 de marzo de 2008 (RJ 2008/34) y 21 de enero de 2009 (RJ 2009/11).

del distribuidor en la red comercial del primero en el orden piramidal[220].

Es decir, el problema surge cuando la clientela se desplaza hacia el empresario principal, y si ese desplazamiento debe ser compensado de una manera económica o no ya que la esencia y las características del contrato son esas, obtener el beneficio mientras dure la relación contractual sin establecer de manera previa una indemnización, salvo que se pacte, y la de actuar en nombre y por propia cuenta.[221]

Con todo lo anterior, también las sentencias del Alto Tribunal de 5 de noviembre de 2013[222] y la del 15 de octubre de 2008[223], recalcan que esas diferencias entre ambos contratos ya remarcadas como puede ser que el distribuidor actúa en nombre y por cuenta propia. Por eso mismo la jurisprudencia resalta la importancia de no aplicar de manera analógica dicha ley (12/1992) sin miramientos ya que en esencia la igualdad jurídica necesaria para poder aplicarse, como regla, no existe.

Como conclusión, la sentencia STS 697/2007[224], de 22 de junio (relativa a un contrato de distribución) es especialmente

---

220 La sentencia TS de 15 de enero del 2008 (RJ 2008/12) mantiene la probable procedencia de compensación al extinguirse los contratos de distribución, y en el caso examinado resulta que los hechos probados, incólumes por la desestimación de los seis primeros motivos del recurso, se desprenden los requisitos o presupuestos de tal procedencia.

221 Sobre esta cuestión, *vid.* MARTINEZ SANZ, F., *La indemnización por clientela en los contratos de agencia y concesión,* Civitas 1995.

222 RJ 2013/345.

223 RJ 2008/210.

224 SANCHEZ SOLÉ, S., "La famosa aplicación analógica del Artículo 28 de la Ley del contrato de agencia a los contratos de franquicia". Esta doctrina forma parte de la página web, publicaciones, *GARRIGUES*, 30/04/2011.

significativa, por las referencias que a la misma realizan muchas otras sentencias. En ella se recapitula sobre la jurisprudencia existente a favor o en contra de la aplicación analógica y se acaba sosteniendo que la indemnización por clientela "*no es exclusiva del contrato de agencia y, pese a las diferencias estructurales con otros instrumentos jurídicos utilizados por los empresarios para la distribución de productos, puede ser apreciada en otros contratos, entre los cuales el de distribución.*" Con ello el Tribunal Supremo parecería estar abriendo también la puerta a la aplicación analógica del artículo 28 de la Ley del Contrato de Agencia a la extinción de los contratos de franquicia.

Como hemos apuntado anteriormente, según la jurisprudencia recaída en estos supuestos el distribuidor bajo unos requisitos y análisis de las consecuencias de la extinción del contrato, podrá recibir una indemnización referente a los clientes que haya podido consolidar en beneficio de la empresa fabricante, siempre y cuando se contemple en el contrato y se trate de distribución exclusiva. Pero dicha regla decae si esto esa consecuencia no se ha reflejado en el contrato y el distribuidor no tiene carácter exclusivo. En esos casos, el distribuidor no tiene derecho a indemnización por clientela. Esta indemnización resultará del importe medio anual de las ventas del proveedor o fabricante al distribuidor durante un periodo de 5 años o la totalidad de la duración del contrato si esta hubiera sido inferior a 5 años.

2.2 Indemnización por daños

También este supuesto nace de la aplicación analógica del artículo 29 de la LCA en la que se contempla que el distribuidor tiene derecho a percibir cualquier indemnización a raíz de los perjuicios que le haya podido causar la extinción del contrato y que no esté obligado a soportar.[225] Como hemos analizado anteriormente, el supuesto típico es el de las inversiones realizadas por el propio distribuidor, que tendrá derecho a que se le devuelva la inversión llevada a cabo en tanto no se haya amortizado en el momento de la extinción.

2.3 Indemnizaciones laborales

Se considera que es una indemnización que procede por el daño que provoca la extinción del contrato y que por tanto le debe ser satisfecha al distribuidor. Como antes se ha indicado, se entiende dentro de este tipo de indemnizaciones, aquellas que haya tenido que hacer frente con sus trabajadores a la hora de extinguir su relación laboral como consecuencia de la culminación de la relación contractual entre proveedor y distribuidor.[226]

---

225 *Vid.* QUIÑONERO CERVANTES, E., "Contrato de Agencia; incumplimiento parcial. Resolución unilateral del contrato. Indemnización de daños y perjuicios," *Cuadernos Civitas de jurisprudencia civil,* Nº 16, 1988, pp. 237-242; Véase también en este sentido, PEREZ BALLE, R., "Contrato de agencia. Reclamación por daños y perjuicios", *CEFLegal: Revista práctica de derecho. Comentarios y casos prácticos,* Nº. 14, 2002.

226 GINÉS FABRELLAS, I., "La compatibilidad entre la indemnización por resolución de contrato laboral y por daños y perjuicios: Comentario a la STS, 1ª, 20.9.2007(La Ley 6828; MP: Luis Fernando de Castro Fernández)", *Indret: Revista para el Análisis del Derecho,* Nº. 1, 2008.

Capítulo II

La distribución online

SUMARIO: I. LA DISTRIBUCIÓN DE PRODUCTOS Y SERVICIOS ONLINE. II. MODELOS DE DISTRIBUCIÓN COMERCIAL EN INTERNET. III. LA DISTRIBUCIÓN EN INTERNET POR PROVEEDORES Y DISTRIBUIDORES NO INTEGRADOS. 1. La distribución directa por fabricantes. 2. La distribución indirecta por distribuidores independientes. 3. La distribución en línea de contenidos culturales, informativos y de entretenimiento. IV. LA DISTRIBUCIÓN EN INTERNET POR DISTRIBUIDORES INDIRECTOS INTEGRADOS. 1. Planteamiento de la cuestión. 2. El nuevo Reglamento de Exención por Categorías para Acuerdos Verticales (RECAV 2022). 2.1. El régimen de exenciones en el nuevo RECAV 2022. 2.2 Venta de bienes a través de Internet. 3. Distribución exclusiva y acceso a la red de los distribuidores. 4. El fenómeno de la distribución selectiva en Internet. V. LA DISTRIBUCIÓN EN INTERNET A TRAVÉS DE AGREGADORES DE INFORMACIÓN. 1. Planteamiento de la cuestión. 2. Clases de agregadores. 2.1 Centrales de ventas y compras. 2.2 Comunidades privadas de compras. 2.3 Puntos de encuentro (Corredores en línea).VI. DISTRIBUCIÓN EN INTERNET A TRAVÉS DE PLATAFORMAS. 1. Las plataformas digitales como nuevo modelo de negocio. 1.1 Sujetos que intervienen: consumidores. 1.2 Sujetos que intervienen: vendedor o proveedor de servicios. 2. Concepto, características y clases de plataformas. 2.1 Concepto y características. 2.2 Clases de plataformas. *2.2.1 Por los sujetos entre los que intermedian. 2.2.2 Por el objeto. 2.2.3 Por la actividad.* VII. El CONTRATO ENTRE LA PLATAFORMA Y EL VENDEDOR O SUMINISTRADOR DEL SERVICIO: ¿UN CONTRATO DE DISTRIBUCIÓN ONLINE?. 1. El contrato de intermediación de servicios en línea. 2. Naturaleza jurídica. 2.1 Contrato de mediación o corretaje. 2.2 Contrato de franquicia. 2.3 Contrato de agencia. 2.4 Contrato de distribución. 3. Caracteres del contrato. 4. Contenido contractual. 5. El Reglamento Europeo 2019/1150, de 20 de junio, de fomento de la equidad y de la transparencia. 5.1 Contrato celebrado mediante condiciones generales. 5.2 Obligaciones de las plataformas. *5.2.1 Obligación de información. 5.2.2 Obligación de transparencia. 5.2.3 Obligaciones en relación a la resolución de futuros conflictos.* 5.3 Fomento de códigos de conducta. 5.4 Sanciones. 5.5 Derechos de la plataforma. *5.5.1 Derecho al pago del servicio. 5.5.2 Derecho a modificación de términos contractuales. 5.5.3 Derecho a restricción de ofertas en condiciones diferentes. 5.5.4 Derecho a suspender, restringir o resolver el contrato.* VIII. EL BLOQUEO GEOGRÁFICO (GEOBLOCKING). 1. Reglamento (UE) 302/2018 de 28 de febrero. "El Reglamento Geoblocking". 1.1 Aplicación territorial y jurisdicción. 1.2 Ámbito material y ejecución. 1.3 Ámbito subjetivo. 2. El

Geoblocking y las restricciones de la competencia. 2.1 Geoblocking como acuerdo restrictivo de la competencia. 2.2. Caso *Pierre Fabre*. 2.3. Caso *Coty Germany GmbH*. 3. Las restricciones a las ventas activas y pasivas en la distribución *online*. 3.1 Restricciones en el caso de la distribución en exclusiva. 3.2 Restricciones en el caso de la distribución selectiva

I. LA DISTRIBUCIÓN DE PRODUCTOS Y SERVICIOS *ONLINE*

La expansión de las nuevas tecnologías y su aplicación a las comunicaciones en los últimos años ha desembocado en la cuarta revolución industrial, cuyo objeto es la digitalización de la sociedad[227], o lo que podemos llamar economía digital.[228] Si a principios del siglo XXI ya se regulaba desde la UE la contratación electrónica[229], más adelante se hizo necesario regular

---

227 En ese sentido, señala el Parlamento Europeo que "*la digitalización y las nuevas tecnologías continúan transformando las formas de comunicación, el acceso a la información y el comportamiento de los ciudadanos, los consumidores y las empresas*", con lo que "*la cuarta revolución industrial conducirá a la digitalización de la economía y la sociedad*". Resolución del Parlamento Europeo PS (2017) 0272, de 15 de junio de 2017, sobre plataformas en línea y mercado único digital (2016/2276 (INI), publicado en DOE de18 septiembre 2018.

228 La economía digital es también llamada "economía de datos", y se refiere al procesamiento algorítmico de enormes volúmenes de información que proceden de la recogida de datos relacionados con el ejercicio de la actividad económica, y que favorecen la puesta en marcha de un espacio inteligente, inmaterial y virtual, en el cual llevar a cabo transacciones. *Vid.* ALFONSO SÁNCHEZ, R., *Retos jurídicos de la economía colaborativa en el contexto digital*, Thomson Reuters, Madrid, 2017, p. 235.

229 Directiva 2000/31/CE del Parlamento Europeo y del Consejo, de 8 de junio de 2000, relativa a determinados aspectos jurídicos de los servicios de la sociedad de la información, en particular el comercio

la contratación a distancia, entre la que se incluye como una modalidad más los contratos electrónicos, para dotar de mayor protección a los consumidores, estableciendo una norma de máximos, con el propósito de unificar la tutela del consumidor en el seno del mercado único y específicamente del ya conocido como mercado único digital[230]. Con estas reglas del juego claramente establecidas para la contratación con consumidores, la expansión de la compra telemática, especialmente la celebrada mediante contratos electrónicos, ha continuado experimentado un enorme desarrollo en los últimos años.

La compra telemática incluye, además de los contratos por Internet, otros canales de venta, como puede ser la venta telefónica o por catálogo, pero sin duda la adquisición de bienes o servicios por Internet es el fenómeno sociojurídico más importante en este ámbito. Para ello puede utilizarse un ordenador, televisión, móvil o tablet o cualquier dispositivo electrónico que permita la conexión con Internet, o la utilización de aplicaciones específicas desarrolladas por los vendedores o por plataformas para la distribución de sus bienes y servicios[231].

De este modo, Internet se presenta como un espacio universal de comunicación, pero sobre todo, se ha convertido en un mercado virtual global. Un mercado virtual en sentido abstracto y general, en el que el conjunto conectado de producción, publicidad comercial, contratación, distribución e intercam-

---

electrónico en el mercado interior. Incorporada al ordenamiento español mediante la Ley 34/2002, de 11 de julio, de servicios de la información y comercio electrónico.

230 Ello dio lugar a la Directiva 2011/83 sobre Derecho de los consumidores, que se incorporó al Derecho español mediante la modificación del TRLCU operada por la Ley 3/2014, de 27 de marzo.

231 ALVAREZ MORENO, M.T., *La contratación electrónica mediante plataformas en línea: modelo negocial,* ed. Reus, Madrid 2021, p. 8.

bio de diversos bienes y servicios que solemos llamar tráfico económico se realiza a distancia y de forma electrónica.[232]

Es un mercado que engloba todos los mercados o submercados hipotéticos de bienes o servicios específicos en un espacio geográfico determinado desde un punto de vista económico. Debido a la naturaleza global del entorno, tienen la capacidad de expandirse hasta convertirse en mercados deslocalizados, desde la óptica de la oferta y la demanda.

Desde un punto de vista geográfico y material, el mercado de red o "cibermercado" creado alrededor de la red constituye el primer mercado verdaderamente universal, que supera los límites espaciales o geográficos y que reúne multitud de productos, servicios y actividades en un mismo medio. En definitiva, estamos hablando de un mercado de mercados.[233]

Desde sus comienzos, Internet se presentó como un nuevo espacio o canal comercial idóneo para distribuir productos y brindar servicios de diversa índole, muchos de los cuales ya existían en el mercado tradicional y otros productos que son de nueva creación, los cuales se han adaptado al nuevo entorno.[234] Internet permite la expansión y diversificación de la oferta, amplía enormemente la demanda y, en última instancia, se convierte en un medio para estimular la competencia, porque fomenta la inversión, elimina las barreras de entrada a los mer-

---

232 GARCÍA DEL POZO, R.E., "Los negocios y la realidad jurídica de las nuevas tecnologías", en (dir., MORO ALMARAZ, M.J.) *Autores, consumidores y comercio electrónico,* Colex, Madrid 2004, p. 9 y ss.

233 Esta es la denominación que utiliza CARBAJO CASCÓN, F., "La distribución en Internet", en (HERRERO GARCÍA, Mª J. (dir.)) *La contratación en la en el sector de la distribución comercial,* Thomson Reuters Aranzadi, 2010, p. 164.

234 *Vid.* SOTO PINEDA, J.A., "Consideraciones acerca del elemento subjetivo presente en economías colaborativas en entornos digitales", *Actualidad Civil,* nº 2, 2018, pp. 1-10.

cados tradicionales y reduce considerablemente los costes de transacción. En pocas palabras, Internet se está convirtiendo en una nueva herramienta de distribución comercial.[235]

Además, Internet y los diversos servicios de información prestados a través de la red, incluido el comercio electrónico, están llamados a transformar gradualmente los modelos de distribución tradicionales; ya sea adaptándose al nuevo entorno virtual, e incluso en el envío, la provisión o la entrega de la mercancía; es decir, mediante la creación de nuevos métodos o modelos para facilitar el acceso a los contenidos de bienes, servicios e información entre los distintos agentes del mercado.

La economía en red ha comenzado ya hace tiempo a crear nuevas relaciones entre productores, distribuidores y clientes, haciendo más fácil una interacción directa a distancia entre empresarios (fabricantes y distribuidores) y entre éstos y sus consumidores, lo que está permitiendo reemplazar los antiguos modelos de producción, acumulación, almacenamiento y comercialización de *stocks* por nuevos modelos de comercialización, puesta a disposición y prestación de servicios a la carta, bajo demanda, superando de esta forma gradualmente los inconvenientes de sobreproducción o exceso de *stock.*[236]

La razón de lo anterior se encuentra en las interrelaciones virtuales u *online* entre productores, revendedores y prestadores de servicios con la clientela, que permiten a los oferentes de bienes y servicios conocer de antemano las preferencias y necesidades de los demandantes, acompasando la producción a las necesidades de los mismos, lo que, por otro lado, disminuye

---

235 Algo que ya se puso de relieve hace años, cuando empezaba su utilización por el público en general, *Vid.* QUINTANA CARLÓ, I., "Internet y su impacto en el Derecho mercantil", *Revista Aragonesa de Administración Pública, IV Internet y Derecho,* Zaragoza, 2001, pp. 153 y ss.

236 CARBAJO CASCÓN, F., "La distribución…", cit., p. 165.

los inconvenientes de exceso y almacenamiento de existencias, haciendo más fácil una reducción universal de costes de producción y comercialización. Los productores crean sitios *online* para promocionar sus productos y recibir de manera directa las demandas de los consumidores, lo cual, desde un mínimo de unidades, empezará a producir sus productos a la carta, previa petición de los consumidores, y enviarlos de manera directa al domicilio del adquirente. A raíz de esto, el transporte reduce los volúmenes de carga sin embargo se incrementa la frecuencia. En ocasiones, el objeto de las transacciones económicas evoluciona aunque en algunas ocasiones hasta desmaterializarse, haciendo posible que la operación se lleve a cabo de forma exclusiva por medio de la red, como por ejemplo ocurre con la música, los videojuegos, las películas, etc.

Al principio, el comercio electrónico[237] se limitó a la publicidad, oferta y contratación *online* de bienes materiales, para ampliarse después a la prestación de servicios *online* entre productores o distribuidores y consumidores ("*Business to consumer*" B2C). Más tarde, la red empezó a llevar a cabo interrelaciones estrictamente comerciales entre empresarios, como proveedores y consumidores o proveedores y distribuidores ("*Business to business*" B2B). Y al final surgieron los nuevos modelos de comercio que como intermediarios electrónicos, que permiten agregar la oferta y demanda de bienes y servicios de cualquier tipo, haciendo más fácil la contratación entre empresarios (B2B), entre empresarios y consumidores (B2C) e inclusive la comercialización e intercambio entre consumidores ("*Consumer to consumer*" C2C).[238]

---

237 Entendiendo como comercio electrónico como aquel conjunto de operaciones o transacciones económicas que tiene lugar a distancia con medios electrónicos.

238 *Vid.* SOTO PINEDA, J.A., *op. cit.*, p. 4.

La contratación por medio de las redes telemáticas abiertas como Internet es funcionalmente más flexible y materialmente más económica que la contratación presencial clásica y que la contratación a través de redes cerradas. Mediante Internet los intervinientes tienen la posibilidad de contratar la obtención o prestación de bienes o servicios sin la necesidad de contactos ni pactos anteriores[239]. Asimismo, dicha contratación puede tener sitio de manera directa entre el productor o prestador del servicio y el consumidor final,[240] sin necesidad de recurrir a ningún distribuidor o intermediario como es lo propio en la contratación clásico de bienes y servicios, reduciéndose de esta forma de manera significativa los costes transaccionales, indistintamente de que se generen subidas de los costes derivados de la seguridad en los pagos y el adecuado estado de la mercancía, etc.

Desde un enfoque económico, la distribución comercial tradicional ya presenta el rasgo de ser muy heterogénea, algo que aumenta si cabe aún más en la distribución por Internet, donde se reproducen los modelos o sistemas clásicos al tiempo que van surgiendo nuevas prestaciones, del mismo modo que nacen nuevos mercados y también aparecen nuevos sistemas de comercialización.[241]

---

239 Sobre el comercio en Internet, *vid.* GONZÁLEZ DE AUDICANA, W., *Derecho de los consumidores y comercio electrónico,* Thomson Reuters, 2021.

240 *Vid.* ESTEBAN DE LA ROSA, F., "La economía colaborativa y las nuevas iniciativas europeas en el ámbito de la contratación a través de plataformas digitales de intermediación: la transformación del modelo internacional de la parte débil", en (JIMENEZ BLANCO, A. y ESPINIELLA MENÉNDEZ, A. (dirs.)) *Nuevos escenarios del Derecho Internacional Privado de la Contratación,* Tirant lo Blanc, 2020, pp. 412 y ss.

241 *Vid.* FLORES DOÑA., M., *Impacto del comercio electrónico en el Derecho de la contratación,* Edersa, 2002, pp. 41 y ss.

Con el paso del tiempo, Internet se ha convertido en un medio de distribución, en un primer momento complementario, y más tarde alternativo, a los canales tradicionales de distribución. Nos encontramos ante un medio de distribución de carácter mundial y multidisciplinar, que por un lado, sirve para conducir la oferta y demanda sobre todo tipo de bienes y servicios dando lugar a una contratación a distancia y por medios electrónicos, ya se produzca la entrega o prestación directamente en línea, o mediante los canales de distribución tradicionales, que empiezan a convertirse en medios complementarios del "cibermercado". Por otro lado, en este nuevo medio, tienen su sitio tanto los fabricantes, productores o proveedores que comercializan directamente sus bienes o servicios en el mercado como los intermediarios o distribuidores de los productos suministrados por el productor.[242]

Por último, Internet conlleva una hiperabundancia y una marea incontrolable de información, que incluye la oferta y la demanda, lo que provoca la aparición de nuevas partes en la distribución, que actúan como agregadores y canalizadores de toda la oferta y demanda dispersa por la red, atrayéndolos a puntos de venta virtuales, creando de este modo unas autenticas plazas comerciales de carácter universal donde se llevan a cabo ininterrumpidamente ventas, prestaciones de servicios, o meros intercambios entre empresarios con otros empresarios (B2B) o con los consumidores (B2C).[243]

---

242 *Vid.* VEGA VEGA, J. A., *Derecho mercantil electrónico,* Reus, Madrid, 2015, pp. 89 y ss. El autor realiza un trabajo en el que se analizan pormenorizadamente los principios, ventajas e inconvenientes del comercio electrónico.

243 *Vid.* CARBAJO CASCÓN, F., "La distribución ...", cit., pp. 166-167, que opina que mediante este tipo de distribución on line se reducen enormemente los costes transaccionales, ya que no es necesario recurrir a ningún distribuidor o intermediario como en la contratación tradicional de bienes o servicios. De esta forma, sin embargo,

II. MODELOS DE DISTRIBUCIÓN COMERCIAL EN INTERNET

Podemos encontrar distintas formas o modelos de distribución de productos o servicios en la red, en base a clasificaciones usuales en el mercado. En primer lugar, nos encontramos con el modelo de distribución directa, que es aquél mediante el cual los fabricantes o prestadores distribuyen directamente sus productos o servicios a los consumidores o a otros profesionales. En segundo lugar, podemos hablar del modelo de distribución indirecta simple, por el que los fabricantes o prestadores acuden a intermediarios independientes para que, por su cuenta y riesgo, comercialicen los productos o servicios en el mercado. En último lugar, podemos situar el modelo de distribución indirecta integrada, por el que los proveedores de bienes o servicios crean una red de distribuidores autorizados que se comprometen a promover la reventa de las mercancías del proveedor del proveedor en su propio nombre e interés, debiéndose ajustar a las políticas del mismo, a cambio de obtener una compensación por la reventa de los productos o servicios de la marca del proveedor con carácter exclusivo o preferente.

Internet se ha presentado desde sus orígenes como un instrumento o mecanismo de desintermediación, que puede reducir en gran medida e incluso hacer desaparecer el modelo o sistema clásico de distribución integrada, facilitando así la distribución directa de proveedores de bienes y servicios. No obstante, esta red conlleva un enorme despliegue de todos los operadores económicos, incluidos los distribuidores tradicio-

---

pueden elevarse los costes de cumplimiento o "*enforcement*" (seguridad de los pagos, recepción puntual y en buen estado de la mercancía etc.). A este respecto, *vid.* PAZ ARES, C., "El comercio electrónico (Una breve reflexión de política legislativa)" en (MATEU de ROS, J.M. y CENDOYA MÉNDEZ de VIGO, J.M., (Coord)) *Derecho de Internet*, Aranzadi y e-Bankinter, Pamplona, 2000, pp. 85 y ss.

nales establecidos en el mercado físico o en los mercados presenciales, que no renuncian a utilizar este nuevo canal para sus actividades comerciales. Igualmente, este nuevo medio favorece la aparición de nuevos modelos de negocio fundamentados en la distribución *online* de bienes digitalizados.[244]

La integración del proceso distributivo en la estructura empresarial del fabricante sólo puede ser soportada por empresas con un gran volumen de demanda y una sólida y saneada estructura financiera; pero incluso la distribución directa por el fabricante resulta prácticamente imposible cuando se potencia la internacionalización del comercio y, después, cuando se entra de lleno en la globalización económica.[245]

Solo con el apoyo de una empresa con una alta demanda y una sólida estructura financiera se puede integrar el proceso de distribución en la estructura comercial del fabricante. Sin embargo, cuando arranca la internacionalización del comercio y se pretende desarrollar la globalización económica, es casi imposible que los proveedores sean capaces de distribuir directamente sin la ayuda de distribuidores externos. Por esta razón, los fabricantes de bienes y proveedores de servicios recurren gradualmente a terceros intermediarios responsables de entregar bienes y servicios del proveedor a los consumidores finales. Por otro lado, dado que este proceso de venta indirecta claramente hace ineficiente el proceso global de comercialización del producto, a medida que aumentan los costos y por tanto se reducen las ganancias debido a la intervención

---

244 Asimismo, en mediación o intermediación contractual, como los sitios de subastas electrónicas o de mediación en línea.

245 Es por ello por lo que CARBAJO CASCÓN, F., "La distribución ..." cit., p. 168, expone que la distribución realizada por empresarios independientes que colaboran con el proveedor de bienes y servicios en la colocación de éstos en el mercado surgen por razones de racionalidad económica.

de múltiples operadores en la distribución del producto, los proveedores optan por crear una red de distribuidores integrados que colaboran estrechamente con ellos para generar demanda, vender sus productos a clientes potenciales y brindar soporte técnico antes y después de la venta. De ese modo se benefician ambos de la colaboración realizada, el proveedor porque controla todo el proceso estableciendo sus políticas y el distribuidor aprovechándose de la clientela que atrae la marca del proveedor.[246]

Se entiende, por tanto, que la aparición de un medio de comunicación universal que permita al fabricante o prestador de servicios entrar en contacto directo y negociar con consumidores y usuarios, compromete indirectamente la supervivencia a medio plazo de los sistemas o modelos tradicionales tanto de distribución simple como indirecta e integrada. Los fabricantes o proveedores tienden a canalizar la venta de sus productos o la prestación de sus servicios a través de la negociación directa con los consumidores y posteriormente subcontratan el almacenamiento y la entrega a domicilio, provocando la paulatina desaparición de los distribuidores. Este proceso de acelera mucho más cuando hablamos de bienes y servicios aptos de digitalizarse y con la capacidad de poner a disposición del usuario a través una transmisión en línea mediante la red, en estos casos la desaparición de distribuidores tradicionales es prácticamente absoluta.[247]

Sin embargo, la desaparición del intermediario en la distribución no va a ser tan radical. Si bien la distribución directa de proveedores a consumidores ha crecido, los sistemas de distribución indirecta (especialmente los modelos integrados de distribución indirecta) perdurarán en el tiempo debido a

---

246 ALFONSO SÁNCHEZ, R., *op. cit.*, p. 237.

247 GONZÁLEZ LÓPEZ, O. R., *Comercio electrónico*, Ediciones Anaya Multimedia, Madrid, 2010, p.146 y ss.

que se basan en una estrategia competitiva postindustrial, que se asienta en el prestigio de la marca y en las ventajas de los establecimientos abiertos al público, la asistencia posventa y las minuciosas condiciones comerciales de atención al cliente. Pero asimismo, es lógico que los distribuidores integrados como empresarios independientes quieran ingresar al mercado de Internet de la misma manera que los proveedores, con la finalidad de expandir sus expectativas comerciales, a veces entrando en conflicto con ellos, que pretenden reservar este canal con exclusividad. La distribución en Internet, de esta forma, y aunque el número de intermediarios disminuya gradualmente, también se incorporará a la distribución presencial o tradicional de los distribuidores integrados en la red empresarial creada por los proveedores y la distribución *online* de los propios proveedores y distribuidores integrados.[248] Este fenómeno es estudiado como "distribución dual", en el último capítulo de este trabajo.

Otra cuestión importante a tener en cuenta es que la reducción gradual de distribuidores tradicionales puede contrastar con el surgimiento de nuevos modos de intermediación y circulación de bienes y servicios como los sitios en línea (*marketplaces*, plataformas etc.). Como se mencionó anteriormente, los sitios en línea actúan como agregadores a gran escala de oferta y demanda, y aunque no son estrictamente distribuidores, contribuyen a la distribución de bienes y servicios en Internet. De hecho, los proveedores y distribuidores los utilizan a menudo para promocionar sus productos y prestar sus servicios a otros

248 Sin embargo, lo que está claro es que poco a poco, unido a la disminución del número de intermediarios, puede producirse un descenso de la contratación de distribuidores tradicionales, como sostiene CARBAJO CASCÓN, F., "La distribución …", cit., p. 169.

distribuidores y consumidores.[249] También dedicaremos unos epígrafes de este capítulo a analizar el fenómeno de las plataformas digitales, por la enorme importancia que han adquirido en la moderna distribución.

Por último, debemos destacar que Internet es un terreno abonado para el desarrollo de mercados negros y grises[250]. También es particularmente propicio para el comercio paralelo, es decir, el comercio que consiste en la reventa de productos de marca originales al margen de las redes de distribuidores integrados, que son creadas por los titulares de las marcas para tener un mayor control del proceso de distribución de sus productos y servicios. Internet proporciona acceso a muchos distribuidores independientes que ofrecen productos originales a precios más bajos que productos comparables en el mercado físico tradicional y sitios en línea de proveedores y distribuidores autorizados.

El fenómeno de las transacciones paralelas en la red daña ostensiblemente la red de distribución selectiva o autorizada de productos de prestigio, puesto que una de sus principales características es la prohibición de los proveedores a los distribuidores autorizados de vender productos a otros distribuidores que no estén integrados en la misma red según el con-

---

249 CAMACHO CLAVIJO, S., "Régimen jurídico de los prestadores de servicios en la sociedad de la información" en (NAVAS NAVARRO, S., y CAMACHO CLAVIJO, S.(dirs.)) *Mercado digital. Principios y reglas jurídicas.* Tirant lo Blanch, 2016, p. 114.

250 El mercado negro se ocupa de los artículos prohibidos, falsificados o robados que se venden en el mercado ilegalmente. El mercado gris generalmente trata con los bienes genuinos que se venden y compran a través del canal de distribución no autorizado. Véase en: https://es.spot-the-difference.info/difference-between-black-market .

trato.[251] Principalmente para estos sistemas de distribución, es especialmente peligroso la oferta de grandes cantidades de productos de marca originales (además de productos falsificados) a través de intermediarios en línea que sirven únicamente como puntos de encuentro (p. ej. *eBay*).[252]

III. LA DISTRIBUCIÓN EN INTERNET POR PROVEEDORES Y DISTRIBUIDORES NO INTEGRADOS

1. La distribución directa por fabricantes

Como se mencionó anteriormente, los fabricantes y/o proveedores de servicios pueden utilizar Internet para negociar directamente con los clientes, ya sean otros empresarios, profesionales o consumidores, lo que elimina intermediarios. De esta forma, la utilización de Internet supondrá reemplazar gradualmente las ventas tradicionales de productos y la prestación de determinados servicios por parte de los comerciantes en establecimientos de acceso público de los mismos productos y servicios, por el comercio electrónico y de sitios en línea gestionados por sus propios fabricantes o proveedores.

---

251 Son los llamados *"free ryders"* o polizones, no integrados en la red de distribución autorizada. *Vid.* CARBAJO CASCÓN, F., *La distribución selectiva y el comercio paralelo de productos de lujo,* Universidad Javeriana, Bogotá, 2009, pp. 209 y ss.

252 *Vid.* acerca de este fenómeno y los problemas que se plantean FUENTES NAHARRO, M., "La distribución selectiva y el formato de comercialización: la distribución *on line* y la infracción por demérito de la marca", en AA.VV. (dirs. VIERA GONZÁLEZ, J. y ECHEVARRÍA SÁENZ, M.) *Distribución comercial y Derecho de la competencia,* La Ley, 2011, p. 381 y ss.

Los proveedores proporcionan a los clientes un sitio en línea que oferta la venta de sus productos o la prestación de sus servicios, o bien proporcionan una descripción de sus servicios para invitar a los clientes a formular ofertas de contratación específicas.[253] Tan pronto como el contrato de venta o servicio se haya celebrado a distancia, los bienes o servicios serán enviados o proporcionados a la dirección del comprador por el propio proveedor o por terceros contratados por él. Estamos ante un proceso de comercio electrónico indirecto, en el que la contratación se realiza a distancia y de forma electrónica, pero los bienes o servicios que son objeto del contrato son entregados o están disponibles para el adquirente de forma convencional mediante recursos o canales físicos o tradicionales. Dentro de esta modalidad de contratación pueden ser aplicables distintas normativas.

Por un lado, la Ley 34/2002 de 11 de julio, de Servicios de la Sociedad de la Información y del Comercio Electrónico (LSSICE), mediante la cual se regula la contratación de bienes o servicios por vía electrónica lo que constituye un servicio a la sociedad de la información[254]. Por otro lado, las disposiciones establecidas en los arts. 1262 C.C. y 54 C.com. se aplican a la perfección del consentimiento, por lo que, de conformidad con estos preceptos, estando en diferentes lugares la persona que hizo la oferta y la que la aceptó, hay consentimiento desde que el oferente conozca la aceptación o desde que, habiéndose remitido el aceptante, no pueda ignorarla sin faltar a la buena fe, presumiéndose celebrado el contrato en el lugar en el que se le hizo la oferta. En el caso de contratos celebrados mediante dispositivos automáticos, hay consentimiento se aplica desde

---

253 Mediante la clásica fórmula *"invitatio ad offerendum"*.

254 *Vid.* LLANEZA GONZÁLEZ, P., *Aplicación práctica de la LSSI-CE: Ley 34/2002, de 11 de julio, de servicios de la sociedad de la información y comercio electrónico,* Editorial Bosch, 2003.

el momento en que se manifiesta la aceptación. De este modo, el contrato a distancia por medios electrónicos se concluye de forma diferente dependiendo de si el contrato se realiza exclusivamente por correo electrónico, si se realiza a través de un sitio *online* o si se produce de forma mixta (combinación de ambos métodos).[255]

En especial, cuando un proveedor actúa como prestador de servicios de la sociedad de la información, debe cumplir con las obligaciones contractual y precontractual de información exigidas por los artículos 27 y 28 de la Ley 34/2002, de 11 de julio, de Servicios de la Sociedad de la Información y Comercio Electrónico,[256] salvo que ambas partes sean empresarios o profesionales y acuerden que dicha información no es requerida o hayan suscrito un contrato exclusivamente y, aunque sean

---

[255] Serán de aplicación las normas sobre contratación electrónica previstas en el Título IV de la Ley 34/202, de 11 de julio, de servicios de la sociedad de la información y del comercio electrónico (art. 23-29) y el Real Decreto 109/1999 de 17 de diciembre, por el que se regula la contratación telefónica o electrónica con condiciones generales. Será de aplicación asimismo la normativa sobre protección de los consumidores en las ventas a distancia previstas en la ley 7/1996, de 15 de enero, de Ordenación del Comercio Minorista (arts. 38-47). Y si la contratación se produce con consumidores, se aplicarán las reglas sobre contratación a distancia en general establecidas en el Texto Refundido de la Ley General para la Defensa de Consumidores y Usuarios, aprobado por Real Decreto Legislativo 1/2007, de 16 de noviembre (art. 92-106).

[256] *Vid.* MARTINEZ- ROJAS, A., "El deber de diligencia de los prestadores de servicios de intermediación en la sociedad de la información, *Revista Aranzadi de Derecho y Nuevas Tecnologías,* nº26 2001, pp. 87-100. ACUM MALDONADO, C., "La responsabilidad civil de los prestadores de servicios en la sociedad de la información" *Revista de la Contratación Electrónica,* núm. 115, 2011, pp. 3-24.

consumidores, a través del intercambio de correos electrónicos u otras comunicaciones electrónicas equivalentes.[257]

2. La distribución indirecta por distribuidores independientes

El control del proveedor sobre el proceso del contrato (ventas y prestación de servicios) produce cambios en el proceso de distribución (en el sentido de entrega o provisión) de bienes y servicios. Los fabricantes ya no necesitarán a los distribuidores para proporcionar productos a los clientes, a menos que el proveedor opere en el extranjero y lleve a cabo una gran cantidad de operaciones con clientes de otro país y necesite un almacenista.[258]

Sin embargo, la capacidad del comercio electrónico para la distribución directa por parte de los fabricantes no dará como resultado la eliminación completa de intermediarios o distribuidores. Seguramente se eliminarán los mayoristas y minoristas más débiles, pero en cambio, surgirán otros intermediarios también desarrollarán su negocio exclusivamente a través de Internet. Este será el caso de los minoristas que compren los productos de marca para la reventa a los consumidores y usuarios, que podrán desarrollar sus actividades de reventa a través del mercado virtual. Y ello es debido a que Internet favorece este fenómeno de comercio paralelo, basado en el principio de agotamiento de los derechos de propiedad industrial e intelectual en el Espacio Económico Europeo.

---

257 CARBAJO CASCÓN, F., *La distribución selectiva y el comercio...*, cit., p. 172.

258 MORO ALMARÁZ, M. J., "Servicios de la sociedad de la información y sujetos intervinientes" en *Autores, consumidores y comercio electrónico* (dir. MORO ALMARÁZ, M.J.) Colex, Madrid, 2004, pp. 107 y ss.

Por lo tanto, será posible encontrar fabricantes que vendan y distribuyan sus productos junto a distribuidores independientes de productos originales de marca en la red. Al ser proveedores de servicios de la sociedad de la información[259] deben de ajustar su actuación en lo referente las obligaciones de información precontractual y postcontractual y otras obligaciones[260] establecidas al efecto por la Ley 34/2002 de Servicios de la Sociedad de la Información y Comercio Electrónico y por la Ley 22/2007, de 11 de julio, de Comercialización a Distancia de Servicios Financieros para Prestación de Clientes y las Obligaciones de Información Contractual.[261]

Por otra parte, las ventas en línea han cambiado fundamentalmente el proceso de entrega de productos a clientes o usuarios. Los fabricantes y distribuidores que venden productos *online* enviarán los productos contratados directamente a la dirección del comprador, y suelen firmar un contrato de servicio con un transportista independiente para tal fin. Esto cambiará fundamentalmente el modo de transporte, porque el distribuidor (minorista) no contrata envíos de una gran cantidad de paquetes de productos a un solo destinatario, sino de una gran

---

259 *Vid.* CLEMENTE MEORO, M.E., "Responsabilidad de los prestadores de servicios en la sociedad de la información" en *Autores, consumidores y comercio electrónico* (dir. MORO ALMARÁZ, M.J.), Colex, Madrid, 2004, pp. 251 y ss.

260 BUSTO LAGO, J.M., "La responsabilidad civil de los prestadores de servicios de intermediación en la sociedad de la información", *Actualidad Jurídica Aranzadi,* nº 542, 2002, pp. 1-6; y más recientemente, del mismo autor BUSTO LAGO, J.M., "La responsabilidad civil de los prestadores de servicios de la sociedad de la información (ISOs)" en *Tratado de responsabilidad civil* (coords. REGLERO CAMPOS, L. y BUSTO LAGO, J.M.,) Vol. 2 Thomson Reuters Aranzadi, 5ª ed., 2014, pp. 598-747.

261 LLANEZA GONZÁLEZ, P., *op. cit.*, p. 21. *Vid.* asimismo, BARRAL VIÑALS, I., *La regulación del comercio electrónico,* Dickynson, 2003.

cantidad de productos de poca dimensión directamente a la residencia de los consumidores finales.[262]

3. La distribución en línea de contenidos culturales, informativos y de entretenimiento

Uno de los mercados más relevantes en el entorno virtual global es el de los contenidos protegidos por derechos de propiedad intelectual, como programas de música y televisión, radio, etc. Sin duda, dado que el contenido (libros, música, películas, etc.) se puede digitalizar y transportar directamente en línea a través de Internet, esta modalidad constituye la forma más evolucionada del mercado en línea deslocalizado.[263]

La principal característica de este mercado es la globalidad, dado que el contenido circula hacia cualquier lugar del mundo a través Internet, evitando problemas relacionados con el transporte. También es un mercado que ha llevado a la elimi-

---

262 Existe una norma específica en la Ley 15/2009, de 11 de noviembre, del Contrato de Transporte Terrestre de mercancías en materia de responsabilidad por daños derivados de la carga y descarga de las mercancías, debido al aumento de los servicios de paquetería derivados de la distribución *on line*. Así el art. 20.3 establece que *"No obstante lo dispuesto en los apartados anteriores, en los servicios de paquetería y cualesquiera otros similares que impliquen la recogida o reparto de envíos de mercancías consistentes en un reducido número de bultos que puedan ser fácilmente manipulados por una persona sin otra ayuda que las máquinas o herramientas que lleve a bordo el vehículo utilizado, las operaciones de carga y descarga, salvo que se pacte otra cosa, serán por cuenta del porteador. En esta clase de servicios, la estiba y desestiba de las mercancías corresponderán, en todo caso, al porteador. El porteador soportará las consecuencias de los daños causados en las operaciones que le corresponda realizar."*

263 *Vid.* CARBAJO CASCÓN, F., "La propiedad intelectual como objeto del comercio electrónico", en *Autores, consumidores y comercio electrónico* (dir. MORO ALMARÁZ, M.J.), Colex, Madrid, 2004, pp. 51 y ss.

nación casi total de intermediarios externos en Internet. La digitalización y entrega de contenidos *online* está provocando la desaparición paulatina de la distribución física de contenidos a través de ejemplares de determinados sectores, por lo que los distribuidores tradicionales de estos bienes van desapareciendo gradualmente y con ellos sus tiendas abiertas al público. No obstante, esto también elimina al intermediario en la red, porque el titular del derecho de uso o incluso el propio autor pueden facilitar fácilmente el contenido al público a través de la transmisión remota de información desde su propia página *web*. A lo sumo, el contenido digital es vendido por unos pocos distribuidores en línea autorizados previamente por el autor o productor.[264]

Hoy en día es habitual hablar de distribución de contenidos *online*. En cambio, este concepto no es más que una descripción socioeconómica del mercado *online* de contenidos culturales, informativos y de entretenimiento habida cuenta que, desde una perspectiva de la Ley de Propiedad Intelectual, es imposible hablar de distribución *online* de obras o servicios relacionados.[265]

Tras mucha discusión sobre la naturaleza del comportamiento de explotación a través de Internet mediante la transmisión de información a distancia de obras y servicios digitales, la normativa internacional optó por tratar la transmisión en línea como una modalidad más de comunicación con el público frente a otras posturas que respaldaban la modificación de

---

264 *Vid.* CASTELLÓ PASTOR, J.J., "La responsabilidad indirecta de los prestadores de servicios en la sociedad de información e intermediarios a la luz del art. 138.II de la Ley de Propiedad Intelectual", *Revista Aranzadi de Derecho Patrimonial* nº 41, 2016, pp. 175-199.

265 CARBAJO CASCÓN, F., "La distribución…", cit., p. 175, pone como ejemplo *iTunes* para música, o *Amazon* para libros.

derechos de distribución para permitir la distribución inmaterial, es decir, una distribución sin copias ni productos físicos.[266]

En el momento que surgió el mercado de contenidos en línea, se proyectó la posibilidad de incorporar la difusión en línea en una nueva modalidad del derecho de distribución, y se empezó a hablar de la distribución intangible o digital de obras y servicios. No obstante, desde el punto de vista del derecho de la propiedad intelectual, se establece una diferencia entre la forma material y la forma inmaterial de explotación, recogiendo para la primera el acto de distribución y para la segunda, el acto de comunicación al público.

La distribución en sus diferentes formas requiere la puesta a disposición de obras al público a través del original (obras plásticas) o copias, que se incorporan a soportes tangibles[267] mientras los actos de comunicación al público sirven para la puesta a disposición de una obra o prestación al público sin necesidad de ejemplares.[268] Por lo tanto, las normas internacionales, comunitarias y nacionales, al adaptar los derechos de propiedad intelectual al nuevo entorno digital han optado por considerar los actos de explotación en línea de obras y prestaciones dentro del derecho de comunicación al público.[269]

En particular, las declaraciones acerca del art. 6 del Tratado de la Organización Mundial de la Propiedad Intelectual (OMPI) sobre Derecho de Autor y el art. 8 del Tratado de la OMPI sobre Intérpretes, Ejecuciones Musicales y Fonogramas, ambos de 1996, aclara que los términos "copias" y "originales",

---

266 PLAZA PENADÉS, J., "Propiedad intelectual y tecnologías de la información y la comunicación", en (dir. PLAZA PENADÉS, J.), *Derecho y nuevas tecnologías de la información y la comunicación,* Thomson Reuters Aranzadi, Madrid 2013, p. 615 y ss.

267 Art. 19 TRLPI.

268 Art. 20.1 TRLPI.

269 *Vid.* PLAZA PENADÉS, J., *op. cit.*, p. 745.

que se refieren al derecho de distribución, "se refieren exclusivamente a las copias fijadas que se pueden poner en circulación como objetos tangibles". Por lo tanto, el término "copia" debe entenderse como "ejemplar".[270]

Se decidió, en consecuencia, crear una forma específica de explotación en línea en el marco del derecho a la comunicación al público. Una forma de comunicación o prestación interactiva a la carta o bajo pedido, que consiste en la facultad de prohibir o autorizar la prestación de obras públicas y servicios relacionados por medios en línea para que el público pueda tener acceso a ellos desde el lugar y el momento que cada uno de ellos quieran.[271]

No obstante, los actos de explotación no solo afectarán a este nuevo derecho o facultad de puesta a disposición interactiva, sino también al derecho de reproducción, en el sentido de que ambos derechos se unen en la transmisión en línea de contenido a la carta.

La difusión de contenido en línea requiere, por un lado, (además de digitalizar el contenido en el formato físico origi-

---

[270] En el mismo sentido se expresa el art. 19 TRPI 1996, cuando señala que *"Se entiende por distribución la puesta a disposición del público del original o de las copias de la obra, en un soporte tangible, mediante su venta, alquiler, préstamo o de cualquier otra forma."*

[271] Esta modalidad de comunicación pública creada para atribuir a los titulares de los derechos de propiedad intelectual el control (ius prohibendi) de la explotación en línea se introdujo posteriormente en el art. 3 de la Directiva 2001/29/CE, de 22 de mayo, sobre derechos de autor y derechos afines en la sociedad de la información, incorporándose al derecho interno a través de la Ley 23/2006, que modificó el TRLPI 1996 para incorporar el derecho de puesta a disposición interactiva como nueva modalidad de comunicación pública de obras tuteladas por el derecho de autor en el art, 20.2 párrafo i), y en los arts. 108, 116.2, 126.1 c) TRLPI para los derechos afines o conexos.

nal cuando corresponda) el primer medio de copia, incluido el almacenamiento del contenido digitalizado en la memoria de un ordenador conectado a la red de difusión. Por otro lado, cuando se asigna la dirección URL (dirección digital y nombre de dominio) al espacio de almacenamiento de la información, el contenido se pone a disposición efectivamente al público, para que el público pueda acceder a la transmisión, estrictamente hablando, es generalmente a través de un sitio web o sitios similares. Seguidamente, el proceso de transmisión por conmutación de paquetes de información (llamados *"bits"*) requiere varias reproducciones provisionales en diferentes puntos de la red (*routing, proxi-catching*) hasta que llega al equipo del usuario, y luego lo reproduce de nuevo en la memoria RAM para facilitar el acceso mientras dure la conexión, mediante la consulta a través de la pantalla o *"streaming"*, o de forma duradera a través de descarga de esa información en el disco duro del usuario (*downloading*).[272]

En definitiva, no se puede hablar legalmente, en el mercado de transmisión de contenidos en línea, de distribución ni de venta, ni de agotamiento de los derechos de distribución[273]. En cualquier caso, la Ley de Propiedad Intelectual exige la

---

272 Según indica CARBAJO CASCÓN, F. ("La distribución…", cit., p. 178), eso supone que los actos de acceso y uso de copias digitales de obras conexas puestas a disposición a la carta en Internet deban ser autorizadas por los titulares de la propiedad intelectual mediante las denominadas licencias de usuario final (*Ender User Licence*), que son realmente autorizaciones singulares para la reproducción provisional o permanente de contenidos con fines de uso personal, sea de forma onerosa o gratuita.

273 Sin agotamiento, el comercio paralelo se impide por completo y se puede controlar por casi por completo por los titulares de derechos para la comercialización de contenidos *online.* Aunque la posibilidad de este control se ve truncada por la piratería global en el mercado negro y los propios usuarios a través de programas de transferencia de archivos.

explotación mediante ejemplares (productos), lo que obviamente no ocurre en el entorno *online*, por lo que es necesario reorientar los nuevos actos de explotación *online* al campo de la comunicación pública (sin apoyo físico) de obras y servicios relacionados, y desde el punto de vista económico, se incardina en el sector servicios. Otra cosa es que, desde un punto de vista estrictamente económico, la difusión de contenidos *online* se puede identificar como la distribución de contenidos culturales, informativos o de entretenimiento, dado que permite la transmisión de contenidos digitales a los usuarios.

Lo que es de todos conocido es que Internet ha cambiado radicalmente los modelos de distribución de contenidos. Partiendo de un modelo de escasez basado en la venta y alquiler de ejemplares con copias de obras y servicios controlados por la industria de contenidos, se ha pasado a un modelo de abundancia gracias al acceso global de la red en el que no solo la industria de contenidos sino los propios creadores e incluso los usuarios pueden poner a disposición del público copias digitales intangibles de obras y prestaciones.

Por ello, modelos estrictamente comerciales intentan limitar la oferta recurriendo a fórmulas comerciales restrictivas de derechos y medidas tecnológicas de control de acceso y protección de contenidos, con el fin de controlar el uso de sus obras y servicios en la red con la ayuda de sistemas de gestión de derechos digitales como los *"Digital Rights Managment Systems"*, que se basan en medidas tecnológicas de protección de contenidos, y las *"Technological Protection Mesures"*, que permiten el acceso, descarga y pago *online* en un entorno seguro.[274]

Otros, en cambio, quieren aprovechar las extraordinarias posibilidades de la autoedición y autoproducción de conteni-

---

[274] CARBAJO CASCÓN, F., "La propiedad intelectual ...", cit., pp.51 y ss.

dos, así como su amplia comunicación a través de la red para lograr la máxima difusión de sus creaciones y producciones en el público y promover el acceso a la cultura libre, a la ciencia y la información. De esta forma, se establecen dos modelos alternativos de distribución de contenidos.[275]

Por un lado, el que se basa en la protección de los derechos de autor *(copyright)*, orientados a controlar el acceso y uso de los contenidos *online* por parte de cada uno de los ciudadanos. Por otro lado, el que parte de dar acceso libre y gratuito a la obra o servicio a todos los usuarios que así lo deseen, y en algunos casos solo para uso personal (modelos de licencia implícita) y en otros casos distribución gratuita dentro y fuera de la red, su transformación e incluso su libre explotación económica, con la fuente citada como única condición.[276] Son modelos de dominio público y, sobre todo, modelos de licencia pública general *(General Public Licence, GPL)*[277] que no solo permiten el libre acceso a la obra o ejecución, así como su reproducción, distribución y comunicación pública, sino que también autorizan su modificación (obra derivada), siempre que la obra resultante de la modificación se difunda entre el público en las

---

275 PLAZA PENADÉS, J., *op. cit.*, p. 831.

276 La cuestión hace tiempo que es objeto de interés por parte de la doctrina, *Vid.* GALLEGO HIGUERAS, G.F., "¿Cómo proteger los Derechos de autor de sus creaciones intelectuales publicadas en Internet?" *REDI*, nº 13 agosto 1999; MARCO MOLINA, J., "Los derechos de autor en la sociedad de la información" *Revista Jurídica de Cataluña*, 1997; PLAZA PENADÉS, J., *Propiedad intelectual y sociedad de la información*, Ed. Aranzadi, Madrid 2002; MASSAGUER, J. y SALELLES, J.R., "El derecho de la propiedad intelectual ante los desafíos del del entorno digital", *RDG*, septiembre 1997, pp. 10940 y ss.

277 MEJIA PAREJA, M., y PINTO SANTOS, A.R., MEJÍA CABALLERO, J.M., "Open access vs derechos de autor", *Ecosistemas del Acceso Abierto* (coord. MERLO VEGA, J.A.), 2018, pp. 207-212

mismas condiciones que la que le sirvió de base, impidiendo así que nadie se apropie de los resultados de los creadores anteriores, mediante simples modificaciones que luego pueden ser explotadas económicamente en el mercado.[278]

Las nuevas formas de explotación comercial de contenidos protegidos se constituyen en un modelo llamado "*pay per use*" o pagar por usar, alrededor del cual se basa el modelo de comercio electrónico, que se ampara jurídicamente en la nueva fórmula contractual no contemplada en principio por la normativa sobre propiedad intelectual, pero elaborada a partir del principio de autonomía de la voluntad (licencias de uso)[279]. Con el permiso de uso, cada miembro específico del público no obtendrá la propiedad de la copia, sino que obtendrá el uso temporal o permanente de la misma. Por lo tanto, mientras el propietario de los derechos de acceso lo autorice, el usuario se convierte en un usuario legítimo de las copias digitales de la obra y de su uso personal o privado.[280]

Este modelo tiende a convertirse en el contrato más típico en el comercio electrónico directo entre empresarios y consumidores (B2C), reemplazando así la compraventa. De hecho, la relación directa entre propiedad intelectual y comercio electrónico se da en la etapa de comercialización de copias digitales de obras y servicios directamente a través de Internet, en

---

278 Como señala CARBAJO CASCÓN, F., "La distribución…", cit., p. 181, realmente los modelos de difusión libre no constituyen un mercado propiamente dicho sin una verdadera alternativa al modelo de mercado de contenidos *online*. Destaca que en la práctica existe un tercer mercado que supone el libre intercambio de archivos a través de programas de intercambio entre iguales *peer to peer* (P2P) al margen de la voluntad de los titulares de derechos, violando sus derechos de propiedad intelectual.

279 Asi lo recoge GARCIA PEREZ, J.F., *El Derecho de autor en Internet*, UNAM México, 2019.

280 En ese sentido, la licencia es el producto *(The licence is the product)*.

los procesos de contratación a distancia que se conocen como comercio electrónico directo o en línea, en los que tanto el acuerdo de voluntades como la ejecución de las prestaciones (descarga y pago) se produce exclusivamente por medios telemáticos y sin intermediarios.

Las copias digitales de obras y servicios no se venden en Internet, sino los derechos de reproducción para poder acceder temporal o permanente a determinadas versiones digitales de obras y servicios, que pueden ser puestos a disposición del público para el uso personal de cada usuario autorizado. Por lo demás, al ser celebrados a larga distancia y principalmente para consumidores y usuarios (B2C) a través de medios electrónicos, se ajustarán según las reglas de perfección de los contratos a distancia (artículos 1262 C.C. y 54 C.Com.), y además de la normativa TRLGDCU. sobre consumidores, debiendo también cumplir con los requisitos generales establecidos por la normativa de comercio electrónico, principalmente para proteger las ventas a distancia en cuanto a información precontractual y postcontractual, el momento y lugar de perfeccionamiento del contrato.[281]

Como hemos señalado anteriormente, sólo con el apoyo de mecanismos técnicos para proteger el contenido, controlar el acceso y la copia, este modelo de *"pay per use"* es eficaz para difundir contenidos en Internet, limitando en gran medida el acceso de los usuarios sobre la copia de obra o prestación.[282]

---

281 BATUECAS CALERIO, A., "Deberes de información del proveedor en la contratación electrónica", en *Autores, consumidores y comercio electrónico* ((dir.) MORO ALMARÁZ, M.J.) Colex, Madrid, 2004, pp. 433 y ss.

282 Si no se establecen medidas tecnológicas de control de copiado, se aplicará el límite del art. 31.2 TRLPI y el usuario podrá realizar copias para uso privado a partir de la primera copia autorizada o comercializada por la licencia de uso.

Por lo tanto, gracias al sistema de gestión de derechos digitales "*Digital Rights Managment Systems*",[283] el comercio electrónico de contenidos bajo el sistema de licencias de usuario (como un nuevo modelo de negocio para la divulgación de derechos de propiedad intelectual al público) se hace posible. Este sistema permite controlar el acceso, la copia, identifican el contenido, los titulares de derechos, el acceso a la información y las condiciones de uso, y además proporciona un entorno seguro para que los usuarios elijan el método de pago, protegen los datos personales y permiten el seguimiento de las copias proporcionadas para evitar el uso ilegal.[284]

Podemos distinguir diferentes modelos de negocio dentro del método de pago por usar o "*Pay per use*"[285]:

1) Modelo de explotación restringida a la consulta con audición en pantalla y altavoces mientras dure la conexión en línea, o modelo conocido como *"Streaming"*. Como por ejemplo en videojuegos, periódicos, videos, todo ello en línea sin posibilidad de descarga.

2) Modelo de acceso limitado a contenido para su consulta y formar al usuario ante una posterior solicitud o descarga.

3) Modelo de descarga, el mas conocido y popular, normalmente de contenidos como canciones, libros electrónicos, películas, etc.

---

283 MALLO MONTOTO, D., *La difusión en Internet de contenidos sujetos al derecho de autor*, Ed. Reus 2018.

284 Las tecnologías DRM consisten en una combinación de condiciones comerciales y componentes tecnológicos que se presentan en un mismo *software* para facilitar la difusión de contenidos protegidos por la propiedad intelectual.

285 VICENT LOPEZ, C., *Internet y derechos de autor. nuevos modelos de explotación online*, Aranzadi, 2017, pp. 45 y ss.

4) Modelo de descarga (pero no en su totalidad), como en el caso de algunas bases de datos o periódicos electrónicos que únicamente permiten su descarga de ciertos productos.

5) Modelo de descarga por tiempo limitado, ya que al incorporar la copia descargada en el ordenador del usuario un pequeño dispositivo informático provocará su inutilización o incluso automáticamente su destrucción cuando pase el tiempo predeterminado, de forma que el usuario podrá utilizar ese contenido todas las veces que quiera dentro del tiempo establecido.

6) Modelo de consulta, como en bases de datos, previo pago del precio indicado.

Como se ha mencionado previamente, la particularidad del contenido en Internet permite a los titulares de derechos actuar directamente sin intermediarios o limitar la difusión de contenido en la red a un número muy reducido de ellos, lo que puede generar graves problemas de competencia y escasez en el mercado mundial. De esta forma, los titulares pueden utilizar sus derechos exclusivos sobre materiales específicos para evitar a terceros su difusión en el mercado de Internet, además de para proteger su posición en el mercado tradicional o para crear una plataforma de uso, con exclusión de otros operadores que no pueden acceder a ellos, lo que limita la elección de los consumidores.

En este sentido, las sentencias del 7 de mayo de 2003[286] y del 10 de junio de 2004[287] del Tribunal de Defensa de la Competen-

---

286 Caso Webslisten c. AGEDI y Sony.

287 Caso Webslisten/Universal. En ambos asuntos, la empresa Weblisten SL, titular de un sitio de descarga de música en Internet, pese a contar con las oportunas licencias de las entidades de gestión afectadas (SGAE, AUIm AGEDI) se encontró con demandas judiciales

cia (TDC) (actualmente, CNMC) son de particular importancia en este campo, ambas hacen referencia a una discográfica potente. En ninguna de las resoluciones mencionadas, el TDC aprecia una posición de dominio de la compañía discográfica y toma la decisión de definir el contenido y alcance de las facultades explotación por parte de los productores de grabaciones sonoras como de carácter social y, en consecuencia, no puede declararse que, impedir la transmisión de música a través de Internet viole la Ley de Propiedad Intelectual y tampoco de que vulnere la libre competencia por actos de deslealtad o abuso de posición dominante (artículos 6 y 7 LCD).

Aparece así una difícil correlación entre el *ius utendi* y *ius prohibendi* característicos de los derechos exclusivos de propiedad intelectual y la necesidad de garantizar un entorno competitivo en el nuevo espacio comercial de Internet. No cabe duda de que las resoluciones de la TDC están en línea con la ley, pero el caso plantea importantes dudas sobre el futuro desarrollo del mercado de distribución de contenidos en red, y en particular el comercio electrónico, en el que se ven implicados derechos exclusivos. Sin embargo, debido a los crecientes procesos de concentración que tienen lugar en la industria de los contenidos, puede suceder que los principales titulares de derechos quieran reservar sus derechos de propiedad intelectual de tal manera que solo puedan ser utilizados en sus propias plataformas o servicios de acceso en línea y descarga *online*, es decir, cerrar completamente la vía a la competencia, algo que podría perjudicar gravemente a los consumidores y al funcionamiento eficiente de un mercado que, por su carácter global, se considera altamente competitivo.[288]

---

de las multinacionales Sony y Universal por infracción de derechos conexos de productores de fonogramas.

288 CLEMENTE MEORO, M., "Responsabilidad de los prestadores de servicios de la sociedad de la información", en ((dir.) MORO AL-

Si se producen graves perturbaciones en el funcionamiento eficiente del mercado electrónico, la solución a estos problemas podría ser la exigencia de fórmulas administrativas vinculantes o la aplicación del Derecho de la competencia, mediante el control de concentraciones de empresas, además de la prohibición de cárteles de empresas y el abuso de posición dominante.[289]

IV. LA DISTRIBUCIÓN EN INTERNET POR DISTRIBUIDORES INDIRECTOS INTEGRADOS

1. Planteamiento de la cuestión

Como se ha expuesto anteriormente, el modelo de distribución indirecta integrada supone una integración comercial descendente o, en otras palabras, un acuerdo vertical entre un fabricante o proveedor y los distintos distribuidores miembros de la misma red, que afectará la capacidad de la empresa para compraventa o revender bienes o servicios. Se trata de un acuerdo entre empresarios en diferentes niveles del proceso económico. Por un lado, el proveedor se compromete a proporcionar los medios materiales e inmateriales necesarios para revender sus bienes; por otro lado, el distribuidor realiza la re-

---

MARAZ, M.J.) *Autores, consumidores y comercio electrónico,* Colex, Madrid 2004, pp. 251 y ss.

289 CARBAJO CASCÓN, F., "La distribución…", cit., p. 189. Y también específicamente sobre este asunto, del mismo autor "El caso "Weblisten y sus implicaciones para el futuro de la gestión de los derechos de la propiedad intelectual sobre contenidos musicales en Internet", *Actas de Derecho Industrial y Derecho de Autor,* Tomo XXVI, años 2005-2006, Universidad de Santiago de Compostela-Marcial Pons, 2006, pp. 615-673.

venta de acuerdo con las directrices del proveedor, quien a su vez supervisará y controlará las operaciones comerciales de los distribuidores, creando así una decisión unificada y económica sobre los aspectos básicos del negocio de distribución. Esta integración vertical entre proveedores y distribuidores previamente seleccionados en base a criterios cuantitativos y cualitativos supone la existencia de restricciones o limitaciones a la libre competencia en la distribución de productos o servicios objeto de dichos contratos.[290]

Sin embargo, tradicionalmente se cree que estos acuerdos ayudan a mejorar la producción y distribución de ciertos productos y servicios, trayendo con ello grandes beneficios a los consumidores; por ello se acogen al sistema de exención de prohibiciones establecido en el art. 101.3 TUE y 1.3 LCD. En particular, los acuerdos verticales entre empresas para la distribución exclusiva o selectiva de productos o la prestación de servicios con exclusividad o prioridad, no se incluyen en la lista de arts. 101.1 TUE y 1.1 LDC, siempre que no superen ciertos límites, que se establecen a través del nuevo RECAV 2022[291]. Como se trata de un Reglamento, sus normas son directamente aplicables al Derecho interno.

La ejecución de un negocio *online* tanto por el proveedor principal como por cualquiera de los distribuidores puede alterar trascendentalmente las condiciones pactadas en el contrato de distribución o sus elementos esenciales de naturaleza y afectar significativamente el equilibrio de intereses entre todos los miembros de la red.

---

[290] Por lo tanto, en principio quedarían sujetos a la prohibición de acuerdos colusorios del art. 101 Tratado Unión Europea y del art.1.1 de la Ley 15/2007 de Defensa de Competencia.

[291] Directrices relativas a las restricciones verticales. Publicado en: «DOUE» núm. 248, de 30 de junio de 2022, DOUE-Z-2022-70045.

Ante la apertura de un nuevo canal de distribución en Internet para revender productos o brindar servicios, los distribuidores esperan utilizar este nuevo canal para expandir sus actividades. No obstante, algunos proveedores de bienes y servicios intentan proteger y bloquear sus canales de distribución tradicionales impidiendo el acceso a la red de sus distribuidores autorizados a través de contratos electrónicos de venta y servicios remotos, por lo que se pueden retener los canales de comunicación, lo que supondrá que se adueñen por completo del mercado en cuanto a promoción y comercialización de productos o servicios.[292]

De un modo lógico, por un lado, los proveedores buscan aprovechar el potencial de Internet para distribuir directamente sus bienes y servicios, reduciendo así el coste de utilizar intermediarios y distribuidores en distintos territorios. Por otro lado, los distribuidores, pretenden ampliar su base de clientes recurriendo a herramientas competitivas como lo es el mercado en línea. La implementación de sitios de comercio electrónico brinda a los operadores económicos la posibilidad de ofrecer mejores condiciones económicas que los tradicionales mercados presenciales, lo que obviamente significa menores costes,[293] lo que supone un incentivo para la puesta en marcha de políticas de ventas *online* tanto por parte de los distribuidores como del propio proveedor.

En cuanto a la posibilidad de mantener un sistema integrado de distribución indirecta como la concesión, la franquicia y la distribución selectiva en el mercado *online*, aquí surgen dos cuestiones principales. En primer lugar, se plantea la legalidad

---

292 *Vid.* CARBAJO CASCÓN, F., y MORALEJO MENÉNDEZ, I., "Distribución y dominios en el mercado virtual", *Revista de la Contratación Electrónica,* nº 35, 2003, p. 3 y ss.

293 Costes relativos a personal, material de promoción, costes de transacción, etc.

de la prohibición de acceso al mercado de Internet impuesta por los proveedores de bienes y servicios a los distribuidores integrados en la red comercial. En segundo lugar, se cuestiona si el comportamiento propio de la red es compatible con la estructura típica de estos sistemas integrados de distribución indirecta, ya que algunos de ellos se basan en términos geográficos exclusivos, otros en el uso de modelos de negocio específicos y otros en la distribución no exclusiva de productos de prestigio, los cuales mantienen la imagen de marca y brindan asistencia preventa y posventa de forma profesional al cliente.

La cuestión principal es que cualquier restricción al desarrollo de los distribuidores integrados en el mercado de Internet electrónico para realizar sus propias actividades de distribución de productos o servicios puede constituir restricciones intolerables a la libre competencia, ya que estaría limitando el derecho constitucional a la libertad de empresa regulado en nuestra constitución en su art. 38.

Por tanto, si bien en principio es imposible imponer restricciones al acceso de los distribuidores a los mercados virtuales y al comercio electrónico, dependiendo de las circunstancias, estas restricciones o limitaciones pueden ser admisibles si el uso que los distribuidores hacen de Internet es incompatible con el modelo de distribución del que forman parte y perjudican tanto proveedor como al resto de los miembros la red. En otras palabras, desde la perspectiva de la ley *antitrust*, el acuerdo de distribución por Internet que el proveedor impone al distribuidor, estableciendo restricciones a su libertad de actuación no es necesariamente nulo o ineficaz.[294]

---

[294] *Vid.* GÓRRIZ LOPEZ, C., "Distribución por Intenet y Derecho de Defensa de la Competencia", *Anuario de la Competencia,* 2002, p. 473 y ss.

En aras a solucionar dicho problema, es importante comprobar la calificación que se debe atribuir a las operaciones que realizan en Internet en cada caso por los distribuidores integrados en la red comercial del proveedor, por lo que es aconsejable distinguir entre sistemas de distribución exclusiva, y sistema de distribución selectiva. Lo cierto es que el ingreso de cualquier miembro de la red en el mercado electrónico, sin el consentimiento del empresario principal, puede suponer un gran cambio en la relación contractual entre ellos y en la estructura de toda la red de distribución. En diferentes territorios con derechos exclusivos simples o reforzados, como en los contratos de concesión o franquicia, se debe exigir el respeto mutuo; por otro lado, en los contratos de distribución selectiva, los productos con prestigio se entregan y venden bajo ciertas condiciones.[295]

En concreto, el acceso a Internet por parte de distribuidores exclusivos como concesionarios o franquiciados puede asegurar la expansión de las áreas de influencia especificadas en el contrato, y la comercialización exclusiva de estos productos o servicios en zonas o regiones específicas, perturbando el equilibrio de intereses mantenido con los proveedores y otros miembros de la red en el mercado presencial. Del mismo modo, el uso de mercados virtuales por parte de los proveedores para promocionar y brindar productos o servicios a cualquier cliente interesado de cualquier parte del mundo, puede en realidad llevar a restricciones en las áreas exclusivas pactadas con sus respectivos distribuidores, a menos que se llegue a un acuerdo en contrario. También puede significar una violación de deber genérico de abstención de la comercialización activa en estos territorios. Por otro lado, la expansión de los distribuidores autorizados al mercado *online* distorsionará las condiciones de

[295] CARBAJO CASCÓN, F., "La distribución…", cit., p. 190.

venta selectivas, que se basan en la imagen de prestigio de la marca y en el servicio al cliente pre y post venta.

2. El nuevo Reglamento de Exención por Categorías para Acuerdos Verticales (RECAV 2022)

La Comisión Europea ha aprobado el esperado y nuevo Reglamento de Exención por Categorías para Acuerdos Verticales (RECAV 2022), antes mencionado, que entró en vigor el 1 de junio de 2022. El texto actualiza el tratamiento de los acuerdos verticales en Derecho de la Competencia a la realidad actual de los mercados. Dicho RECAV 2022 fue publicado en el DOUE 11 de mayo de 2022.[296]

Asimismo, se han aprobado unas nuevas Directrices Verticales, que aparecen publicadas en el DOUE el 30 de junio de 2022[297]. Con la publicación de las presentes Directrices, la Comisión pretende ayudar a las empresas a realizar su propia evaluación de los acuerdos verticales con arreglo a las normas de competencia de la Unión y facilitar la aplicación del artículo 101 del Tratado. La aprobación de este nuevo RECAV y las nuevas Directrices Verticales es el resultado del proceso de revisión del Reglamento 330/2010, cuya vigencia finalizó el 31 de mayo de 2022. El nuevo RECAV, como antes hemos indicado, entró en vigor el 1 de junio de 2022, pero se concedió un período tran-

---

[296] Reglamento (UE) 2022/720 de la Comisión de 10 de mayo de 2022 relativo a la aplicación del artículo 101, apartado 3, del Tratado de Funcionamiento de la Unión Europea a determinadas categorías de acuerdos verticales y prácticas concertadas. Publicado en: «DOUE» núm. 134, de 11 de mayo de 2022, DOUE-L-2022-80724, antes mencionado.

[297] Directrices relativas a las restricciones verticales. Publicado en: «DOUE» núm. 248, de 30 de junio de 2022, DOUE-Z-2022-70045, antes mencionadas.

sitorio entre esta fecha y el 31 de mayo de 2023 para que pudieran adaptarse al nuevo régimen aquellos acuerdos verticales vigentes a 31 de mayo de 2022 que, no cumpliendo los requisitos para la exención establecidos en el nuevo RECAV, sí cumplieran los requisitos establecidos en el Reglamento 330/2010. Al igual que este, el nuevo RECAV es también aplicable *mutatis mutandi* a los acuerdos verticales que, por tener efectos exclusivamente dentro del mercado español, se deban evaluar con arreglo a lo previsto en el artículo 1 de la Ley 15/2007, de 3 de julio, de Defensa de la Competencia (LDC).[298]

2.1. El régimen de exenciones en el nuevo RECAV 2022

El Reglamento 330/2010 (RECAV 2010) anterior establecía lo siguiente: los acuerdos verticales (esto es, los acuerdos entre empresas que operan en distintos niveles de la cadena de producción o distribución) están exentos de la prohibición de acuerdos entre empresas restrictivos de la competencia contenida en el artículo 101.1 del Tratado de Funcionamiento de la Unión Europea (TFUE) siempre que cumplan ciertas condiciones. Así, aquellos que cumplan los requisitos para la exención no se considerarán restrictivos de la competencia y, por tanto, no estarán prohibidos por el artículo 101.1 del TFUE, en la medida en que se presume que generan eficiencias económicas en la cadena de producción y distribución de los bienes y servicios en cuestión y estarían, en su caso, justificados des-

---

[298] La publicación y entrada en vigor del RECAV ha sido objeto de noticia en numerosos blogs jurídicos, ej. https://www.ga-p.com/blog/nuevo-reglamento-europeo-de-exencion-por-categorias-para-los-acuerdos-verticales-restrictivos-de-la-competencia/ ; https://www.garrigues.com/es_ES/noticia/nuevo-reglamento-exencion-categorias-acuerdos-verticales-adapta-auge-comercio-electronico ; https://www.pwc.es/es/asesoramiento-fiscal-legal/legal/distribucion-competencia-exencion-acuerdos-verticales-2022.html

de la perspectiva del artículo 101.3 del TFUE. Por tanto, esta exención proporciona una salvaguardia de la aplicación de la prohibición general de acuerdos colusorios contenida en el artículo 101 del TFUE a los acuerdos de distribución de bienes y servicios.

El nuevo RECAV 2022 actualiza esta exención, a la vista de la evolución de los mercados y, especialmente, del crecimiento del comercio electrónico y el papel cada vez más relevante de las plataformas *online* en la distribución de bienes y servicios.

Se mantiene, además, la exención general para aquellos acuerdos verticales en los que las cuotas de mercado de proveedor y distribuidor no superen el 30% en sus respectivos mercados, con las particularidades ya previstas en el Reglamento 330/2010 en relación con los acuerdos verticales entre una asociación de empresas y un miembro o un proveedor individual, y los acuerdos verticales que contengan cláusulas relativas a la cesión o explotación de derechos de propiedad intelectual. En cambio, el nuevo RECAV 2022 reduce el alcance de la exención en relación con los acuerdos de distribución dual, esto es, los acuerdos verticales entre un proveedor y un distribuidor en supuestos en los que el proveedor compite con el distribuidor en la distribución de los productos y servicios en cuestión. A dicha cuestión le vamos a dedicar el último capítulo de este trabajo.

Por otra parte, el nuevo RECAV 2022 mantiene la consideración como restricciones especialmente graves, que implican la retirada de la exención y la presunción de la existencia de una restricción a la competencia prohibida por el artículo 101.1 del TFUE, de aquellas cláusulas que supongan:

a) una restricción a la libertad del distribuidor de fijar el precio de reventa de los productos o servicios, permitiéndose que el proveedor establezca precios máximos o recomendados;

b) una restricción del territorio o los clientes a los que el distribuidor puede vender activa o pasivamente los bienes o servicios, con diversas excepciones en función de la utilización de un sistema de distribución exclusivo, selectivo u otros; o

c) en un acuerdo entre un proveedor de componentes y un comprador que incorpore dichos componentes a otros productos, una restricción a la capacidad del proveedor de componentes de venderlos como recambios a usuarios finales o a talleres de reparación, mayoristas u otros proveedores de servicios distintos a aquellos al que el comprador haya encomendado la reparación de sus productos.

2.2 Venta de bienes a través de Internet

Adicionalmente, reconociendo la importancia del comercio electrónico en la distribución de bienes y servicios, el nuevo RECAV 2022 considera también como restricciones especialmente graves, y por tanto prohibidas por el artículo 101.1 del TFUE, aquellas cláusulas que tengan por objeto impedir al distribuidor el uso de Internet para la venta de los bienes o servicios, o impedir, de forma directa o indirecta, el uso de un determinado canal de publicidad *online* (como los servicios de comparación de precios o la publicidad en motores de búsqueda).

En todo caso, las nuevas Directrices Verticales 2022 precisan que el proveedor podrá establecer determinados requisitos para la venta o publicidad *online* de sus productos. En particular, en lo que respecta a las ventas por Internet, el proveedor podrá establecer requisitos de calidad o apariencia de la página *web* del distribuidor, así como requisitos mínimos relacionados con la forma en que se deberán visualizar los bienes o productos, o la marca del proveedor, en la web del distribuidor. Asimismo, el proveedor podrá prohibir la utilización de plataformas o *marketplaces* para la distribución de sus bienes en determinados supuestos, o exigir al distribuidor que disponga de un establecimiento físico de venta, además del canal *online*, y que realice un volumen mínimo de ventas a través de dicho establecimiento físico. En este sentido, las nuevas Directrices Verticales también permiten, de forma novedosa, que el proveedor pueda fijar un precio al por mayor diferente para un mismo producto en función de si es distribuido *online* o en establecimiento físico, siempre que esta práctica no tenga como objetivo impedir el uso de Internet para la distribución del producto.

En lo relativo a la publicidad *online*, el proveedor podrá igualmente exigir el cumplimiento de unos requisitos de calidad o la inclusión de cierta información en los anuncios, así como que no se utilicen los servicios de publicidad *online* de determinados proveedores que no reúnan unos requisitos mínimos de calidad, o que no se utilice la marca del proveedor en el dominio web del distribuidor.[299]

Por último, el RECAV 2022 mantiene asimismo la consideración de determinadas cláusulas de no competencia como restricciones excluidas de la aplicación de la exención, sin que esta calificación implique necesariamente que dichas obligaciones sean restrictivas de la competencia. Adicionalmente, de forma novedosa, considera también como restricciones excluidas de la aplicación de la exención a las cláusulas de nación más favorecida amplias entre un proveedor y una plataforma de intermediación *online*, esto es, aquellas cláusulas que obligan al usuario de servicios de intermediación *online* a no ofre-

---

[299] La doctrina ha tratado ya desde hace años el tema de la publicidad *online*, por todos: TATO PLAZA, A., "La publicidad en Internet" en *Autores, consumidores y comercio electrónico* (dir. MORO ALMARÁZ, M.J.), Colex, Madrid, 2004, pp. 141 y ss.

cer o vender sus bienes y servicios en condiciones más favorables en otras plataformas de intermediación *online.*

En conclusión, el RECAV 2022 adapta el tratamiento de los acuerdos verticales en Derecho de la Competencia a la realidad actual de los mercados y, en especial, al auge del comercio electrónico, resolviendo diversas cuestiones que se habían ido planteando a lo largo de la vigencia del anterior Reglamento 330/2010, a la vista de la evolución de la economía digital. En todo caso, este nuevo RECAV 2022 plantea nuevos interrogantes que resolverá la jurisprudencia, en particular en lo relativo a la fijación de precios dual a nivel mayorista en función de si el producto es distribuido *online* o en establecimiento físico, a la distribución dual, o a las cláusulas de nación más favorecida. Como antes se ha indicado, al tema de la distribución dual se le dedica el último capítulo de este trabajo, donde se examinará específicamente la problemática que plantea.

3. Distribución exclusiva y acceso a la red de los distribuidores

El sistema de distribución exclusiva se basa en cláusulas territoriales reforzadas, que pueden evitar que los distribuidores vendan activamente productos o servicios por contrato fuera de su ámbito de influencia, aunque sí están autorizados a vender pasivamente a sujetos que provengan de la zona delimitada, siempre y cuando no se haya realizado una labor de captación de clientes.[300] La pregunta clave es si las ventas realizadas por distribuidores exclusivos a través de Internet deben clasifi-

---

[300] CALAVIA MOLINERO, J.M., "El contrato de distribución exclusiva", *en Los contratos de distribución comercial: Novedades legislativas y jurisprudenciales* (VÁZQUEZ ALBERT, D. dir.), Tirant lo Blanch, Valencia, 2010, pp. 69-83; TORRUBIA CHALMETA, B.," El contrato de concesión o de distribución exclusiva", *Revista de derecho privado,* nº. 94, 2010, pp. 63-87; BONET NAVARRO, A., Contrato de distri-

carse como ventas activas, por lo que los proveedores pueden prohibir estas ventas bajo contrato, lo que evitará que los distribuidores expandan virtualmente su negocio.

Nos encontramos ante una cuestión de difícil solución, ya que, desde el momento en que la información sobre bienes o servicios se coloca en la *web* y cualquiera puede acceder a ella en cualquier momento y lugar, los medios electrónicos relativizan la distinción entre ventas activas y pasivas.[301] En general, las promociones o ventas realizadas por los distribuidores a través de Internet no se consideran formas de ventas activas en regiones distintas del área especialmente asignada, dado que se trata de un modo razonable de llegar a todos los clientes.

El uso de Internet puede tener consecuencias fuera del territorio o grupo de clientes propio es debido a la tecnología, ya se puede acceder fácilmente desde cualquier lugar al sitio en línea del distribuidor. Por lo tanto, la tecnología es la principal responsable de las posibles quiebras en la estructura o en el sistema formado de distribución integrada, pero el simple uso de la tecnología no debería prejuzgar el comportamiento del distribuidor.

En ese caso, el proveedor no puede utilizar la promesa de no utilizar Internet para desarrollar sus actividades como criterio de selección de su distribuidor exclusivo, puesto que este criterio contradeciría la prohibición legal de impedir las ventas pasivas definida por la CE.

---

bución y venta exclusiva, *Cuadernos Civitas de jurisprudencia civil,* nº. 10, 1986, pp. 3487-3500.

301 VÁZQUEZ ALBERT D., "El contrato de distribución exclusiva", en *Contratos de distribución: agencia, distribución, concesión, franquicia, suministro y estimatorio* (RUIZ PERIS, J.I. y MARTÍ MIRAVALLS, J. (dirs.)), Atelier, 2018, pp. 109-158.

Sin embargo, la tecnología de la información permite definir a los destinatarios de la información, personalizar la información para cada usuario, conocer sus gustos a través de las conocidas "*Cookies*" y utilizar un idioma para dirigirse a grupos de usuarios específicos. Todos estos factores permiten a los proveedores de servicios de la sociedad de la información seleccionar y promover clientes fuera de su ámbito de influencia, para realizar ventas activas, lo cual está prohibido[302].

La Comisión Europea, a través de sus Directrices de restricciones verticales, estipula que, si un sitio *web* no está dirigido específicamente para llegar en primer lugar a clientes ubicados originalmente en una región o un grupo de clientes asignados concretamente a otro distribuidor, no se considerará venta activa. Por contra, si una promoción en línea del producto o servicio de un distribuidor está dirigida a un destinatario específico fuera de su ámbito de influencia, se considerará una venta activa.[303]

De esta forma, la Comunidad Europea no descartará la legalidad de las cláusulas contractuales, por las que los proveedores prohíben a los distribuidores integrados realizar determinados usos específicos en Internet que impliquen políticas de venta activas. La clave reside en determinar qué usos de Internet se pueden considerar como ventas o actividades promocionales según los criterios establecidos en las normas de la Comisión Europea.[304]

La cuestión se ha clarificado mucho a raíz de la entrada en vigor del nuevo RECAV 2022. En él se definen las ventas activas en el contexto de los sistemas de distribución exclusiva como

---

302 GÓRRIZ LÓPEZ, C., *op. cit.*, p. 476.

303 *Vid.* Apartado 212 de las Directrices Verticales 2022.

304 GONZÁLEZ ESTRADA, E., "Distribución exclusiva y competencia", *El trimestre económico*, nº. 326, 2015, pp. 403-431.

aquellas que consisten en: "*Dirigirse activamente a clientes mediante, visitas, cartas, correos electrónicos, llamadas u otros medios de comunicación directa o a través de publicidad y promoción personalizadas, fuera de línea o en línea, por ejemplo mediante medios de comunicación impresos o digitales, incluidos los medios en línea, servicios de comparación de precios o publicidad en motores de búsqueda dirigidos a clientes de determinados territorios o grupos de clientes, operar un sitio web con un dominio de primer nivel correspondiente a territorios concretos u ofrecer en un sitio web lenguas de uso común en determinados territorios, cuando dichas lenguas sean diferentes de las utilizadas habitualmente en el territorio en el que esté establecido el comprador*"[305].

Por otro lado se contemplan las ventas pasivas como: "*Ventas en respuesta a peticiones no solicitadas de clientes individuales, incluida la entrega de bienes o servicios al cliente, siempre y cuando no se haya iniciado la venta mediante publicidad activa dirigida al cliente, grupo de clientes o territorio concreto, e incluyendo las ventas resultantes de la participación en procedimientos de contratación pública o que respondan a invitaciones privadas de licitació*n"[306].

Por lo tanto, en el caso de las ventas a clientes en un territorio exclusivo o a un grupo de clientes asignados en exclusiva, las ventas a clientes a los que el vendedor no se ha dirigido de forma activa son ventas pasivas. Por ejemplo, la creación de una tienda en línea es una forma de venta pasiva, ya que es un medio para que los clientes potenciales lleguen al vendedor. El funcionamiento de una tienda en línea puede tener efectos

---

[305] Definición establecida en el art. 1.1. l) del Reglamento (UE) 2022/720 de 10 de mayo de 2022, relativo a la aplicación del artículo 101, apartado 3, del TFUE a determinadas categorías de acuerdos verticales y prácticas concertadas.

[306] Definición establecida en el art. 1.1. m) del Reglamento (UE) 2022/720 de 10 de mayo de 2022, relativo a la aplicación del artículo 101, apartado 3, del TFUE a determinadas categorías de acuerdos verticales y prácticas concertadas.

que se extiendan más allá de la zona comercial física asignada al vendedor, en particular permitiendo las compras en línea por parte de clientes situados en otros territorios o grupos de clientes. No obstante, estas compras (incluida la entrega de los productos) son ventas pasivas, siempre que el vendedor no se dirija de forma activa al cliente específico o al territorio o grupo de clientes específico al que pertenece el cliente. Esto mismo es aplicable cuando un cliente opta por que el distribuidor lo mantenga informado de forma automática y esta información conduce a una venta. Del mismo modo, el uso de la optimización del motor de búsqueda, a saber, herramientas o técnicas destinadas a mejorar la visibilidad o el posicionamiento de la tienda en línea en los resultados de los motores de búsqueda, u ofrecer una aplicación en una tienda de aplicaciones, son, en principio, medios para permitir que los clientes potenciales lleguen al vendedor y, por tanto, son formas de venta pasiva.

Por el contrario, el RECAV 2022 establece que, en el caso de las ventas a clientes en un territorio o grupo de clientes asignado en exclusiva, la oferta de una opción lingüística en una tienda en línea distinta de las lenguas utilizadas habitualmente en el territorio en el que el vendedor está establecido indica generalmente que el vendedor tiene como objetivo el territorio en el que se utiliza habitualmente la lengua y, por tanto, equivale a una venta activa. Sin embargo, ofrecer una opción en lengua inglesa en una tienda en línea no indica en sí que el vendedor tenga como objetivo territorios de habla inglesa, ya que el inglés se entiende y utiliza ampliamente en toda la Unión. De la misma manera, el establecimiento de un sitio *web* o de una tienda en línea propios con un dominio de primer nivel correspondiente a un territorio distinto de aquel en el que está establecido el vendedor es una forma de venta activa en dicho territorio, mientras que ofrecer una tienda en línea con un nombre de dominio genérico y no específico del país se considera una forma de venta pasiva.[307]

Así pues, como describe la norma transcrita, se entienden como ventas activas las resultantes de dirigirse activamente a clientes mediante visitas, cartas, correos electrónicos, llamadas u otros medios de comunicación directa. La publicidad o las promociones en línea personalizadas son, asimismo, una forma de venta activa. En particular, los servicios de publicidad en línea a menudo permiten que el vendedor seleccione los territorios o clientes para los que se mostrará el anuncio en línea. Esto ocurre, por ejemplo, en la publicidad de los motores de búsqueda y otra publicidad en línea, por ejemplo en sitios *web*, tiendas de aplicaciones o medios sociales, siempre que el servicio de publicidad permita al anunciante dirigirse a clientes en función de sus características particulares, incluida su ubicación geográfica o su perfil personal.

No obstante, cuando el vendedor dirige publicidad en línea a clientes situados en su propio territorio o grupo de clientes y no es posible impedir que dicha publicidad sea vista por clientes situados en otros territorios o grupos de clientes, se trata de una forma de venta pasiva. Ejemplos de este tipo de publicidad general incluyen los contenidos patrocinados en un sitio *web* de un periódico local o nacional a los que puede acceder cualquier visitante de dicho sitio *web*, o el uso de servicios de comparación de precios con nombres de dominio genéricos y no específicos de un país. De otro modo, como ya se ha expuesto, si esta publicidad general se realiza en lenguas que no se utili-

---

[307] Acerca del régimen jurídico de los dominios de Internet vid. entre otros: ORTEGA RUEDA, J.D., "Régimen jurídico de los dominios en Internet (I): introducción, funcionamiento y naturaleza" *Revista Lex Mercatoria*, Nº. 4, 2016, pp. 91-95; MAESTRE RODRÍGUEZ, J.A., "El régimen jurídico de los nombres de dominio" *Iuris: Actualidad y práctica del derecho*, Nº 28, 1999, pp. 40-50.

zan habitualmente en el territorio del vendedor o en sitios *web* con un dominio de primer nivel[308] correspondientes a territorios situados fuera del territorio del vendedor, esto equivale a una venta activa en esos otros territorios.

La participación en la contratación pública es, asimismo, una forma de venta pasiva, independientemente del tipo de procedimiento de contratación pública (por ejemplo, procedimiento abierto, restringido u otro tipo de procedimiento). Esta calificación es coherente con los objetivos de la legislación en materia de contratación pública, entre los que se encuentra facilitar la competencia intramarca. Como consecuencia de ello, un acuerdo vertical que restrinja la capacidad de un comprador para participar en la contratación pública es una restricción especialmente grave en el sentido del artículo 4, letras b), c) y d) del RECAV 2022. Del mismo modo, responder a las licitaciones de entidades privadas es una forma de venta pasiva. Estas licitaciones son una forma de solicitud que no responde a una petición previa del cliente, dirigida a múltiples vendedores potenciales y, por tanto, la presentación de una oferta en respuesta a una licitación por parte de una entidad privada es una forma de venta pasiva.

En resumen, la Comisión Europea ha establecido una nueva normativa en la materia, con definiciones de ventas activas y pasivas y casos específicos y ejemplos recogidos en las Directrices de desarrollo del nuevo RECAV 2022 que suponen una concreción de supuestos permitidos y prohibidos, algo que cla-

---

308 Sobre dominios *web* asimismo, véase, ERDOZAIN LÓPEZ, J.C., "Nombres de Dominio", en *Autores, consumidores y comercio electrónico* (dir. MORO ALMARÁZ, M.J.) Colex, Madrid, 2004, pp. 25 y ss. CARBAJO CASCÓN, F., "Nombres de dominio", en *Derecho y nuevas tecnologías de la información y la comunicación* (coord. por PLAZA PENADÉS, J., VÁZQUEZ DE CASTRO, E., GUILLÉN CATALÁN, R., CARBAJO CASCÓN, F.), 2013, pp. 919-1016.

rifica de forma definitiva las antiguas dudas y problemas generados por el Reglamento y Directrices anteriores (2010) que implicaban una solución extremadamente laxa basada en la liberización económica, y en los principios de la libre empresa y la libre competencia. Esto se reflejaba en la libertad de ingresar al mercado virtual mundial para la prestación de servicios de la sociedad de la información, entre ellos, el del comercio electrónico. Sin embargo, desde la perspectiva de la seguridad jurídica, esta solución anterior entrañaba evidentes desventajas. La definición de comportamientos específicos que puedan clasificarse como ventas activas o ventas pasivas, facilitada por el nuevo RECAV 2022 y sus Directrices, brinda a los proveedores y distribuidores una mayor seguridad en cuanto al alcance de sus acuerdos contractuales.

La CE parte del principio de que todo distribuidor debe poder utilizar Internet para vender sus productos, considerando que en general, la posesión de información previa en páginas *web* debe ser considerada como una forma de venta pasiva, porque constituye una forma razonable para que los clientes lleguen a los distribuidores. El uso de Internet puede tener un impacto en áreas fuera de la zona del emisor o de su propia base de clientes, debido íntegramente a la influencia de la tecnología, que facilita el acceso al sitio *web* desde cualquier lugar. De ese modo, se considera que existe una venta pasiva si un cliente visita la página *web* de un distribuidor, se pone en contacto con él y este contacto acaba en venta, incluyendo la entrega del producto, y también si un cliente opta porque el distribuidor le mantenga informado mediante medios digitales, y ello acaba en una venta, sin darle importancia para tales fines las opciones del lenguaje utilizado en la página *web* o en la comunicación con él.

Específicamente, la CE proporciona en el art. 4 apartado b) del RECAV 2022 una serie de ejemplos de comportamientos, que entiende que son restricciones especialmente graves en las ventas activas o pasivas, siempre que puedan limitar a los distribuidores el acceso a una variedad cada vez más amplia de clientes.

En primer lugar, el mencionado artículo [309] permite que el proveedor restrinja las ventas activas del distribuidor exclusivo en un territorio exclusivo o a un grupo de clientes asignados en exclusiva a un máximo de cinco compradores, o que se los reserve el proveedor. Para preservar sus incentivos de inversión, el proveedor debe proteger a sus distribuidores exclusivos de las ventas activas, incluida la publicidad en línea personalizada, en su territorio exclusivo o a su grupo de clientes exclusivo por parte de todos los demás compradores del proveedor[310]. Asimismo, también permite al proveedor exigir a sus demás compradores que restrinjan a sus clientes directos la venta activa en territorios o a grupos de clientes que el proveedor haya asignado en exclusiva a otros distribuidores o que se haya reservado para él. Sin embargo, el proveedor no puede exigir a estos otros compradores que trasladen las restricciones de las ventas activas a los clientes situados más abajo en la cadena de distribución.

En segundo lugar,[311] se admite que un proveedor que aplica un sistema de distribución exclusiva en un determinado territorio y un sistema de distribución selectiva en otro territorio restrinja a sus distribuidores exclusivos la venta activa o pasiva a distribuidores no autorizados situados en el territorio en el que el proveedor ya aplica un sistema de distribución selectiva o que ha reservado para la aplicación de dicho sistema. El proveedor también podrá exigir a sus distribuidores exclusivos que restrinjan de manera similar a sus clientes la realización de ventas activas y pasivas a distribuidores no autorizados en territorios en los que el proveedor aplica un sistema de distribución

309 Art. 4 RECAV 2022 apartado b) letra i).

310 Apartado 219) de las Directrices relativas a las restricciones verticales (2022/C 248/01).

311 Art. 4 RECAV 2022 letra b), inciso ii).

selectiva o que haya reservado a tal fin. La capacidad de trasladar las restricciones de las ventas activas y pasivas más abajo en la cadena de distribución en este supuesto tiene el objetivo de proteger el carácter estanco de los sistemas de distribución selectiva[312].

En tercer lugar,[313] se autoriza a que el proveedor restrinja el lugar de establecimiento del comprador al que se le asigna un territorio o un grupo de clientes exclusivo («cláusula de establecimiento»). Esto significa que el proveedor puede exigir al comprador que restrinja sus establecimientos de distribución y almacenes a una dirección, lugar o territorio concretos. Por lo que se refiere a los establecimientos de distribución móviles, el acuerdo podrá especificar una zona fuera de la cual no pueda explotarse el punto de venta. Sin embargo, el establecimiento y la utilización de una tienda en línea por el distribuidor no equivale a la apertura de un establecimiento físico y, por tanto, no puede restringirse[314].

En cuarto lugar,[315] se permite que un proveedor restrinja las ventas activas y pasivas de un mayorista exclusivo a los usuarios finales, permitiendo así al proveedor mantener separados los niveles de comercio al por mayor y al por menor. Esta excepción incluye la posibilidad de permitir que el mayorista venda a determinados usuarios finales (por ejemplo, a unos pocos usuarios grandes), mientras prohíbe las ventas a todos los demás usuarios finales.

---

312 Apartado 223) de las Directrices relativas a las restricciones verticales (2022/C 248/01).

313 Art. 4 RECAV 2022 b) inciso III.

314 Apartado 214) de las Directrices relativas a las restricciones verticales (2022/C 248/01). Véase también en este sentido, el asunto C439/09, *Pierre Fabre Dermo Cosmétique*, apartados 56 y 57, caso desarrollado en páginas posteriores.

315 Art. 4 RECAV 2022, letra b), inciso iv).

Por último,[316] se tolera que un proveedor restrinja la facultad del distribuidor exclusivo de vender activa o pasivamente componentes suministrados con el fin de su incorporación a un producto, a competidores del proveedor que los usarían para fabricar el mismo tipo de productos que los fabricados por el proveedor. El término «componente» se refiere a todo producto intermedio, mientras que «incorporación» hace referencia a la utilización de cualquier insumo para la fabricación de productos[317].

4. El fenómeno de la distribución selectiva en Internet

Para los distribuidores autorizados, la distribución selectiva conlleva ciertos problemas de diferente índole, dado que estos se basan en mantener la reputación de la marca y el servicio al cliente de forma personalizada, tanto antes de la venta como en la postventa.

Como se ha venido explicando anteriormente, la característica principal del sistema de distribución selectiva es que el proveedor selecciona previamente a los distribuidores mayoristas y minoristas en función de diferentes criterios objetivos (como la cualificación de los empleados, el tamaño y la imagen del local, etc.). Para que los distribuidores asuman sus propios riesgos y gastos en marketing en sus instituciones, deben seguir las órdenes comerciales establecidas por los proveedores y utilizar los productos o servicios de la marca objeto del contrato en régimen de no exclusividad, brindando servicios de asistencia tanto en preventa -principalmente, la información- como en postventa -reclamaciones, mantenimiento, etc.- a los clientes. Del mismo modo se comprometen a no revender los

---

316 Art. 4 RECAV 2022, letra b), inciso v).

317 Apartado 226) de las Directrices relativas a las restricciones verticales (2022/C 248/01).

productos o servicios del proveedor a otros distribuidores que no estén integrados en la red de distribución no autorizada[318].

Al revender productos a distribuidores específicos, los fabricantes pueden asegurarse de que sus productos lleguen a los consumidores en condiciones de suministro y asistencia al cliente muy concretas, logrando así una imagen unificada y ayudando a mantener el concepto de prestigio en el mercado. Por lo tanto, es el mismo modelo o estructura típica de reputación de marca y sistema basado en la atención personalizada al cliente el que puede poner en riesgo a los distribuidores autorizados al ingresar al mercado virtual de Internet.

De acuerdo con la estructura típica del sistema de distribución selectiva, los artículos de lujo, o productos con la complejidad técnica de la marca del proveedor, solo se podrán adquirir en tiendas autorizadas, en las que los productos del fabricante se exhibirán de manera cuidadosa y distinguida, y donde se debe prestar atención preventa y postventa conforme las características del producto.

Sin embargo, como hemos recalcado anteriormente, la aparición de Internet y la aparición de mercados virtuales globales han provocado importantes quiebras en esta estructura tradicional. El distribuidor es un empresario independiente que puede organizar libremente las actividades comerciales de la manera que mejor se adapte a sus propios intereses, por lo que bloquear o restringir el acceso a Internet de los distribuidores autorizados puede violar directamente el principio constitucional de libertad de empresa estipulado en su art. 38 y la libertad básica del mercado interior de la Comunidad Europea. Por otro lado, los distribuidores autorizados, al acceder a Internet

---

318 *Vid.* VAQUERO PINTO, M. J. "Contrato de distribución autorizada o selectiva", en (BERCOVITZ RODRIGUEZ-CANO, R. (dir.)) *Tratado de contratos*, Vol. III, Tirant lo Blanch, Valencia 2009, p. 3190 y ss.

de forma indiscriminada sin prestar atención a la introducción en el sitio *web*, especialmente al tratamiento de productos que son objeto de contratos de distribución selectiva, pueden debilitar la reputación de la marca y dañar al conjunto del engranaje de distribución. Asimismo, dependiendo de los casos, es posible que determinados productos, que por su naturaleza no estén indicados para ser vendidos en Internet.

Por tanto, como señala la doctrina,[319] no debe considerarse incompatible con el art. 81.1 TCE y 101.1 TFUE, la exclusión de los distribuidores que utilizan Internet para promover bienes o servicios en un sistema de distribución selectiva, siempre y cuando la naturaleza o las características de estos distribuidores determinen que Internet no es adecuado como medio de venta o que el sitio *web* del distribuidor no cumple con los requisitos requeridos, al igual que la utilización de métodos de exhibición apropiados para transmitir un sentido de calidad y reputación, o la posibilidad de brindar un asesoramiento continuo[320]. Sin embargo, las limitaciones de acceso de los distribuidores autorizados deben explicarse en un sentido restrictivo, porque, a diferencia de la venta por catálogo, Internet brinda mayores posibilidades para la exhibición y promoción total de los productos, además de transmitir un sentido de credibilidad a los usuarios a través de imágenes, sonidos, textos, videos, etc. Asimismo, gracias a la interactividad que existe con el usuario, le permiten recibir un asesoramiento en tiempo real.

De igual forma, las ventas de los distribuidores a través de Internet no significan la apertura de nuevos puntos o locales de venta, sino que implican canales alternativos para la comer-

---

319 VAQUERO PINTO, M. J. "Contrato de distribución …", cit., p. 3199.

320 Véase, asimismo, BUESO GUILLÉN, P., "Distribución a través de internet y acuerdos verticales", en (dirs. VIEIRA, J., ECHEVARRÍA, M. y RUIZ PERIS, J.I.) *La reforma de los contratos de distribución comercial,* La Ley, 2013, pp. 783 y ss.

cialización de productos de marca en establecimientos autorizados, por lo que las restricciones a los puntos de venta consideradas lícitas por el art. 4 c) inciso iii) del RECAV 2022[321], no afectaría a las ventas de los distribuidores autorizados en Internet, siempre que cumplan con el resto de requisitos de estos sistemas, como el respeto a la imagen comercial y la asistencia preventa y postventa.

Por lo tanto, el proveedor no puede evitar que los distribuidores autorizados integrados en su red utilicen Internet para llevar a cabo sus actividades de comercialización, y si lo hace, debe considerarse una prohibición inválida dado que está incluida en el listado de excepciones del antes mencionado art. 4 c) RECAV 2022, puesto que es una restricción de las ventas activas y pasivas a consumidores finales por parte de los miembros de un sistema de distribución selectiva que opere al nivel del comercio minorista. En el mismo sentido, el proveedor no puede obligar al distribuidor candidato a incorporarse a no utilizar Internet como criterio de selección, pues ello constituirá una restricción indirecta prohibida en las cláusulas anteriores, sin considerar exentos a los distribuidores autorizados de las restricciones de ventas activas o pasivas.

Por tanto, una vez conocidas las posibilidades que ofrece Internet, a los distribuidores autorizados les resulta difícil demostrar la racionalidad del contrato que prohíbe la entrada al mercado virtual, salvo que la naturaleza y características de los bienes puedan ser exigidas en circunstancias muy especiales. Es decir, establece en ese sentido el apartado 150) de las Directrices Verticales 2022 que "*puede considerarse proporcionado que un proveedor de productos de lujo prohíba a sus distribuidores*

---

[321] En el citado artículo 4 c) inciso iii) del RECAV 2022 se hace referencia a la restricción del lugar de establecimiento de los miembros del sistema de distribución selectiva, cumpliéndose de ese modo la excepción por acuerdo vertical.

autorizados utilizar mercados en línea, siempre que ello no impida de forma indirecta el uso efectivo de internet por parte del distribuidor autorizado..."[322].

La CE espera brindar una mayor seguridad jurídica con respecto a posibles restricciones o exclusiones del acceso a la red en la distribución selectiva. Por lo tanto, como aparece plasmado en las Directrices 2022[323],en algunos casos, el proveedor puede necesitar cumplir con requisitos mínimos de calidad al usar el sitio *web,* por lo que puede exigir a sus distribuidores autorizados que tengan una tienda física o sala de exposición antes de abrir un sitio *web* y poder distribuir a través de Internet o catálogos[324].

Los cambios posteriores a tales condiciones también se pueden realizar al amparo de la exención por categorías, a menos que dichos cambios estén destinados a restringir directa o indirectamente las ventas en línea de los distribuidores. Del mismo modo, el proveedor podrá exigir a sus distribuidores que utilicen plataformas de terceros para distribuir los productos objeto del contrato, solamente de conformidad con las normas y condiciones acordadas entre éste y sus distribuidores para el uso de Internet por parte de los mismos. Por ejemplo, en el caso de que el sitio *web* del distribuidor esté ubicado en una plataforma de terceros, el proveedor puede solicitar al cliente

---

322 Así se menciona en las Directrices relativas a las restricciones verticales (2022/C 248/01) en su apartado 150).

323 Directrices relativas a las restricciones verticales (2022/C 248/01) en su apartado 208).

324 Las Directrices Verticales 2022 en su apartado 208) nos introduce distintos ejemplos de requisitos relativos a las ventas en línea que puede acogerse a la exención por categorías del RECAV, entre ellas destacamos: "*a) Requisitos destinados a garantizar la calidad o la apariencia particular de la tienda en línea del comprador; b) requisitos relativos a la presentación de bienes o servicios contractuales en la tienda en línea;*".

que no ingrese al sitio *web* con el nombre o logotipo de la plataforma de la tercera parte.[325]

Sin embargo, el hecho de que los distribuidores puedan acceder a Internet no impide a los proveedores incluir restricciones accesorias en los contratos de distribución selectiva, exigiendo a los distribuidores autorizados que diseñen y proporcionen sitios *web* adecuados a sus directrices, además de otorgar la visibilidad del producto objeto del contrato con el prestigio conveniente y un servicio eficiente de atención al cliente en línea.[326]

En este sentido, la CE abre la puerta al control de proveedores o empresarios principales ya que reconoce que los proveedores pueden imponer a los distribuidores requisitos relativos a la forma en que los bienes o servicios contractuales deben venderse en línea, del mismo modo que, la imposición de normas de calidad para las ventas *online*.

En cualquier caso, se deberá diferenciar cada cuestión concreta y las situaciones que el proveedor incluya en el contrato meras restricciones accesorias justificadas por el peculiar sistema de venta que caracteriza la distribución selectiva, de aquellas otras situaciones en que esas restricciones sean de tal entidad que encubran en realidad una estrategia del proveedor para impedir el acceso de los distribuidores al mercado en línea.

Por ejemplo, para evitar ventas a distribuidores no autorizados, el proveedor puede exigir a los distribuidores seleccionados que no vendan a un solo usuario final más del número

---

325 CARBAJO CASCÓN, F., "La distribución…", cit., p. 200.

326 GORRIZ, C., *op. cit.*, p. 484, sugiere que deben ser exigencias dirigidas a preservar la imagen en la red de distribución y promoción de los productos, que no vayan más allá de lo estrictamente necesario para conseguir esa finalidad.

específico de productos objeto del contrato[327]. Si a los distribuidores no autorizados les resulta más fácil o más difícil obtener estos productos a través de Internet que comprarlos en una tienda física, los requisitos para la venta *online* pueden ser más o menos estrictos. Asimismo, se señala que, para asegurar la entrega puntual de los productos objeto del contrato, en las ventas no *online*, los proveedores pueden exigir la entrega inmediata de los mismos. Si bien no puede imponerse el mismo requisito para la venta *online*, si se podrá especificar el tiempo de entrega factible por parte del proveedor para este tipo de ventas. En definitiva, se indica que es posible que tengan que expresarse requisitos específicos para un servicio de ayuda postventa *online* a fin de cubrir los costes de los clientes que devuelven el producto y para aplicar sistemas de pago seguro.[328]

V. LA DISTRIBUCIÓN EN INTERNET A TRAVÉS DE AGREGADORES DE INFORMACIÓN

1. Planteamiento de la cuestión

La abundancia de información que existe en Internet ha dado lugar a nuevos modelos de negocio basados en la agregación de toda esa información dispersa.[329] Los agregadores pro-

---

327 Apartado 208) e) de las Directrices verticales 2022.

328 CARBAJO CASCÓN, F., "La distribución…", cit., p. 202.

329 La cantidad de información y datos disponibles en Internet es cada vez mayor. Según un estudio de la consultora Domo para el año 2018, los más de 3.800 millones de personas conectados a Internet en el mundo (a principios de 2019 ya eran 4.300) generan, cada minuto, casi 4 millones de búsquedas en Google, se suben alrededor de 50.000 fotografías a Instagram, se envían casi medio millón de tweets y se visualizan más de 4 millones de vídeos en YouTube.

porcionan a terceros una plataforma de promoción y encuentro para oferentes y demandantes, lo que facilita la relación entre numerosos sujetos en todo el mundo. A grandes rasgos, podríamos definir un agregador como el *software*, plataforma *web* o aplicación que te permite aunar en un solo espacio datos existentes en distintas plataformas digitales. Existen tres principales tipos de agregadores que se utilizan a nivel tecnológico: agregadores de contenidos, agregadores de redes sociales y agregadores financieros.

Por lo que respecta a la distribución comercial, y dentro del ámbito de los agregadores de contenido,[330] pueden distinguirse las plataformas de oferentes de determinadas prestaciones (centrales de ventas), las plataformas de demanda (centrales de compras) y, más específicamente, los grupos de consumidores de tipos específicos de productos o servicios (clubes o

---

Si todas estas acciones, además de otras señaladas en el estudio, suceden en un solo minuto, ¿cuánta información se genera cada día? ¿Cuántos vídeos se suben? ¿Cuántas fotografías y mensajes se envían? Ante la cantidad de información disponible para los usuarios de Internet, surgen una serie de softwares cuyo objetivo es reunir en un solo espacio toda la información de interés para un usuario: los agregadores. https://www.anovo.es/que-es-un-agregador/

330 Un agregador de contenidos es un *software* o aplicación que permite visionar toda la información disponible en Internet según una serie de parámetros: a)según la fuente: de esta forma, se puede estar al día de todo lo que ocurre o se publica en determinados medios, blogs o webs de referencia seleccionando dichas fuentes como las que te interesan; b) según la temática: se puede estar al día sobre todas las novedades que suceden en el campo de la tecnología, la ciencia o los negocios, si seleccionas esas temáticas en tu agregador; c) según una localización: se puede consultar la última información sobre lo que ocurre, por ejemplo, en Madrid. Gracias a la utilización de este tipo de herramientas se puede combinar un gran número de fuentes de información en una sola plataforma pudiendo, en algunos casos, interactuar con otros usuarios a través de comentarios y discusiones.

comunidades de compra). Pero los agregadores más característicos son los sitios *web* intermediarios en línea, que se limitan a brindar los métodos digitales necesarios para agregar oferta y demanda de la más diversa índole entre empresarios (B2B), empresarios y consumidores (B2C) e incluso únicamente entre consumidores (C2C).

Estos agregadores constituyen un nuevo tipo de intermediario, de forma que contribuyen a la distribución de productos y servicios en la red, pero no son calificables como distribuidores en sentido estricto, ni simples ni integrados, ya que sus funciones se limitan a organizar una plataforma centralizada que se utiliza para comprar o vender productos o servicios. Todo tipo de proveedores y plataformas o puntos de encuentro en línea sirven a la distribución de prestaciones sin ser distribuidores en sentido estricto. En consecuencia, los agregadores no son distribuidores, pero contribuyen a la contratación y distribución *online* de diversos servicios, simplificando así la distribución a través de Internet. Por tanto, estos modelos de negocio se clasifican como formas especiales de distribución *online*.[331]

El fenómeno de los agregadores es una característica de la economía de redes o de la economía de la sociedad de la información *(e-economy)*[332] con efecto de red[333]. El impacto de

---

331 CARBAJO CASCÓN, F., "La distribución…", cit., p. 203.

332 Este fenómeno se explica a través del Efecto de Red *(Network Effect).*

333 Sobre el fenómeno de las redes *vid.* entre otros, JARNE MUÑOZ, P., "Los límites al recurso a la distribución online en las redes de distribución integrada" en *Cooperación empresarial y derecho de la competencia* (RUIZ PERIS, J.I., ESTEVAN DE QUESADA, C. (dir.)), Tirant lo Blanch, Valencia, 2019, pp. 277-292; RUIZ PERIS, J.I., "Redes de distribución e intromisión en la clientela ajena: un análisis desde el derecho de la competencia" en *Los contratos de distribución* (dirs. ALONSO UREBA, A., VELASCO SAN PEDRO, L.A., ALONSO LEDESMA, C., ECHEVARRÍA SÁENZ, J.A., VIERA GONZÁLEZ, J.), La Ley, 2010, pp. 783-793; ESTEVAN DE QUESADA, C.,"Abuso

este nuevo fenómeno en la red se basa en la gran utilidad que obtienen los usuarios o consumidores del uso o consumo de productos básicos que aumenta con el número de usuarios o consumidores adicionales de estos productos. Por el valor que supone la existencia de un punto de encuentro universal de oferta y demanda dispersa, estos agregadores son capaces de atraer a oferentes y demandantes de todo el mundo a gran escala. Ello explica la paulatina tendencia a la disminución del número de agregadores, y tanto es así que, estas reuniones de intermediarios electrónicos en sitio *web* se ha convertido en un mercado verdaderamente independiente dentro de un espacio virtual anárquico.

En estos mercados agregados, las operaciones de comercio electrónico se dan entre empresarios (B2B), empresarios y consumidores (B2C) y entre los propios consumidores (C2C). Asimismo, el mercado de agregadores se puede dividir en abiertos o cerrados, según permitan el libre acceso o estén restringidos a un círculo específico de proveedores u oferentes y/o demandantes.[334]

Con respecto a la normativa aplicable, en estos mercados es necesario distinguir la relación jurídica entre el agregador y sus clientes de la relación jurídica que se produce entre clientes de una misma plataforma cuando el agregador actúa como un intermediario puro. El agregador presta servicios de la sociedad de información, por lo que se aplicarán las reglas sobre

---

de dependencia económica en redes de distribución" *Hacia un derecho para las redes empresariales* (coord. RUIZ PERIS , J. I.), 2009, pp. 187-222; MARTÍ MIRAVALLS, J., "Redes de distribución: régimen jurídico de las inversiones," *Nuevas perspectivas del derecho de redes empresariales* (RUIZ PERIS, J.I. dir.), 2012, pp. 191-227; ESTEVAN DE QUESADA, C., *Explotación de la dependencia económica en las redes de distribución,* Thomson Reuters Aranzadi, 2017.

334 *Public or private bussines communities.*

la contratación a distancia por medios electrónicos. Cuando el cliente sea consumidor, el agregador deberá cumplir con las obligaciones de información exigidas por la normativa de comercio electrónico y, en su caso, de ventas a distancia. En los casos en los que los agregadores actúan como intermediarios puros, las transacciones realizadas entre clientes de la misma plataforma también cumplirán con las reglas de contratación electrónica. En el caso del comercio electrónico B2C, se rige por el régimen de los contratos con los consumidores celebrados a distancia por medios electrónicos.

En consecuencia, por lo que respecta a la perfección del consentimiento, se regirá por lo establecido en los arts. 1262 C.C. y 54 C.Com. También se aplicarán las reglas sobre la contratación electrónica previstas en el Titulo IV de la Ley 34/2002, de 11 de julio, de servicios de la sociedad de información y de comercio electrónico, concretamente los arts. 23 al 29. Del mismo modo, se aplicarán los arts. 38 al 47 sobre las ventas a distancia establecidas en la Ley 7/1996, de 15 de enero, de Ordenación del Comercio Minorista,[335] y sobre la contratación a distancia en general establecidas en el TRLGDCU específicamente sus arts. 92 al 106,[336] tanto en el servicio que presta el intermediario como en las operaciones celebradas entre usuarios de la plataforma. Aunque parece que será suficiente que los intermediarios *online* puedan asumir las obligaciones de información antes y después del contrato.

---

335 Hay que tener en cuenta la reforma introducida en la norma por la Ley 1/2010, de 1 de marzo, de reforma de la Ley 7/1996, de 15 de enero, de Ordenación del Comercio Minorista. Publicado en el BOE núm. 53, de 2 de marzo de 2010, que incorporó la Directiva comunitaria en la materia.

336 Real Decreto Legislativo 1/2007, de 16 de noviembre, por el que se aprueba el texto refundido de la Ley General para la Defensa de los Consumidores y Usuarios y otras leyes complementarias Publicado en BOE núm. 287 de 30 de Noviembre de 2007.

2. Clases de agregadores

2.1 Centrales de ventas y compras

Las centrales de compras y ventas están compuestas por la agregación de la oferta y la demanda en la *web*, y tienen una clara intención de organizar las relaciones comerciales de manera más efectiva en el mundo virtual y ahorrar significativamente los costes de transacción y agencia.[337] Estas plataformas son en realidad aplicaciones de *software* que pueden recolectar o agregar proveedores y demandantes de productos o servicios similares para racionalizar sus operaciones económicas de compra, venta o prestación y recepción de servicios bajo sistemas informáticos y tecnologías comerciales compartidas. En resumen, es una forma de logística empresarial compartida, cuya finalidad es ahorrar costes para todos los miembros de la plataforma y los terceros que se contactan con ellos a través de ella, método basado en el valor económico exclusivo del uso de la información.[338]

Existen diversas modalidades de mercados electrónicos. Cuando el destinatario de la oferta o demanda agregada en la plataforma sea otro empresario, nos encontramos con una plataforma (B2B). En realidad, son foros virtuales que se utilizan para agrupar la oferta y la demanda empresarial de un mismo campo de actividad para facilitar el contacto con los

---

337 *Vid.* PETIT LAVALL, M.V., "Una aproximación al régimen de las centrales de compras", *Revista del Derecho de la Competencia y la Distribución*, nº 24, 2020, pp. 1-49.

338 Como señala CARBAJO CASCÓN, F., "La distribución…", cit., p. 205 "la organización racional de la información aporta un alto grado de transparencia y permite reducir sustancialmente los costes de agencia (prescindiendo de intermediarios tradicionales) y de transacción (el acuerdo se hace sobre bases firmes y está automatizado)."

solicitantes o proveedores de sus servicios o actividades bajo sistemas y normas comunes. Estas plataformas pueden tomar muchas formas, que pueden ser sectoriales o generales, horizontales o verticales, y operan mostrando listas de empresarios y productos, servicios o actividades o bien seguir el modelo de subasta electrónica. Estos modelos pueden presentar en la red los mismos problemas de competencia que en la distribución tradicional.[339]

Si los destinatarios de la oferta empresarial agrupada son consumidores, o por el contrario, los propios consumidores se agrupan en una plataforma común para solicitar bienes y servicios comerciales, nos encontramos ante una plataforma B2C. En estos casos, deberán cumplirse los requisitos de las disposiciones de protección al consumidor en los contratos a distancia, a la que ya se ha hecho referencia.

En ambos casos, el operador de la plataforma (central de compras o ventas) presta servicios de la sociedad de la información, actuando como intermediario entre oferentes y demandantes solo a través de medios electrónicos, cobrando un precio en forma de comisión por las operaciones concluidas a través de su plataforma.

En algunos supuestos, el operador del sitio *web* actuará como agente o comisionista de los oferentes o de los demandantes, dependiendo de la situación, celebrando contratos con teceros, generalmente en nombre propio, a través de comisiones indirectas, y vinculándose personalmente con independencia de las relaciones internas con su comitente o representado.

---

339 LÜCKING, J., "B2B e-marketplaces and EC competition law: where do we stand?", *Competition Policy Newsletter,* num 3, 2001, pp. 14 y ss. BACHES OPI, S., "La aplicación del Derecho español y comunitario de defensa de la competencia a las centrales de compras: análisis de algunas cuestiones prácticas" en *Derecho de la Competencia Europeo y Español,* vol. VIII, Dykinson, Madrid 2008, pp. 357-391.

Este modelo de negocio es muy común en las centrales de ventas formadas por una asociación de comerciantes de un mismo sector.

En otras ocasiones, el responsable del sitio *web* se limita a ofrecer una plataforma electrónica a terceros oferentes o demandantes para mostrar sus ofertas o demandas de forma agregada facilitando de este modo la negociación y celebración de contratos. En estas circunstancias, los operadores prestan servicios de intermediación en línea como *host* de información, es decir, no participan directamente en las operaciones que se realizan en sus plataformas, ni son responsables de los daños y perjuicios ocasionados por terceros a los usuarios de su plataforma en línea siempre que no tengan conocimiento efectivo de que la actividad o la información almacenada es ilícita o de que lesiona bienes o derechos de un tercero o, si tienen conocimiento, si actúan con la diligencia debida para retirar los datos o hacer imposible el acceso a la misma.[340]

Respecto a su estructura organizativa, normalmente tiene carácter horizontal, consistiendo en la agrupación o integración de varias empresas distribuidoras independientes y competidoras entre sí en un operador único encargado de la realización de todas las compras. Aparecen como una forma de colaboración empresarial entre operadores económicos, mayoristas y minoristas, que mantienen su personalidad jurídica

---

340 Véase el art. 16 LSSICE: "*1. Los prestadores de un servicio de intermediación consistente en albergar datos proporcionados por el destinatario de este servicio no serán responsables por la información almacenada a petición del destinatario, siempre que: a) No tengan conocimiento efectivo de que la actividad o la información almacenada es ilícita o de que lesiona bienes o derechos de un tercero susceptibles de indemnización, o b) Si lo tienen, actúen con diligencia para retirar los datos o hacer imposible el acceso a ellos.*"

independiente y su autonomía de gestión.[341] A su vez, la constitución de centrales de compras puede adoptar una pluralidad de formas, con personalidad jurídica o no, aunque en la práctica se recurre a la fórmula de las sociedades mercantiles, cooperativas o Agrupaciones de Interés económico.[342]

2.2 Comunidades privadas de compras

Un tipo específico de centro de compras es el llamado club privado o comunidad virtual de compras.[343] A través de estos centros, se brindan considerables ventajas económicas para que los integrantes del club adquieran productos o servicios de reconocidas marcas o también por medio de la agregación de socios demandantes de un mismo producto.[344]

En estas plataformas, se ofrecen una serie de productos a precios inferiores a los precios normales de mercado de estos productos, como si fueran *"outlets"*, o bien se ofrecen productos a un precio de salida que va disminuyendo gradualmente a medida que se adquiere más cantidad. Los socios del club

---

341 Sobre las formas de colaboración empresarial que pueden conformar o no la idea de grupo, véase en este sentido la amplia obra de EMBID IRUJO, J. M, "Algunos criterios de política jurídica para la regulación de los grupos de sociedades" en *Derecho de sociedades: revisando el derecho de sociedades de capital*, (coord. OLMEDO PERALTA, E., GALACHO ABOLAFIO, A.F., GONZÁLEZ FERNÁNDEZ, M.B. (dir.), COHEN BENCHETRIT, A. (dir.), SÁNCHEZ RUIZ, M., 2018, pp. 357-384; "El derecho de los grupos de sociedades: entre las medidas de tutela y la organización de la empresa policorporativa, *Revista de Derecho Mercantil,* N° 304, 2017, pp. 13-40, por citar sólo las aportaciones más recientes sobre los grupos de sociedades y su configuración.

342 *Vid.* PETIT LAVALL, M.V., "Una aproximación…", cit., p. 4.

343 Los llamados *community shopping* o *club shopping.*

344 El llamado *power shopping.*

pueden conjuntamente obtener más unidades, por lo que la reunión de compradores permite a los participantes obtener los productos ofertados a precios mucho más bajos que el precio de salida.

En este tipo de operación, los operadores de plataformas suelen actuar como comisionistas o representantes de los proveedores de productos o servicios prestados en sus plataformas. Aunque en algunos modelos, se parece más a un representante o comisionista de los demandantes. A veces, incluso pueden actuar bajo doble comisión, de los oferentes y de los demandantes de productos o servicios.[345]

En resumen, el operador del club presta a sus socios servicios de la sociedad de la información, y a través de este servicio brinda la oportunidad de firmar un contrato de venta de los productos que aparecen en su plataforma. Por lo tanto, debe cumplir con las obligaciones establecidas en la legislación de comercio electrónico (artículos 23-29 de la LSSI-CE) y otras obligaciones establecidas para proteger a los consumidores en los contratos a distancia arts. 38-47 LOCM y art. 92-106 TRLGDCU.

2.3 Puntos de encuentro (Corredores en línea)

El tipo más singular de agregador es el intermediario puro, que se encarga de organizar plataformas electrónicas que actúan como un punto de encuentro entre la oferta y la demanda de diversos productos y servicios, aumentando así la oferta y la demanda dispersa y de diferente tipo hasta convertirse en

---

345 Como señala CARBAJO CASCÓN, F., "La distribución..." cit., p. 207, en algunos supuestos la actividad del intermediario se rige por el mecanismo de la invitación a realizar

un verdadero mercado[346] de negociación virtual, dado que su gestión es completamente independiente de los participantes en las operaciones comerciales *online*.

Estos operadores no participan en negociaciones ni en la contratación, tampoco son responsables de la ejecución de contratos. Se limitan a acercar la oferta y la demanda, actuando como punto de encuentro entre empresarios (B2B), empresarios y consumidores (B2C), e incluso consumidores entre sí (C2C). Por tanto, son agregadores independientes de servicios y/o contenidos, actuando como mediadores o corredores *online*, y se limitan a contactar con demandantes y ofertantes a través de medios totalmente electrónicos a cambio de pequeñas comisiones al realizarse la operación a través de su plataforma.

Estos corredores *online* realizan actividades de acuerdo con diferentes modelos de negocio. En algunos casos, actúan como verdaderos centros de venta a través de sistemas de oferta directa o invitación a realizarla. En otras ocasiones, los corredores gestionan la intersección de las operaciones comerciales de trueque. Sin embargo, no hay duda de que el modelo de negocio más popular son los sitios de subastas electrónicas, que recogen de forma indiscriminada la oferta y la demanda (incluidos empresarios y / o particulares) mediante sistemas de pujas en la fijación de precios, aunque también incluyen ofertas a través de modelos de precio fijo y venta directa.[347]

Suelen ser mercados abiertos donde se mezclan las operaciones de diversos bienes o servicios entre empresarios o profesionales (B2B), entre ellos y consumidores (B2C), y entre los mismos consumidores (C2C). No obstante, a veces se restrin-

---

346 Actúan como una “lonja independiente”.

347 ECHEBARRIA SAEZ, J.A., “La distribución mayorista: proveedores, centrales de compras y centrales de intermediación”, en *Los contratos de distribución*, cit., pp. 93-160.

gen a determinados operadores, tramitando el corredor de mercados privados de contratación (B2B) o (B2C) continuando el sistema de venta directa, el de la subasta tradicional o de la subasta inversa.[348]

La relación entre los proveedores de bienes y servicios y los prestadores de servicios intermediarios, es decir, los operadores de plataformas, no se basan en el contrato de subasta, (art. 57.1 LOCM), porque lógicamente estos intermediarios no son subastadores en sentido estricto, dado que no pueden realizar actividades de custodia y tasación, sino que actúan como punto de encuentro.[349]

Por esa razón, nos hallamos ante un contrato de servicios de intermediación de la sociedad de información que puede reconducirse, por las particularidades de la actividad desarrollada, al tradicional contrato de corretaje, con la diferencia de que, en este caso, la actividad mediadora del corredor se realiza de forma automatizada por medios en línea, por lo que se trata de un "corretaje *online*".

Al margen quedan relaciones contractuales previas que normalmente se dan entre el intermediario y el cliente oferente, como son los contratos de servicios por los que el primero ofrece la posibilidad de elaborar anuncios o crear espacios *online* específicos para las ofertas del cliente. Puesto que es un contrato celebrado a distancia a través de medios electrónicos, el intermediario deberá respetar todas las reglas establecidas al

---

348 En las subastas inversas sólo un cliente interesado en adquir el producto o un servicio marca un precio máximo e invita a realizar ofertas inferiores a ese precio a los proveedores de bienes y servicios, cerrándose la operactón con el proveedore que realiza la oferta mas baja dentro del plazo estipulado, de forma que existe un sólo cliente que recibe ofertas de varios proveedores.

349 Siendo un claro ejemplo por todos conocido: "*Ebay*".

respecto recogidas en los arts. 23 a 29 LSSI-CE.[350] Y si celebra contratos entre consumidores (C2C), deberá observar todas las obligaciones legales establecidas para los contratos celebrados a distancia con consumidores en los arts. 92-106 TRLGDCU[351].

Entre el intermediario o corredor en línea y los adquirentes de bienes o servicios en su plataforma no existe ninguna relación jurídica contractual, con la excepción de aquellos casos en que el operador de la plataforma no intervenga como corredor, sino como comisionista o mandatario de un tercero, incluso como vendedor de sus propias prestaciones. En mencionadas situaciones se celebrará un contrato de compraventa o de servicios con el adquirente en nombre e interés propio o por cuenta de tercero, aplicándose las reglas sobre protección de los consumidores en los contratos a distancia si se trata de una operación B2C.

Por lo que respecta a los contratos celebrados entre los oferentes y demandantes usuarios de la plataforma de encuentro B2C, se aplicarán las reglas generales sobre perfección del contrato (arts. 1262 C.C. y 54 C.Com.), con la especialidad de que el encuentro de la oferta y demanda se produce dentro de la plataforma del corredor. Por la forma en que se cierran las operaciones, utilizando la plataforma y los medios de pago proporcionados por el intermediario, resultaría aplicable a dichas operaciones el art. 55 C.Com., mediante el cual, se perfeccionaran los contratos en el momento que intervenga el corredor cuando los contratantes hubieran aceptado su propuesta,

---

350 Ley 34/2002, de 11 de julio, de servicios de la sociedad de la información y de comercio electrónico. Publicado en el BOE núm. 166, de 12/07/2002.

351 No se aplican los arts. 38-47 LOCM porque el corredor *online* no realiza operaciones de compraventa, sino que pone a disposición de los consumidores que quieren realizar ofertas un servicio de mediación electrónica.

interpretando que la aceptación de la propuesta se produce cuando el aceptante envía su correo de confirmación a la plataforma del corredor, cuando se da una venta directa, o cuando se cierra el periodo de subasta y el corredor adjudica la operación al mejor postor, comunicándolo al resto de postores.

Incluso cuando el corredor en línea no partícipe expresamente en estos contratos, sí que lo hace materialmente, ya que verdaderamente tales contratos se celebran en su plataforma, utilizando además medios de pago ofrecidos por el propio corredor. Nos encontramos con la duda, por tanto, si las obligaciones de información de la normativa sobre el comercio electrónico y, en las operaciones B2C, las reglas sobre protección de consumidores en los contratos a distancia, arts. 23-29 LSSI-CE y arts. 92-106 del TRLGDCU, son exigibles al oferente de bienes y servicios o bien al corredor en línea.[352] Lo universal del medio y lo disperso de la oferta y demanda, hace muy complicada la posibilidad de encontrar una solución clara a este problema. El art. 93.1 apartado b) del TRLGDCU establece que la regulación sobre protección de los consumidores en los contratos a distancia no se aplica a las ventas celebradas en subasta, pero sí que se aplica a las ventas celebradas en subastas efectuadas virtualmente, en consecuencia, bien podría pensarse que el cumplimiento de esas obligaciones frente a los consumidores, corresponden al subastador, en este caso el co-

352 ARROLLO VENDRELL, T., "El contexto de la próxima regulación europea B2C de los actos cotidianos del comercio electrónico (los contratos de suministro de contenidos y servicios digitales) en paralelo con la actualización y expansión del régimen jurídico del contrato de compraventa de bienes", *CESCO*, 2 de mayo 2019. APARICIO VAQUERO, J.P., "La protección de los usuarios consumidores en sus relaciones con los proveedores de contenidos y servicios en Internet" en (COTINO HUESO, I., (coord.)) *Consumidores y usuarios ante las nuevas tecnologías*, 2008, Tirant lo Blanch, pp. 601 y ss.

rredor en línea, ya que todo el proceso contractual se lleva a cabo mediante su plataforma de encuentro.[353]

VI. DISTRIBUCIÓN EN INTERNET A TRAVÉS DE PLATAFORMAS

1. Las plataformas digitales como nuevo modelo de negocio

La irrupción de las plataformas (*marketplaces*) y su importancia hace que sean merecedoras de un estudio un poco más detallado, abundando en lo expuesto en el epígrafe anterior. Su expansión exponencial en la intermediación de bienes y servicios han hecho de las mismas una nueva realidad sociojurídica en las que las fronteras del comercio electrónico ya no son geográficas, sino tan sólo tecnológicas y de infraestructura.[354] La importancia de la intervención de las plataformas en el mercado ha supuesto una revolución en todos sus aspectos y también en lo que se refiere a todos los sujetos que participan en el mismo, afectando tanto a la contratación entre profesionales, como con consumidores o entre particulares, de manera que estamos ante un fenómeno conocido como como "economía de las plataformas". Una de sus principales características es que la distinción entre consumidores y empresas se difumina como resultado de la participación en la plataforma de las

---

353 JIMENEZ HORWITZ, M., "Las responsabilidades de las plataformas en linea en el ámbito del Derecho de los contratos: desde la protección de los consumidores hasta la protección de los profesionales y empresarios" *Publicaciones Jurídicas, Centro de Estudios de Consumo,* 2020.

354 Según indican GONZÁLEZ LÓPEZ, O.R., *Comercio electrónico,* Ediciones Anaya Multimedia, Madrid, 2010, p. 146, y ÁLVAREZ MORENO, M.T., *op. cit.,* p. 9.

actividades. Lo que se manifiesta, en realidad, es el desplazamiento del centro de atención del esquema bilateral del contrato que vincula a los dos contratantes (sean profesionales, particulares o contratos entre comerciante y consumidores, a un sistema trilateral de contratos cruzados entre los tres sujetos intervinientes, los contratantes y la plataforma.[355]

En base a lo anterior, se han denominado a las plataformas en línea o *marketplaces* como mercados de dos (o más) caras, habida cuenta que, a través de una plataforma, son posibles interacciones onerosas entre diversos usuarios (consumidores compradores, consumidores vendedores, anunciantes, operadores de tarjetas de crédito, etc.). Pensemos en las transacciones que se realizan a diario en grandes *marketplaces* como *Amazon, Alibaba*, y que son satisfechas (con dinero o con datos personales) por cada uno de ellos[356].

Estas plataformas pueden adoptar la forma de proveedores de servicios, agentes comerciales, *merchant of records*[357], o meros

---

355 *Vid.* CUENA CASAS, M., "Las Fintech de préstamos o crowdlending. La contratación a través de plataformas intermediarias en línea", Reus, *Hay Derecho.* 2019, p. 43.

356 De notable interés, *vid.* FRANK, J. U., y PEITZ, M., *Market definition and market power in the platform economy*, Centre on Regulation in Europe (CERRE), Bruselas, 2019, pp. 57 y ss. Sitio *web*: https://cerre.eu/wpcontent/uploads/2020/08/2019_cerre_market_definition_market_power_platform_economy_lowres.pdf

357 IGLEZAKIS, I., "The legal issues of mobile Apps", *Kluwer Law International*, 2019, pp. 167 y ss. A propósito del *marketplace*, cabe señalar que el "considerando" nº21 de la Directiva 31/2000 sobre el comercio electrónico establece que: "*el ámbito coordinado se refiere solo a los requisitos relacionados con las actividades en línea, como la información en línea, la publicidad en línea, las compras en línea o la contratación en línea, y que no se refiere a los requisitos legales del Estado miembro relativos a las mercancías*". En efecto, la plataforma (al igual que la elaborada por el mismo fabricante) aparece como una vertiente en la que se incluyen varias ofertas: la venta de un bien, la prestación de un

facilitadores del intercambio entre el proveedor y el usuario[358]. Sin embargo, incluso cuando operan como estructuras de enlace entre la oferta y la demanda, con frecuencia, en el caso de la venta de un bien, emiten la factura al cliente y reciben el pago del precio de la mercancía, sometiendo la transacción a sus propias condiciones generales de compra.

El consumidor puede navegar por los sitios *web* de estos operadores examinando las características de los productos y comparándolas con las de productos similares. En la red, los anunciantes compiten por las páginas más "visitadas" de las que se extraen importantes datos sobre los hábitos de compra de los consumidores. Este fenómeno crea una situación especial, dado que, muchos servicios se ofrecen gratuitamente y no siempre hay una relación directa entre el consumidor y el vendedor[359]. Además, el TJUE ha sostenido que los servicios de la sociedad de la información pueden prestarse a cambio de un pago a un tercero, con el apoyo en la Directiva 31/2000 sobre comercio electrónico[360].

---

servicio, el suministro de una licencia de utilización de una app, etc. Por lo tanto, parece que el comercio electrónico establece una separación clara entre las actividades previas en línea (que son servicios de la sociedad de la información y las sucesivas ventas ejecutivas que forman parte de éstas) que se derivan de ellas. La plataforma se convierte así en un micro-mercado para la prestación de servicios.

358 DE FRANCESCHI, A., "La vendita dei beni digitali", *Edizioni Scientifiche Italiane*, Nápoles, 2019, p. 101.

359 DOLMANS, M., MOSTYM, H., "Internet and Antitrust: An overview of EU a national case law," *e-Competitions Internet & Antitrust*, Art. N°71276, 2015. En la concentración *Greek Media Saturn/Olimpia*, la Autoridad Francesa de Competencia ha dado mucho valor, para asumir la competencia entre los canales en línea y fuera de línea, a "*ability to compare prices trought online platforms*" considerando un elemento relevante.

360 Caso C-291/13, Corte de Justicia (UE) del 11 septiembre de 2014, *Lefkosias*. Véase también, el "*considerando*" n° 18 de la Directiva

Las ventas realizadas a través de los canales *online* se enfrentan continuamente a las de los canales *offline*[361]. La Comunica-

31/200 sobre el comercio electrónico en relación con el pago del servicio por parte de una persona que no recibe la prestación, estableciendo que: "*Los servicios de la sociedad de la información cubren una amplia variedad de actividades económicas que se desarrollan en línea; dichas actividades en particular consisten en la venta de mercancías en línea. Las actividades como la entrega de mercancías en sí misma o la prestación de servicios fuera de la línea no están cubiertas. Los servicios de la sociedad de la información no se limitan únicamente a servicios que dan lugar a la contratación en línea, sino también, en la medida en que representan una actividad económica, son extensivos a servicios no remunerados por sus destinatarios, como aquéllos que consisten en ofrecer información en línea o comunicaciones comerciales, o los que ofrecen instrumentos de búsqueda, acceso y recopilación de datos. Los servicios de la sociedad de la información cubren también servicios consistentes en transmitir información a través de una red de comunicación, o albergar información facilitada por el destinatario del servicio. La radiodifusión televisiva según se define en la Directiva 89/552/CEE y la radiodifusión radiofónica no son servicios de la sociedad de la información, ya que no se prestan a petición individual; por el contrario, los servicios que se transmiten entre dos puntos, como el vídeo a la carta o el envío de comunicaciones comerciales por correo electrónico son servicios de la sociedad de la información. El uso del correo electrónico o, por ejemplo, de sistemas equivalentes de comunicación entre individuos, por parte de personas físicas que actúan fuera de su profesión, negocio o actividad profesional, incluso cuando los usan para celebrar contratos entre sí, no constituyen un servicio de la sociedad de la información. La relación contractual entre un empleado y su empresario no es un servicio de la sociedad de la información; las actividades que por su propia naturaleza no pueden realizarse a distancia ni por medios electrónicos, tales como el control legal de la contabilidad de las empresas o el asesoramiento médico que requiere el reconocimiento físico de un paciente, no constituyen servicios de la sociedad de la información*".

361 CARVALLO, A., "Are online and offline price similar? Evidence from Large Multi-Channel Retailers", *American Economic Review*, 2017, p. 107. Llega a la siguiente conclusion: "*The main finding is that the online and offline price levels are identical about 72% of the time, with significant heterogeneity at the country, sector, and retailer level. These percentages ran2ge from 42% in Brazil to 91% in Canada and the UK. The*

ción de la Comisión Europea, "*A European retail sector fit for the*

United States is close to the average, with 69%. At the sector level, drugstores and office-product retailers have the lowest share of identical prices, with 38% and 25%, respectively, while in electronics and clothing these number rise to 83% and 92%, respectively. When there is a price difference, the online markup tends to be small, with a magnitude of -4% in the full sample. If I include observations with identical prices, the online price difference is only -1% on average". En ese sentido, nos parece que los precios de las listas de precios *online* suelen ser más bajos que los de las listas de precios *offline*. Si bien, no parece discutible que las ventas en línea consiguen ejercer una presión competitiva sobre las ventas realizadas en las tiendas físicas, esta presión varía considerablemente en relación con el tipo de productos considerados; aumenta en el caso de los productos blancos y grises, mientras que disminuye en el caso de los productos de lujo (perfumes, coches) y en el de los productos cuyo atractivo deriva de la disponibilidad inmediata. La Comisión Europea, en su Informe final de la investigación sectorial sobre el comercio electrónico, del 10 de mayo 2017, afirma que "*Customers can swich swiftly between online and offline sales channels. Many customers use the pre-sales services offered by one sales channel (such as product demonstration, personal advice in a brick-and-mortar shop or search for product information online) but then purchase the product on the other sales channel. In such cases the cost of pre-sales services become difficult to recoup ("free-riding"). Creating a level-playing field between offline and online distribution channels by finding a solution to free-riding, thereby preserving the investments in high-level presale services, is a consideration that is claimed by stakeholders to play an important role in generating some of the observed market trends and restrictions*". Asimismo, una mayor transparencia de los precios facilita a las empresas el control de los mismos. La mayoría de los minoristas siguen la evolución de los precios de sus competidores en línea. Dos tercios de ellos utilizan programas informáticos automatizados que ajustan sus precios de venta en función de los precios que tardan unos segundos en detectar las desviaciones de los precios de venta al público "recomendados" y los fabricantes son cada vez más capaces de controlar e influir en los precios de los minoristas. La disponibilidad de información sobre precios en tiempo real también puede activar la coordinación automática de precios. Dependiendo de las condiciones del mercado, el uso ex-

21st century", de 19 de abril de 2018[362], afirma que el rápido crecimiento del comercio electrónico está transformando el mercado. El comercio electrónico se ha convertido en una realidad para la mayoría de los ciudadanos de la UE.

Esto supone nuevas oportunidades y desafíos para los fabricantes. El desarrollo de la venta minorista multicanal y las pocas distinciones entre la venta minorista fuera de línea (en tiendas físicas) y en línea (comercio electrónico) promueven la competencia y fomentan la innovación en los diferentes sectores. La Comisión ha estado trabajando para adaptar el mercado único a la era digital. Uno de los principales objetivos es promover el comercio electrónico transfronterizo. Aunque el desarrollo del comercio electrónico ofrece una oportunidad sin precedentes tanto para el sector minorista como para los consumidores[363], las restricciones impuestas a los minoristas tradicionales no les permiten adaptarse a los cambiantes hábitos de consumo.

Además, la Comisión Europea afirma que[364]: *"El comercio minorista está experimentando actualmente cambios fundamentales debido al rápido desarrollo del comercio electrónico, que no sólo está*

---

tensivo de dicho *software* puede plantear problemas de competencia en algunos casos.

362 Ver en: https://ec.europa.eu/docsroom/documents/28681

363 *Vid.* Comunicación de la Comisión Europea, Mejorar el mercado único: más oportunidades para los ciudadanos y las empresas, 2017. Sobre la relación entre los canales de venta *online* y *offline. Véase también*, Autoridad Francesa de la Competencia, *Concurrence & commerce en ligne*, Paris, 2020. Sitio web: https://www.autoritedelaconcurrence.fr/fr/communiques-de-presse/lautorite-publie-une-etude-sur-la-concurrence-et-le-commerce-en-ligne

364 *Vid.* Consulta de la Comisión Europea sobre la regulación del comercio minorista en un contexto multicanal, 2017. Sitio Web: *https://ec.europa.eu/info/consultations/public-consultation-retail-regulations-multi-channel-environment_es*

influyendo en la forma en que los consumidores compran (pueden comprar en línea en cualquier momento, a menudo en sitios web muy alejados de su lugar de residencia), sino que también está cambiando el panorama del comercio minorista. La tendencia indica que el futuro se caracterizará por la venta minorista multicanal, con minoristas activos simultáneamente online y offline (tanto con su tienda online como a través de plataformas)".

Otra tendencia es la creación de plataformas que ofrecen a los minoristas la posibilidad de vender sus productos en "centros comerciales" en línea. Algunas de estas plataformas no sólo actúan como centros comerciales virtuales, sino que también han lanzado su propia gama de productos, iniciando una competencia directa con sus clientes minoristas, el ejemplo más conocido actualmente es el de *Amazon*.

Las ventajas del canal *online* (acceso fácil y omnipresente, posibilidad de comparar precios, etc.) se mitigan en gran medida cuando el canal *offline* consigue reforzar y personalizar la experiencia de compra, permite realizar pedidos electrónicos dentro de la misma tienda y recibir información sobre los productos de interés a partir de consultas previas[365].

Al disminuir las diferencias entre los dos canales, resulta difícil imaginar que no se ejerza una competencia efectiva sobre el mismo producto si se vende *online* u *offline*. En consecuencia, el consumidor comienza a observar simultáneamente los canales de venta en línea y fuera de línea, evaluando la conveniencia de la compra en uno u otro.

En términos muy generales, los dos canales de venta son sustituibles si logran influir y sustraerse recíprocamente a las ventas. Si, por el contrario, un nuevo producto inmerso en ambos canales provoca un aumento de las ventas totales del

---

365 SIMONINI, E., *La vendita delle vetture online e la distribuzione selettiva,* STEM Mucchi Editore, Modena, 2021, p.56.

mismo, los canales son, al mismo tiempo, sustituibles y complementarios[366]. Es posible que el consumidor, ante el lanzamiento de un nuevo producto exitoso, tenderá a comprarlo donde esté disponible antes, evaluando el canal de compra de manera indiferente. Tal es el caso que, si un fabricante opera en varios canales (es decir, *online y offline*), es probable que pueda aprovecharlos para aumentar sus ventas totales, de ese modo también puede competir contra los fabricantes de productos sustituibles[367].

---

366 FOSTER, D., "Market definition when customers multi-source: What can we learn from wholesaling markets?", *Law & Economics, Concurrences,* N°4-2017. Afirma el autor que: "*Previous research has shown that price convergence between online and offline (indicating competition between channels) is commonplace but not universal. And research has shown that price the intriduction of online markets has led to lower prices. The central issue is whether online/delivered and bricks-and-mortar/ collect sales channels act as substitudes or as complemets when customers are observed to use both channels. This has been explored in the literature for the "early days" of Internet retail by Pozzi (2013) for supermarket online delivery services, by Prince for personal computers, and Duch-Brown (2015) for household appliances. These econometric analyses tend to find mixed evidence that online/delivered sales are both complements (expanding market) and substitutes (to some extent cannibalizing bricks-and-mortar sales), with some evidence that this changes over time whereby Internet channels might not initially constraint collect sales, but that this is no longer true as online/ delivery channels become more embedded*".

367 Además, el autor, SIMONINI, E., *La vendita delle vetture online e la distribuzione selettiva…*, cit., p.57, añade que tampoco se excluye que las estrategias de las empresas que operan en los en los canales se vuelven, al mismo tiempo, ofensivos y defensivos: la teoría económica creó la noción "*coopétition*" que se traduce en realidad cuando "*les entreprises se concurrencent sur certains points et coopèrent entre elles sur d´autres*" (las empresas compiten en determinados aspectos y cooperan entre sí en otros). Dado que las estrategias de las empresas están orientadas a aprovechar al máximo las ventajas competitivas, como se explica en la teoría *player*, no se pueden excluir en el futuro alian-

1.1 Sujetos que intervienen: consumidores

El contrato electrónico celebrado, si vincula a un comerciante y a un consumidor, está bajo el ámbito de aplicación de la Directiva 2011/83 de los derechos de los consumidores[368], adaptada al Derecho español mediante la Ley 3/2014 de 27 de marzo, que modificó el TRLGDCU[369]. Esta normativa europea es una Directiva de armonización máxima lo que supone la imposición de un régimen uniforme para todos los ordenamientos de la UE, que no pueden rebajar ni superar el nivel de protección previsto por la Directiva de armonización máxima, salvo en aquellos puntos concretos en los que la norma lo autorice, pudiendo los Estados miembros llevar a cabo, en virtud de su potestad, algunas concreciones. Por medio de esta Directiva se protegen los derechos del consumidor en relación con la celebración y ejecución del contrato. La protección se lleva a cabo en fase precontractual (en relación con la información que el profesional está obligado a suministrar al consumidor) y contractual (en relación con el derecho de desistimiento de la contratación) que se configura como derecho imperativo del consumidor, así como con la forma que debe observarse tanto en lo que respecta al cumplimiento de sus derechos y como en la constancia por escrito o en

---

zas estratégicas entre "jugadores", hoy acérrimos enemigos, donde esta alianza sea considerada como la mejor solución.

368 Directiva que ha sido modificada por la Directiva (UE) 2019/2161 del Parlamento Europeo y del Consejo de 27 de noviembre de 2019 por la que se modifica la Directiva 93/13/CEE del Consejo y las Directivas 98/6/CE, 2005/29/CE y 2011/83/UE del Parlamento Europeo y del Consejo, en lo que atañe a la mejora de la aplicación y modernización de las normas sobre protección de los consumidores de al Unión Europea.

369 *Vid.* DIAZ ALABAT, S., y ÁLVAREZ MORENO, M.T., *Contratos a distancia y contratos fuera de establecimiento mercantil. Comentario a la Directiva 2011/83 (adaptado a la Ley 3/2014 de modificación del TRLCU),* Reus 2014, *passim.*

soporte duradero de la oferta o del contrato, o en relación a la entrega de una copia del mismo.

Por una parte, por lo que atañe a la ejecución, se prevén los plazos en los que debe entregarse el bien adquirido (máximo de 30 días, salvo disposición específica de las partes en sentido contrario), así como algunas reglas en relación al pago. Por otra parte, respecto al pago, hoy en día y en este tipo de transacciones, se emplean medios telemáticos, como la tarjeta de crédito o débito, cuyos datos se introducen en el sistema informático y que incluso se puede vincular con el teléfono móvil, o cuyos datos ya constan en el perfil del usuario. También es posible el pago mediante otros proveedores de servicios de pago, como la conocida aplicación: *Paypal*, que se consideran así plataformas de pago.[370]

Si el producto presenta alguna falta de conformidad con el contrato, una vez ejecutado éste, entre en juego la Directiva (UE) 2019/771, relativa a determinados aspectos de los contratos de compraventa de bienes.[371] En el caso de un servicio, hay que acudir a la regulación sectorial que pueda existir, ya que no se ha aprobado todavía por la UE normativa para la protección del consumidor ante servicios contratados telemáticamente[372].

---

370 En este ámbito confluye la regulación establecida por la segunda Directiva de Servicios de Pago 2015/2366, de 25 de noviembre de 2015, en el mercado interior, que se complementa con el Reglamento de tasas de intercambio 2015/751, de 29 de abril. Dicha Directiva ha sido incorporada a nuestro ordenamiento por Real Decreto Ley 19/2008, de 23 de noviembre de servicios de pago y otras medidas urgentes en materia financiera.

371 Por la que se modifican el Reglamento (CE) 2017 y la Directiva 2009/22/ CE y se deroga la Directiva 1999/44/CE.

372 Por ej. servicios financieros a distancia, viajes combinados o los propios servicios de pago. En este sentido cabe mencionar que, por un lado, en lo que se refiere a los contenidos y servicios digitales se ri-

1.2 Sujetos que intervienen: vendedor o proveedor de servicios

El profesional que realiza la oferta del bien o servicio que se contrata telemáticamente puede presentar varias posibilidades. En primer lugar, nos encontraríamos al profesional o sociedad vendedora, como una tienda o *web online*, que ofrecen su mercancía directamente al consumidor. En segundo lugar, podemos hallar las plataformas digitales que reúnen una serie de bienes o servicios para ofrecerlos al consumidor, o bien un conjunto de prestadores y profesionales (u oferentes particulares) que ofertan sus productos a través del canal de venta que ofrece la plataforma. A su vez, estas plataformas en ocasiones son tan sólo intermediarias de bienes o servicios (ej. *Booking* para reservas hoteleras) u operan indistintamente como vendedoras o intermediarias para la venta de productos o servicios por terceras personas (ej. *Amazon*, que opera como vendedor directo o bien como intermediario por medio de *Amazon marketplace*). En estos últimos supuestos, las plataformas actúan como estructuras de mercado, por lo que se denominan *marketplaces*.[373] Estamos hablando de modernas estructuras infor-

---

gen por la Directiva (UE) 2019/771 de 20 de mayo de 2019 relativa a determinados aspectos de los contratos de compraventa de bienes, por otro lado, en lo referente a contratos de suministro de contenidos y servicios digitales, la Directiva (UE) 2019/770, ambas directivas traspuestas al ordenamiento jurídico español modificando el TRLCU. *Vid.* CEVILLA GARZÓN, M.D., "El contrato de servicios en la propuesta de reglamento de compra venta", en *El actual contrato de prestación de servicios* (CERVILLA GARZÓN, M.D. y ZURITA MARTÍN, I. (dirs.) LÓPEZ SUARÉZ, C. (coord.)), Aranzadi, 2023, pp.297-322.

373 También *market makers* o *matchmakers*, *vid.* CAMPOS CARVALHO, J., "On line plataforms: Concept, Role in the conclusion of contracts and current legal framework in Europe" en (ARROYO I AMAYUELAS, E. y CÁMARA LAPUENTE, S. (dirs.)) *El Derecho privado en el nuevo paradigma contractual*, Colegio Notarial de Cataluña, Marcial Pons, 2020, pp. 239 y ss.

máticas que permiten concluir contratos *online* poniendo en contacto al menos a dos grupos de personas que quieren contratar: los oferentes de bienes y servicios y los adquirentes de los mismos.[374]

Tanto si la plataforma vende directamente al consumidor como su lo hace el profesional utilizando su propia *web*, son de aplicación las Directivas 2011/83 y 1999/44 para la protección respectiva en relación con la contratación a distancia y con la garantía de los bienes adquiridos en caso de falta de conformidad con el contrato. Pero en cambio, si la plataforma actúa como un intermediario en la venta de bienes o suministro de servicios se plantean más dudas respecto al papel que desempeña la plataforma en el contrato o la responsabilidad que puede asumir en relación al mismo y su cumplimiento, o los daños que pueda ocasionarse a las partes. Por eso habrá que analizar las relaciones entre los sujetos implicados, para establecer el grado de responsabilidad de cada uno en la operación[375].

2. Concepto, características y clases de plataformas

2.1 Concepto y características

Establecer un concepto de plataforma entraña una gran dificultad debido a la diversidad de estructuras, actividades que llevan a cabo o tamaño de las mismas. La Comisión Europea las

---

374 ÁLVAREZ MORENO, M.T., *op. cit.*, p. 13.

375 La responsabilidad de las plataformas presenta muchas vertientes que pueden ser objeto de estudio. Un ejemplo de ello lo encontramos en DE VERDA Y BEAMONTE, J.R., "Responsabilidad del gestor del motor de búsqueda por los contenidos por la indexación y almacenamiento de datos contenidos en sitios de internet: la sentencia del Tribunal de Justicia de Luxemburgo (gran sala) de 13 de mayo de 2014", *Actualidad Jurídica Iberoamericana*, N°. 1, 2014, pp. 251-258

define como (en su consulta sobre plataformas *online*), como *"la empresa que opera simultáneamente en mercados dobles o múltiples y utiliza Internet para posibilitar interacciones entre dos o más grupos de usuarios diferentes, pero interdependientes, con el fin de generar valor para al menos uno de los grupos. Determinadas plataformas también pueden considerarse como prestadores de servicios intermediarios".*[376] Asimismo, se han definido por algún autor como "empresas que tiene por objeto la organización y gestión de portales de contratación a través de páginas *web* u otros medios electrónicos. Se trata de empresas que organizan sistemas que operan en Internet, y en ocasiones, prestan servicios complementarios a aquel como actividad principal de su objeto social".[377]

Principalmente pueden destacarse dos características fundamentales.

a) Su carácter de intermediario en la contratación, que facilita y pone a disposición de las partes un canal adecuado para potenciar el contacto entre el operador y el cliente y la posterior contratación entre ambos.

b) Su carácter polivalente, ya que la plataforma no tiene una única actividad, sino que puede cumplir una gran diversidad de funciones.

2.2 Clases de plataformas

Podemos agrupar a las plataformas utilizando varios criterios, aunque algunas de ellas pueden pertenecer a distintas categorías, y en todo caso, se trata de una realidad cambiante.

---

376 *Vid.* RODRIGUEZ MARTINEZ, I., "El servicio de mediación electrónica y las plataformas de economía colaborativa", *RDM,* nº 305, 2017, p. 4.

377 RODRIGUEZ MARTINEZ, I., *op. cit.,* p. 7.

2.2.1 Por los sujetos entre los que intermedian

A) Plataformas que intermedian entre la contratación entre profesionales.

Se trata de plataformas B2B *(bussiness to bussiness)*, en la que tanto el oferente como el destinatario del bien o servicio es un profesional.[378] Las relaciones entre plataformas y oferentes se regirán por lo dispuesto en el Reglamento 2019/1150[379], pero las relaciones entre oferente y destinatario se regirán por la normativa mercantil.

B) Plataformas que intermedian entre la contratación entre un profesional y un consumidor.

Son conocidas como B2C, y en ellas, a través de la intermediación de la plataforma, los profesionales celebran un contrato electrónico con los consumidores para la obtención de un bien o la prestación de un servicio. En las relaciones entre las partes y entre la plataforma y el consumidor, será aplicable el Derecho del consumo. A las relaciones entre plataforma y profesional oferente, será aplicable el Reglamento 2019/1150.

C) Plataformas que intermedian en la contratación entre particulares.

En este supuesto, el único sujeto profesional es la plataforma intermediaria, mientras que el sujeto que ofrece el bien o

---

[378] Por ejemplo, las que utilizan las agencias de viajes para contratar con los mayoristas o prestadores de servicios.

[379] Reglamento (UE) 2019/1150, de 20 de junio de 2019, sobre fomento de la equidad y la transparencia para los usuarios profesionales de servicios de intermediación en línea, DOL 186 11.7.2019.

servicio[380] y el sujeto destinatario del mismo son, en realidad, particulares. A esta relación contractual se le debe aplicar el Código Civil, mientras que a las relaciones entre la plataforma y cada uno de los particulares se les podrá aplicar la normativa de protección de los consumidores. Se trata de lo que la doctrina denomina plataformas de economía colaborativa o plataformas entre pares *(peer to peer)*.[381]

Hay que señalar que en ocasiones se utiliza la distinción entre plataformas "colaborativas" (entre particulares) en contraposición a las plataformas "transaccionales" a las que en ocasiones también se denomina *marketplaces*, subsumiendo en las mismas tanto las B2C como las B2B, es decir, tanto las que median entre profesionales como las que lo hacen entre profesionales y consumidores.[382]

---

380 Algunos autores utilizan el término "prosumidor", como prestador ocasional de un bien o servicio (*vid.* RODRIGUEZ MARTINEZ, I., *op. cit.*, p. 8. Sin embargo, este término no es aceptado por otros (*vid.* ÁLVAREZ MORENO, M.T., *op.cit.*, p. 24) ya que la celebración de ese contrato no forma parte de su actividad profesional.

381 Utilizan esa denominación, entre otros, ÁLVAREZ MORENO, M.T., *op. cit.*, p. 25; MIRANDA SERRANO, L.M., "La determinación de la naturaleza jurídica de los servicios que prestan las plataformas digitales en la economía colaborativa. Reflexiones al hilo de la STJUE de 20 de diciembre de 2017 sobre Uber", *La Ley Mercantil*, nº 50, septiembre 2018, p. 2 y ss. y RODRIGUEZ MARTINEZ, I., *op. cit.*, p. 7 y ss. Son, por ejemplo, *Wallapop, Vinted, Vibbo,* para venta de bienes de segunda mano entre particulares, o *BlaBlacar* para transporte entre particulares. En *Ebay* o *Airbnb*, la oferta puede hacerse tanto por profesionales como por particulares.

382 *Vid.* RODRIGUEZ DE LAS HERAS BALLELL, T., "La contratación en plataformas electrónicas en el mercado de la estrategia para un mercado único digital en la Unión Europea", en (PASTOR GARCÍA, A.M., (dir.)) *El mercado único digital en la Unión Europea,* 2019, p. 93 y ss.

Por último, es interesante distinguir cuando un particular se convierte en un oferente profesional de bienes y servicios en la economía colaborativa. La importancia de esta distinción estriba en que, desde el punto de vista mercantil y administrativo, si el oferente del bien o del servicio es profesional, deberá cumplir los requisitos de acceso al mercado o las licencias administrativas que deban obtenerse para poder ejercer dicha actividad económica.[383] Esta cuestión se ha planteado en la STJUE de 4 de octubre de 2018[384] asunto *Komisia za zashtita na potrebitelite y Evelina Kamenova,* en la que un tribunal búlgaro planteaba como cuestión prejudicial ante el TJUE si el vendedor debía ser considerado como comerciante.[385] Para intentar resolverlo, el Abogado General examina diferentes criterios a ese efecto, como si la venta en la plataforma en línea se ha efectuado en la forma planificada y si dicha venta tiene fines lucrativos o si el vendedor tiene información y competencia técnica sobre los productos puestos a la venta.

A su vez la Comisión Europea[386] recoge tres criterios importantes para distinguir si el oferente es profesional o no, pero sin considerar determinante ninguno de ellos:

---

383 MIRANDA SERRANO, L. M., *op. cit.,* p. 8.

384 Asunto C 105/17.

385 Se trataba de la venta de un reloj en la plataforma *Wallapop* por parte de una persona física registrada en la plataforma bajo un seudónimo, que publicitó ocho productos diversos en dicha plataforma. Cuando el comprador recibió el reloj intentó devolverlo porque no se ajustaba a sus expectativas, pero el vendedor no lo aceptó. Para intentar resolverlo, el Abogado General examina diferentes criterios a ese efecto, como si la venta en la plataforma en linea se ha efectuado en la forma planificada y si dicha venta tiene fines lucrativos o si el vendedor tiene información y competencia técnica sobre los productos puestos a la venta.

386 Comunicación de la Comisión al Parlamento Europeo, al Consejo, al Comité Económico y Social Europeo y al Comité de las Regiones

a) La frecuencia de los servicios, pues los que ofrecen sus servicios de forma ocasional son menos susceptibles de ser considerados como empresarios o profesionales que quienes lo hacen de manera habitual.

b) La finalidad lucrativa que se persigue a través de la prestación de servicios. De esta forma, los prestadores que persiguen intercambiar activos o competencias,[387] sin beneficio económico, difícilmente pueden ser considerados comerciantes o profesionales.

c) El nivel de volumen de negocio generado por el prestador de servicios, en tanto que, cuando más alto sea, más indicios existirán para que sea considerado como profesional.

A estos tres criterios se añade el del propósito relacionado con su actividad profesional, que deriva del propio concepto de comerciante o profesional que deriva de las Directivas de protección de los consumidores.[388]

También hay que tener en cuenta la evolución de las plataformas entre particulares hacia plataformas entre profesionales y consumidores. Este es el caso de *Uber* o *Airbnb*. Ello ha dado lugar a que parte de la doctrina o incluso la Comisión Europea utilicen en la actualidad el término "economía colaborativa" no sólo para designar a las plataformas entre particulares, sino también a la que intermedian entre profesionales y consumidores.

---

sobre una Agenda Europea para la Economía Colaborativa, Bruselas, 2 de junio de 2016. COM (2016) 356 final.

387 Por ejemplo, permuta de casas.

388 Es la opinión de ÁLVAREZ MORENO, M.T. (*op. cit.*, p. 56), quien señala que aun siendo comerciante el ofrente puede comportarse como un particular en determinados contratos que celebre, si no tienen vinculación con el propósito de su actividad profesional.

2.2.2 *Por el objeto*

Si se utiliza el criterio del objeto que persigue el contrato entre oferente y destinatario se puede distinguir entre plataformas transaccionales o no transaccionales.

A) Plataformas transaccionales

Son aquellas que permiten a los usuarios registrados negociar y concluir contratos mediante y en las plataformas, pudiendo adicionalmente además permitir el cumplimiento de todas o algunas de las prestaciones.[389] A su vez, dentro de ese concepto, se pueden distinguir:

a. Plataformas que persiguen la intermediación en contratos relativos a la obtención de bienes. Pueden tratarse de su obtención temporal o definitiva e incluso dentro de ellas, se puede distinguir entre la obtención del uso completo del bien o sólo de parte del mismo. Como se ha puesto de manifiesto, en caso de obtención definitiva de los bienes, se trata de una intermediación en contratos de compra venta. En el supuesto de la obtención temporal de un bien, nos encontramos ante un arrendamiento de bienes muebles o inmuebles o de bienes intangibles o bien un contrato de alojamiento. Si la obtención temporal de bien solo permite su utilización parcial estamos ante contratos de uso y disfrute de los bienes, que respectivamente serán transporte, alojamiento, arrendamiento de uso, etc.[390]

---

389 RODRIGUEZ DE LAS HERAS BALLELL, T., *op. cit.*, p. 117.

390 ÁLVAREZ MORENO, M.T., *op. cit.*, pp. 37-38, con ejemplos de cada uno de los supuestos.

b. Plataformas que persiguen la intermediación en contratos relativos a la prestación de servicios. Los servicios pueden ser muy diversos: alojamiento, jardinería, seguros, financiación realización de mantenimiento, servicios digitales[391], servicios financieros o de financiación (*cowdfunding o crowdlending*) etc.

B) Plataformas no transaccionales.

En las plataformas no transaccionales, la plataforma permite el acceso a información o datos, pero sin que sea susceptible de celebrarse un contrato posteriormente entre oferente de datos o información y usuarios de la plataforma. Entre ellas podemos encontrar plataformas de búsqueda de datos *(Google)* de enlaces, o meramente publicitarias, sin que lleven a cabo una actividad de intermediación en la contratación entre oferentes y usuarios sino sólo de la plataforma con cada una de las partes, también se incluyen en este epígrafe las redes sociales *(Facebook, Instagram,* etc.*).*

---

391 La Directiva 2019/770, de 20 de mayo de 2019, define los servicios digitales (art. 2.2) entendiendo por tales a) un servicio que permite al consumidore crear, tratar, almacenar o consultar datos en formato digital cargados o creados por el consumidor en formato digital o, b) un servicio que permite compartir datos en formato digital cargados o crados por el consumidor u otros usuarios de ese servicio, o intercatuar de cualquier otra forma con dichos datos. Idéntica definición utiliza el art.2.7 de la Directiva 2019/771.

2.2.3 Por la actividad.

La Comisión Europea ha formulado un listado de plataformas por la actividad que desarrollan, que, sin ánimo de exhaustividad, clasifica del siguiente modo[392]:

a. Agregadores de noticias *(ej. Google News).*

b. Directorios de empresas basados en geolocalización mapas *(ej. Google Maps).*

c. Herramientas de búsqueda especializada *(ej. Google Shopping, TripAdvisor).*

d. Mercados electrónicos *(ej. Amazon, eBay, Booking.com).*

e. Motores de busqueda en Internet *(ej. Google, Bing).*

f. Plataformas audiovisuales o de música *(ej. Spotify, Netflix, Apple TV).*

g. Plataformas para compartir videos *(ej. YouTube, Dailymotion).*

h. Redes sociales *(ej. Facebook, Linkedin, Twitter, Instagram).*

i. Sistemas de pago *(ej. PayPal, Apple Pay).*

j. Tiendas de aplicaciones (*Apple app Store, Google Play*)

k. Las plataformas de economía colaborativa *(AirBnb, Uber, Transkrabbit, BlaBlaCar).*

En cualquier caso, la función principal de las plataformas es intermediar entre los distintos niveles de usuarios, ya tengan

---

392 Así la Comisión Europa destaca algunas posibles funciones de las plataformas en su "Consulta Pública sobre el marco normativo para plataformas, intermediarios en linea, datos, computación en la nube y economía colaborativa".Véase en: https://ec.europa.eu/digital-single-market/en/news/public-consultation-regulatory-environement .

carácter transaccional o no, en especial entre los oferentes de bienes y servicios y los potenciales clientes.[393]

VII. EL CONTRATO ENTRE LA PLATAFORMA Y EL VENDEDOR O SUMINISTRADOR DEL SERVICIO: ¿UN CONTRATO DE DISTRIBUCIÓN *ONLINE*?

1. El contrato de intermediación de servicios en línea

El contrato entre la plataforma y el vendedor o suministrador del servicio tiene por objeto la prestación por la plataforma de un servicio en línea, definiéndose en el art. 2.2 Reglamento UE 2019/1150, de 20 de junio, como aquellos *"servicios que cumplen todos los requisitos siguientes:*

a. *Constituyen servicios de la sociedad de la información según lo previsto en el artículo 1 apartado 1, letra b), de la Directiva (UE) 2015/1535 del Parlamento Europeo y del Consejo;*

b. *Permiten a los usuarios profesionales ofrecer bienes o servicios a los consumidores, con independencia de dónde se concluyan aquellas en última instancia;*

c. *Se prestan a los usuarios profesionales sobre la base de relaciones contractuales entre el proveedor de los servicios y los usua-*

---

[393] Como señala RODRIGUEZ MARTÍNEZ, I., ("El servicio de mediación electrónica y las plataformas de economía colaborativa" *RDM* nº305, 2017, p.5): "su función económica no es ofrecer ni directa ni indirectamente los servicios subyacentes, sino la organización de todo un sistema electrónico que permite conectar a multitud de usuarios y potenciales partes contratantes, profesionales o no, ofreciéndoles finalmente muchas más oportunidades de negocio gracias a su potente red de interconexión".

rios profesionales que ofrecen los bienes o servicios a los consumidores".

Se trata, por lo tanto, de un contrato de intermediación de servicios en línea que consiste en una prestación de servicios a cambio de un precio. Este contrato es la base de las relaciones contractuales entre el proveedor de los servicios (la plataforma) y el usuario profesional que ofrece bienes y servicios a los consumidores.

2. *Naturaleza jurídica*

Podemos plantear cual es la naturaleza jurídica del contrato de intermediación de servicios en línea, aunque la dificultad viene dada por la diversidad y diferentes funciones de las plataformas. Vamos a examinar si encaja en algunos de los contratos clásicos de mediación y distribución.

2.1 Contrato de mediación o corretaje

Podemos partir de una definición clásica del contrato de mediación como *"aquel por el que una persona se obliga a abonar a otra, llamada mediador o corredor, una remuneración por indicarle la oportunidad de concluir un negocio jurídico con un tercero o por servirle de intermediario en esa conclusión, siempre que haya contribuido eficazmente a ella, dependiendo su remuneración, salvo pacto en contrario, de la celebración del contrato en el que ha intervenido."*[394] Se ha indicado[395] la pertinencia de ese concepto en relación con el contrato que es objeto de análisis ya que, por una parte destaca la función del mediador de "servir de intermediario" para la

---

394 SANCHEZ CALERO, F., *Instituciones de Derecho Mercantil,* Vol II, MacGraw Hill, 24ª ed. 2002, p. 184.

395 ÁLVAREZ MORENO, M.T., *op. cit.,* p. 54.

conclusión del contrato, y por otra parte, menciona el posible pacto en contrario que haría viable una remuneración distinta a la derivada de la celebración del contrato intermediado.[396]

Teniendo en cuenta ese concepto, se puede concluir que la naturaleza jurídica del contrato examinado es la del contrato de mediación, ya que la plataforma es el nexo y el vehículo que permite la contratación entre las partes, que intermedia en la celebración del contrato. Si se configura de ese modo, hay que añadir que la plataforma, en principio, permanece ajena al contrato celebrado entre oferente y destinatario del bien o servicio.[397] Pero en ocasiones, la plataforma concurre junto al oferente, ofertando bienes o servicios complementarios o adicionales a los anunciados por el vendedor, como el pago o el seguro del bien adquirido.

Lo cierto es que no se presentan todas las características del contrato clásico de mediación, ya que faltan dos rasgos típicos del mismo. Por un lado, la plataforma no celebra el contrato, sólo facilita el canal adecuado y las herramientas tecnológicas necesarias para que las partes lo concluyan. Por otro lado, la plataforma no representa ni directa ni indirectamente a ninguna de las partes.[398]

---

396 En ese mismo sentido se pronuncia la jurisprudencia. De esa forma, el TS (STS 13 de octubre de 2011; RJ 2011/7405) define la mediación como "un contrato por el que una parte -mediador- se compromete a indicar a la otra -comitente- la oportunidad de celebrar un negocio jurídico con un tercero o servirle de intermediario, a cambio de una retribución pactada".

397 DIAZ GÓMEZ, M.A. "Reflexiones en torno a la responsabilidad de las plataformas electrónicas de economía colaborativa", *Revista de Estudios Europeos* nº 70, 2017, p. 34.

398 Como señala RODRIGUEZ MARTÍNEZ, I. (*op. cit.*, p. 15) "las plataformas de mediación electrónica se encargan de poner en contacto a dos partes interesadas en la celebración de un contrato (contrato subyacente) pero no en asumir en nombre propio la prestación o

Pero, como se ha destacado, aunque no concurran todos los elementos propios del contrato de mediación, se puede concluir que estamos ante una "variante atípica" del "atípico" contrato de mediación. En contrato de mediación clásico (que también es atípico), en el que el mediador se compromete a buscar y encontrar del modo particular a un tercero con el que el comitente celebre su contrato, y sólo se entenderá que el mediador cumple con su obligación si el contrato de perfecciona definitivamente. Sin embargo, en la mediación a través de plataformas, se buscan clientes potenciales con ofertas individualizadas, pero mediante el manejo de una gran cantidad de datos y el efecto de red generado por la plataforma, que permiten encontrar multitud de potenciales clientes sin que la plataforma intervenga en la contratación final, pero concluyendo el contrato a través del canal que ésta le facilita.[399]

2.2 Contrato de franquicia.

La franquicia, como hemos tenido la oportunidad de analizar en el presente trabajo, es un contrato autónomo a través del cual el franquiciador transmite al franquiciado el derecho a desarrollar un modelo de empresa.[400] En relación a las modalidades de franquicia que pueden distinguirse en el contrato,

---

servicio subyacente, siendo la obligación de aquellas plataformas la de ofrecer el acceso a un conjunto de ofertas y solicitudes en un marco virtual de contratación, a la que los usuarios acceden, permitiéndoles la posibilidad de introducir sus ofertas y/o solicitudes que posteriormente serán objeto de casación".

399 ÁLVAREZ MORENO, M.T., *op. cit.*, p. 57.

400 *Vid.* al respecto, entre otros, ECHEBARRIA SÁENZ, J.A. *El contrato de franquicia,* McGraw Hill, 1995, RUIZ PERIS, J. I., "El contrato de franquicia" en (RUIZ PERIS, J. I. y MARTÍ MIRAVALLS, J. (dir.)) *Contratos de distribución; agencia distribución, concesión, franquicia, suministro y estimatorio,* Atelier, 2018, p. 197 y ss.

la intermediación de las plataformas podría aproximarse a la "franquicia comercial o de distribución" o a la "franquicia empresarial o de servicios".[401]

Algún autor se ha manifestado favorable a calificar la relación entre plataforma y usuario oferente como un contrato de franquicia, ya que en muchos casos se transmite un *know how* sobre la prestación de actividad. Sin embargo, desde esa misma postura, se señalan cuatro grandes diferencias que impiden calificar este tipo de contrato como franquicia. En primer lugar, no se trata de exportar el modelo de negocio del franquiciador, ni la expansión de su modelo se fundamenta en la concesión de un modelo de producción o distribución, sino que el valor de la actividad de la plataforma radica en los efectos cruzados de red entre las dos partes de la transacción. En segundo lugar, la esencia de toda franquicia es la transmisión del *know how* y la cesión de los derechos de propiedad industrial e intelectual. La eventual cesión de derechos de propiedad industrial en el caso de las plataformas no sería esencial, sino tan sólo incidental. En tercer lugar, el franquiciador sólo tiene relación contractual con el franquiciado, pero no tiene relación alguna con los clientes finales de la franquicia. Y, por último, como modelo de negocio, la plataforma recibe dinero del consumidor y lo transfiere al prestador del servicio, obteniendo habitualmente una comisión. Sin embargo, en la franquicia son los franquiciados

---

401 TORRUBIA CHALMETA, B., "Contratos de distribución", en (DE LA CUESTA RUTE, J.M. (dir.)) *Contratos Mercantiles*, tomo 1, Bosch, 2 ed. 2009, p. 783. El autor distingue tres modelos básicos de franquicia: franquicia industrial o de producción en la que el franquiciado adquiere derecho a fabricar los mismos productos qu efabrica el franquiciador; franquicia comercial o de distribución, en la que el franqucado adquiere el derecho a comercializar determinados productos; y franquicia empresarial o de servicios, en la que el franquiciado adquiere el derecho a prestar los mismos servicios que presta el franquiciador.

los que prestan el servicio, cobran el precio y cumplen con sus obligaciones de pago al franquiciador (canon, *royalties*, etc.).[402]

2.3 Contrato de agencia

Por parte de algún sector doctrinal se ha señalado la semejanza entre la estructura contractual de la relación entre plataforma y oferente con el contrato de agencia. De este modo se señala que el agente no es un operador independiente en la prestación de sus servicios de colaboración, por lo que se deduce que la plataforma es el principal y los oferentes a través de la misma son agentes que venden o prestando el servicio. Sin embargo, este esquema sólo responde a plataformas de tipo colaborativo, y, en todo caso, hay que tener en cuenta que la plataforma se desvincula de la responsabilidad por la prestación que reciben los clientes, estableciendo claramente que su negocio es la reducción de los costes de transacción que posibiliten que un tercero proporcione el servicio requerido por el consumidor final.[403]

Tampoco aplicando el esquema contractual en sentido contrario, encaja en contrato de agencia. La razón esgrimida es, por un lado, que la plataforma no puede ser considerada como un agente de los proveedores que contratan a través de sus canales, ya que no siempre realiza una promoción activa de actos y operaciones de comercio. Y, por otro lado, la plataforma no actúa por cuenta ajena, por cuenta del oferente del bien o servicio, sino que se declara independiente de los mismos y ajena

---

402 GONZÁLEZ CASTILLA, F., "Prácticas restrictivas de la competencia en la economía colaborativa: las plataformas digitales en busca de puerto seguro para su modelo de negocio", *Revista del Derecho de la Competencia y la Distribución,* nº 23, 2018, p. 17.

403 GONZALEZ CASTILLA, F., *op. cit.,* p. 158.

a los contratos que se celebren entre oferente y destinatarios, dos de los requisitos que exige el art. 1 de la Ley de Agencia.[404]

2.4 Contrato de distribución

Se han puesto de manifiesto en la doctrina opiniones favorables a la calificación de los contratos entre oferentes y plataformas como contratos de distribución. Desde esa óptica se podría concebir al intermediario (la plataforma) como agente de los prestadores de servicio, de manera que su actividad es aproximarlos a sus clientes y cobrar una comisión por cada operación en la que intervengan.[405]

Sin embargo, la configuración como contrato de distribución se llevó a cabo por algún sector doctrinal para *"sostener la excepción a la aplicación del art. 101 TFUE/art. 1 LDC"*[406]. Esta postura, no obstante, fue objeto de críticas, ya que tal vez podría encajar en los supuestos en los que la plataforma fuera organizada por los propios operadores profesionales de un sector, pero no parece responder a la realidad económica general de las plataformas de economía colaborativa[407], ni, en general, al resto de plataformas.

No obstante, según el nuevo RECAV 2022 no haría falta la configuración de las relaciones generadas entre plataforma y oferentes como contrato de distribución a los fines de la apli-

---

404 ÁLVAREZ MORENO, M.T., *op. cit.*, p. 64.

405 PALAU RAMÍREZ, F., "El contrato de agencia", en (RUIZ PERIS, J. I. y MARTÍ MIRAVALLS, J. (dirs.)) *Contratos de distribución; agencia distribución, concesión, franquicia, suministro y estimatorio*, Atelier, 2018, p. 197 y ss.

406 GONZALEZ CASTILLA, F., "Practicas restrictivas de la competencia ...", cit., p. 17.

407 GONZALEZ CASTILLA, F., "Practicas restrictivas de la competencia ...", cit. pp., 18-19.

cación del art. 101 TFUE, ya que se entiende que *"los acuerdos relativos a la prestación de servicios en línea son acuerdos verticales y, por tanto, deben poder beneficiarse de la exención por categorías"*.[408]

En definitiva, dada la diversidad y diferentes funciones de las plataformas y de sus relaciones con empresas y consumidores, es difícil calificar jurídicamente el contrato de entre plataforma y suministrador del servicio, debiendo de estar a cada caso en concreto para proceder a dicha calificación.

3. Caracteres del contrato

Varios son los caracteres fundamentales que se predican del contrato de intermediación de servicios de la sociedad de la información.[409]

a) Se trata principalmente de un contrato de tracto sucesivo, basado en una colaboración constante en el tiempo, configurándose como una canal más de venta del oferente.[410]

b) Se trata de un contrato bilateral, ya que surgen del mismo obligaciones para ambas partes contratantes. La plataforma recibe una retribución a cambio de la intermediación del servicio en línea que puede consistir en un porcentaje sobre la contratación celebrada o el volumen de ventas, o en unos cánones fijos o porcentuales sobre el uso de la plataforma por la cantidad de contenidos depositados en la misma, o por ambos concep-

---

408 Vease en este sentido el Considerando nº10 del RECAV 2022.

409 En base a lo establecido por la doctrina, *Vid.* ÁLVAREZ MORENO, T., *op. cit.*, pp-66-69.

410 ÁLVAREZ MORENO, T., *op. cit.*, p. 66, aunque como señala la autora, de manera más excepcional puede darse el caso de contrato de tracto único.

tos conjuntamente. También se puede cobrar un canon por cada visita a un enlace o anuncio de un proveedor. Como contraprestación, el profesional usuario de la plataforma obtiene un espacio en la misma para publicitar y ofrecer sus bienes o servicios a modo de escaparate virtual.[411]

c) La obligación de la plataforma es de medios, ya que sólo se obliga al buen funcionamiento del canal de venta, no a la contratación que se realice sobre la oferta o sobre los anuncios de productos o servicios alojados en la misma. Sin embargo, podría pactarse por las partes como una obligación de resultados, aunque no es lo habitual, la sujeción de la remuneración de la plataforma al supuesto de celebración posterior de los contratos entre oferente u los usuarios destinatarios.

d) Se trata de un contrato conmutativo, ya que no interviene el azar en las prestaciones de ninguna de las partes, que están obligadas a despegar su actividad en todo caso.

e) En determinados supuestos, nos encontramos ante un contrato normativo, ya que establecen la base para con-

---

411 Seguimos la tesis de ALVAREZ MORENO, T., (*op. cit.,* p. 68), frente a algunos autores (*vid.* RODRIGUEZ MARTINEZ, I., "El servicio de mediación electrónica y las obligaciones de las plataformas de economía colaborativa" en (MONTERO PASCUAL, J.J. (dir.)) *La regulación de la economía colaborativa. Airbnb, Blablacar, Uber y otras plataformas,* Tirant on Line nota 114) que han defendido el carácter unilateral del contrato y que ponen el foco en que "no es exigible a la plataforma en el contrato de intermediación electrónica ni el cumplimiento o ejecución de la obligación principal ni la obtención de un resulado."

tratos posteriores entre oferente y destinatarios del bien o servicio.[412]

f) Es un contrato celebrado mediante condiciones generales, que son predispuestas por la plataforma. El contrato puede ser entre profesionales o entre un consumidor y un profesional, dependiendo del carácter del oferente del bien o servicio. A este respecto, en el primer caso, el clausulado contractual estará sometido sólo al control de inclusión y de transparencia conforme a la Ley 7/1998, de Condiciones Generales de la Contratación. En el segundo caso, si interviene un consumidor, que es quien lleva a cabo esa actividad al margen de su actividad profesional, se aplican los controles e inclusión y de contenido para protegerle de las cláusulas abusivas que pueda predisponer la plataforma.[413]

4. Contenido contractual

Aunque el contenido obligacional del contrato de intermediación variará mucho dependiendo del conjunto de prestaciones que ofrece la plataforma, en general nos encontramos ante las siguientes prestaciones:

a) La plataforma se obliga a facilitar el canal adecuado para que el usuario oferente pueda ofrecer sus productos o servicios, o bien poniendo a su disposición un espacio dentro de la *web* de la plataforma o enlaces o *links* que dirijan automáticamente a los productos del oferente, o bien mediante motores de búsqueda de la página *web*,

---

412 Ej. plataformas de transporte como *Uber, BlaBlacar o Cabify*.

413 Por ejemplo, en las plataformas de ropa u objetos usados, como *Vinted* o *Zalando*.

en función de unos parámetros seleccionados por el propio usuario destinatario.[414]

b) Además de esa obligación esencial, la plataforma puede asumir otras obligaciones, como por ejemplo: que el pago del producto o del servicio adquirido por el usuario destinatario se abone a través de la plataforma, en cuyo caso debe trasladarlo al usuario profesional (detrayendo su comisión); el envío del producto adquirido a través de su infraestructura, en cuyo caso los gastos de envío se incluyen en la suscripción que el usuario mantenga activa con la plataforma; el establecimiento de motores de búsqueda dentro de la aplicación, por medio de algoritmos, para encontrar los bienes y servicios ofertados, según los criterios y filtros activados por el usuario destinatario; la organización y gestión de los rankings de usuarios oferentes, mediante la opinión de los usuarios destinatarios, lo que permite posicionar mejor a unos oferentes respecto de otros; y por último, la plataforma puede reservarse el derecho a ofrecer bienes auxiliares a los ofertados, como un seguro, servicio de mantenimiento u otros complementarios.

c) El usuario oferente, por su parte, se obliga a facilitar la descripción y características del producto o servicio, así como su funcionalidad. Si el usuario oferente es profesional, debe cumplir el contenido mínimo de la obligación de información recogida en el art. 97 TRLGDCU.

d) Como obligación esencial, el usuario oferente se obliga a remunerar a la plataforma en relación a los conceptos

---

414 Los llamados filtros de búsqueda, como, por ejemplo, un determinado tipo de productos con una serie de características o un servicio determinado con una calidad dada o cerca de un lugar concreto, mediante geolocalización.

que se hayan recogido en el contrato, y que pueden ser de diversa índole.[415]

5. *El Reglamento Europeo 2019/1150, de 20 de junio, de fomento de la equidad y de la transparencia*

El Reglamento Europeo 2019/1150, de 20 de junio, sobre fomento de la equidad y de la transparencia para los usuarios profesionales de servicios de intermediación en línea, de 20 de junio de 2019[416] es la primera norma comunitaria que tiene como objeto la regulación de las plataformas como servicios de intermediación en línea, si bien se ciñe a los contratos celebrados con oferentes profesionales. Por lo tanto, no están contempladas en la misma las relaciones entre plataforma y consumidor, ni entre el oferente profesional o consumidor.

En ese sentido, la norma tiene como ámbito de aplicación subjetivo las relaciones entre dos profesionales: por un lado, la plataforma, que presta el servicio de intermediación en línea o motor de búsqueda; y, por otro lado, el usuario profesional, que oferta a través de ellos sus productos o servicios.[417]

---

415 Número de visitas, contratos celebrados por los usuarios destinatarios, espacio de almacenamiento en la *web*, etc. *Vid.* ÁLVAREZ MORENO, T., *op. cit.* p. 71, donde se recoge un desarrollo pormenorizado de todas estas obligaciones que dimanan del contrato de mediación en la prestación de servicios entre la plataforma y el usuario oferente.

416 Publicado el el DOUE el 11 de julio de 2019.

417 *Vid.* ESTEBAN DE LA ROSA, F., "La economía colaborativa y las nuevas iniciativas europeas en el ámbito de la contratación a través de plataformas digitales de intermediación: la transformación del modelo de protección internacional de la parte débil" en (dirs. JIMÉNEZ BLANCO, P. y ESPINELLA MENÉNDEZ, A.) *Nuevos escenarios del Derecho Internacional Privado de la Contratación,* Tirant lo Blanch, 2020, pp. 412 y ss.

La norma se aplica a todas las plataformas, independientemente del lugar en el que las mismas estén establecidas, en un estado miembro o fuera de la UE,[418] siempre que concurran estos dos requisitos que consisten en el establecimiento o ubicación en el territorio comunitario: *"En primer lugar, los usuarios profesionales o los usuarios de los sitios web deben estar establecidos en la Unión. En segundo lugar, los usuarios profesionales o los usuarios de sitios web corporativos deben ofrecer, a través de la prestación de tales servicios, sus bienes o servicios a consumidores situados en la Unión, al menos durante parte de la transacción."*[419]

Este Reglamento está orientado a tutelar de manera específica, como se ha señalado, a los usuarios profesionales de los servicios de intermediación. Se ha observado que en las relaciones con las plataformas son de subordinación y dependencia, por lo que se genera un marcado desequilibrio entre las partes, lo que facilita que ciertas prácticas de la plataforma puedan resultar perjudiciales para sus usuarios profesionales y, a su vez, dañen gravemente las relaciones de estos últimos con sus clientes a través de la plataforma. En los esfuerzos de la UE por regular la *"economía de las plataformas en línea"*, el Reglamento (UE) 2019/1150 sobre el fomento de la equidad y la transparencia para los usuarios profesionales de servicios de intermediación en línea constituye un hito de gran importancia.[420]

---

418 Hay que tener en cuenta que el comercio *online* supera todas las barreras geográficas.

419 Considerando 9 Reglamento de UE 2919/1150.

420 DE MIGUEL ASENSIO, P., "Nuevo Reglamento sobre los servicios de intermediación en línea", *La Ley Unión Europea,* núm. 74, 2019, p. 1-11.

5.1 Contrato celebrado mediante condiciones generales.

El Reglamento Europeo 2019/1150, de 20 de junio, sobre fomento de la equidad y de la transparencia para los usuarios profesionales de servicios de intermediación en linea, plantea la novedad de incorporar la aplicación sobre condiciones generales a los contratos entre profesionales (B2B). Se quiere proteger a los adherentes profesionales, no ante cláusuales abusivas, sino tan sólo en materias que están relacionas con la transparencia y la equidad en el trato.

La norma parte de una definición algo confusa de condiciones generales,[421] ya que según la misma es indiferente que se trate de cláusulas negociadas o no y del tamaño de las partes e incluso de que hayan sido determinadas unilateralmente o no en su totalidad.[422] Lo único que se toma en cuenta es que se trata de cláusulas predispuestas e impuestas por la plataforma para los profesionales que deseen colocar sus productos o servicios a través de la interfaz en línea de la misma.

El Reglamento (UE) 2019/1150 establece un sistema de control de las condiciones generales de tipo formal, ya que no

---

421 Su definición se recoge en el art. 2.10 del Reglamento como: "Condiciones generales: todas las condiciones generales o cláusulas con independencia de su nombre o forma, que rigen la relación contractual entre el proveedor de servicios de intermediación en línea y los usuarios profesionales , y que están determinadas unilateralmente por el proveedor de los servicios de intermediación en línea y los usuarios profesionales, y que están determinados unilaterlamente por el proveedor de los servicios de intermediación en *línea*".

422 Una visión bastante crítica acerca de este concepto, es la que lleva a cabo ÁLVAREZ MORENO, M. T., *op, cit.*, p. 76-77, quien enumera las carencias del mismo a la hora de definir las condiciones generales, sin tener en cuenta, entre otros extemos, la forma que pueden adoptar, si ha exxtido negociación sobre algunos extremos, el tamaño de las empresas que negocian, etc.

juzga que las cláusulas sean abusivas o que sean ilícitas, limitándose a un control de inclusión y de transparencia, por lo que se persigue garantizar su accesibilidad, la transparencia y el conocimiento de las cláusulas contractuales que rigen la relación entre las partes.

Para ello el Reglamento (UE) 2019/1150, en el art. 3.1. dispone que los proveedores de servicios de intermediación en línea se asegurarán de que sus condiciones generales: a) estén redactadas de manera sencilla y comprensible b) se encuentren fácilmente disponibles para los usuarios profesionales en todas las etapas de la relación contractual con el proveedor de servicios de intermediación en línea, incluso en la fase precontractual, c) estipulan las razones de suspender terminar o restringir de cualquier modo, de manera total o parcial la prestación de los servicios de intermediación en línea a los usuarios profesionales, d) incluyen información sobre cualesquiera canales de distribución adicionales y posibles programas asociados a través de los cuales el proveedor de servicios de intermediación en línea podrá comercializar bienes y servicios ofrecidos por los usuarios profesionales, e) incluyen información general sobre el modo en que las condiciones generales afectan a la titularidad y el control de los derechos de propiedad intelectual de los socios profesionales.

Las condiciones generales que no cumplan estos requisitos se consideran nulas (art. 3.3 Reglamento (UE) 2019/1150), aunque debe calificarse como nulidad parcial, dejando en vigor el resto de cláusulas válidas.

En conclusión, la UE pretende garantizar, con estas obligaciones de información y transparencia que se imponen a los intermediarios de servicios en línea, que existan unas condiciones de competencia iguales para el mercado único digital.[423] Las plataformas están obligadas a que sea claramente visible en la interfaz en línea la identidad del profesional suministrador de los bienes o servicios e incluso a señalar también si dicho proveedor es un profesional o no.[424]

5.2 Obligaciones de las plataformas

Todas las obligaciones persiguen fomentar la confianza tanto en las empresas usuarias como de los consumidores para contratar a través de plataformas.

5.2.1 Obligación de información

La información se refiere a las distintas fases contractuales, pero siempre debe responder a los criterios de claridad y transparencia, aunque no se haya establecido expresamente para la obligación de informar, sino para la redacción de las condiciones generales aplicables.[425]

A) Información precontractual

El contenido de esta información debe ser recogido por las condiciones generales que rigen el contrato.

---

423 Comunicación de la Comisión al Parlamento de 25 de mayo de 2016 COM (2016) 288, p. 7.

424 Como señala de modo complementario la Directiva 2019/2161 del Parlamento Europeo y del Consejo de 27 de noviembre de 2019 por la que se modifican otras Directivas en lo que atañe a la mejora de la aplicación y de la modernización de las normas de proteción de los consumidores de la UE (DOUE 18 de diciembre de 2019).

425 Este principio se recoge en el art. 5 del Borrador de la Propuesta de Directiva.

a) Información sobre canales de distribución y programas asociados disponibles.

La plataforma tiene que informar sobre los canales de distribución adicionales a la propia web o interfaz, y los posibles programas asociados a través de los cuales la plataforma puede comercializar los bienes y servicios ofertados por el usuario profesional (art. 3.1.d Reglamento (UE) 2019/1150). La razón es que si la plataforma forma parte de un grupo empresarial o red de distribución puede ofrecer más difusión para colocar los productos del usuario profesional.[426]

b) Información sobre los derechos de propiedad intelectual

La plataforma tiene que informar al usuario profesional sobre la forma en la que las condiciones generales afectan a la titularidad y control de los derechos de propiedad intelectual (art. 3.1 Reglamento (UE) 2019/1150), incluyendo el uso de logotipos y marcas de productos y establecimientos.[427]

c) Información sobre los parámetros utilizados en la clasificación de los usuarios

---

426 ÁLVAREZ MORENO, M.T., *op. cit.*, p. 83.

427 El Considerando nº17 Reglamento establece que: "*Con el fin de garantizar la claridad, transparencia y una mejor comprensión para los usuarios profesionales, los proveedores de servicios de intermediación en línea deben incluir en sus condiciones generales información general o más detallada, si así lo desean, sobre los efectos globales, si los hubiera, de dichas condiciones generales, sobre la titularidad y el control de los derechos de propiedad intelectual del usuario profesional. Dicha información podría, entre otras cosas, incluir información acerca del uso general de logotipos y marcas de fábrica o de comercio.*"

La información sobre los parámetros utilizados para la elaboración de la clasificación de lo usuarios profesionales (art. 5.1 Reglamento (UE) 2019/1150) o para los resultados de los motores de búsqueda. El significado que se le da a la clasificación es "*la preminencia relativa de las ofertas de los usuarios profesionales o la relevancia atribuida a los resultados de una búsqueda, en su presentación, organización o comunicación por parte de los proveedores de servicios de intermediación en línea o por proveedores de motores de búsqueda en línea, que resulten del empleo de mecanismos de secuenciación algorítmica, calificación u opinión, énfasis visual u otras herramientas de resalte o combinación de las mismas*"[428]. Cuando un consumidor busca un producto en la plataforma, la clasificación consiste en el orden en el que posicionan los distintos productos, que se ofertan por diferentes profesionales, influyendo el orden en la contratación. La plataforma tiene que informar de los parámetros o criterios principales que maneja para realizar las clasificaciones de los usuarios profesionales, y el peso relativo de esos criterios. Esa información tiene que explicar si se tienen en cuenta para la realización de la clasificación los criterios de las características de los bienes o servicios ofertados por los profesionales, y la importancia de esas características para los consumidores. En relación con los motores de búsqueda, debe informarse también si se tienen en cuenta las características de diseño de los sitios *web* que utilizan los profesionales oferentes de los bienes o servicios.[429]

La plataforma está obligada a informar, si es posible, que los usuarios profesionales se obliguen a una remuneración directa o indirecta que pueda influir en su posición

---

428 Considerando 24 del Reglamento.

429 Art. 5.5 Reglamento UE 2019/1150.

en la clasificación e igualmente deberán explicar cómo influye dicha remuneración, es decir, qué efectos tiene sobre la clasificación realizada[430]. Esta información no implica que la plataforma llegue a divulgar conocimientos técnicos, *know-how,* ni secretos comerciales, ni que revele los algoritmos que utilizan par a su elaboración.[431]

d) Información sobre los bienes y servicios auxiliares

Los bienes y servicios auxiliares se refieren a productos que habitualmente dependen del bien o servicio principal para funcionar; o que están directamente relacionados con ellos. Por consiguiente, el término debe excluir bienes y servicios que se venden meramente de forma adicional al bien o servicio principal en cuestión, en lugar de ser complementarios por naturaleza.[432] Dos requisitos son los que se requieren para ser considerados bienes o servicios auxiliares: uno temporal, ya que ese bien o servicio debe ofrecerse al consumidor después de haber iniciado una transacción y antes de haberla completado; y otro material, ya que el objeto de esta segunda contratación se refiere necesariamente a un servicio "adicional y complementario", incluidos los productos financieros, pero no puede tratarse de productos que simple o habitualmente se venden juntos. Aunque no se menciona así, en estos casos nos encontramos ante la celebración de contratos vinculados o complementa-

---

430 Art. 5.3 Reglamento UE 2019/1150.

431 Art. 5.6 Reglamento UE 2019/1150. Ni tampoco se revelan datos que "*dentro de un grado de certeza razonable puedan conducir a error a los consumidores o causarles un perjuicio mediante la manipulación de resultados de otras búsquedas.*" (art, 5.6 Reglamento).

432 Considerando 29 Reglamento UE 2019/1150.

rios, sobre los que la Directiva 2011/83 establece ciertas cautelas.[433]

La plataforma debe informar en sus condiciones generales sobre otras dos cuestiones. En primer lugar, sobre la existencia de dichos servicios auxiliares, tanto si los oferta ella misma como un tercero. Y, en segundo lugar, debe informar al usuario profesional si también él mismo podría suministrar dichos bienes o servicios auxiliares en concurrencia con los ofertados por la plataforma o por un tercero.[434]

e) Información relativa a la modificación y extinción del contrato se servicios entre plataforma y usuario profesional

La plataforma tiene el deber de informar en sus condiciones generales, sobre los supuestos en los que cabe que modifique de forma unilateral, las cláusulas contractuales o ponga fin al contrato, estipulando las causas en la que basará su decisión.[435] La modificación de las condiciones generales aplicables al servicio no pueden tener carácter retroactivo y está sometida a determinados trámites. Existen dos excepciones, que ello sea por imposición de una obligación de una obligación legal o reglamentaria de obligado respeto, o que la retroactividad sea beneficiosa para los usuarios profesionales porque la modificación de las condiciones opera a su

---

433 Señala ÁLVAREZ MORENO, M.T., (*op. cit.,* p. 88) que hubiera sido más positivo que el Reglamento hubiera obligado a la plataforma a informar sobre la posibilidad de concluir contratos complementarios con el usuario destinatarios de la contratación del bien o del servicio entre el usuario oferente y el consumidor.

434 Art. 6 del Reglamento y Considerando nº29.

435 Art. 3.3 y 3.1.c Reglamento UE 2019/1150.

favor.[436] También deben de informar sobre los supuesto sen los que los propios usuarios profesionales ponen fin a su relación contractual y, una vez resuelto el contrato, si disponen de acceso o no (técnico o contractual) a la información proporcionada o generada por el propio usuario profesional.[437]

f) Información relativa al acceso a datos

Las plataformas tienen la obligación de informar en sus condiciones generales sobre la concesión o ausencia de acceso del usuario profesional a los datos personales o de otro tipo.[438] Y ello sin perjuicio del cumplimiento de la normativa sobre protección de datos. Se debe informar de quién tiene acceso a los datos, a que categoría de datos, en qué condiciones e incluso para qué fines. Como ya se ha señalado, nada se dice acerca del derecho a obtener dichos datos por el usuario profesional, extremo que queda a lo que la plataforma quiera establecer unilateralmente en las condiciones generales, y que presumiblemente no será muy proclive a su cesión ni a permitir su portabilidad.[439]

g) Información sobre sistema de reclamación

---

436 Art. 8 a Reglamento UE 2019/1150.

437 Art. 8 b y c Reglamento UE 2019/1150. Como expone ÁLVAREZ MORENO M.T., (*op. cit.*, p. 90), nada indica acerca de si el usuario profesional, una vez resuelta la relación profesional, podría tener derecho a la portabilidad de los datos positivos relativos a su reputación que se hayan generado durante el periodo de permanencia en la plataforma, cuestión que si contempla el art. 8.5 de la Propuesta de Directiva.

438 Art.9 Reglamento UE 2019/1150.

439 En este sentido, resulta clarificador el Considerando nº33 Reglamento UE 2019/1150.

h) Las plataformas están obligadas a incluir en sus condiciones generales toda información pertinente tanto sobre el acceso a su sistema interno de tramitación de reclamaciones, como al funcionamiento del mismo.[440]

B) Información durante la ejecución del contrato

Los casos de información durante la ejecución del contrato son los siguientes:

a) Información sobre las causas que generan la restricción, suspensión o extinción del servicio

   En estos casos, la plataforma debe informar previamente o en el moemnto en que estas incidencias surtan efecto sobre los motivos que provocan dicha decisión.[441] En el caso de extinción unilateral del contrato, la plataforma debe ofrecer esa información al menos 30 días antes de que sea efectiva.[442] Si la motivación, en cualquiera de los casos, se sustenta en una notificación de un tercero, la plataforma debe informar y dar también traslado del contenido de dicha notificación.

b) Alteración del orden de la clasificación o expulsión de ésta

   Como en el supuesto anterior, la plataforma debe informar, no sólo de que se ha producido ese hecho, sino dar traslado del contenido de la notificación del tercero, para que el usuario profesional pueda examinar el

---

440 Art.11.3 Reglamento UE 2019/1150.

441 Art.4.1 Reglamento UE 2019/1150.

442 Art.4.2 Reglamento UE 2019/1150.

mismo y actuar en consecuencia, defendiendo sus derechos.[443]

c) Información sobre la mediación

El usuario profesional puede solicitar a la plataforma antes de iniciar la mediación o durante el transcurso de ésta, la información necesaria sobre el funcionamiento y eficacia de la mediación relacionada con sus actividades.[444] Como puede deducirse, en este supuesto la obligación de información se limita desde un punto de vista subjetivo y objetivo. Además se trata de una actuación rogada, ya que tiene que ser solicitada por el usuario profesional.

5.2.2 Obligación de transparencia

Como se ha señalado,[445] la obligación de información precontractual que se impone a la plataforma coincide con la obligación de transparencia, pero se añade una mayor dimensión en ésta, consistente en que esa información sea accesible universalmente, sin tener que haberse registrado o iniciado sesión en la plataforma y que se encuentre en una ubicación clara y de fácil acceso.[446]

La plataforma debe informar en sus condiciones generales sobre los parámetros principales que maneja para la elaboración de clasificaciones de los usuarios profesionales que

---

443 Art.5.4 Reglamento UE 2019/1150.

444 Art.16.2 Reglamento UE 2019/1150.

445 ÁLVAREZ MORENO, M., T., *op. cit.*, p. 94, destaca la posibilidad de confusión entre ambas obligaciones de la plataforma y las diferencias entre ellas.

446 Considerando nº26 Reglamento UE 2019/1150.

realizan la oferta de bienes y servicios a través de la misma.[447] Los parámetros utilizados en las plataformas pueden ser múltiples y dependen de cada sector de la actividad en la que la plataforma desarrolle sus funciones. Puede realizarla la misma plataforma o ser resultado de las valoraciones de los usuarios finales.[448]

Asimismo, las plataformas deben incluir en sus condiciones generales una descripción sobre cualquier trato diferenciado que pueda darse entre los bienes y servicios ofertados por un usuario profesional y aquellos que oferta directamente la plataforma o un tercero profesional que esté bajo control de la misma. Este trato diferenciado puede tener en cuenta cuestiones como el acceso a la plataforma en relación a datos personales o de otra clase, a la remuneración directa o indirecta por el uso de los servicios de intermediación, o el acceso a las condiciones o a cualquier remuneración por el uso de servicios o funcionalidades o interfaces técnicas.[449] La finalidad de esta normativa no es otra que mantener una competencia leal en el mercado.[450]

La plataforma también tiene que recoger en su sitio o página *web* información sobre el funcionamiento y la efectividad de su servicio de reclamaciones[451] obligación de la que sólo se exi-

---

[447] Estas clasificaciones permiten a los usuarios profesionales entender cómo funciona el mecanismo de la clasificación y elegir a las plataformas que resulten más adecuadas a sus intereses.

[448] *Vid.* MARTINEZ NADAL, A., y ROSELLÓ RUBERT, F.M., "La experiencia del cliente: análisis jurídico de la publicación on line de comentarios de clientes (*reviews*). En particular el caso de Trip Advisor", en *International Journal of Information System and Tourism* (IJIST), 2016, pp. 99-127.

[449] Art.7.3 Reglamento UE 2019/1150.

[450] ÁLVAREZ MORENO, M.T., *op. cit.*, p. 98.

[451] Art.11.4 Reglamento UE 2019/1150.

me a los proveedores de servicios que sean pequeñas empresas. Esta información debe contener el número total de reclamaciones, las causas principales, el tiempo medio necesario para resolverlas y el resultado de las mismas. Esta información debe permanecer fácilmente accesible y disponible para el público en general y debe verificarse anualmente.

Por último, las condiciones generales deben reflejar los motivos que puedan justificar que durante la vida del contrato se restrinja a los usuarios profesionales la capacidad de ofrecer bienes o servicios que se contraten a través de la plataforma en condiciones diferentes y más ventajosas por otros medios o canales distintos a la misma.

5.2.3 Obligaciones en relación a la resolución de futuros conflictos

El Reglamento (UE 2019/1150) obliga, en relación a los posibles conflictos, al prestador de servicios a establecer un sistema interno de reclamaciones y, a nivel externo, a acudir a la mediación comercial. Sin embargo, estas obligaciones no se exigen a las plataformas que sean pequeñas empresas,[452] aunque éstas pueden voluntariamente implantar un sistema similar.

Con respecto al sistema interno, puede externalizar su gestión, asumiendo su coste la plataforma, y siempre que se cumplan los requisitos previstos en el art.11 del Reglamento UE 2019/1150. Debe ser un sistema gratuito y fácilmente accesible para los usuarios profesionales, siendo de resolución bilateral, por lo que la tramitación la realiza la plataforma, pero se resuelve por acuerdo entre las partes. Al tratarse de un sistema extrajudicial de resolución de controversias, voluntario, autocompositivo y no vinculantes, las partes conservan su derecho

---

452 Art.11.5 y 12.7 Reglamento UE 2019/1150.

a iniciar un procedimiento judicial durante o después del procedimiento interno de tramitación.[453]

Las causas por las que puede plantarse pueden ser muy diversas, incumplimientos por parte de la plataforma, por problemas tecnológicos relacionados directamente con la prestación de servicios de intermediación, o por conductas del proveedor vinculadas con la prestación de los servicios de la información y que vinculen al proveedor. El procedimiento que debe seguir la reclamación viene contemplado en el art. 11 y Considerandos 37-39 Reglamento UE 2019/1150.[454]

El Parlamento Europeo adoptó, el 5 de julio de 2022, la Ley de Servicios Digitales (DSA)[455] que establece un nuevo marco

---

453 *Vid.* Considerando nº37 Reglamento UE 2019/1150.

454 ÁLVAREZ MORENO, M.T., *op. cit.*, p. 99, califica esta regulación como contradictoria, porque en sus distintos puntos sostiene el carácter unilateral y bilateral de la resolución del conflicto.

455 La normativa de la UE en este sentido abarca dos normas esenciales. En primer lugar, nos encontramos con la Ley de Servicios Digitales, (DSA) contenida en el Reglamento (UE) 2022/2065 del Parlamento Europeo y del Consejo de 19 de octubre de 2022 relativo a un mercado único de servicios digitales y por el que se modifica la Directiva 2000/31/CE (Reglamento de Servicios Digitales). Esta norma se centra en crear un entorno digital más seguro para los usuarios y las empresas digitales, a través de la protección de los derechos fundamentales en línea. Entre los principales problemas que aborda la nueva norma destacan: el comercio e intercambio de bienes, servicios y contenidos ilegales en línea y los sistemas algorítmicos que amplifican la propagación de la desinformación. Gracias a las nuevas normas, los usuarios tendrán más control sobre lo que ven en línea. Contarán con una mejor información sobre por qué se les recomienda un contenido específico y podrán denegar o retirar su consentimiento con fines de publicidad personalizada. La nueva ley incluye la prohibición total de la publicidad dirigida a menores y de la publicidad específica según datos confidenciales (por ejemplo, basados en orientación sexual, religión, etnia). Además,

normativo aplicable a los servicios intermediarios, con el fin de promover un entorno *online* más seguro y equitativo. La DSA contempla la vía de resolución extrajudicial de litigios por organismos certificados que posean la independencia, los medios y los conocimientos necesarios para desarrollar sus actividades con equidad, rapidez y eficacia en términos de costes. Además, deben ser complementarias a la posibilidad de recurso judicial.

---

los usuarios estarán mejor protegidos del contenido ilícito y nocivo. Las nuevas reglas garantizarán la retirada de dicho contenido lo antes posible. Además, contribuirán a hacer frente a los contenidos nocivos que, como la desinformación política o sanitaria, no tienen por qué ser ilegales. También habrá mejores normas de protección de la libertad de expresión. La ley incluirá normas para asegurar que los productos que se venden en línea son seguros y siguen los estándares más elevados en la UE. En segundo lugar, ha entrado en vigor también la Ley de Mercados Digitales (DMA) contenida en el Reglamento (UE) 2022/1925 del Parlamento Europeo y del Consejo de 14 de septiembre de 2022 sobre mercados disputables y equitativos en el sector digital y por el que se modifican las Directivas (UE) 2019/1937 y (UE) 2020/1828 (Reglamento de Mercados Digitales).: El objetivo del reglamento es igualar las condiciones para todas las empresas digitales, independientemente de su tamaño. Para acabar con las prácticas injustas sobre las empresas y consumidores, la Ley de mercados digitales fijará reglas claras sobre lo que las grandes plataformas de internet pueden y no hacer en la UE. Las plataformas guardianas de acceso ya no podrán clasificar más favorablemente sus propios servicios y productos que otros similares ofrecidos por terceros en la misma página *web*. Tampoco podrán impedir que los usuarios desinstalen programas o aplicaciones preinstaladas si así lo desean. Además, la interoperabilidad entre las plataformas de mensajería mejorará. Los usuarios de pequeñas o grandes plataformas podrán intercambiar mensajes, enviar archivos o hacer videollamadas entre estas aplicaciones. La nueva ley establecerá los criterios para considerar a una gran plataforma en línea como "guardiana de acceso". Además, permitirá a la Comisión Europea llevar a cabo investigaciones de mercado y prever medidas correctoras para hacer frente a infracciones sistemáticas a las normas.

Por otra parte, los consumidores podrán retirarse del procedimiento en cualquier momento si no están satisfechos con el funcionamiento o la tramitación del procedimiento. Los destinatarios del servicio podrán elegir entre el mecanismo interno de reclamación, la resolución extrajudicial de litigios y la posibilidad de iniciar, en cualquier momento, un procedimiento judicial. Este sistema no se plantea, a diferencia del contemplado en el Reglamento UE 2019/1150, como un sistema bilateral de resolución de conflictos, sino que presenta carácter unilateral. Además, la DSA opta por sistemas de resolución de conflictos en línea, lo que daría cabida a la solución de conflictos entre plataformas y usuarios profesionales, o adoptar las medidas necesarias para instar la aprobación de una normativa propia para la resolución alternativa de los conflictos entre los profesionales.[456]

5.3 Fomento de códigos de conducta

La Comisión Europea fomentará la elaboración de códigos de conducta por los proveedores de servicios de intermediación en línea y organizaciones y asociaciones que representan, teniendo en cuenta, para ello, las características específicas de los distintos sectores en que se prestan servicios de intermediación en línea, así como las características particulares de los usuarios profesionales.[457]

5.4 Sanciones

Cada Estado Miembro es competente para determinar las sanciones y garante del cumplimento la norma ya que el Regla-

---

[456] Es la propuesta de ÁLVAREZ MORENO, M.T., *op. cit.*, p. 110.

[457] Microempresas, pequeñas y medianas empresas y sus organizaciones representativas.

mento UE 2019/1150 deja en manos de los mismos el establecimiento de las medias adecuadas en el caso de infracción de sus disposiciones.

5.5 Derechos de la plataforma

5.5.1 Derecho al pago del servicio

Es su principal derecho, teniendo en cuenta que estamos ante un contrato bilateral y oneroso. Normalmente constituye un porcentaje del volumen de ventas que se detrae por la propia plataforma al realizar el pago del bien o servicio adquirido por el consumidor y pagado a través de la plataforma y con anterioridad a transferir dicho precio al usuario oferente. Pero también caben otras modalidades, como un pago único y directo o un canon. Asimismo, la plataforma puede cobrar por la elaboración de la clasificación de usuarios profesionales.[458]

5.5.2 Derecho a modificación de términos contractuales

La plataforma tiene derecho a modificar las condiciones generales que rigen el contrato con los usuarios profesionales. Sólo se le obliga, en ese caso, a que se notifiquen, en soporte duradero, dichas modificaciones a los mismos. Estamos hablando de que esas modificaciones deben alterar el contenido o significado de las cláusulas que rigen la relación contractual.[459]

---

458 Esta opción suele darse en las plataformas no transaccionales, pero también es habitual en las plataformas transaccionales por el uso de la plataforma por el usuario oferente, al alojar sus anuncios o ofertas en la *web* de la misma.

459 Considerando nº18 Reglamento UE 2019/1150. Para un estudio pormenorizado de este derecho de la plataforma, *vid.* ÁLVAREZ

5.5.3 Derecho a restricción de ofertas en condiciones diferentes

La plataforma puede ofertar bienes o servicios auxiliares a los de los usuarios profesionales, siempre que estén relacionados directamente con ellos. Este rasgo de dependencia económica o funcional es fundamental, y se suelen vender juntos "habitualmente". Estamos ante contratos complementarios al de adquisición del bien o servicio principal.

5.5.4 Derecho a suspender, restringir o resolver el contrato

La plataforma tiene asimismo el derecho a suspender, restringir o resolver el contrato con el usuario profesional. La suspensión supone que el usuario profesional deja de tener accesible el servicio de intermediación en línea, y no puede seguir llevando a cabo transacciones para colocar sus bienes y servicios a los consumidores a través de la plataforma. Por su parte, con la restricción del servicio puede suponer que se excluyan determinados bienes o servicios de un usuario profesional determinado o que se supriman resultados de búsqueda en relación con sus productos, o una línea de los mismos, o también se atenúe la presencia de dicho usuario profesional. El ejercicio de esta facultad debe estar fundado en una causa[460] y se somete al procedimiento previsto en el art. 4 del Reglamento UE 2019/1150.

MORENO, M. L., *op. cit.*, pp.111 y ss.

460 Hay dos excepciones a la necesidad de motivación: el incumplimiento legal o contractual por el usuario profesional o cuando se haya producido un incumplimiento reiterado de las condiciones generales, siempre que la plataforma pueda demostrarlo. *Vid.* Considerando nº22 del Reglamento UE 2019/1150.

VIII. EL BLOQUEO GEOGRÁFICO *(GEOBLOCKING)*

Centrándonos ahora en las ventas en línea, hay que observar que, frecuentemente, las características locales de cada uno de los Estados son tenidas en cuenta por los fabricantes que venden o directamente *online* o a través del *marketplace.* Son los propios fabricantes los que tienden a crear diversificaciones nacionales, tanto en los precios como en las calidades de los productos. Son habituales las medidas conocidas como, de geobloqueo y filtrado geográfico[461], mediante las cuales el vendedor profesional ofrece al consumidor diferentes condiciones

---

[461] Con el "geobloqueo", el vendedor se niega a vender la mercancía a un consumidor que reside en el extranjero, bloqueando el acceso al sitio y redirigiéndolo a otro sitio, perteneciente a la red, en el país de residencia del consumidor. Los filtros geográficos, por su parte, son utilizados por los vendedores para identificar los lugares de origen de las solicitudes de compra de bienes con el fin de practicar condiciones de venta diferenciadas. *Vid.* Comisión Europea, Informe final sobre la investigación del sector del comercio electrónico de 10 de mayo de 2017, donde se afirma que "*Customers can switch swiftly between online and offline sales channels. Many customers use the pre-sales services offered by one sales channel (such as product demostration, personal advice in a brick-and-mortar shop or search for product information online) but then purchase the product on the other sales channel. In such cases the cost of pre-sales services become difficult to recoup ("free-riding"). Creating a level-playing field between offline and online distribution channels by finding a solution to free-riding, thereby preserving the investments in hight-level presale services, is a consideration that is claimed by steakholders to play an important role in generating some of the observed market trends and restrictions*".

"*However, it is frequently not possible for customers to make cross-border online purchases because retailers refuse to sell to customers abroad, for example by blocking access to websites, re-routing customers to websites targeting other Member States or by simply refusing to deliver cross-border or to accept cross-border payments. These measures are known as "geo-blocking". Geo-blocking can be distinguished from "geofiltering" measures, i.e. commercial practices whereby online retailers allow consumers to access and purchase goods or ser-*

de compra en función del estado de residencia. De ese modo se ha puesto de relieve, por parte de la Autoridad Francesa de la Competencia (*Autorité de la Concurrence*) que: "*du point de vue de l'offre, le développement de la vente en ligne n'a pas conduit à une uniformité des tarifs au niveau des marchés locaux. Un méthode nouvelle de pondération a permis d'appréhender la diversité des acteurs du marché*"[462], haciendo referencia a esa poca uniformidad en las ventas en línea.

Estas medidas comportan uno de los principales problemas que surgen con el comercio electrónico, a saber, la existencia de restricciones territoriales. Con el objetivo de impedir que los consumidores puedan realizar compras en línea fuera de sus fronteras, los empresarios minoristas se oponen a venderles, si se hallan fuera de su estado, o también, deniegan pagos transfronterizos.

---

vices cross-border, but offer different terms and/or conditions if the customer is in a different Member State".

462 Traducción al castellano: *"Por el lado de la oferta, el desarrollo de las ventas en línea no ha dado lugar a una fijación de precios uniforme en los mercados locales. Un nuevo método de ponderación ha permitido captar la diversidad de los agentes del mercado"*. Véase la resolución de la Autorité del la concurrence, *Moderniser l´analyse d´une concentration dans le commerce de détail: les apports de la decisión Fnac/Darty 2016*, en el sitio web: https://www.bundeskartellamt.de/SharedDocs/Publikation/DE/Reden/Jereome%20Vidal%20-%20%20Moderniser%20l%E2%80%99analyse%20d%E2%80%99une%20concentration%20dans%20le%20commerce%20de%20d%C3%A9tail.pdf?__blob=publicationFile&v=2.

Asimismo, existen ciertos precedentes judiciales (p.ej. *Nike*[463], *NBCUniversal*[464]), en los que los fabricantes utilizaban programas informáticos para localizar a los consumidores europeos y luego redirigían sus compras en línea a sitios nacionales[465]. En el Libro Verde sobre las Restricciones Verticales en la Política de Competencia de la CE (1997), ya se afirmaba que, *"en la misma línea, la Comisión también considera que las condiciones de venta en las que los compradores tienen que pagar el precio del país de destino del producto en lugar del precio vigente en el país del vendedor ya que pueden infringir el artículo 85 del Tratado (ahora, art. 101 TFUE)".*

La Comisión se opone a las diferenciaciones artificiales de precios que fragmentarían el mercado único de la UE. Los fabricantes tienden a controlar los diferenciales de precios creados dentro de la UE[466] para evitar los flujos de demanda elevados hacia un Estado, teniendo en cuenta que esto perturbaría el sistema de distribución, generalmente basado en un sistema de asignaciones predefinidas. Por ejemplo, un vendedor de coches de lujo, que vende por Internet, situado en Rumanía, podría cobrar precios más bajos que un concesionario que venda los mismos productos en su sala de exposición de Alemania.

---

463 "*La comisión impone una multa de 12,5 millones de euros a Nike por limitar las ventas transfronterizas de productos de merchandising*". Sitio Web: https://ec.europa.eu/commission/presscorner/detail/es/IP_19_1828

464 *Vid.* Comisión Europea, Informe final sobre la investigación del sector del comercio electrónico, de 10 de mayo de 2017, cit.

465 Véase *también*, Comisión Europea, *Preguntas y respuestas sobre la regulación del geobloqueo en el comercio electrónico*, 2018; el documento especifica que las prácticas de redireccionamiento de pedidos solo son posibles con el consentimiento libre y explícito del interesado. Ver en: https://www.consilium.europa.eu/es/policies/geo-blocking/

466 SIMONINI, E. La vendita delle vetture online e la distribuzione selettiva, *STEM Mucchi Editore*, Modena, 2021, p.65.

En consecuencia, el consumidor alemán podría ser atraído a comprar el coche en el sitio rumano. Esto es posible debido a la libertad de ventas pasivas, de manera que todos los consumidores europeos podrían aprovechar estos precios diferenciales. Por lo consiguiente, sería posible que el fabricante delimite estos flujos reduciendo las existencias en el distribuidor rumano y que exija a éste que redirija las propuestas de compra de otros Estados de la UE a los sitios de sus distribuidores que operan en los Estados de residencia de los consumidores que solicitan la compra de los productos en cuestión.

1. Reglamento (UE) 302/2018 de 28 de febrero. "El Reglamento Geoblocking"

Este tema se halla regulado en el Reglamento (UE) 2018/302 de 28 de febrero[467] (en adelante, el Reglamento *Geoblocking*), norma que prohíbe el geobloqueo basado en la nacionalidad del comprador *online*. Este Reglamento ofrece, en primer lugar, la definición de "bloqueo geográfico" o "geobloqueo": se trata de cualquier barrera tecnológica que tenga por finalidad impedir o dificultar las compras online de forma transfronteriza, o para impedir o dificultar el disfrute de forma transfronteriza de un servicio de contenido digital.

De esta manera, el geobloqueo o "*geoblocking*" representa una barrera para el comercio en el entorno digital y ha proliferado con el desarrollo de diversos *software* específicos para permitir la geolocalización de los dispositivos en los que se

---

467 Reglamento 2018/302 del 28 de febrero de 2018, sobre medidas para impedir el bloqueo geográfico y otras formas de discriminación basadas en la nacionalidad, el lugar de residencia o el lugar de establecimiento de los clientes en el mercado interior y por el que se modifican los Reglamentos (CE) 2006/2004 y (UE) 2017/2394 y la Directiva (CE) 2009/22/.

realizan transacciones. Bajo el nombre de bloqueo geográfico, que engloba una combinación de diversos recursos, se comprenden las barreras más comunes para el comercio en línea a las que se enfrentan los consumidores, y que consisten en el bloqueo o denegación del acceso a un determinado sitio *web*. Mediante esos métodos, una vez localizada la dirección IP del dispositivo desde el que se quiere realizar la compra, puede imposibilitarse tanto la realización del pago mediante tarjeta emitida en un Estado distinto o, en su caso, la recepción de la mercancía una vez introducida la información sobre la residencia del comprador[468].

El mencionado Reglamento *Geoblocking* se aplica a la distribución de productos y servicios minoristas. Incidiendo en mayor o menor medida en el régimen de restricciones verticales de la distribución mayorista incluido en el Derecho de la competencia, como se va a desarrollar a continuación.

Posiblemente, el Reglamento Geoblocking en cuestión, complemente o incluso modifique el régimen de las restricciones a las ventas activas y pasivas del Derecho *antitrust* aplicable a los contratos de distribución, es decir, al art. 101 TFUE, concretamente, al reciente Reglamento (UE) 720/22 de 1 de junio de 2022, relativo a la aplicación del artículo 101.3 del TFUE a determinadas categorías de acuerdos verticales y prácticas concertadas, al igual que, a las Directrices de la Comisión relativas a las restricciones verticales 2022/C 248/01 de 30 de junio de 2022[469].

Y ello se debe a que el Reglamento *Geoblocking* es especialmente complejo en lo que se refiere a las ventas activas y pa-

---

468 MARTÍ MOYA, V., "Hacía un verdadero mercado único digital: la prohibición del bloqueo geográfico en las compras *online*", *Revista Aranzadi de Derecho y Nuevas Tecnologías* nº 47, 2018, p. 7.

469 PETIT LAVALL, Mª.V. "Distribución y restricción de ventas *online*", *Revista de Derecho de la Competencia y de la Distribución*, nº 25, 2019, p. 3.

sivas. Generalmente, las ventas pasivas (consultas de venta no solicitadas por el revendedor) y las ventas activas (propuestas de venta solicitadas por el vendedor) podíamos englobarlas en el ámbito de las relaciones verticales (véase el RECAV 2022), es decir, en la relación entre fabricante o proveedor y distribuidor; sin embargo, en el presente caso del geobloqueo, se hace referencia a relación entre el revendedor y el cliente final, acarreando penalizaciones por la desatención de las ventas pasivas[470]. Asimismo, el Reglamento del *Geoblocking* puede ser analizado desde diversos enfoques. Debemos de señalar que, de su ámbito de aplicación objetivo se excluyen de manera manifiesta, ciertos sectores de gran importancia debido a su especificidad y por el carácter sensible de los bienes y servicios protegidos. Son los casos en los sectores sanitario, finan-

---

470 *Vid.* art.6 del Reglamento *Geoblocking* 2018/302, establece que "*1. Sin perjuicio del Reglamento (UE) n.o 330/2010 y del artículo 101 del TFUE, el presente Reglamento no afectará a los acuerdos por los que se restringen las ventas activas en el sentido del Reglamento (UE) n.o 330/2010, o a los acuerdos por los que se restringen las ventas pasivas en el sentido del Reglamento (UE) n.o 330/2010 que conciernan a las transacciones que no entran dentro del alcance de las prohibiciones recogidas en los artículos 3, 4 y 5 del presente Reglamento. 2. Los acuerdos que impongan a los comerciantes, con respecto a las ventas pasivas en el sentido del Reglamento (UE) n.o 330/2010, la obligación de actuar en incumplimiento de la prohibición recogida en los artículos 3, 4 y 5 del presente Reglamento serán nulos de pleno derecho.*" La norma separa el Derecho de la competencia (Reglamento 330/2010) del derecho de la protección del consumidor y tacha de nula la no tramitación de las ventas pasivas solicitadas por el consumidor.

ciero[471], audiovisual[472] o de juego y apuestas, ya que todos ellos se encuentran sujetos a supervisión y regulación del acceso a los mismos.

1.1 Aplicación territorial y jurisdicción

Con respecto a la aplicación territorial, debemos tener en cuenta que el Reglamento *Geoblocking* referido afectaría a cualquier operador que comercie dentro de los límites físicos de la UE. Ello que implicaría que toda transacción que afecte a productos o servicios suministrados u ofrecidos y pagados dentro del seno de la UE, estaría afectada por dicho Reglamento, incluso en aquellos casos en que el domicilio del operador esté situado fuera del mismo.

---

471 Reglamento (UE) 2019/2175 del Parlamento Europeo y del Consejo, de 18 de diciembre de 2019, por el que se modifican el Reglamento (UE) nº 1093/2010, por el que se crea una Autoridad Europea de Supervisión (Autoridad Bancaria Europea); el Reglamento (UE) nº 1094/2010, por el que se crea una Autoridad Europea de Supervisión (Autoridad Europea de Seguros y Pensiones de Jubilación); el Reglamento (UE) n.º 1095/2010, por el que se crea una Autoridad Europea de Supervisión (Autoridad Europea de Valores y Mercados); el Reglamento (UE) nº 600/2014, relativo a los mercados de instrumentos financieros; el Reglamento (UE) 2016/1011, sobre los índices utilizados como referencia en los instrumentos financieros y en los contratos financieros o para medir la rentabilidad de los fondos de inversión; y el Reglamento (UE) 2015/847 relativo a la información que acompaña a las transferencias de fondos.

472 Directiva (UE) 2018/1808 Del Parlamento Europeo y del Consejo de 14 de noviembre de 2018 por la que se modifica la Directiva 2010/13/UE sobre la coordinación de determinadas disposiciones legales, reglamentarias y administrativas de los Estados miembros relativas a la prestación de servicios de comunicación audiovisual (Directiva de servicios de comunicación audiovisual), habida cuenta de la evolución de las realidades del mercado.

Ello conlleva ciertas ventajas al consumidor que, usualmente, se encuentra con dificultades para determinar la ubicación de una sociedad que opera a través de la red, al mismo tiempo que reduce las posibilidades del operador de burlar la norma a través de una simple domiciliación en un tercer Estado, ubicando, de ese modo, en pie de igualdad a operadores comunitarios y extracomunitarios[473].

En relación a la jurisdicción, como es sabido, el lugar en el comerciante opera a través de la red tiene implicaciones relevantes para determinar dónde puede dirigirse el consumidor y qué ley es aplicable. En este sentido, los Reglamentos Bruselas I y Roma I han sido de utilidad en numerosas resoluciones del TJUE para delimitar su alcance.

No obstante, el Reglamento *Geoblocking* "*garantiza a los comerciantes que la observancia del presente Reglamento como tal no significa que el comerciante dirige sus actividades a un determinado Estado miembro a efectos del Reglamento 593/2008 (Roma I), y del Reglamento 1215/2012 (Bruselas I), que regulan las cuestiones relativas a legislación aplicable y a la competencia judicial*[474]", algo que

---

473 *Vid.* en detalle el Informe de impacto que acompaña a la Propuesta del Reglamento Geoblocking y otras formas de discriminación, de 25 de mayo de 2015, SWD (2016) 173 final, pp. 5 y ss.

474 Así se establece el art.6.1: «*El presente Reglamento se entenderá sin perjuicio del Derecho de la Unión relativo a la cooperación judicial en materia civil. Del cumplimiento del presente Reglamento no se derivará que un comerciante dirige sus actividades al Estado miembro de residencia habitual o domicilio del consumidor en el sentido del artículo 6, apartado 1, letra b), del Reglamento 593/2008 y del artículo 17, apartado 1, letra c), del Reglamento (UE) 1215/2012. En particular, cuando un comerciante, que actúa de conformidad con los artículos 3, 4 y 5 del presente Reglamento, no bloquea ni limita el acceso de los consumidores a su interfaz en línea, no redirige a los consumidores a una versión de su interfaz en línea basada en la nacionalidad o lugar de residencia de los mismos diferente de la interfaz en línea a la que hubiesen tratado de acceder inicialmente, no aplica con-*

presenta especial relevancia. A saber, interesa analizar si, aún con la rotundidad del Reglamento *Geoblocking*, pueden resultar ciertos impedimentos para los operadores económicos que deban facilitar el acceso a sus productos a los consumidores tanto de sus Estados como del resto de los Estados de la UE, tal y como se establece en los artículos 6, 7, y 17 del Reglamento Bruselas I[475].

Ante la falta de reglas interpretativas específicas, lo cierto es que el TJUE ha considerado aplicable el principio de protección de la parte más débil del contrato, al declarar reiteradamente que la función del régimen particular que establecen las disposiciones del Convenio de Bruselas sobre la competencia en materia de contratos celebrados entre consumidores, consiste en garantizar la protección adecuada a los mismos como parte más débil de la relación contractual, del mismo modo que la más inexperta jurídicamente, aunque dicha protección no es absoluta.

---

diciones generales de acceso diferentes al vender productos o prestar servicios en los supuestos previstos en el presente Reglamento, o acepta instrumentos de pago emitidos en otro Estado miembro de manera no discriminatoria, no se considerará, únicamente por esos motivos, que dicho comerciante dirige sus actividades al Estado miembro en que el consumidor tiene su domicilio o residencia habitual. Tampoco se considerará, únicamente por dichos motivos, que el comerciante facilita información y asistencia al consumidor tras la celebración del contrato conforme a las obligaciones que le incumben en virtud del presente Reglamento».

475 Las implicaciones que este Reglamento puede tener sobre las normas de Derecho internacional privado han sido señaladas por la doctrina de esta rama del Derecho, tal y como puede verse en LÓPEZ- TARRUELLA MARTÍNEZ, A., "El Reglamento 2018/302 sobre bloqueo geográfico injustificado y su relación con el criterio de las actividades dirigidas", *Bitácora Millenium DIPriv,* núm. 7, 2018, y la bibliografía allí citada.

Como se ha puesto de manifiesto por parte de la doctrina, siguiendo la teoría del TJUE, lo relevante es constatar la voluntad de dirigirse a otro u otros Estados miembros y determinar de qué forma se debe manifestar dicha voluntad. En este sentido, el TJUE ha señalado que la mera existencia de una página *web* no basta para entender que la actividad está dirigida a todos los Estados desde los cuales se pueda acceder. Por el contrario, ha de estarse a los indicios que permiten determinar si una actividad está dirigida al Estado miembro del domicilio del consumidor, y en este punto son relevantes todas las expresiones manifiestas de la voluntad de atraer a los consumidores de dicho Estado miembro, como, por ejemplo, la mención según la cual este ofrece sus servicios o sus bienes en uno o varios Estados miembros designados específicamente[476], opinión que compartimos en su totalidad.

1.2 Ámbito material y ejecución

Como se ha mencionado anteriormente, el Reglamento *Geoblocking*, únicamente prohíbe el bloqueo del acceso a páginas *web* y otras interfaces y la redirección hacia una versión distinta en determinadas circunstancias que considera injustificadas. En una primera y breve aproximación, se impide la discriminación sólo en los supuestos en que el solicitante se encuentra en las mismas condiciones que el consumidor nacional respecto del operador.

Estas circunstancias se dan, por un lado, cuando el vendedor no realiza la entrega transfronteriza en el Estado del comprador porque, por ejemplo, es el comprador quien recoge el bien en el Estado del vendedor, o cuando, por la propia natu-

---

476 MARTÍ MOYA, V., *Geobloqueo y comercio electrónico entre la libre circulación y el derecho de la competencia*, Editorial Boletin Oficial del Estado, Madrid, 2020, p. 37.

raleza del objeto del contrato, no existe entrega física (servicios electrónicos como el depósito de datos o el alojamiento de sitios *web*, entre otros)[477].

Por otro lado, el artículo 5 del Reglamento *Geoblocking* prohíbe a los comerciantes discriminar a los clientes en la Unión Europea por cuestiones relativas al pago de la transacción. En consecuencia, no se podrán rechazar determinados intercambios comerciales o aplicar condiciones diferentes por motivos relacionados con la ubicación de la cuenta del comprador, o con el lugar de emisión del instrumento de pago, entre otros, ni tampoco cuando la operación de pago se efectúe a través de una transacción electrónica mediante transferencia, adeudo domiciliado o un instrumento de pago basado en una tarjeta dentro de la misma marca y categoría de pago. Ni cuando el beneficiario pueda solicitar la autenticación reforzada de clien-

---

477 Artículo 4 del Reglamento 2018/302. "*Acceso a bienes y servicios*
1. Un comerciante no aplicará condiciones generales de acceso diferentes a sus productos o servicios por motivos relacionados con la nacionalidad o con el lugar de residencia o de establecimiento del cliente, cuando el cliente tenga intención de:
a) comprar de un comerciante productos, y estos o bien se entreguen en un lugar de un Estado miembro en el que el comerciante ofrece servicios de entrega en el marco de las condiciones generales de acceso, o bien esos productos se recojan en un lugar acordado entre el comerciante y el cliente en un Estado miembro en que el comerciante ofrece tal opción en el marco de las condiciones generales de acceso;
b) recibir de un comerciante servicios que se prestan por vía electrónica, que no sean servicios cuya característica principal sea proporcionar acceso a obras protegidas por derechos de autor o a otras prestaciones protegidas, y permitir su utilización, incluida la venta de obras protegidas por derechos de autor y prestaciones protegidas que no tengan soporte material;
c) recibir de un comerciante servicios, que no sean servicios que se prestan por vía electrónica, en un lugar físico en el territorio del Estado miembro en el que el comerciante ejerza su actividad."

te por el ordenante con arreglo a la Directiva 2366/2015[478]; ni tampoco es posible cuando los pagos se efectúen en una moneda que el beneficiario acepte. Tal y como se desprende del texto, la característica común que subyace a todos los supuestos cubiertos por la norma es que la operación transfronteriza no genera un coste adicional para el empresario en relación con una operación nacional. Este es el presupuesto fundamental sobre el que se erige el texto, que de otro modo estaría atentando contra la libertad de empresa. Así lo reconoce expresamente la Comisión al afirmar que, *"cuando un comerciante no ejerce sus actividades en el Estado miembro del consumidor o no dirige sus actividades a él, o cuando el cliente no es un consumidor, el cumplimiento del presente Reglamento no implica para el comerciante ningún coste adicional asociado a la competencia judicial o a diferencias en el Derecho aplicable"*[479].

En efecto, y como no podía ser de otra manera, el texto deja claro que la prohibición de discriminación no equivale a obligar al comerciante a realizar transacciones comerciales con los clientes en casos distintos de los señalados[480]. Por ello, en consecuencia, se especifica que el comerciante no tiene la obligación de entrega transfronteriza de productos en otro Estado Miembro si no ofrece esta posibilidad a sus clientes, tampoco tiene que soportar los gastos de franqueo y transporte, así como los gastos de montaje y desmontaje, por un importe

---

478 Directiva (UE) 2015/2366 del Parlamento Europeo y del Consejo, de 25 de noviembre de 2015, sobre servicios de pago en el mercado interior y por la que se modifican las Directivas 2002/65/CE, 2009/110/CE y 2013/36/UE y el Reglamento (UE) nº 1093/2010 y se deroga la Directiva 2007/64/CE.

479 Reglamento 302/2018, en su exposición de motivos, párrafo 13.

480 *Vid.* JORDÁ CAPITÁN, E.R., "El bloqueo geográfico en las compraventas en línea con consumidores y empresas", *La Ley Mercantil*, núm. 30, 2016. Donde el autor realiza una aproximación a esta Propuesta legislativa de forma resumida.

superior al que se haya acordado contractualmente de conformidad con el Derecho europeo y nacional[481].

Asimismo, también podrá ofrecer, por una parte, condiciones de acceso diferentes entre Estados miembros o dentro de un Estado miembro, y que se destinen a clientes de un territorio concreto o a grupos de clientes específicos[482]. Por otra parte, podrá ofrecer condiciones diferentes en diversos puntos de venta (tiendas físicas y tiendas *online*), o realizar ofertas específicas destinadas a un determinado territorio de un Estado miembro, e incluso aplicar una limitación territorial o de otro tipo a la asistencia posventa al cliente[483].

En relación con su ejecución, y aunque el Reglamento *Geoblocking* no establece cuáles han de ser las consecuencias de su incumplimiento, sí establece que *"Los Estados miembros deben designar uno o más organismos que sean responsables de tomar medidas efectivas para garantizar el cumplimiento de lo dispuesto en el Reglamento. Dichos organismos, entre los que podrían figurar órganos jurisdiccionales y autoridades administrativas, deben disponer de las competencias necesarias para ordenar al comerciante cumplir el presente Reglamento. Asimismo, los Estados miembros deben procurar que puedan adoptarse medidas eficaces, proporcionadas y disuasorias contra los comerciantes en caso de infracción del presente Reglamento"*[484].

Por otro lado, el propio Reglamento *Geoblocking* obliga a los Estados miembros a procurar asistencia a los consumidores a

---

481 ARPIO SANTACRUZ, J., "La regulación del bloqueo geográfico y otras formas de discriminación en la UE", en (MADRID PARRA, A. (dir.)), *Derecho mercantil y tecnología*, Aranzadi, 2018, pp. 16 y ss.

482 MARTÍ MOYA, V., Geobloqueo y comercio electrónico entre la libre circulación… *op., cit.*, p.40.

483 ARPIO SANTACRUZ, J., "La regulación del bloqueo geográfico y otras formas de discriminación en la UE…", cit., pp. 16 y ss.

484 Reglamento (UE) 2018/302, en su exposición de motivos, párrafo nº35.

través de las autoridades responsables, a fin de facilitar la resolución de los conflictos derivados de la aplicación del mismo. A saber, el texto de la Propuesta preveía la existencia de un formulario uniforme de reclamación (art. 8), de la que podía desprenderse que la Comisión está pensando más en el control y sanciones administrativas que en las judiciales. No obstante, que esta previsión haya desaparecido del texto final, no desvirtúa la veracidad (y conveniencia) de dicha afirmación. En este sentido, nos parece clara la conveniencia de intervención administrativa en la vigilancia y sanción de este tipo de prácticas por resultar ésta, a todas luces, más eficaz[485].

No queda claro, por último, si las reclamaciones habrán de ser presentadas ante el Estado origen del frustrado intento de compra o ante el Estado de destino de la misma. Esto es, si dichas reclamaciones habrán de provenir de consumidores nacionales y fundadas en infracciones de operadores de otros Estados miembros, o de consumidores de otros Estados por infracciones de los operadores nacionales.

Siguiendo la opinión expresada por numerosos autores, no cabe hacer exclusiones que el propio texto legal no prevé, por lo que han de quedar abiertas ambas posibilidades. Únicamente, en este último caso, parece más evidente la necesidad de que el procedimiento de reclamación sea telemático, a fin de facilitar su ejercicio a distancia[486].

1.3 Ámbito subjetivo

Seguidamente, en cuanto al ámbito subjetivo, la propuesta de aplicación está dirigida a comerciantes minoristas y los consumidores finales que no compren con ánimo de revender. Por

---

485 MARTÍ MOYA, V., *Geobloqueo y comercio electrónico...*, cit., p.41.

486 MARTÍ MOYA, V., *Geobloqueo y comercio electrónico ...*, cit., p. 42.

consiguiente, solamente quedarían excluidas aquellas relaciones establecidas en el Reglamento, esto es, los acuerdos verticales entre productor y distribuidor. A tal efecto, los sistemas de distribución pueden establecer limitaciones a la hora de escoger a los minoristas, respetando en todo momento las normas establecidas en los Tratados y Reglamentos de exención por categorías[487]. No obstante, el fabricante puede establecer legítimamente ciertas medidas defensivas para defender el sistema, por ejemplo, estableciendo una limitación a las ventas a un mismo cliente (que evidentemente, dado el número de productos adquiridos, evidenciaría su ánimo de reventa, y por tanto ya no sería un cliente final)[488].

---

487 MARTÍ MOYA, V., "Hacia un verdadero…", cit., p. 12.

488 Las Directrices sobre Restricciones Verticales (2010/C 130/01) determinan en su párrafo n°56 que: "*la Comisión considera una restricción especialmente grave cualquier obligación que impida a los minoristas designados utilizar Internet para llegar a más y diferentes clientes imponiendo criterios para las ventas en línea que no sean ampliamente equivalentes a los impuestos en un punto de venta "no virtual" (principio de equivalencia). Esto no significa que los criterios impuestos para las ventas en línea deban ser idénticos a los impuestos para las ventas fuera de línea, sino que deben perseguir los mismos objetivos y lograr resultados comparables y que la diferencia entre los criterios debe estar justificada por la diferente naturaleza de estos dos modos de distribución. Para evitar las ventas a distribuidores no autorizados, un proveedor puede, por ejemplo, exigir a sus distribuidores seleccionados que no vendan más de una determinada cantidad de productos a un único usuario final a través de Internet. Del mismo modo, la condición puede tener que ser más estricta para las ventas fuera de línea si es fácil obtenerlas en un punto de venta "no virtual". Para garantizar la entrega puntual de los productos contratados, en el caso de las ventas fuera de línea un proveedor puede exigir que los productos se entreguen inmediatamente. Dado que no es posible imponer una condición idéntica para las ventas en línea, el proveedor puede especificar ciertas condiciones de entrega factibles para dichas ventas. En el caso de las ventas en línea, es posible que haya que formular requisitos específicos para un servicio de asistencia posventa en línea a fin de cubrir los costes de la devolución de productos por parte de los clientes*".

A raíz de lo anterior, el Reglamento *Geoblocking* se aplica a la distribución minorista y sus consumidores finales, no a las relaciones entre el proveedor y distribuidor. En el caso de la relación entre el proveedor y distribuidor, la validez de la fijación de cláusulas contractuales estableciendo restricciones a las ventas (activas y pasivas), es decir, bloqueo geográfico, debe ser estudiado desde el ámbito del Derecho de defensa de la competencia[489]. Asimismo, sus disposiciones no resultan aplicables a los acuerdos que restrinjan las ventas activas del RECAV 2022. Por ello, son ilícitas en base a dicho Reglamento, las cláusulas en los contratos de distribución exclusiva que prohíban o restrinjan las ventas activas a un distribuidor en un territorio asignado a otro distribuidor o al propio proveedor, prohibición que se desarrollará en mayor profundidad más adelante en el presente trabajo. Por otro lado, tampoco en el RECAV 2022 encontramos la misma situación con las ventas pasivas, dado que, los acuerdos que imponen a los distribuidores exclusivos y selectivos la obligación de rechazar las ventas pasivas de los clientes que se encuentran fuera de su zona asignada, que se considera que restringen la competencia. Siendo las mencionadas cláusulas, contrarias a lo establecido en el art.101.1 TFUE no pueden ampararse en ninguna excepción por categorías. Como se ha mencionado, todo ello será objeto de tratamiento posterior a lo largo de las siguientes páginas.

No obstante, no todas las cláusulas que limitan o restringen las ventas pasivas en los contratos de distribución y que afectan a las operaciones entre los proveedores o distribuidores con el consumidor final son ilícitas. En este caso, es donde entra en juego el Reglamento *Geoblocking* completando el sistema existente, con la prohibición de aquellas cláusulas que obliguen a los comerciantes a vulnerar las prohibiciones contenidas en las

---

489 PETIT LAVALL, Mª. V., "Distribución y restricción…", cit., p.11.

mismas en relación con el acceso a las interfaces en línea, el acceso a productos o servicios y el pago.

En efecto, el art. 6.2 del referido Reglamento *Geoblocking* sanciona con la nulidad de pleno derecho los acuerdos que imponen a los comerciantes[490], con respecto a las ventas pasivas, la obligación de actuar en incumplimento de la prohibición recogida en los arts. 3, 4 y 5 del mismo texto legal. Es decir, son restrictivos de la competencia por sí mismos y, en consecuencia, nulos de pleno derecho aquellos acuerdos contenidos en los contratos de distribución que contengan cláusulas que obliguen al distribuidor a bloquear o limitar el acceso a clientes a sus interfaces en línea[491], utilizando medidas tecnológicas o de otro tipo (art.3.1); a redirigir a los clientes a una versión de la interfaz en línea que sea diferente a la interfaz en línea a la que hubiesen tratado de acceder inicialmente (art.3.2); a aplicar condiciones generales de acceso diferentes a sus productos o servicios (art.4.1); o a aplicar distintas condiciones de pago (art.5.1) por motivos relacionados con la nacionalidad, con el lugar de residencia o con el lugar de

---

490 Definido en el art. 2 apartado 18 del Reglamento (UE) 2018/ 302 Del Parlamento Europeo y del Consejo 28 De Febrero De 2018 - sobre medidas destinadas a impedir el bloqueo geográfico injustificado y otras formas de discriminación por razón de la nacionalidad, del lugar de residencia o del lugar de establecimiento de los clientes en el mercado interior y por el que se modifican los Reglamentos (CE) n.o 2006/ 2004 y (UE) 2017/ 2394 y la Directiva 2009/ 22/ CE como: "*toda persona física o jurídica, ya sea privada o pública, que actúe, incluso a través de otra persona que actúe en su nombre o a su cargo, con fines relacionados con su actividad comercial, negocio, oficio o profesión*".

491 Definición dada en el art. 2 apartado 16 del 2018/302 como: "*cualquier tipo de programa informático, incluidos los sitios web o parte de ellos y las aplicaciones, incluidas las aplicaciones móviles, utilizado por un comerciante o en nombre de este, que sirva para dar a los clientes acceso a los productos o servicios del comerciante con vistas a iniciar una operación con respecto a dichos productos o servicios*".

establecimiento de un cliente[492]. Sin embargo, en base al art. 6 del Reglamento *Geoblocking*, no se prohíben de modo absoluto las restricciones de ventas pasivas en un territorio no asignado a un distribuidor, al cual se le aplican las normas previstas en el RECAV 2022. Únicamente se prohíbe el tan mencionado bloqueo geográfico injustificado, es decir, la negativa de venta a clientes que se hallen en otro Estado miembro de la UE por los motivos antedichos, nacionalidad, lugar de residencia, etc., y dicho bloqueo geográfico injustificado continúa admitiendo excepciones. A saber, las restricciones de ventas pasivas son válidas si objetivamente son necesarias, es decir, cuando derivan del cumplimiento de un requisito legal establecido en el Derecho comunitario de la Unión, o del mismo modo, cumpliendo la legislación de alguno de los Estados Miembros (conforme al Derecho de la UE). Igualmente, el "filtrado geográfico" tampoco está prohibido por el Reglamento *Geoblocking*, habida cuenta que, en su art. 4.2 establece que la prohibición de no aplicar condiciones generales del acceso a sus diferentes productos o servicios, no impedirá a los comerciantes ofrecer el precio neto de venta, que difieran entre Estados miembros o dentro de un Estado miembro y que se ofrezcan a los clientes de un determinado territorio o a grupos específicos de clientes de forma no discriminatoria.

A modo de conclusión, se trata de encontrar el equilibrio necesario, por un lado, para trasladar las limitaciones de la distribución exclusiva y selectiva al entorno digital, y por otro, para asegurar la libertad de los consumidores de comprar donde quieran[493]. A saber, si bien la finalidad del Reglamento *Geoblocking* es sin duda loable, su alcance será probablemente modesto por varios motivos. Fundamentalmente porque parece que la mayor parte de los obstáculos que sufre a diario el

---

492 PETIT LAVALL, Mª. V., "Distribución y restricción…", cit., p.12.

493 PETIT LAVALL, Mª. V., "Distribución y restricción…", cit., p.13.

consumidor europeo para adquirir bienes o servicios son causa de prácticas concertadas y no de actuaciones individuales del empresario, quien lógicamente no debería rechazar transacciones si no es porque le generan más inconvenientes que ganancias.

En otras palabras, si un empresario que opera *online* limita su oferta a un mercado nacional en lugar de hacerlo a un mercado más amplio, ello se deberá, muy probablemente, bien debido a la falta de medios técnicos suficientes, o bien por la expectativa de aumentar su ganancia en un mercado compartimentado.

Esta última afirmación carece de lógica económica si el empresario es un operador independiente (no pertenece a una red), es uniestatal (presente en un solo Estado), y no forma parte de un de reparto de mercados[494]. A pesar de todo ello, el Reglamento *Geoblocking* resulta ser una pieza necesaria más en el puzzle de medidas encaminadas a derribar las fronteras erguidas al comercio electrónico entre Estados y, por ello, debe ser bienvenida[495].

2. El **Geoblocking** *y las restricciones de la competencia*

La regionalización de Internet, o la limitación de su uso en el comercio por razones geográficas, puede tener efectos muy adversos, no sólo en la realización del mercado interior sino también, en la competencia efectiva dentro del mercado interior.

Desde un punto de vista dogmático, el "geobloqueo" plantea nuevos retos para el Derecho de la competencia desde diversos

---

494 MARTÍ MOYA, V., "Hacia un verdadero…", cit., p.14.

495 *Vid.* SCHMIDT-KESSEN, M.J., "EU Digital Single Market Strategy, Digital Content and Geo-Blocking: Costs and Benefits of Partitioning EU´s Internal Market", *Colum. J.Eur. L.* n.24, 2018, pp. 569 y ss.

ámbitos. Por un lado, es evidente que, dado su efecto de fragmentación del mercado, puede encontrar un entorno propicio para adaptarse a las relaciones verticales como herramienta para proteger eventuales territorios exclusivos[496]. Cuando los contratos de distribución contienen la obligación de rechazar transacciones transfronterizas, impiden la circulación de bienes y servicios en el mercado interior y, por tanto, restringen la competencia entre operadores de diferentes países miembros.

Estas cláusulas *Geoblocking* suponen básicamente una vulneración del art.101.1 TFUE, y difícilmente pueden exceder las exigencias del art. 101.3. TFUE, excepto en casos excepcionales. De hecho, la firme oposición de la Comisión y del poder judicial europeo frente a este tipo de prácticas se manifestó muy pronto y se ha reflejado en numerosas sentencias[497].

---

496 Según datos arrojados por el Informe final sobre e-commerce COM (229 final), de 10 de mayo, el 16% de las empresas participantes en la investigación apuntaban a las restricciones sobre las ventas a clientes de otros Estados impuestas por sus suministradores como un problema, y el 6% como un problema grave. En el caso de los servicios digitales en línea las cifras son si cabe más alarmantes, pues hasta un 87% de los proveedores de contenidos participantes declararon que sus condiciones incluían algún tipo de restricción de acceso a usuarios de otros Estados miembros. Este Informe muestra, asimismo, que el geobloqueo es una práctica generalizada en el sector de la distribución minorista, y para la totalidad de categorías de productos estudiadas. Estas categorías incluían los productos más vendidos en línea, esto es, ropa y calzado, productos electrónicos de consumo, electrodomésticos, juegos y programas para ordenador, juguetes y artículos de puericultura, productos multimedia (libros, discos CD, DVD y Blu-ray), productos cosméticos y sanitarios, material para deportes y actividades al aire libre y artículos para el hogar y de jardinería.

497 Por ejemplo, *Grundig,* C-56/64 y 58/64, o *General Motors BV* v. *Commission,* C-551/03, *Football Assotiation Premier League,* C-403/08, *Pierre Fabre,* C-439/09, o *Coty,* C-230/16.

Por otro lado, la fragmentación del mercado por "geobloqueo" puede resultar, no solo de un acuerdo dentro de una red de distribución, sino también de un acuerdo horizontal entre operadores y potenciales competidores de diferentes Estados, lo que daría lugar a un cártel de reparto de mercado contrario al art. 101 TFUE.

Como se ha mencionado en los párrafos superiores, el poder judicial europeo ha confirmado repetidamente que los acuerdos o prácticas concertadas destinadas a dividir los mercados a lo largo de las fronteras nacionales o impedir la penetración de los mercados nacionales, en particular aquellos destinados a restringir o impedir las exportaciones paralelas, vulneran el Derecho *antitrust* en virtud del art. 101 TFUE[498] y puede ser sancionado incluso aunque tales prácticas o acuerdos ni siquiera se hayan llegado a implementar[499].

Es decir, si una red de distribución o una empresa dominante bloquea las compras de los consumidores finales desde otros Estados miembros o las redirige a un sitio *web* nacional que ofrece condiciones diversas, está quebrantando el mercado único y, de ese modo, dificultando el comercio paralelo entre Estados. A raíz de lo expuesto, el comercio paralelo es considerado un factor beneficioso para la supresión de barreras en el mercado único y, a causa de ese efecto provechoso para la

---

498 Entre muchas, Consten & *Grundig*, C-56 y 58/64, Com. v *GlaxoSmithKline*, C-513/06, par. 58 a 61; *Sia*, C-468/06, par. 65; *NV IAZ International Belgium* 96 a 102, 104, 105, 108 y 110/82, par. 23 a 27; J*avico* C-306/96, par. 13 y 14; General Motors C-551/03 P, par. 67 a 69, o Football Ass. Premier League C-403/08 Y c-429/08, par. 139. *Vid.* cita de HUTCHINSON, C. S., «*Challenges to Competition of Geographic Restrictions to Online Sales of Goods and Digital Content, Pravo. Zhurnal Vysshey shkoly ekonomiki*», n. 4, 2018, p. 271.

499 *Véase*, C-86/82, de 21 de febrero de 1984, *Hasselblad* v. Comisión, par. 46, o C-19/77, de 1 de febrero de 1978, *Miller* v. Comisión, par. 7.

integración, ha sido tradicionalmente protegido por las instituciones europeas por el Derecho de la competencia[500].

2.1 *Geoblocking* como acuerdo restrictivo de la competencia

Siendo la compartimentación del mercado por empresas dominantes un asunto relevante, sin embargo, son mucho más numerosas las ocasiones en que se ha pretendido llevarlo a cabo mediante acuerdos verticales de productores a sus distribuidores. El claro ejemplo en el que se enjuician este tipo de prácticas es la conocida sentencia dictada por el TJUE en el caso *Consten Grundig* del año 1966, siendo pionera en poner de manifiesto los problemas que la existencia de redes de distribución podría suponer para la integración del mercado[501].

En la citada sentencia del TJUE se juzgaba la licitud de una serie de medidas dirigidas a proteger la exclusividad territorial otorgada por el fabricante a distintos distribuidores nacionales, en la que el Tribunal afirma que "*la protección territorial absoluta resultante del entramado de prohibiciones a la exportación y*

---

500 Según MARTÍ MOYA, V. (*Geobloqueo y comercio electrónico entre la libre circulación...*, cit., en nota al pie nº 58): "Se alzan voces, no obstante, contra la severidad con que se persiguen las prácticas que obstaculizan el comercio paralelo en ciertos sectores. Fundamentalmente, el debate en torno a la actuación de las instituciones en pro del comercio paralelo se ha centrado en el sector farmacéutico, sector que por su evidente afectación de uno de los bienes de interés general más importantes, esto es, la salud pública, presenta especificidades que hacen que el juego de la competencia no sea capaz de desplegar sus efectos con total eficacia por causas externas al mercado. En otras palabras, factores externos al mercado como el intervencionismo estatal, en materia de precios fundamentalmente, hacen que el análisis contractual demuestre que la competencia en ausencia de la práctica restrictiva ya era inexistente o débil."

501 C-56/64 y C-58/64, de 13 julio de 1966.

a la importación impuestas a cada uno de los distribuidores nacionales exclusivos resulta contraria a los objetivos más fundamentales de la Comunidad. Y que el Tratado, cuyo Preámbulo y texto normativo tratan de suprimir las barreras entre Estados (...) no podía permitir que las empresas reconstruyeran tales barreras», considerando dicha práctica una infracción por objeto que elimina la necesidad de analizar sus efectos concretos. Así, se expresa que «un acuerdo entre productor y distribuidor celebrado para restablecer las divisiones nacionales en el comercio entre Estados miembros tendría por objeto restringir, impedir o falsear el juego de la competencia, lo que hace innecesario tener en consideración sus efectos".[502]

---

502 A esta sentencia han seguido numerosas otras, que han constatado el principio de que cualquier práctica dirigida a mantener los mercados nacionales segmentados, es en general, una práctica prohibida por los Tratados. Casos como *WEA-Filipacchi* (Decisión de la Comisión de 22 de diciembre de 1972), en que una comercializadora de música (*WEA, controlada por Warner Bros*), prohibía a sus distribuidores la exportación de los discos adquiridos entre Francia y Alemania, ya que la misma distribuía los productos a través de dos filiales en dichos países a precios notablemente diferentes, muestran la firmeza de la Comisión. Así, se afirma que «*estos acuerdos están dirigidos a impedir las exportaciones de discos distribuidos en Francia hacia otros Estados, y en particular a Alemania, que en consecuencia tienen por objetos restringir el juego de la competencia que los distribuidores franceses podrían ejercer exportándolos a Alemania*», *añadiendo que «las prohibiciones de exportar constituyen una infracción grave del artículo 85 del TCEE (hoy 101 TFUE), pues impiden la realización de un mercado único»*, y reenviando a la sentencia *Grundig/Consten*. En *Miller International v. Comisión* (C-19/77), que de nuevo se enmarca en el mercado de la distribución de música, se enjuiciaban las prohibiciones de exportar discos, cintas magnéticas y casetes, incluidas en un acuerdo de distribución 61. En este contexto, la Sala afirma que «por su propia naturaleza una cláusula de prohibición de exportación constituye una restricción de la competencia, ya sea adoptada a iniciativa del proveedor o de su cliente, pues el objetivo sobre el que recayó el acuerdo era intentar aislar una parte del mercado», prohibición ex-

Habida cuenta de la firmeza de la jurisprudencia citada, los operadores se vieron gradualmente obligados a dejar de incluir prohibiciones absolutas a la exportación para empezar a perseguir dicho objetivo mediante medidas comerciales que pudiesen ser percibidas como prácticas polivalentes en el marco de consecución de ciertos objetivos empresariales legítimos, como podrían ser la protección de la imagen y mejora de los sistemas de comercialización, entre otras[503].

A pesar de utilizar esas estrategias por parte de los operadores, el Tribunal señaló en dicha sentencia que "*puede considerarse que un acuerdo tiene carácter restrictivo, aun cuando no tenga como único objetivo restringir la competencia sino que persiga también otros objetivos legítimos*", y que "*deben tenerse en cuenta no sólo los términos de un acuerdo sino también otros factores como los fines que persigue el acuerdo como tal, a la luz del contexto económico y jurídico, con el fin de determinar si el acuerdo tiene por objeto restringir la competencia en el sentido del artículo 81 CE*".

Del mismo modo, "*un acuerdo en materia de distribución tiene por objeto restringir la competencia en el sentido del artículo 81 CE si manifiesta claramente la voluntad de dar a las ventas de exportación un trato menos favorable que a las ventas nacionales y conduce de esta forma a una compartimentación del mercado de referencia. Como señala el Abogado General (…), dicho objetivo puede alcanzarse, no sólo a través de restricciones directas de las exportaciones, sino también a través de medidas indirectas*".

Más tarde dicha resolución se confirma en una de las sentencias con más relevancia al respecto y que es la recaida en el caso *Pierre Fabre* (C-439/09). Esta resolución, junto con la que

---

plícita de exportar que de nuevo aparece en *Parker Pen* (T-77/92), y *BASF-Accinauto* (T-175/95).

503 MARTÍ MOYA, V., *Geobloqueo y comercio electrónico entre la libre circulación…*, cit., p.48.

se refiere al caso *Coty Germany GmbH*, constituyen dos referentes obligados al hablar de la distribución *online* y serán tratados en sendos epígrafes a continuación.

También concretamente, en materia de *geoblocking*, destacan los procedimientos sancionatorios contra la sociedad americana *Guess*, por infracción del art.101 TFUE[504], y las investigaciones contra las sociedades *Valme, Bandai Namco, Capcom, Focus Home, Koch Media, ZeniMax, Thomas Cook*, etc[505].

2.2. Caso *Pierre Fabre*

El Tribunal de Justicia de la UE[506] tuvo que pronunciarse con carácter prejudicial sobre la prohibición contractual impuesta por un fabricante de cosméticos (*Pierre Fabre*) a una serie de distribuidores autorizados en relación con la venta de sus productos por medios telemáticos.

Esta sentencia llegó poco después de la renovación de la legislación sobre el tratamiento de los acuerdos verticales en 2010 (RECAV 2010). Esta circunstancia había contribuido a una amplia reflexión crítica sobre la racionalidad de las restricciones verticales, tanto en la jurisprudencia como en la teoría económica (esta última analizada sobre todo por la Escuela de Chicago, que en un principio había promovido una posible interpretación procompetitiva de las restricciones verticales, hoy casi unánimemente validada)[507]. Y, por otra parte, una contri-

---

504 Decisión AT.40428, de 17 de diciembre de 2018.

505 https://ec.europa.eu/commission/presscorner/detail/en/IP_17_201

506 C-439/09, de 13 de octubre de 2011.

507 La escuela de Chicago transformó el Derecho antimonopolio sobre dos bases: en primer lugar, que prohibir conductas sin un análisis de sus efectos sobre la competencia no estaba justificado y, en segundo lugar, que para explicar estos efectos había que aplicar razonamien-

bución autorizada a la reflexión había llegado desde el lado opuesto del Atlántico, donde acababa de producirse uno de los principales resurgimientos de la experiencia antimonopolio norteamericana.

Se trata de la sentencia del Tribunal Supremo de EE.UU. en el caso *Leegin*[508], en virtud de la cual cambian las condiciones casi centenarias del juego de mantenimiento del precio de reventa, con la extensión del criterio de razonabilidad ya aplicable para otras restricciones verticales también a las cláusulas de precio impuesto y mínimo.

De hecho, cabe señalar que un primer cambio hacia una interpretación económica del Derecho de la competencia de la UE, menos limitada por categorías jurídicas formales, ya tuvo lugar durante la última década del siglo pasado y culminó con la adopción del Reglamento 2790/1999[509] y las Directrices que lo acompañaban. En esa coyuntura, se reconoció explícitamente la importancia del análisis económico y la consiguiente necesidad de evaluar los acuerdos entre operadores económicos en función de los efectos que pudieran tener en la práctica. Esta necesidad se integró con la introducción de las cuotas de mercado de las partes como umbrales para el beneficio de

---

tos traídos de la Microeconomía o Teoría de los precios y realizar estudios empíricos. Como estos eran instrumentos mucho más convincentes, la Escuela de Chicago superó a la doctrina jurídica que se aplicaba hasta entonces por los Tribunales en los EE.UU., y, con mucho retraso, por la Comisión Europea y el Tribunal de Justicia en Europa.

508 Caso nº 06-480, LEEGIN CREATIVE LEATHER PRODUCTS, INC. v. PSKS, INC., (28/06/2007). Sitio *web*: https://www.supremecourt.gov/opinions/06pdf/06-480.pdf

509 Reglamento (CE) 2790/1999 de la Comisión de 22 de diciembre de 1999 relativo a la aplicación del apartado 3 del artículo 81 del Tratado CE a determinadas categorías de acuerdos verticales y prácticas concertadas.

la exención, que podía concederse individualmente sobre la base de evaluaciones específicas. En cambio, se excluyeron del beneficio, con independencia de la cuota de mercado de las partes, los acuerdos que contenían las denominadas restricciones especialmente graves, enumeradas exhaustivamente, que se consideraban en sí mismas gravemente anticompetitivas.

Posteriormente, el RECAV 2010 se marcó como objetivo responder, en continuidad con su antecesor, a las necesidades dictadas por el rápido desarrollo de las ventas en línea, (a diferencia del anterior) regulándolas expresamente.

Partiendo de la distinción entre ventas activas y pasivas, el RECAV 2010 establecía que el uso de Internet para la venta de productos debía permitirse a cualquier distribuidor, como forma de venta pasiva que facilita el acceso de los consumidores. Por lo tanto, parece imposible restringir este tipo de ventas, con excepciones relacionadas con el cumplimiento de las normas de calidad y la presencia de puntos de venta o exposición físicos como condición para ser miembro de un sistema de distribución. En consecuencia, la relevancia de este cambio de orientación en lo que respecta a las redes de distribución selectiva parece significativa, como se recoge en el caso de *Pierre Fabre*[510].

Al respecto, el Tribunal de Justicia se pronunció sobre una cuestión prejudicial propuesta por el Tribunal de Apelación de París en el marco de un recurso de anulación contra la decisión nº. 08-D-25, de 29 de octubre de 2008, de la autoridad francesa de la competencia (antiguo *Conseil de la concurrence*), por la que se ordenó al grupo *Pierre Fabre* que eliminara de sus contratos de distribución selectiva toda referencia equivalente a la prohibición de vender sus productos cosméticos y de cui-

---

510 COSIMO ROMANO, V., *Vendite online nei networks di distribuzione selettiva: il caso Pierre Fabre,* Il Mulino, Bolonia, 2012, pp. 145 y ss.

dado personal en Internet, y que estableciera expresamente en sus contratos que sus distribuidores podían recurrir a ese método de distribución. También se impuso una multa al fabricante por la violación de las normas nacionales y de la UE. En aquella época, el grupo *Pierre Fabre* tenía una cuota del 20% del mercado francés de estos productos y sus contratos de distribución (artículos 1.1 y 1.2 de las condiciones generales) especificaban que la venta debía realizarse exclusivamente en un espacio físico, con la presencia obligatoria de un licenciado en farmacia, excluyendo así implícitamente la venta telemática[511].

En su decisión, la *Autorité* de la competencia había considerado que la prohibición de venta por Internet suponía una restricción de la libertad comercial de los distribuidores y, a medio plazo, de los consumidores que pretendían comprar por Internet, al no posibilitar la compra a quienes residen en una zona diferente a la del distribuidor. Dado que la cuota de mercado de *Pierre Fabre* estaba por debajo del umbral del 30%, el órgano de competencia examinó si la práctica restrictiva podía beneficiarse de una exención por categorías del art. 4 apartado c), que excluye del beneficio de la exención automática por categorías las ventas activas o pasivas de los miembros de un sistema de distribución selectiva. Por su parte, *Pierre Fabre* no había demostrado que podía beneficiarse de esta exención.

En el marco del posterior recurso de anulación interpuesto por la empresa recurrente, la *Cour d'Appel* de París decidió suspender el procedimiento y plantear al Tribunal de Justicia de la UE una cuestión prejudicial (dividida en tres) sobre si: (a) la prohibición general y absoluta de vender los bienes contractuales en Internet a los usuarios finales, impuesta a los distribuidores autorizados dentro de una red de distribución selectiva, constituía efectivamente una restricción grave de la

---

511 https://eur-lex.europa.eu/legal-content/ES/TXT/PDF/?uri=CELEX:62009CJ0439&from=ES

competencia por objeto en el sentido del artículo 81 CE, apartado 1 (actualmente artículo 101, (1) TFUE); (b) ¿podía acogerse a la exención por categorías prevista en el Reglamento nº 2790/1999? y, por último (c) ¿podía beneficiarse de una exención individual en virtud del artículo 81, apartado 3, CE (actualmente artículo 101, apartado 3, TFUE)?

En cuanto a la primera cuestión (a), el Tribunal consideró que la cláusula contractual controvertida podía restringir la competencia dado que, reducía la posibilidad de que un distribuidor autorizado vendiera los productos contractuales a clientes fuera de su territorio. Sin embargo, el Tribunal de Justicia aclaró que una restricción de la competencia en materia de precios en beneficio de la competencia, en lo que respecta a otros factores distintos de los precios, puede estar justificada, en teoría, siempre que dicha restricción se establezca con arreglo a criterios objetivos de carácter cualitativo aplicados de manera no discriminatoria, o que las características del producto lo requieran y que estos criterios no excedan lo necesario.[512]

Además, *Pierre Fabre* había alegado ante el Tribunal de Justicia la necesidad de preservar la imagen de prestigio de sus productos, pero, según el Tribunal de Justicia, este objetivo no fue suficiente para legitimar una restricción de la competencia y, por tanto, no puede justificar una cláusula contractual de este tipo que no esté comprendida en el artículo 101.1 TFUE. Sin embargo, esta consideración parece, como se pondrá de manifiesto más adelante, contraria a la redacción del nuevo reglamento RECAV 2022.

Por lo tanto, la cuestión (a) se resolvió en el sentido de que, una cláusula contractual en un sistema de distribución selectiva que exige que las ventas de productos cosméticos y de cuidado personal se realicen en un espacio físico, constituye

---

512 COSIMO ROMANO, V., *Vendite online…*, cit., p. 146.

una restricción por objeto en el sentido de dicha disposición, si resulta que, a la luz de las características del producto, dicha cláusula no es objetivamente justificable.[513]

En cuanto a la cuestión (b), es decir, la exención por categorías, parece que este tipo de exención no se aplica a los acuerdos verticales que tienen por objeto la restricción de las ventas activas o pasivas a los usuarios finales, sin perjuicio de la posibilidad de prohibir a un miembro de dicho sistema el ejercicio de su actividad en un lugar de establecimiento no autorizado.[514]

A este respecto, la defensa de *Pierre Fabre* alegó que la prohibición de vender los productos comercializados a través de Internet equivaldría a una prohibición de ejercer la actividad en un lugar de establecimiento no autorizado. Por lo tanto, es necesario determinar si el artículo 4, letra c), del Reglamento 2790/1999, con la expresión "lugar de establecimiento", puede incluir, en virtud de una interpretación amplia, el lugar desde el que se prestan los servicios de venta por Internet, o puede referirse únicamente a los puntos de venta en los que se realizan las ventas directas.

En opinión del Tribunal de Justicia, que también resuelve la cuestión (c) con una motivación más bien escasa, dado que una empresa tiene derecho a plantear la aplicabilidad de la excepción de derecho prevista en el artículo 101 TFUE en cualquier circunstancia, no es necesario hacer una interpretación amplia de las disposiciones que incluyen los acuerdos o prácticas en el ámbito de aplicación de la exención por categorías.

En resumen, la exención por categorías prevista en el artículo 2 de dicho Reglamento 2790/1999 no se aplica a un con-

---

513 MARTÍ MOYA, V., *Geobloqueo y comercio electrónico entre la libre circulación...*, cit., p. 55.

514 COSIMO ROMANO, V., *Vendite online...*, cit., p. 148.

trato de distribución selectiva que contenga una cláusula que prohíba, *de facto*, la utilización de Internet como método de comercialización de los bienes contractuales. En cambio, un contrato de este tipo puede beneficiarse individualmente de la aplicabilidad de la excepción legal del artículo 101.3, del TFUE si se cumplen las condiciones de dicha disposición.

2.3. Caso *Coty Germany GmbH*

Coty Germany GmbH ("Coty") es uno de los principales proveedores alemanes de cosméticos de lujo. Comercializa determinadas marcas a través de una red de distribución selectiva de distribuidores y minoristas autorizados, sobre la base de un contrato de distribución empleado uniformemente en toda Europa y utilizado también por sus empresas afiliadas. Este contrato se completa con diversos contratos especiales destinados a organizar esta red. *Coty* justifica su sistema de distribución selectiva como necesario para preservar la "imagen de lujo" de las marcas que comercializa.[515]

Por lo que respecta a la venta al por menor, el contrato de distribución selectiva de *Coty* establece que las tiendas de los distribuidores autorizados deben cumplir una serie de requisitos en cuanto a entorno, decoración y presentación de los productos.

Los distribuidores autorizados también pueden vender los productos de *Coty* en Internet, siempre que las ventas se reali-

---

515 Este asunto ha sido objeto de análisis en varios trabajos de la doctrina mercantilista en los últimos años. *Vid.* CARRASCO DEL OLMO, P., "El caso Coty: licitud de las restricciones a las ventas online en la distribución selectiva de productos de lujo", *La Ley mercantil*, Nº. 40 (octubre), 2017, pp. 2 y ss. LIÑÁN HERNÁNDEZ, P., La "sentencia Coty" sobre comercio electrónico: novedades no sólo para el sector del lujo, *Actualidad jurídica Aranzadi*, 2018, pp. 8 y ss.

cen a través de un "escaparate electrónico" de la tienda autorizada y se mantenga el carácter de lujo de los productos. Por otra parte, el contrato prohíbe la utilización de una denominación comercial diferente por parte del minorista autorizado, o el compromiso reconocible de una empresa tercera que no sea a su vez un minorista autorizado de *Coty*. Esto significa que se prohíbe el uso, de manera discernible, de plataformas de terceros (por ejemplo, *Amazon, eBay, etc*) para la venta en línea de los productos.

Parfümerie Akzente GmbH ("Parfümerie Akzente"), un distribuidor autorizado de *Coty,* había distribuido productos de *Coty* durante muchos años, tanto en sus tiendas físicas como en Internet. Las ventas por Internet se realizaban en parte a través de su propia tienda *online* y en parte a través de la plataforma *Amazon.de.*

En 2012, *Coty* interpuso un recurso ante un Tribunal nacional alemán de primera instancia para que se prohibiera a *Parfümerie Akzente* distribuir sus productos en *Amazon.de.* Dicho Tribunal desestimó el recurso por considerar que la prohibición contractual en cuestión infringía el Derecho de la competencia de la UE y era, por ello, inaplicable. En concreto, el Tribunal consideró que el objetivo de mantener una imagen de prestigio de la marca no podía justificar la introducción de un sistema de distribución selectiva, que por definición restringía la competencia, de acuerdo con la sentencia del TJUE en el asunto *Pierre Fabre,* comentado anteriormente[516]. La cláusula en cuestión también constituía, a juicio del tribunal alemán, una restricción grave en virtud del artículo 4, letra c), del Reglamento n° 330/2010 sobre Acuerdos verticales.

Coty recurrió esta decisión ante el Tribunal Regional Superior de *Fráncfort,* que suspendió el procedimiento y planteó

---

516 C-439/09,13 de octubre de 2011.

una cuestión prejudicial al TJUE sobre la compatibilidad del sistema de distribución selectiva y la cláusula contractual en cuestión con el Derecho de la UE.

En julio de 2017, el Abogado General (en adelante, AG) *Wahl* emitió sus conclusiones sobre el caso[517]. Destacó que, desde la sentencia *Metro SB - Groβmmärkte*, el TJUE ha reconocido claramente la legalidad, desde el punto de vista del Derecho de la competencia, de las medidas selectivas. Los sistemas de distribución basados en criterios cualitativos, tanto la jurisprudencia de la UE como los Reglamentos de Exención por Categorías reconocen que, cuando se aplican de forma no discriminatoria, se puede considerar que los sistemas de distribución selectiva tienen, por lo general, efectos neutros o incluso beneficiosos para la competencia, tanto desde el punto de vista intermarca como intramarca[518].

El AG explicó que, de acuerdo con esa jurisprudencia, los sistemas de distribución selectiva puramente cualitativa no están incluidos en la prohibición del artículo 101 del TFUE cuando se cumplen determinadas condiciones (los conocidos como: "criterios de *Metro*", caso del que se tratará más adelante). Entre otras cosas, dicho sistema debe constituir una exigencia legítima, habida cuenta de la naturaleza de los productos de que se trate y, en particular, de su alta calidad o su carácter altamente técnico (sin embargo, no se hace referencia al carácter "de lujo"), con el fin de preservar su calidad y garantizar su correcta utilización[519].

---

517 Dictamen del Abogado General Wahl de 26 de julio de 2017 sobre el asunto C-230/2016, *Coty Germany* EU:C:2017:603.

518 Párrafos 32-57, del Dictamen Wahl de 26 de julio de 2017.

519 Sentencia del Tribunal de Justicia de 25 de octubre de 1977 (C-26/76). *Metro SB-Groβmärkte GmbH & Co. KG* v. Comisión. ECLI:EU:C:1977:167.

Por tanto, en base a la opinión del AG, un sistema de distribución selectiva puede ser necesario para preservar la "calidad" de los productos, independientemente de que se trate de productos "de lujo". La jurisprudencia de la UE ha sostenido en numerosas ocasiones que los sistemas de distribución selectiva pueden aceptarse en el sector de la producción de bienes de consumo de alta calidad para, en particular, mantener un comercio especializado capaz de suministrar servicios específicos para dichos productos[520].

En resumen, el AG sugirió que son las características o propiedades específicas de los productos las que pueden hacer que un sistema de distribución selectiva sea compatible con el artículo 101, apartado 1, del TFUE. Estas propiedades pueden corresponder no sólo a las cualidades físicas de los productos en cuestión (por ejemplo, productos de alta tecnología), sino también a su imagen de "lujo".

Nuevamente, AG *Wahl* también adoptó la postura de que la prohibición de *Coty* de que sus minoristas autorizados utilicen plataformas de terceros para las ventas por Internet no constituye discerniblemente una restricción a los clientes de los minoristas en el sentido del artículo 4, letra b), del RECAV 2010, ni una restricción de las ventas pasivas a los usuarios finales en virtud del artículo 4, letra c), del mismo Reglamento. Como observó el Tribunal remitente en el asunto *Coty*, no es posible identificar *a priori* una base de clientes o un mercado concreto al que corresponderían los usuarios de las plataformas de terceros. Por lo demás, la cláusula contractual en cuestión no prohibía todas las ventas en línea, ni impedía a los minoristas

---

520 Apartados 33 y 68, con referencia, en particular, al asunto 26/76, *Metro SB-Großmärkte* v. Comisión, EU: C:1977:167, párrafo nº20 y el asunto 107/82, *AEG-Telefunken* v. Comisión, EU:C:1983:293, párrafo nº33.

autorizados trabajar con terceros con fines publicitarios en Internet[521].

Con respecto a la Sentencia, el TJUE siguió en gran medida el dictamen del AG. Confirmó que el artículo 101 del TFUE no se opone a una cláusula contractual como la de que se trata, cuando se utiliza en un sistema de distribución selectiva de bienes de lujo, destinada principalmente a preservar la imagen de lujo de dichos bienes, y a condición de que la cláusula: 1) tenga por objeto preservar la imagen de lujo de dichos bienes; 2) se establezca de manera uniforme y no se aplique de forma discriminatoria; y 3) sea adecuada para preservar la imagen de lujo de los bienes y no vaya más allá de lo necesario para alcanzar ese objetivo[522].

En esta conclusión se basa en la jurisprudencia del TJUE, según la cual la calidad de los productos de lujo no es sólo el resultado de sus características materiales, sino también del atractivo y la imagen de prestigio que les confieren un "aura de lujo". Por lo tanto, en virtud de sus características y de su naturaleza, los productos de lujo pueden requerir la aplicación de un sistema de distribución selectiva con el fin de preservar su calidad y garantizar su uso adecuado. La sentencia en el asunto *Pierre Fabre* debe interpretarse a la luz de los hechos de ese caso. En este sentido, la cláusula contractual en cuestión imponía una prohibición total de la venta en línea de los bienes del contrato, que no eran de lujo, sino productos cosméticos y de higiene corporal. El TJUE declaró que, aunque corresponde al Tribunal remitente comprobar si la cláusula contractual de *Coty* cumple los requisitos mencionados, puede aportar algunos puntos de interpretación que vamos a comentar a continuación.

---

521 Párrafos 152 a 156 del Dictamen *Wahl* de 26 de julio de 2017.

522 Sentencia del Tribunal de Justicia (Sala Primera) de 6 de diciembre de 2017. *Coty Germany GmbH contra Parfümerie Akzente GmbH.* (C-230/16). ECLI:EU:C:2017:941.

En la resolución del TJUE se constataron varios extremos. En primer lugar, que la cláusula en cuestión tenía como objetivo preservar la imagen de lujo y el prestigio de los perfumes. En segundo lugar, que la cláusula era objetiva y unitaria, y se aplicaba sin discriminación a todos los distribuidores autorizados. Y, en tercer lugar, que la prohibición era adecuada para preservar la imagen de lujo de los productos. La cláusula no sólo proporcionaba a *Coty* una garantía, desde el principio, de que esos productos se asociarían exclusivamente a los distribuidores autorizados, sino que también permitía al proveedor comprobar que los productos se venderían en línea en un entorno que mostraba las condiciones cualitativas acordadas con los distribuidores. En cambio, la ausencia de una relación contractual entre *Coty* y las plataformas de terceros impedía a *Coty* poder exigir el cumplimiento de las condiciones de calidad que había impuesto a sus distribuidores autorizados. La cláusula en cuestión tampoco iba más allá de lo necesario para preservar la imagen de lujo de los productos. No imponía una prohibición absoluta a las plataformas de terceros, sino sólo a su uso de forma discernible hacia los clientes.[523]

El TJUE también se refirió a la investigación de la Comisión sobre el sector del comercio electrónico, que concluyó que, a pesar de la creciente importancia de las plataformas de terceros en las ventas en línea, las propias tiendas en línea de los distribuidores representaban el principal canal de éstos. Por otra parte, una autorización a los distribuidores para utilizar plataformas de terceros, sujeta al cumplimiento de condiciones de calidad predefinidas, no sería tan eficaz como la prohibición controvertida, dada la ausencia de toda relación contractual entre *Coty* y estas plataformas de terceros, que impedía a *Coty* poder exigir el cumplimiento de las condiciones de calidad que había impuesto a sus distribuidores autorizados.

---

[523] LIÑÁN HERNÁNDEZ, P., *op. cit.*, p. 10.

Por último, el TJUE consideró que la cláusula contractual en cuestión no constituía una restricción de los clientes a los que un distribuidor autorizado puede vender los artículos de lujo en cuestión, en el sentido del artículo 4, letra b), del RECAV 2010, ni tampoco una restricción de las ventas pasivas de estos distribuidores a los usuarios finales, al tenor de lo establecido en el artículo 4, letra c), del mismo Reglamento. El TJUE coincidió con el AG en que no parecía posible circunscribir, dentro del grupo de compradores en línea, a los clientes de plataformas de terceros. Además, la cláusula sólo restringía un tipo específico de venta por Internet, pero permitía a los distribuidores autorizados vender a través de sus propias tiendas en línea y, en determinadas condiciones, hacer publicidad en línea en plataformas de terceros y utilizar motores de búsqueda en línea. En consecuencia, los clientes solían encontrar las ofertas en línea de los distribuidores autorizados utilizando dichos motores.[524]

---

524 En relación a esta importante resolución *vid.* DÍEZ ESTELLA, F., "Las restricciones verticales y la distribución on-line de productos de lujo, ¿dónde estamos después de la sentencia Coty?", en *Daños, comercio electrónico y Derecho Europeo de la Competencia* (RUIZ PERIS, J. I., (dir.)), 2019, pp. 39-68; VÉRGEZ, C., "Sentencia COTY: Reflexiones sobre las posibles limitaciones a las ventas online en plataformas de terceros", *Anuario de Derecho de la Competencia* (RECUERDA GIRELA, M.A., (dir.)), 2018, pp. 333-362; ARROYO APARICIO, A., "Productos de lujo y distribución a través de plataformas de internet desde el Derecho Europeo de la Competencia (TJUE C-230/16, Asunto Coty)", *Cuadernos de Derecho Transnacional*, Vol. 11, Nº. 1, 2019, pp. 663-670; ANTÓN JUÁREZ, I., "Los productos de lujo y su venta en Internet a través plataformas digitales: en torno a la STJUE de 6 de diciembre de 2017, Coty Germany", *Revista de Derecho de la Competencia y la Distribución*, Nº. 22, 2018, p. 16.

3. Las restricciones a las ventas activas y pasivas en la distribución online

Como ya ha sido comentado a lo largo del presente capítulo, en el seno de los acuerdos verticales, existe mayor tolerancia hacia las restricciones de las ventas activas que de las pasivas, en base al anterior RECAV 2010, y también al actual RECAV 2022.

Las Directrices del anterior RECAV 2010[525] emanadas por la Comisión, ya hacían mención, por primera vez, a algunas singularidades del comercio electrónico y fueron tenidas en cuenta para llevar a cabo el estudio de la compatibilidad entre un acuerdo vertical y las normas de competencia en relación con las ventas pasivas.

En ese momento era ya necesario establecer ciertas medidas, habida cuenta que, el comercio electrónico permite al consumidor no tener que acudir al espacio físico para adquirir un determinado bien o servicio, o adquirirlos del distribuidor que viene asignado de forma "natural" por la zona en la que reside. Es decir, basta con un click para llevar a cabo la compra al distribuidor que, independientemente de donde se encuentre, le ofrezca mejores condiciones, por un mismo producto o servicio. De hecho, para que el consumidor lo encuentre, no resulta necesario, ni siquiera, que el distribuidor realice publicidad alguna, tanto *online* como *offline*, dado que, a través de buscadores es posible encontrarlo.

Con el objetivo de aclarar tal escenario, las Directrices del Reglamento del año 2010 establecían que, tener una página *web* se considera una forma de venta pasiva, no siendo determinante los distintos idiomas de la misma, al igual que, se consideran ventas pasivas las realizadas mediante la misma. Por con-

---

525 https://eur-lex.europa.eu/LexUriServ/LexUriServ.do?uri=OJ:C:2010:130:0001:0046:ES:PDF

siguiente, las Directrices 2010 apreciaban como restricciones especialmente graves de las ventas pasivas, como por ejemplo las prácticas que, impiden a los clientes situados en otro territorio visitar la página web del distribuidor o redirigirlos automáticamente a otra página *web* (tanto a la del proveedor/fabricante como a la de otro distribuidor), o invalidar la operación de venta electrónica por motivos de residencia del comprador, conociéndose ese dado por la dirección IP, o la exigencia de un precio más alto por la adquisición mediante compra *online*.

En aquel momento, a pesar de ese esfuerzo clarificador por parte de la Comisión, todavía en el ecosistema digital no estaban bien definidas las diferencias entre ventas pasivas y activas, algo que ha clarificado definitivamente el nuevo RECAV 2022 y sus correspondientes Directrices, como hemos tenido ocasión de exponer en epígrafes anteriores de este capítulo.

Tampoco podemos olvidar, en este sentido, el papel trascendental que juegan los motores de búsqueda, dado que tienen la capacidad de determinar las compras de los consumidores finales posicionando ciertos productos en los primeros puestos de los listados. Bien es cierto que, los resultados no siempre dependen de causas más allá del control de los operadores, que sin embargo tienen herramientas para aumentar su visibilidad. De este modo, sería oportuno analizar el alcance y las consecuencias de los esfuerzos realizados por este vendedor sobre su propio posicionamiento, calificando su conducta comercial (o su promoción) en activa o pasiva y, en consecuencia, calificando el impacto de las cláusulas que finalmente prohíbe a los distribuidores que utilicen estos para llevar a cabo acciones.

Por una parte, y en el contexto de fragmentación del mercado interior, es evidente que los buscadores ofrecen distintas alternativas en función de la ubicación de la IP, de forma que los resultados obtenidos en Internet para una misma consulta difieren de los obtenidos en función del país donde se realiza la búsqueda. Entonces, ello puede suponer un impedimento al mercado único si pensamos que establece un obstáculo al consumidor del Estado “A” a las ofertas de los operadores del Estado “B” en igualdad de condiciones que un consumidor nacional[526].

Por otra parte, el TJUE ha estudiado con detenimiento las prohibiciones absolutas de ventas *online* y las prohibiciones de ventas a través de plataformas. Como hemos comentado anteriormente, los relevantes casos *Pierre Fabre* y *Coty* representan la doctrina emanada del TJUE sobre estas prohibiciones.[527]

Con tal propósito, hemos analizado ambos casos para aclarar las justificaciones de las restricciones a las ventas pasivas *online* que pueden ampararse en el apartado 3 del art. 101 TFUE. En este sentido, existen dudas en cuanto a si proteger el valor de marca o la imagen de lujo de un producto puede respaldar la legitimidad de algunas de estas restricciones. Por lo tanto, la afirmación de que el propio canal en línea, independientemente del diseño del portal de ventas específico, puede dañar la imagen de los productos vendidos, es algo que, a la vista del desarrollo de Internet no tendría cabida. En consecuencia, se puede argumentar, que, dada la evolución cualitativa del mercado digital, una prohibición total de las ventas en línea, como en el caso de *Pierre Fabre,* difícilmente puede considerarse proporcionada a la posibilidad del fabricante de imponer y controlar los parámetros de calidad del concreto portal de venta en Internet. Por el contrario, la protección de la imagen de lujo puede justificar la prohibición de venta a través de “ciertos” portales como plataformas en línea, tal y como se observa en el caso *Coty.*[528]

---

[526] MARTÍ MOYA, V., *Geobloqueo y comercio electrónico entre la libre circulación…* cit., p.55.

[527] Al respecto *vid.* DÍEZ ESTELLA, F., *op. cit.,* p. 68.

[528] CARRASCO DEL OLMO, P., *op. cit.,* p. 5.

Acerca de qué productos o marcas pueden considerarse dignos de protección y qué canales podrían finalmente ser restringidos son cuestiones fácticas que dependen del caso específico[529].

3.1 Restricciones en el caso de la distribución en exclusiva

Debemos señalar que el proveedor puede asignar un territorio específico al distribuidor. En ese caso, el distribuidor está protegido de las ventas activas de los demás distribuidores de la red. Como hemos visto en epígrafes anteriores, según el art. 4. b) del RECAV 2022, el fabricante puede reservarse el derecho de realizar ventas directas (no sólo ocasionales) en el territorio exclusivo reservado a un número máximo de cinco distribuidores. Las ventas pasivas serían siempre libres y, sobre todo, no se podría exigir a los distribuidores que revendan a revendedores independientes[530]. Prohibir las restricciones a las ventas pasivas entre países de la UE afecta inevitablemente al régimen de exclusividad, privando al sistema de parte de su fuerza.

En consecuencia, se prohíbe la protección territorial absoluta, siguiendo la doctrina del TJUE, que de forma reiterada ha establecido que los acuerdos en los contratos de distribución prohíben al comprador revender los productos con objeto del contrato fuera del territorio designado en el mismo, teniendo por finalidad compartimentar los mercados conforme a las fronteras nacionales y excluir las importaciones paralelas dentro de la UE, por lo que se restringen la competencia dentro del mercado común[531]. No obstante, la prohibición de la pro-

---

529 MARTÍ MOYA, V., *Geobloqueo y comercio electrónico entre la libre circulación...*, cit., p.56.

530 Véase el RECAV 2022; esta limitación sólo está prevista en la distribución selectiva.

531 Directrices relativas a las restricciones verticales 2022, pár. 50.

tección territorial concede ciertas excepciones[532]. En el caso que nos concierne, reviste especial importancia la excepción establecida en el art. 4 *b)* RECAV 2022 para los contratos de distribución en exclusiva. Y ello habida cuenta que contempla la diferenciación entre ventas activas y pasivas, lo que permite la restricción de las ventas activas a otros territorios asignados a otro distribuidor por el fabricante/proveedor o que se ha asignado a sí mismo el propio proveedor. De ahí que los distribuidores tengan protegido su territorio contra las ventas activas de todos los otros compradores del producto o servicio del proveedor, independientemente de las ventas del proveedor. La mencionada excepción tiene su finalidad en permitir que los distribuidores puedan amortizar las inversiones realizadas para iniciar y/o desarrollar un nuevo mercado[533].

---

532 Recordemos que, como se ha analizado en un épígrafe anterior, se establecen cinco excepciones en el art.4 b) del RECAV 2022:
"i) *la restricción de las ventas activas del distribuidor exclusivo y sus clientes directos en un territorio o a un grupo de clientes reservado al proveedor o asignado por el proveedor exclusivamente a un máximo de otros cinco distribuidores exclusivos,*
ii) la restricción de las ventas activas o pasivas del distribuidor exclusivo y sus clientes a distribuidores no autorizados situados en un territorio en el que el proveedor gestione un sistema de distribución selectiva de los bienes o servicios contractuales,
iii) la restricción del lugar de establecimiento del distribuidor exclusivo,
iv) la restricción de ventas activas o pasivas a usuarios finales por un distribuidor exclusivo que opere a nivel del comercio al por mayor,
v) la restricción de la facultad del distribuidor exclusivo de vender activa o pasivamente componentes suministrados con el fin de su incorporación a un producto, a clientes que tengan intención de usarlos para fabricar el mismo tipo de bienes que el proveedor"

533 ECHEBARRÍA SÁENZ, M., "Acuerdos verticales", en *Derecho europeo de la competencia: antitrust e intervenciones públicas* (coord. VELASCO SAN PEDRO, L.A.*), Lex Nova,* 2005, p.134.

Sin embargo, los efectos anticompetitivos resultantes de la protección de un distribuidor exclusivo frente a las ventas activas de otros distribuidores quedan mitigados precisamente por la prohibición de protección frente a las ventas pasivas. De hecho, las restricciones de las ventas pasivas ofrecen una protección territorial absoluta y, por lo tanto, escinden el mercado, por lo que son ilegales y solo admisibles en casos excepcionales en virtud del artículo 101 TFUE. Por lo tanto, en principio no pueden prohibirse las ventas pasivas, es decir, que un distribuidor atienda a las demandas de clientes situados en el ámbito territorial asignado a otro u otros distribuidores exclusivos.

En resumen, mientras que las restricciones de venta activa pueden beneficiarse de una exención por categorías, las ventas pasivas no pueden hacerlo[534]. Por lo que, la publicidad *online* dirigida a determinados clientes, como contratar un motor de búsqueda o un proveedor de publicidad *online* para que publique anuncios dirigidos concretamente a compradores en un determinado territorio, es considerada, como se ha expuesto anteriormente[535], una forma de venta activa que podría resultar incompatible con la exclusividad de otro distribuidor o del propio proveedor, cabiendo la posibilidad de impedirla o restringirla al estar cubierta por una excepción por categorías establecida en el RECAV 2022[536].

3.2 Restricciones en el caso de la distribución selectiva

La jurisprudencia comunitaria coincide en la idea de que un sistema de distribución selectiva no entraría en el ámbito

---

534 Resolución de la Comisión Nacional de la Competencia de 28 de enero de 2009, Exp. 2659/05, Asunto Rotores, en: https://www.cnmc.es/sites/default/files/36995_7.pdf

535 Definición recogida en el art.1.1 apartado m) del RECAV 2022.

536 PETIT LAVALL, Mª. V., *Distribución y restricción…*, cit., p.5.

de la prohibición del art. 101.1 TFUE a condición de que, en primer lugar, la elección de los revendedores se haga según criterios objetivos de índole cualitativa, establecidos indistintamente para todos los revendedores potenciales y aplicados de manera no discriminatoria. En segundo lugar, será necesario que las características del producto de que se trate exijan, para conservar su calidad y garantizar su uso correcto, una red de distribución de este tipo y, por último, que los criterios definidos por el fabricante no superen el límite de lo necesario. El supuesto lleva también a excluir la aplicación del apartado 3 del art. 101 TFUE (reservado a los casos que entrarían en el ámbito de aplicación del artículo 101, apartado 1, del TFUE).

Por lo tanto, debe determinarse si las características de los productos en cuestión requieren un sistema de distribución selectiva, en el sentido de que el sistema permite mantener una diferenciación cualitativa efectiva de los productos hasta la venta al consumidor.

El TJUE ha llegado a la conclusión de que, en estas condiciones, es legítima la organización de un sistema de distribución selectiva, que tenga por objeto garantizar una presentación que ponga en valor estos productos en el punto de venta, especialmente en lo que respecta a la posición, la promoción, la presentación de los productos y la política comercial, y que puede contribuir a la notoriedad de los productos en cuestión y, por lo tanto, a salvaguardar su "aura de lujo". Así se justifica la limitación que el sistema permite la prohibición de venta a distribuidores independientes dado que, responde a un interés legítimo del ordenamiento en beneficio del consumidor. En esencia, la limitación es necesaria para el sistema selectivo.

Además, en determinadas ocasiones, la exigencia de garantizar la legitimidad del sistema selectivo se vería reforzada por la normativa sobre propiedad intelectual y, en particular, por la relativa a las marcas. En efecto, en la medida en que garantiza que todos los productos o servicios que llevan su marca han sido fabricados o suministrados bajo el control de una única empresa a la que pueda imputarse la responsabilidad de su calidad, la marca tiene una función esencial en el sistema de competencia no falseado que el TFUE pretende introducir y conservar.

En un sistema de este tipo, las empresas deben ser capaces de atraer clientes con la calidad de sus productos o servicios, lo que solo es posible gracias a la existencia de marcas distintivas que permitan reconocer dichos productos y servicios. Sin embargo, para que la marca pueda desempeñar esta función, debe garantizar que todos los productos marcados con ella hayan sido fabricados bajo el control de una única empresa a la que pueda atribuirse la responsabilidad de su calidad.

En el contexto del Derecho de marcas, el TJUE ha subrayado que los productos de lujo y de prestigio se definen no sólo a la luz de sus características materiales, sino también a partir de la percepción específica que tienen los consumidores y, más concretamente, del "aura de lujo" de la que se benefician estos últimos. De hecho, dado que los productos de prestigio son artículos exclusivos, el lujo que los rodea es un elemento esencial para que los consumidores los distingan de otros productos similares. Por lo tanto, un daño a tal aura de lujo puede comprometer la calidad misma de tales productos. A este respecto, el Tribunal de Justicia ya ha declarado que las características y modalidades específicas de un sistema de distribución selectiva son en sí mismas idóneas para mantener la calidad y garantizar el uso correcto de dichos productos.

Este argumento, utilizado por el AG en el caso *Coty*, comentado anteriormente, tiene aspectos relevantes, pero olvida, en nuestra opinión, que el Derecho de la competencia necesita no sólo un supuesto teórico, sino también una verificación fáctica, sobre el terreno, del funcionamiento del mercado y de la justificación de la restricción. La marca vincula asépticamente el producto al fabricante y certifica el origen del producto, pero no certifica ni que el bien sea "de lujo" ni que el consumidor obtenga un beneficio efectivo real de la red selectiva (que es lo mismo que decir que el producto debe venderse a través de una red selectiva)[537].

El TJUE, en la sentencia *Fabre*, antes comentada, indicó que las ventas en línea son ventas pasivas y, como tales, deben ser siempre permitidas por los fabricantes a sus distribuidores. Cualquier prohibición constituiría una restricción injustificada por objeto de la distribución selectiva. En la sentencia *Coty*, el Tribunal consideró que el Derecho de la competencia permitía que el fabricante impidiera al distribuidor utilizar sitios de venta genéricos (p.ej. *Amazon*) para distribuir productos en una red selectiva. Esta última decisión fue respaldada por alguna jurisprudencia posterior, como la sentencia del Tribunal de Apelación de París en el caso *Caudalie* de 13 de julio de 2018[538].

---

537 El comentario de OOSTERHUIS, G., "Online platform prohibitions also permitted for non-luxury goods", *HOUTHOFF*, 2020. Donde afirma que: "*The first issue is when a product qualifies as a luxury good (since products can in fact become luxury goods because of selective distribution). The second concerns the question of why this aspect of the freedom to conduct business should be restricted, while it remains unrestricted in other areas such as trademark law. AG Wahl´s opinion in Coty also stresses that, similar to trademark law, a vendor´s decision to use a selective distribution system is essentially an expression of the owner´s right to market a product in the manner of the owner´s choosing*". Véase en: https://www.houthoff.com/insights/News-Update/Competition-News-Update-30-September-2020

538 *Vid.* Corte de Apelación de París, decisión de 2 de febrero de 2016, RG nº 2014/060579. El caso llegó finalmente al Tribunal Supremo francés (*Cour de cassation*), que, mediante su decisión de 13 de septiembre de 2017, devolvió el caso al Tribunal de Apelación para una nueva vista sin pronunciarse sobre el fondo, tras considerar que dicho tribunal se había extralimitado en sus funciones. Véase Cass. Com., decisión de 13 de septiembre de 2017, nº 16-15.067. En el cual el Tribunal de Apelación de París se pronunció en contra de la prohibición de la venta a través de mercados en línea. C*audalie,* un fabricante de cosméticos con un sistema de distribución selectiva,

La clave en la distribución selectiva se encuentra, a nuestro entender, no tanto en permitir las ventas pasivas (caso *Fabre*) y limitar el uso de los *marketplaces* (caso *Coty*), sino en volver a revisar, en esencia, su concepto, reformulando el perímetro de la noción de bienes de lujo.

Cabe señalar que el Informe sobre el Comercio Electrónico de la Comisión Europea (2017)[539] señaló que de forma significativa se ha producido *"un mayor uso de sistemas de distribución selectiva que permiten a los fabricantes determinar qué criterios deben cumplir los minoristas para unirse a la red de distribución y prohibir las ventas a los minoristas no autorizados"*. Los fabricantes reconocen explícitamente que utilizan la distribución selectiva para reaccionar ante el crecimiento del comercio electrónico, ya que les permite controlar mejor las redes de distribución, en particular en lo que respecta a la calidad de la distribución, pero también al precio. Los resultados de la encuesta sectorial

---

había solicitado una medida cautelar al Tribunal de Comercio de París, pidiendo que *eNOVA*, una federación de farmacias que opera un de venta de sus productos, dejara de ofrecer los productos de *Caudalie* a través de esa plataforma. *eNOVA* no era un distribuidor autorizado, sin embargo, incluso en lo que respecta a los distribuidores autorizados, el contrato de distribución selectiva de *Caudalie* sólo les permitía vender los productos en cuestión en sus locales físicos o a través de su propia tienda *online*. El requerimiento fue inicialmente concedido, pero posteriormente revocado en segunda instancia. El Tribunal de Apelación de París se basó en decisiones anteriores de la FCA en los casos *Adidas, Asics y Samsung* para considerar que la prohibición constituía una restricción dura del derecho de la competencia. En otras palabras, a pesar del enfoque de la jurisprudencia francesa, la decisión del Tribunal de Apelación de París en el caso *Caudalie* y el de la FCA en el caso *Samsung* muestran que las restricciones a las ventas en línea se han considerado anticompetitivas también en Francia.

539 Véase en: https://ec.europa.eu/competition/antitrust/sector_inquiry_final_report_es.pdf

sobre el comercio electrónico indican que el número de acuerdos de distribución selectiva y el uso de criterios de selección han aumentado considerablemente en los últimos diez años.

Dado que la distribución selectiva permite a los fabricantes prohibir a sus distribuidores integrados la venta de productos a los distribuidores independientes, este sistema es utilizado por el fabricante para impedir que los distribuidores de la red vendan a través de los *marketplaces* genéricos. La justificación, como se ha mencionado, radica en la observación de que un producto de alta calidad perdería su atractivo si se vendiera fuera de un circuito selectivo.

Sin embargo, la verdadera justificación reside, en nuestra opinión, en el hecho de que los fabricantes temen que, si los *marketplaces* se convirtieran en el extremo *de facto* de la red de distribución, podrían rebajar los precios de la red, lo que perturbaría el sistema[540].

La nueva vitalidad de los sistemas selectivos puede explicarse, por tanto, como una respuesta de los fabricantes al fenómeno de la venta en línea por parte de sus distribuidores, tanto porque se dirigen a una clientela indiferenciada en la que el cliente final no siempre es identificable, como porque los dis-

---

540 Por mostrar un ejemplo, en el mercado del automóvil, si el fabricante y sus distribuidores venden en línea al mismo tiempo, podrían producirse importantes diferencias de precios (*Vid.* Comunicación de la Comisión relativa al Reglamento 123/85 de 18 de enero de 1985). Es interesante señalar que, hasta hace unos diez años, la Comisión Europea publicaba periódicamente los precios de los coches en los Estados miembros de la UE, con ello, por un lado, identificaba las políticas artificiales de compartimentación aplicadas por los fabricantes de automóviles y, por otro, facilitaba a los consumidores la búsqueda de los países con los precios más bajos en los que podían comprar vehículos.

tribuidores suelen sentirse atraídos por las plataformas en línea (y su gran visibilidad) para vender productos.

La posición de la Comisión ha sido criticada por la doctrina[541] en el sentido de que parece reforzar de manera injustificada la posición de los fabricantes, utilizando una noción extremadamente vaga de "bien de lujo", sin tener en cuenta la situación real del mercado[542]. De hecho, esa posición ha sido recogida por algunos tribunales, que ya no tienen en cuenta

---

541 CATRICALÀ, A., CAZZATO, C.E., y FIMMANÒ, F., *Diritto Antitrust,* Giuffrè, Milán, 2021, p. 305.

542 La posición adoptada por la Comisión en "*Competition policy brief, EU competition rules and marketplaces bans: Where do we stand after the Coty judgement*" extender el uso de un sistema selectivo a todos los productos parece muy superficial puesto que, acabaría creando un sistema de distribución selectiva al margen de los criterios de *Metro,* con el resultado de que podría desaparecer la justificación del sistema (que no entra en conflicto con el apartado del artículo 101 del TFUE precisamente porque existen justificaciones para su uso). Es singular el posicionamiento de la Comisión en el documento "*Competition policy brief, EU competition rules and marketplaces bans: Where do we stand after the Coty judgement*" dado que afirma: "*The Court refers in this context in particular the Copad judgment according to which the quality of luxury goods is not just the result of their material characteristics, but encompasses also their "aura luxury" which is essential un enabling consumers to differentiate them from similar goods and that an impairment to the aura of luxury is likely to affect the actual quality of those goods. The Court also explains that the statement contained in paragraph 46 of the Pierre Fabre case which led to different interpretations was not meant to indicate a departure from settled case-law, but must be read in the light of the context of that case and related solely to the goods at issue and the contractual clause in question in that case (i.e. a prohibition of online sales) rather than selective distribution system un its entirely or selective distribution in general. The differentiation between the different contractual clauses in the two cases is important as it highlights that each potentially restrictive clause within a selective distribution agreement must be analyzed as such with art. 101.1 TFEU. In this context, it must be borne in mind that selective distribution systems complying with art. 101.1 TFEU can also be operated for other pro-*

el "concepto" de bien de lujo[543]. Sin embargo, todavía podemos encontrar resoluciones que adoptan una postura excesivamente desfavorable hacia los mercados incluso para productos que a menudo no tienen características de calidad de lujo (sino que, por ejemplo, forman parte de la ropa deportiva),

---

duct categories than luxury goods, as acknowledged by the Court of Justice in previous cases in relation to "highquality" and "high-technology" products". También se señaló que esta directriz de la Comisión "*no puede ser exagerada, ya que no es un precedente judicial, sino una opinión de la Comisión expresada en el comentario de la sentencia Coty*", *vid.* CATRICALÀ, A., CAZZATO, C.E., y FIMMANÒ, F., *op. cit.*, p. 308. Si se utilizara un sistema selectivo para productos comunes, no se beneficiaría de la jurisprudencia de *Metro* y probablemente tendría que quedar exento del Reglamento de exención de acuerdos verticales.

Véase también en este sentido, MOSCA, F., *Distribution Strategies in Luxury Markets: Emerging Trends,* McGraw-Hill, Universidad de Turín, 2014, donde señala que los productos de lujo son difíciles de definir habida cuenta que, pertenecen a diferentes categorías, y que el proceso de democratización que domina algunas economías ha ampliado sus límites tradicionales sobre el proceso de democratización.

543 El Tribunal de Ámsterdam con la sentencia del 4 de octubre de 2017 en el caso *NIKE* rechazó la oferta del minorista *Action Sport* para comercializar productos de *Nike* en el mercado de Amazon a pesar de la prohibición contractual de "*display Nike Produts for costumer sale within websites of other companies (which are not NEON authorised retailers)*". El juez holandés, basándose sobretodo en la opinión del Abogado General *Wahl* en el caso *Coty,* consideró válida esta restricción. La decisión fue confirmada por el Tribunal de Apelación de Ámsterdam en julio de 2020. "*On 14 July 2020, the Amsterdam Court of Appeal (the Court of Appeal) issued a judgment by which it confirmed that Nike European Operations Netherlands (NEON), Nike´s European distribution company, had rightfully terminated its distribution agreement with one of its authorized distributors, Action Sport. Action Sport had persistently sold Nike products through an unauthorized third-party platform (Amazon), despite several warnings from NEON that sales through unauthorized platforms are not allowed under NEON's Selective Retailer Distribution Policy.*", ver sitio web: https://stek.com/en/amsterdam-court-of-appeal-coty-not-confined-to-luxury-products/.

favoreciendo el mantenimiento de precios elevados[544]. En ese sentido, y poniendo de relieve la debilidad de la argumentación, un fabricante podría crear una red selectiva para vender productos no lujosos y aprovechar la posibilidad (que ofrece el sistema) de prohibir a sus distribuidores que vendan a terceros operadores.

En el caso *Metro*,[545] el Tribunal examinó en el mercado el número de fabricantes que ofrecían un producto de alta calidad y la presencia de productos sustituibles. La premisa para justificar la distribución selectiva se buscaba, en ese caso, en un mercado competitivo en el que había pocos fabricantes, existían productos sustituibles y había competencia efectiva (*workable competition*), suficiente para considerar que se respetaban los requisitos y objetivos fundamentales del TFUE. Seguidamente, se hizo necesario analizar si los sistemas selectivos establecidos para frenar las ventas en línea y evitar la dispersión de los bienes en los mercados realmente realizan una mejora de la competencia en términos de mayores beneficios proporcionados por los servicios de red. En particular, si la "bonita" presentación del producto y la presencia de personal cualificado en

---

[544] *Vid.* LUGORI, J., "Selective distribution: the consequences for non-luxury products ", *Whitersworldwide*, 8 diciembre de 2020, sitio web: https://www.withersworldwide.com/en-gb/insight/selective-distribution-the-consequences-for-non-luxury-products. Afirma que: "*With this decision, the scope of application of the Coty decision has also been extended to non-luxury suppliers. Brands are encouraged to address the use and application of selective distribution agreements on an individual case-by-case assessment, taking the terms of distribution, the characteristics of the products concerned and the brand image into consideration*".

[545] Tribunal de Justicia del 25 de octubre de 1977, *Metro* c. Comisión C-26/76. Para los fabricantes, los parámetros más importantes de la competencia son la calidad, la imagen de marca, la novedad del producto y el precio; para los minoristas, el precio es el principal parámetro, Comisión Europea, Informe final sobre la investigación del sector del comercio electrónico de 10 de mayo de 2017.

la tienda proporcionan a los consumidores un beneficio que compensa el efecto negativo del control de precios dentro de la red y la exclusión de los minoristas de la compra de bienes.

La cuestión ha sido ampliamente tratada en el pasado por el TJUE en el caso *Leclerc*[546], que, tras recordar las condiciones de *Metro* y, en particular, que las características de los productos en cuestión exigen un sistema de distribución selectiva, en el sentido de que, un sistema de este tipo constituye una *necesidad legítima*[547], en relación con la naturaleza de los productos considerados y, en particular, con su alto nivel cualitativo y tecnológico, para preservar su calidad y garantizar un uso correcto (*véase* la sentencia *L´Oréal*[548], apartado 16, interpretado a la luz de la sentencia *Metro* I, apartados 20 y 21, de la sentencia *AEG*, apartado 33, y de la sentencia *Vichy* c. Comisión[549], puntos 69 a 71). La resolución del caso *Leclerc* afirma que, para "*determinar si se han respetado dichas condiciones, es necesario proceder a una evaluación objetiva que tenga en cuenta el interés del consumidor (vid. Caso Metro, punto 21 y Vichy c. Comisión, puntos 69 a 71). A pesar de que el Tribunal de Justicia estableció, en particular, que los sistemas de distribución selectiva de este tipo, basados en criterios cualitativos,*

---

546 Tribunal de la UE de 12 de diciembre de 1996, *Groupement d´achat Édouard Leclerc* c. Comisión, T-88/92.

547 Corte de Justicia del 13 de octubre 2011, C-439/07 caso *Pierre Fabre*, en el cual se determina que; "*No obstante, la jurisprudencia del Tribunal de Justicia ha reconocido que existen exigencias legítimas, como la preservación de un comercio especializado, capaz de prestar servicios específicos para productos de alto nivel cualitativo y tecnológico, que justifican la limitación de la competencia de precios en beneficio de la competencia en factores distintos de los precios, por lo que los sistemas de distribución selectiva constituyen un factor de competencia de conformidad con el artículo 101. 1 TFUE (Sentencia AEG-Telefunken c. Comisión, punto 33)*".

548 Sentencia del Tribunal de Justicia UE de 12 julio de 2011, C-324/09.

549 Sentencia del Tribunal de Justicia UE de 27 de febrero de 1992, T-19/91.

pueden establecerse en el sector de los bienes de consumo duraderos, de alta calidad y tecnicidad, sin infringir el art. 85, n.1 del Tratado, con el fin de mantener, en particular, un comercio especializado capaz de proporcionar prestaciones específicas para esta categoría de productos (véanse las sentencias Metro, apartado 20, AEG, apartado 33), también se desprende de la jurisprudencia del Tribunal de Justicia que los sistemas de distribución selectiva, justificados por las características específicas de los productos o las necesidades de su distribución, podrán establecerse en otros sectores económicos sin infringir el art. 85, nº 1 (véanse las sentencias del Tribunal de 3 de julio de 1985, asunto 243/83, Binon, apartados 31 y 32, y de 16 de junio de 1981, asunto 126/80, Salonia) asimismo, en la sentencia Metro (apartado 20), el Corte estableció que la naturaleza e intensidad de la competencia efectiva ("workable competition"), necesaria para alcanzar los objetivos del Tratado, puede variar según los productos o servicios de que se trate y sin modificar el principio de competencia no distorsionada a que se refieren los artículos 3 y 85 del Tratado".

Curiosamente, las partes en el asunto *Leclerc* señalaron que, "*el mercado comunitario de productos cosméticos está segmentado, y que dicha segmentación va acompañada de una diferenciación de modalidades de distribución según el sector de que se trate. En su opinión, la Comisión llegó a la conclusión correcta de que los productos de perfumería y los cosméticos de lujo tienen unas características intrínsecas, relacionadas tanto con la naturaleza de sus componentes como con una presentación de mayor calidad, que los hacen diferentes de los productos correspondientes a otros segmentos del mercado, aunque exista una cierta permeabilidad entre todos estos productos, pues los consumidores utilizan, en períodos de duración variable, un producto correspondiente a un segmento del mercado para determinada necesidad y pasan a continuación a otro segmento para un producto que debe satisfacer una necesidad diferente. No obstante, esta posibilidad de opción no priva al producto de lujo de su carácter específico*"[550].

---

550 Apartado 92, caso *Leclerc* (T-88/92).

En consecuencia, invocando los principios de Derecho aplicables a la distribución selectiva, derivados, en particular, de un análisis de la jurisprudencia del TJUE y de los conceptos de "*free rider*" del Derecho estadounidense y del "*Immanenz-Theorie*" del Derecho alemán[551] y alegando que este enfoque económico está basado en la "*rule of reason*",[552] se demostraría que la competencia basada en elementos distintos del precio tiene ventajas que deben protegerse. Y ello teniendo en cuenta, en particular, las considerables inversiones necesarias y la necesidad de evitar que los minoristas "parasitarios" prosperen a expensas de los que aceptan las limitaciones económicas de la estrategia comercial del productor. Además, la competencia no desaparecería en el mercado afectado, ya que la distribución selectiva en cuestión operaría al lado de métodos diferentes que representarían, en el presente caso, más del 50 % de los productos de la industria europea de la perfumería.

De ello se desprende claramente que, para justificar la distribución selectiva, debe asumirse que la competencia no se basa únicamente en los precios, sino también en el tipo de los

---

551 Sosteniendo ambos que "*la distribución está perfectamente justificada para las cometidas de lujo, tal como reconoció el Tribunal de Justicia en las sentencias L´Oréal y Lancome…*"

552 The "*rule of reason*" o regla de la razón es una doctrina jurídica utilizada para interpretar la Ley Sherman Antimonopolio, una de las piedras angulares de la ley antimonopolio de los Estados Unidos. Si bien algunas acciones como la fijación de precios se consideran ilegales per se, otras acciones, como la posesión de un monopolio, deben analizarse bajo la regla de la razón y sólo se consideran ilegales cuando su efecto es restringir irrazonablemente el comercio. William Howard Taft, entonces juez principal del Tribunal de Apelaciones del Sexto Circuito, desarrolló por primera vez la doctrina en un fallo en *Addyston Pipe and Steel Co. contra Estados Unidos,* que fue afirmado en 1899 por la Corte Suprema. La doctrina también jugó un papel importante en el caso de la Corte Suprema de 1911, *Standard Oil Company of New Jersey contra Estados Unidos.*

productos y, que la calidad de los éstos debe ser objeto de presión para evitar que los operadores independientes obtengan ventajas injustificadas aprovechando las inversiones realizadas por la red. Se observa, además, que la admisibilidad del sistema selectivo requiere una verificación "sobre el terreno" de las ventajas efectivamente retratadas por los consumidores acerca de la posibilidad real de que se produzca una transferencia enquistada de riqueza de la red al comercio paralelo. En aras de la simplificación, preservar la ventaja de los consumidores para que un bien determinado se venda mediante un sistema selectivo supone: a) disponer de un concepto de bienes de lujo o tecnológicos, b) la posibilidad de verificar las inversiones realizadas por la red de modo que se justifique su prohibición de no vender a los revendedores independientes; c) la posibilidad de que los miembros de la red se vean sometidos a fenómenos perjudiciales de *free riding*; d) la presencia de un mercado con productos sustituibles; e) la posibilidad de permitir sistemas de distribución competidores[553].

En cuanto a este último aspecto, el TJUE señaló en la sentencia *Leclerc*, antes citada, que la restricción o la supresión de la competencia puede producirse cuando la existencia de un determinado número de tales sistemas no deja lugar a otras formas de distribución que se basan en una política de competencia de naturaleza diferente, o se resuelva en la rigidez de la estructura de precios, no compensada por otros factores de competencia entre artículos de la misma marca y por la existencia de una competencia efectiva entre marcas diferentes[554].

---

553 SIMONINI, E., *La vendita delle vetture online e la distribuzione selettiva...*, cit., p.82.

554 *Vid* también. CESARINI, P., "Développements récents de la jurisprudence en matière de distribution sélective ", *European Comission News Speach*, 1997, sitio web: https://ec.europa.eu/competition/speeches/text/sp1997_038_fr.html

Más tarde, el propio Tribunal indicó que un sistema de distribución selectiva constituye una exigencia legítima, en relación con la naturaleza de los productos de que se trata y, en particular, con su alto nivel de calidad y de tecnología, si propone un resultado susceptible de mejorar la competencia y, por tanto, de contrarrestar las limitaciones de la competencia inherentes a los sistemas de distribución selectiva, en particular en materia de precios, y los criterios impuestos no van más allá de lo necesario. Para determinar si se cumplen estas condiciones, concluyó, *"debe realizarse una evaluación objetiva que tenga en cuenta los intereses del consumidor"*.

Seguidamente, el Tribunal declaró que los sistemas de distribución selectiva, justificados por las características específicas de los productos o por las exigencias de su distribución (en referencia al asunto *Binon*[555]), pueden establecerse en sectores económicos distintos del de los bienes de consumo duraderos, de alta calidad y tecnicidad, sin infringir el artículo 85.1, del Tratado CE, ya que los cosméticos de lujo, en particular los perfumes, son productos codiciados, de alta calidad y con una "imagen de lujo" distintiva. Las características de estos productos no pueden limitarse a sus aspectos materiales, sino que también abarcan la percepción específica que los consumidores tienen de ellos y, en particular, la "imagen de lujo" de los productos, que forma parte de su propia naturaleza. En consecuencia, el Tribunal declaró que a los consumidores atraídos por los cosméticos de lujo les interesa que estos productos se presenten en buen estado en el punto de venta y que, de este modo, se preserve su imagen de lujo y que, en el marco de un sistema de distribución selectiva en el sector de los cosméticos de lujo, la presencia en el punto de venta de una persona que pueda asesorar o informar adecuadamente a los consumidores es, en principio, un requisito legítimo

---

555 Sentencia Corte de Justicia 3 de julio 1985 C- 243/83.

para la venta de tales productos, que forma parte integrante de su buena presentación.

Por otro lado, las condiciones relativas al aspecto exterior del punto de venta, como la fachada, los escaparates y la decoración del propio punto de venta, discriminan a un punto de venta (como por ejemplo un supermercado) que no tiene la misma fachada que una tienda tradicional, es decir, con escaparates, pero que ha habilitado un espacio dentro de la tienda de forma adecuada para la venta de cosméticos de lujo. Además, los escaparates exteriores no son necesarios para una buena presentación de los productos dentro de un espacio organizado dentro de una tienda "multiproducto". En cuanto a las condiciones relativas al punto de venta, como la venta de otros productos en el punto de venta, no son suficientes para excluir un supermercado de la red, en el sentido de que la venta de otras mercancías tradicionalmente presentes en el mismo no puede, por sí sola, perjudicar la "imagen de lujo" de los productos de que se trate, siempre que el espacio destinado a la venta de cosméticos de lujo se organice de manera que dichos productos se presenten en condiciones acordes.

Así pues, el Tribunal de Justicia, por una parte, parece permitir la distribución de productos genéricos dentro de un sistema selectivo y, por otra, detecta los peligros de este sistema (posible control de precios y exclusión injustificada). Sin embargo, nos parece que sólo un concepto bien definido de productos de lujo (incluidos los tecnológicos) que deben relacionarse con los servicios ofrecidos a los consumidores puede compensar las restricciones de un sistema selectivo. Es poco probable que, a primera vista, un sistema selectivo en el sector de la fabricación o confección sólo pueda justificarse si existe una red que ofrezca efectivamente ventajas al consumidor en términos de calidad de los bienes, de los servicios y de certificación. Este extremo constituye una eventualidad que se debería verificar. Por lo tanto, en nuestra opinión, la elección de un sistema de distribución selectiva no puede ser automática y sin ninguna diferencia tipológica de los productos.

La jurisprudencia *Coty*, caso comentado en páginas anteriores, invita a reflexionar sobre el "concepto " de bienes de lujo y sobre la disponibilidad efectiva de una noción comunitaria al respecto. Sin esta definición es difícil establecer si el producto concreto justifica la creación de una red selectiva[556].

---

556 Curiosa es la posición de la Comisión en el documento: *Competition policy brief, EU competition rules and Marketplace bans: Where do we stand after the Coty judgment?*, afirma que: "*The Court refers in this context in particular to the Copad judgment according to which the quality of luxury goods is not just the result of their material characteristics, but encompasses also their "aura of luxury" which is essential in enabling consumers to differentiate them from similar goods and that an impairment to the aura of luxury is likely to affect the actual quality of those goods. The Court also explains that the statement contained in paragraph 46 of the Pierre Fabre judgment which led to different interpretations was not meant to indicate a departure from settled case-law, but must be read in the light of the context of that judgment and related solely to the goods at issue and the contractual clause in question in that case (i.e. a prohibition of online sales) rather than the selective distribution system in its entirety or selective distribution in general. The differentiation between the different contractual clauses in the two judgments is important as it highlights that each potentially restrictive clause within a selective distribution agreement must be analyzed separately under the Metro-criteria and that this analysis is distinct from the analysis of the compliance of the selective distribution system as such with Article 101(1) TFEU. In this context, it must be borne in mind that selective distribution systems complying with Article 101(1) TFEU can also be operated for other product categories than luxury goods, as acknowledged by the Court of Justice in previous judgments in relation to "highquality" and "high technology" products*". Sitio *web*: https://ec.europa.eu/competition/publications/cpb/2018/kdak18001enn.pdf

Por lo tanto, este contexto también debe verificarse en la práctica, ya que el establecimiento de una red selectiva no debe quedar exento del RECAV 2022 sobre acuerdos verticales[557].

Es interesante señalar que, en el caso *Metro* se afirma que en el sector de la producción de bienes de consumo duraderos, de alta calidad y tecnología, en el que un número relativamente reducido de productores, grandes y medianos, ofrece una amplia gama de aparatos fácilmente intercambiables, al menos a los ojos de los consumidores, la estructura del mercado no es (en ese caso) incompatible con la existencia de canales de distribución diferenciados adaptados a las características respectivas de los distintos productores y a las necesidades de las distintas categorías de consumidores[558], lo que implica una amplia visión del mercado.

---

557 Según la jurisprudencia *Metro*, el sistema selectivo cualitativo no está comprendido en el art. 101.1 TFUE reintroduce el sistema selectivo cuantitativo cuando el fabricante fija el número máximo de miembros. Este último sistema está sujeto al RECAV 2022 sobre acuerdos verticales.

558 Corte de Justicia del 25 octubre de 1977, *Metro c. Comisión*, se expone que: "*la competencia de precios, aunque importante -tanto que nunca puede ser eliminada- no es, sin embargo, la única forma eficaz de competencia ni la que debe darse en todo caso la primacía absoluta. La preocupación, en el caso de los mayoristas y minoristas especializados, de mantener, en el interés del consumidor, la posibilidad de que un sistema de distribución selectiva siga existiendo junto a nuevas formas de distribución. El Tribunal de Primera Instancia considera que la Decisión controvertida, basada en una política de competencia de naturaleza diferente, se inscribe en el marco de las finalidades que pueden perseguirse sin caer necesariamente en la prohibición del art. 85.1 y, eventualmente, en su totalidad o en parte, en el marco del art.85.3. Esto es aún más cierto si estas condiciones contribuyen, además, a mejorar la competencia en la medida en que ésta se refiere a elementos distintos del precio. Sin embargo, corresponde a la Comisión velar por que la rigidez de esta estructura no aumente, fenómeno posible si se multiplicaran las redes de distribución selectiva para la distribución del mismo producto*".

Se debe tener en cuenta que el caso *Coty* contradice los principios sentados por el caso *Fabre* cuando establece un principio según el cual, la protección de la imagen de lujo ya no es idónea para justificar una restricción de la competencia, como la derivada del montaje de una red de distribución selectiva, si no se verifica la conveniencia del sistema. En el asunto *Fabre* se alega que *"el objetivo de preservar la imagen de prestigio no puede constituir un objetivo legítimo para restringir la competencia y, por lo tanto, no puede justificar que una cláusula contractual dirigida a tal objetivo no esté comprendida en el art. 101.1 TFUE"*, por lo tanto, siempre hay que comprobar cómo se construye el sistema selectivo y si impone restricciones superiores a las necesarias (vinculadas a la selección de los productos).

Ahora bien, a nuestro parecer, que el sistema selectivo no entre en conflicto con el art. 101.1 TFUE, se debe a que los productos vendidos en el sistema deben tener características particulares y no deben ser productos comunes. Pero, de nuevo surge la cuestión de quién establece si un producto es tecnológico o de lujo. Al no disponer de una noción comunitaria de bien tecnológico/de lujo, en nuestra opinión puede haber, en la práctica, un abuso de la utilización de los sistemas selectivos, ya que solo tienen por objeto evitar que los productos salgan de la red con ventas en línea. Cabe preguntarse entonces si un sistema selectivo en el que se venden bienes comunes debería ser autorizado por el Reglamento 720/2022 (RECAV 2022) sobre exención por acuerdos verticales.

Si se abusara del sistema selectivo (utilizando un concepto más amplio de bienes de lujo o tecnológicos), se perjudicarían las ventas paralelas que garantizan un ulterior canal de arbitraje ventajoso para el consumidor[559]. En efecto, las ventas

---

559 El sistema selectivo se basa en la prohibición impuesta por los fabricantes a los revendedores de no vender los bienes a no ser a clientes finales, con lo que se excluye a los revendedores independientes.

paralelas permiten al consumidor comprar a precios generalmente inferiores a los de la red, además, se dirigen a todos los mercados, incluso a aquellos en los que hay importadores o distribuidores del fabricante.

Por otra parte, en el asunto *CEAHR*[560], el TJUE declaró que: "*si bien la protección de la imagen de marca no puede justificar una restricción de la competencia mediante el establecimiento de un sistema de reparación selectiva, el objetivo de preservar la calidad de los productos y su uso adecuado puede justificar, por sí solo, tal restricción. En efecto, el Tribunal de Justicia reconoció que el mantenimiento de un comercio especializado capaz de prestar servicios específicos para productos de gran calidad y alta tecnología era una exigencia legítima y que, cuando perseguía tal objetivo, a la organización de una red de distribución selectiva no le era aplicable la prohibición del artículo 101 TFUE, apartado 1, si la elección de los revendedores se hacía en función de criterios objetivos de carácter cualitativo — establecidos de modo uniforme respecto de todos los revendedores potenciales y aplicados de forma no discriminatoria—, si las propiedades del producto de que se trata requerían, para preservar su calidad y asegurar su uso apropiado, un sistema de distribución de este tipo y, por último, si los criterios exigidos no excedían de lo que era necesario (véase, en este sentido, la sentencia de 13 de octubre de 2011, Pierre Fabre Dermo-Cosmétique, apartados 40 y 41). Habida cuenta de que la preservación de la imagen de marca no es el único objetivo que la Comisión considera que puede justificar el establecimiento de sistemas de reparación selectiva y de que el objetivo de la preservación de la calidad y del uso adecuado de los relojes puede ser suficiente para justificar su establecimiento, la Comisión no incurrió*

Sin embargo, los revendedores suelen llegar a un acuerdo con los fabricantes para vender a revendedores independientes a fin de evitar inversiones en zonas poco rentables.

560 Tribunal UE, del 23 octubre de 2017, *Confédération européenne des associations d'horlogers-réparateurs (CEAHR) c. Comisión*, caso T-712/14, ECLI:EU:T:2017:748. Ver en: https://eur-lex.europa.eu/legal-content/ES/TXT/PDF/?uri=CELEX:62014TJ0712&from=ES

en un error manifiesto de apreciación al decidir que era probable que las denegaciones de suministro de que se trata estuvieran justificadas si la elección de los revendedores se hacía en función de criterios objetivos de carácter cualitativo aplicados de forma no discriminatoria y que no excedieran de lo necesario".

Por lo tanto, el TJUE llega a la discutible conclusión de que la exigencia de presentar la calidad del producto legitima también restricciones a la reparación posventa impuestas a los talleres independientes. Probablemente la sentencia debe leerse en relación con un mercado competitivo, de lo contrario se presentaría como innecesariamente permisiva hacia los fabricantes de relojes.

La prohibición de vender a distribuidores ajenos a la red típica de la distribución selectiva aparece en recientes litigios ante las Cortes milanesas[561], por ejemplo, en el caso *Sisley* c.

---

561 Se ha formado cierta jurisprudencia milanesa (*vid.* Tribunale Milano 11 mayo 2021 n.3755; Tribunale di Milano, 3 luglio 2019, con comentario de, RIVA, M., "E-commerce e accordi di distribuzione selettiva: il caso "Sisley c. Amazon", *Il diritto Industriale,* 1/2010, WoltersKluver, p. 84. El autor sostiene que, utilizando la protección de la marca, considera que el distribuidor de un sistema selectivo que cede los productos de lujo a un mercado, viola el sistema. Esta violación impide el agotamiento de la marca comunitaria, con la consecuencia de que el producto se comercializa ilegalmente (art. 5, Código de propiedad industrial). La tesis deja perplejos en relación con el problema que, al hacerlo, se elimina el comercio paralelo. De hecho, si bien puede afirmarse que el distribuidor selectivo que vende productos de lujo no debe vender a distribuidores independientes ni utilizar marcas genéricas para no devaluar el aura del producto, Debe examinarse si la protección de la marca puede prevalecer sobre las diferentes normas de competencia que prevén la libre circulación de las mercancías, salvo excepciones limitadas (artículo 34 del TFUE). El no agotamiento de la marca debe verificarse en la medida de lo posible cuando el operador es un tercero, ajeno a la red. En este sentido, Corte de Justicia (UE), 30 noviembre de

Amazon. Amazon sostiene que la infracción contractual solo puede cometerla el miembro de la red selectiva. Aunque el bien está terminado, desde el punto de vista de la competencia, *Amazon* lo comercializa legalmente como tercer comprador. Sin embargo, el papel de *Amazon* en las decisiones de la Corte de Justicia de Milán[562] se refiere principalmente a la

---

2004, *Peak Holding AB c. Axolin-Elinor AB*, caso C-13/03, en efecto, se sustraerían a los consumidores los beneficios de un canal de alto rendimiento de arbitraje en el que la mercancía podría transitar a precios inferiores a los de la red, al menos en todos los casos en que el producto podría no ser de lujo, pero simplemente equipado con una marca famosa (p. ej., una prenda de ropa de una marca conocida). Erigir la distribución selectiva como baluarte para impedir que la gran distribución venda los productos "de lujo" adquiridos por terceros en el mercado supone disponer de una noción comunitaria de "bienes de lujo", hoy no disponible. En este sentido, *vid.* SIMONINI, G.F., "Le vendite internazionali online da fabbricante ad acquirente, nel settore automobilistico", *Diritto Commerciale internazionale,* 2021.

562 La jurisprudencia de la Corte de Justicia, sobre la responsabilidad del "*provider*", es incierta, en *React c. Metha* (Corte de Justicia del 7 agosto 2018, *Cooperatieve Vereniging SNB-REACT U.A. c. Deepak Metha,* caso C-521/17, ECLI:EU:C:2018:639), Las exenciones de responsabilidad sólo se refieren a casos en los que la actividad del proveedor de servicios de telecomunicaciones es puramente técnica. En términos generales, las restricciones deben interpretarse en sentido restrictivo (Corte de justicia del 10 abril 2014, *ACI Adam BV e a.c. Stichting de Thuishopie e Stichting Onderhandelingen Thuiskopie vergoeding,* caso C-435/12) si desempeña un papel activo y no se aplican las excepciones de *L'Oreal* (Corte de Justicia del 12 julio 2011, *L'Oréal SA e altri c. eBay International AG y otros,* caso C-324/09). En el mismo sentido en el caso *Google France,* Corte de Justicia del 23 marzo 2010, *Google France SARL e Google Inc. c. Louis Vuitton Malletier SA* (C-236/08), *Google France SARL c. Viaticum SA e Luteciel SARL* (C-237/08) y *Google France SARL c. Centre national de recherche en relations humaines (CNRRH) SARL* y otros (C-238/08), expresándose que: "*en el art. 14 de Directiva 2000/31/CE del Parlamento Europeo y del Consejo,*

responsabilidad del proveedor de servicios de Internet en el sentido de la Directiva 2000/31[563]. Bajo este perfil limitado, *Amazon* aparece como un sujeto activo, con la consecuencia de que asume la responsabilidad de su trabajo por una vía extracontractual. El tema está vinculado a la jurisprudencia y a la aplicabilidad de la normativa sobre la protección de las marcas a los casos de violación del régimen de distribución selectiva, violación que impide el agotamiento del derecho de marca. Sin embargo, supone resolver el problema de la buena constitución de la red selectiva y, antes incluso, de la puesta en venta de bienes de lujo o tecnológicos. Pero no es así. En cualquier caso, a nuestro modo de ver, el Tribunal de Milán plantea de forma equivocada el problema, ya que es evidente que, como señala el *Bundeskartellamt* (Autoridad de Competencia alemana), se podría resolver dedicando páginas *web* especiales a los productos selectivos[564]. Y ello, al menos, para productos que no

---

de 8 de junio de 2000, relativa a determinados aspectos jurídicos de los servicios de la sociedad de la información, en particular el comercio electrónico en el mercado interior (Directiva sobre el comercio electrónico), debe interpretarse en el sentido de que la norma que contiene se aplica al prestador de un servicio de posicionamiento en Internet cuando dicho prestador no haya desempeñado un papel activo que le confiera el conocimiento o el control de los datos almacenados. Si dicho prestador no ha desempeñado tal función, no puede considerarse responsable de los datos que haya almacenado a petición de un anunciante, salvo que, habiendo tenido conocimiento de la naturaleza ilícita de dichos datos o de la actividad de dicho anunciante, que no haya eliminado de inmediato dichos datos o deshabilitado el acceso a los mismos".

563 Directiva 2000/31/CE del Parlamento Europeo y del Consejo, de 8 de junio de 2000, relativa a determinados aspectos jurídicos de los servicios de la sociedad de la información, en particular el comercio electrónico en el mercado interior (Directiva sobre el comercio electrónico).

564 Sostiene el autor, KURNIAWAN, M., "Luxury or Non-Luxury? The Extent of Third-Party Online Platforms Ban in Selective Distribution System to Non-Luxury Products after the Coty case Ruling", *Tilburg Law School,* 2020, que*:* "*The Bundeskartellamt indicates that manu-*

se asocian inmediatamente con productos de lujo (por ejemplo, ropa deportiva).

En el próximo capítulo III "Distribución Dual" del presente trabajo, se intentará buscar soluciones a los posibles efectos del uso simultáneo de un sistema de venta directa y de un sistema selectivo por parte de un fabricante. Si las ventas directas del fabricante se limitan a ventas ocasionales o, a determinadas entidades (por ejemplo, ventas a clientes directos), no se plantean problemas. Por el contrario, si la venta directa se superpone a un sistema selectivo, cabe preguntarse si la prohibición impuesta en el sistema selectivo al distribuidor de no vender a los revendedores independientes sigue teniendo sentido cuando el fabricante es el primero en infringir esta imposición.

facturers can sufficiently protect the brand image in online platforms through specific requirements. Such as quality requirements imposed on third-party online platforms in providing an exclusive product page that can maintain a product luxury image. In the Bundeskartellamt's opinion, it is not necessary to practice an absolute marketplace ban on online platforms. Moreover, the Bundeskartellamt questions that the practice of online platforms restriction will increase the inter-brand competition to the extent that it outweighs the restriction on intra-brand competition because of the absolute marketplace ban. 126 The Bundeskartellamt argued that the practice of third-party online platforms bans severely reduces the competition between retailers (intra-brand competition) because of the general prohibition to all third-party platforms, and the benefit between manufacturers (interbrand competition) is not enough to justify the conduct". Ver en: http://arno.uvt.nl/show.cgi?fid=152386.

Capítulo III.
La distribución dual

SUMARIO: I. DISTRIBUCIÓN DUAL. CONCEPTO Y CARACTERES. 1. Introducción. 2. Concepto. 3. Riesgos de la distribución dual. 3.1 Riesgos en precios. 3.2 Riesgos en factores distintos del precio. 3.3 Riesgos de exclusión. 3.4 Riesgos de intercambios de información. 4. Ventajas y desventajas de la distribución dual. 5. La distribución dual en el comercio online. II. LA DISTRIBUCIÓN DUAL EN EL ÁMBITO ANGLOSAJÓN. 1. Estados Unidos. 2. Australia. 3. Reino Unido. III. LA DISTRIBUCIÓN DUAL EN LA UE. 1. Precedentes: Situación de la distribución dual bajo el Reglamento No 330/2010 de la Comisión, de 20 de abril de 2010, relativo a la aplicación del artículo 101, apartado 3, del TFUE a determinadas categorías de acuerdos verticales y prácticas concertadas. 2. Aplicación del Reglamento No 330/2010 de la Comisión, de 20 de abril de 2010, relativo a la aplicación del artículo 101, apartado 3, del TFUE a determinadas categorías de acuerdos verticales y prácticas concertadas. 3. La distribución dual en el RECAV 2022. 3.1 El nuevo Reglamento de exención por categorías de acuerdos verticales de 2022. 3.2. Objetivos perseguidos por las nuevas normas de competencia sobre distribución. 3.3. Principales modificaciones introducidas por el RECAV 2022. *3.3.1 Distribución Dual. 3.3.2 Tratamiento de las restricciones de las ventas en línea. 3.3.3. Obligaciones de paridad. 3.3.4 Sistemas de distribución. 3.3.5 Las restricciones a la reventa permitidas en los distintos sistemas de distribución. 3.3.6. Contratos de agencia. 3.3.7 Fijación de precios de reventa. 3.3.8 Obligaciones de no competencia. 3.3.9 La distribución dual y proveedores de servicios de intermediación en línea. 3.3.10 Conclusión.* IV. DISTRIBUCIÓN DUAL E INTERCAMBIOS DE INFORMACIÓN. 1. Intercambios de información entre competidores. 1.1 Planteamiento de la cuestión. 1.2 Supuestos problemáticos. 1.3 Intercambios de información entre competidores dentro de una red vertical. 1.4 Intercambios esencialmente informativos. 2. Distribución dual e intercambios de información en el RECAV 2022. 2.1 Ejemplos de intercambios de información que cumplen con la exención del art 2.4 RECAV 2022. 2.2 Ejemplos de intercambios de información que por lo general no cumplen con la exención del art 2.4 RECAV 2022. 3. Análisis crítico de la regulación de la distribución dual e intercambios de información en el RECAV 2022. 3.1 Antecedentes jurídicos. *3.1.1 Intercambio de información en acuerdos verticales fuera del ámbito del RECAV 2022. 3.1.2 Intercambio de información en un escenario de distribución dual. 3.1.3 Intercambio de información en un contexto horizontal en el marco del RECAV 2022. 3.1.4 Intercambio unilateral de información y prácticas concertadas en un contexto puramente horizontal.* 3.2 Medidas de aplicación para los proveedores/distribuidores y puntos críticos sobre los intercambios de información tras la entrada en vigor del RECAV 2022. 3.3 Conclusiones sobre el intercambio de información en un escenario de distribución dual. *3.3.1 Observaciones generales. 3.3.2 Observaciones sobre las pautas orientativos del intercambio de información en la distribución dual.* V. DISTRIBUCIÓN DUAL: CONSIDERACIONES FINALES.

I. DISTRIBUCIÓN DUAL. CONCEPTO Y CARACTERES

1. Introducción

La distribución dual es la denominación que recibe la situación en la que un proveedor[565] decide distribuir sus productos de manera directa (utilizando sus propios distribuidores) y, al mismo tiempo, contratar a distribuidores independientes (que no tienen relación de propiedad con el proveedor). La distribución dual deriva su nombre del hecho de que se utilizan dos medios de distribución simultáneamente: uno propio y uno contratado.

Se trata entonces de una mezcla de las dos opciones básicas de distribución con las que cuenta un proveedor. Una es integrarse verticalmente y asumir todas las actividades de distribución hasta llegar al consumidor final, y la otra es externalizar estas actividades y contratar a distribuidores independientes para que las lleven a cabo.

Si bien la elección de un sistema de distribución dual es perfectamente legal, en algunos casos plantea cuestiones de

---

565 Se utiliza el término "proveedor" para hacer referencia a las figuras de fabricante, importador o mayorista tal y como aparece recogido en el propio RECAV 2022 en su art. 2.4.

carácter competitivo[566]. En efecto, en la distribución dual, el proveedor compite a dos niveles:

a. A nivel de proveedor: compite con otras empresas que fabrican productos que son posibles sustitutos.

b. A nivel de distribución: compite con los distribuidores independientes en la venta de sus propios productos.

Es en este último nivel en donde existe un riesgo de limitación a la competencia cuando el proveedor impone restricciones (por ejemplo, precios mínimos u otras condiciones de venta) a sus distribuidores independientes. No obstante, la relación competitiva con los distribuidores independientes no es del todo clara y muchas veces plantea cuestiones que pueden afectar a la libre competencia. Por una parte, cuando el proveedor sólo utiliza distribuidores externos, puede imponer sin mayores problemas determinadas restricciones. Sin embargo, cuando decide incluir distribuidores propios, se puede plantear la licitud de tales restricciones.

Para lograr un análisis coherente, las autoridades de competencia deben fijarse en los incentivos que sustentan la elección del distribuidor independiente. A continuación, revisamos algunos de los principales argumentos de análisis. En primer lugar, y por lo general, la distribución dual no incrementa el poder de mercado de un proveedor. En otras palabras, no sería útil para poder aumentar los precios y ganar más margen ya que toda alza de precio a nivel minorista también podría hacerla a nivel de producción. En segundo lugar, el hecho de tener distribuidores propios podría aumentar la eficiencia en el

---

566 BACHES OPI, S., "La política y el Derecho de defensa de la competencia de la Unión Europea (II). Acuerdos restrictivos de la competencia, abuso de posición de dominio y control de concentraciones", en (ORENGA GÓMEZ, M. (dir.)) *Las políticas de la Unión Europea en el siglo XXI*, J.M.Bosch, Barcelona, 2017, p.239.

caso de que los distribuidores independientes se focalicen en zonas en donde es más difícil que el proveedor llegue sin ayuda. En tercer lugar, los distribuidores propios pueden ayudar a recopilar información relevante y controlar el comportamiento de los independientes. Por ello cabe concluir que, lo sensato es que el proveedor busque que su sistema de distribución sea lo más eficientemente posible y no que aumente sus costos. Además, es importante analizar el grado de competencia en el mercado del proveedor. Si enfrenta muchos competidores, no le será posible aumentar los precios con un sistema de distribución dual. En cualquier caso, todo análisis competitivo de la distribución dual debe realizarse individualmente.[567]

En los últimos tiempos, especialmente al contemplar el impacto del Covid-19 en los diferentes enfoques empresariales, las ventas en línea y las plataformas digitales se han vuelto fundamentales tanto para las grandes empresas a nivel global como para los nuevos emprendedores. La transición de las compras *offline* a las compras *online* ha experimentado un cambio acelerado y sin precedentes, generando efectos expansivos cuyas implicaciones actuales aún no se comprenden completamente. Este cambio de dinámica refleja una adaptación rápida y significativa en la forma en que las empresas y emprendedores se conectan con sus clientes y llevan a cabo transacciones comerciales.

A raíz de lo anterior, un gran número de redes de distribución practican actualmente alguna forma de distribución dual y, sobre todo, como se ha mencionado, tras la pandemia, en las propias redes que han tenido que adaptarse a los retos tecnológicos de hoy en día. Por ejemplo, en nuestra opinión, todos los sistemas de franquicia (antes incluso de la pandemia) son duales por naturaleza, ya que los conocimientos técnicos

---

567 Véase en: https://economipedia.com/definiciones/distribucion-dual.html

se ponen a prueba en las tiendas del franquiciador antes de ser duplicados por los franquiciados. Otro ejemplo se presentaría, a nuestro parecer, en los sistemas de distribución selectiva o exclusiva, en los que los proveedores venden a través de sus redes, pero también mediante sucursales, filiales, ventas directas a grandes clientes (como por ejemplo a empresas de alquiler o flotas en el mercado automovilístico) o a través de sus sitios en internet.

En este contexto, nuestra investigación se centra en examinar la aplicación del Derecho de la competencia en situaciones de distribución dual. Esto implica que el proveedor mayorista realiza ventas directas, actuando desde una perspectiva horizontal con respecto a sus agentes, distribuidores o revendedores. Surge la interrogante sobre si en estos casos existe competencia o si la relación se comprende intrínsecamente como parte de la verticalidad en las interacciones entre estos agentes económicos. Además, al considerar las plataformas digitales, que actúan como intermediarios y también como competidores de los proveedores que ofrecen sus productos a través de ellas, nos planteamos la misma pregunta en términos de la dinámica competitiva involucrada.

2. *Concepto*

En primer lugar, la distribución dual, en tanto modalidad de comercialización, no es un fenómeno nuevo ni reciente[568] y, por cierto, no es un fenómeno exclusivo del comercio elec-

---

568 Los autores CAVES. R., y MURPHY. W., "Franchising: Firms, Markets, and Intangible Assets", *Southern Economic Journal*, 1976, p.584, ya planteaban la posibilidad de la implantación de la distribución dual en el sistema de franquicias en el siglo pasado estableciendo que, dicho sistema: "*often contains both company-owned and independent franchised outlets*".

trónico. Se trata de una práctica comercial bastante antigua y extendida en diversos mercados[569].

En ese sentido, la distribución dual ha sido definida como aquel: "(...) acuerdo de distribución en el que un fabricante compite con sus distribuidores independientes."[570] Otra definición que recalca la existencia de competencia entre el proveedor y los distribuidores es aquella por la cual se señala que la distribución dual aparece: "(...) en aquellos casos en que se utilizan distribuidores independientes en conjunto con la distribución directa por parte del fabricante"[571]. Asimismo, también puede definirse como: "un sistema híbrido, que implica el uso simultáneo de la integración vertical (conocida como "canales integrados verticalmente" o "unidades de empresa" en la franquicia)"[572].

Por su parte, las Directrices relativas a restricciones verticales de 2010 emanadas de la Comisión Europea, definen a la distribución dual como aquellas situaciones: "(...) en las cuales el fabricante de un bien determinado también actúa como dis-

---

569 Véase en este sentido, GALLINI. N., y LUTZ. N., "Dual Distribution in Franchising", Cowles *Foundation Discussion Papers,* University of Yale, 1991, pp. 4 y ss. *Vid.* También, GALLINI. N., y LUTZ. N., "Dual Distribution and Royalties in Franchising", *The Journal of Law, Economics & Organization,* 1992, pp. 471 y ss.

570 CARLTON, M., "Dual Distribution and the Horizontal-Vertical Dichotomy of Nonprice Restrictions", *Tulsa Law Review,* n°17,1981, p.306.

571 Segun el autor, ZWIRB, R., "Dual Distribution and Antitrust Law", *Loyola of Los Angeles Law Review* 21, N° 4, 1988, p.1278, en un sistema de distribución dual: "(...) *a distribution arrangement whereby a manufacturer is said to compete with its independent distributors".*

572 SRINIVASAN. R., "Dual Distribution and Intangible firm Value: Franchising in Restaurant Chains", *Journal of marketing,* 2006, pp.120-135.

tribuidor del mismo en competencia con distribuidores independientes de su bien."[573]

En este sentido, respecto a la caracterización de la distribución dual, se ha señalado que: "A la relación vertical que suele vincular al fabricante con los distribuidores independientes, la distribución dual añade una dimensión horizontal, ya que el fabricante compite con los distribuidores de su red (competencia intramarca aguas abajo) y con todos los demás distribuidores del mercado pertinente (competencia intermarca aguas abajo)".[574]

Como tal, la distribución dual es considerada, en general, lícita, sin perjuicio de que se reconoce que de ella pueden emanar riesgos para la competencia, tanto si se trata de distribución dual pura y simple o si, además, ésta se complementa junto con otras restricciones verticales[575].

La distribución dual es típicamente analizada como un fenómeno que fuerza un análisis respecto a la dicotomía vertical/horizontal que existirá en la relación entre proveedor y distribuidor, cuando el primero también comercializa directa-

---

573 Comisión Europea, Directrices relativas a las restricciones verticales (2010), par. 28, https://eur-lex.europa.eu/LexUriServ/LexUriServ.do?u-ri=OJ:C:2010:130:0001:0046:ES:PDF .

574 LIANOS, I., "The Vertical Horizontal Dichotomy in Competition Law: Some Reflections with Regard to Dual Distribution and Private Labels", en *Private Labels, Brands and Competition Policy,* eds. Ariel Ezrachi & Ulf Bernitz (Oxford: Oxford University Press, 2009, p.172. "*To the vertical relation that usually links the manufacturer with independent dealers, dual distribution adds a horizontal layer, as the manufacturer competes with the dealers of his network (intrabrand downstream competition) and with all other dealers in the relevant market (interbrand downstream competition)*".

575 Una buena visión general se encuentra en, BLAIR. R., y LAFONTAINE. F., "Franchising, Vertical Integration, and Vertical Restraints", *The Economics of Franchising,* 2005, pp.82 y ss.

mente y que tiene matices relevantes dependiendo de la intensidad de la relación vertical subyacente. Hoy por hoy, una coordinación entre proveedor y distribuidor nos parece razonable hasta ciertos límites y se enmarca dentro de la dogmática que analiza las restricciones verticales. Se consideran, en general, como fórmulas eficientes para alinear los incentivos entre fabricante y comercializadores, promoviendo la competencia intermarca[576].

Este aspecto cobra especial relevancia, ya que parte del análisis de restricciones verticales se centra en evaluar el impacto de ciertas conductas o prácticas en la competencia tanto dentro como fuera de una marca. Se reconoce que, cuando la competencia entre marcas es efectiva, se tiende a ser más tolerante con las restricciones dentro de una marca. Esto se debe a que, por lo general, estas restricciones no suelen distorsionar el mercado de manera significativa. Por el contrario, cuando estas restricciones internas potencian la competencia entre marcas, se anticipa la generación de beneficios adicionales para los consumidores, lo que se considera una eficiencia compensatoria frente a los posibles efectos negativos de la restricción.

No obstante, la situación puede variar en ausencia de distribuidores propios del proveedor o en presencia de una red de distribución independiente selectiva o exclusiva. En este contexto, si el canal de comercialización indirecta del proveedor incluye distribuidores o revendedores independientes que manejan múltiples marcas y productos, surge la pregunta sobre hasta qué punto la distribución dual implica posicionar al proveedor y a los distribuidores o revendedores independientes en un plano horizontal. Consideramos que la respuesta a dicha

---

576 CYRENNE. P., "Dual Distribution and Differentiated Products", *Department of Economics of The University of Winnipeg*, 2011, p.4; Véase en: http://economics.uwinnipeg.ca/RePEc/winwop/2011-04.pdf

cuestión puede ser afirmativa en el caso de la venta de productos comunes, pero no así de los productos de marcas diferentes que lleve a cabo el distribuidor independiente multimarca.

3. Riesgos de la distribución dual

3.1 Riesgos en precios

En un sistema de distribución dual, en el cual el proveedor no utiliza distribuidores propios y se basa únicamente en una relación con distribuidores o revendedores independientes, comúnmente multimarca, el precio establecido por el proveedor como minorista impactará directa o indirectamente en la decisión de precios de sus distribuidores. Si el proveedor aumenta los precios minoristas en su canal digital, los distribuidores multimarca enfrentarán la elección de mantener sus precios, absorbiendo posiblemente más demanda, o subir sus precios para compartir la mayor ganancia. La intensidad de la relación vertical determinará si los precios se alinean de manera forzada, acercándose a una coordinación horizontal.

En cambio, si el proveedor adopta una estrategia agresiva, reduciendo los precios minoristas y aumentando las ventas, los distribuidores se verán obligados a reducir sus precios, obteniendo márgenes más bajos. Esto desencadenaría problemas de mantenimiento de precios de reventa y efectos de exclusión en su sistema de distribución.[577]

---

577 KIRSCH. A., y WEESNER, W., "Can Antitrust Law Control E-Commerce? A comparative analysis in light of US and EU Antitrust Law", *U.C. Davis Journal of International Law and Policy* 12, N°297, 2006, p.305.

3.2 Riesgos en factores distintos del precio

Un tipo de acuerdo o restricción que toma relevancia en el análisis de la distribución dual es la cláusula, explícita o implícita, de reserva de clientela, por la cual el proveedor se reserva el derecho de atender directamente a ciertos clientes o categorías de clientes (o ciertos territorios).[578]

En ese sentido, el contexto del análisis de restricciones verticales, la lógica subyacente más común consiste, por ejemplo, en identificar los efectos económicos específicos para evaluar los riesgos asociados. Sin embargo, se pueden distinguir riesgos tanto horizontales, relacionados con la asignación de mercado o clientes, como verticales, vinculados a la posible exclusión de distribuidores de clientes a los que podrían atender

De esta forma, aunque inicialmente el escenario afecta la competencia intramarca, hay posibilidades de que esta situación repercuta en la competencia intermarca. Esto podría ocurrir cuando se trata de un proveedor con poder de mercado específico en el producto, y existe una baja intensidad en la relación vertical, es decir, con distribuidores o revendedores independientes y multimarca.

3. 3 Riesgos de exclusión

En términos generales y teóricos, el conflicto de interés subyacente a una distribución dual puede impactar en el com-

---

578 Sin perjuicio de ello, nótese que en la sentencia de la Corte Suprema estadounidense, *White Motor Co.* v. *United States*, 372 U.S. 253 (1963), que precisamente versó sobre una asignación de territorio, se identificaba una diferencia importante entre asignaciones de territorio y asignaciones de clientela, en un escenario de distribución dual. Considerándose la primera posiblemente vertical y la segunda de naturaleza más bien horizontal.

portamiento de los agentes económicos al existir incentivos para incrementar el poder de mercado ya existente. Ello, en especial a propósito de distribuidores que compitan con los proveedores en el mercado de la venta de los productos y servicios y en la medida en que el canal de distribución opere como un verdadero "cuello de botella" para la comercialización hacia el cliente final. En este tipo de riesgos de exclusión se enmarcan las discriminaciones arbitrarias que, a propósito de la competencia en plataformas digitales, han dado lugar al denominado *self-preferencing*, entendida como aquella situación en que: "(...) se entrega un trato preferencial a los productos y/o servicios propios cuando están en competencia con productos y/o servicios proporcionados por otras entidades que usan la plataforma."[579]

3.4 Riesgos de intercambios de información

Como es sabido, la información es un activo esencial en una red empresarial, y es absolutamente necesaria para su buen funcionamiento, del mismo modo que su correcta circulación para la operatividad de la misma. Esto sucede tanto en las redes jerárquicas o hegemónicas como en las paritarias, que son las dos grandes categorías en que se puede dividir las redes empresariales en cuanto a su modo de organización[580].

---

579 CRÉMER, J, DE MONTJOYE I.A Y SCHWEITZER, H., "Competition Policy for the Digital Era: Final Report", Comisión Europea, 2019, p.7, Ver en: https://ec.europa.eu/competition/publications/reports/kd0419345enn.pdf. "*(...) giving preferential treatment to one's own products or services when they are in competition with products and services provided by other entities using the platform*".

580 El autor GÓMEZ ASENSIO. C., *La gobernanza de las redes empresariales*, Madrid, Marcial Pons, 2015, p.46 y ss, establece que las redes jerárquicas se caracterizan "*por la existencia de un cabeza o nodo principal de la red que se identifica con el empresario que aporta la mayor cantidad*

En consecuencia, un riesgo relevante en la distribución dual es aquél relacionado con el intercambio de información entre el proveedor y el distribuidor o revendedor independiente. Desde una perspectiva orgánica vertical, la existencia de estos intercambios de información puede considerarse razonable, ya que permite alinear incentivos y fomentar una mayor eficiencia en las estrategias comerciales.

No obstante, en un escenario de distribución dual, la información confidencial del distribuidor o revendedor independiente, que abarca detalles sobre clientes, precios y volúmenes, se convierte en un activo comercial sensible. Este tipo de información no debería ser compartida entre diferentes distribuidores o revendedores independientes. La complejidad surge cuando el distribuidor o revendedor independiente compite directamente con el proveedor. En este contexto, cuanto más distante sea la relación vertical entre el proveedor y el distribuidor o revendedor independiente, y cuanto más intensa sea la competencia entre ellos debido a la distribución dual (por ejemplo, un proveedor con un canal de distribución directa robusto), el intercambio de esta información puede propiciar una coordinación explícita o tácita, similar a una red de distribución selectiva o exclusiva, incluso cuando no se trata de tales circunstancias.

Este riesgo de intercambio de información en la distribución dual existe tanto en el comercio tradicional como en el electrónico. Sin embargo, es en el contexto del comercio electrónico donde se han hecho patentes las preocupaciones que pueden emanar de dicha práctica. Al efecto, hay que destacar

---

de recursos a la red", y por otro lado, las paritarias son "*aquellas que no existe ninguna empresa predominante y los miembros de la red, a menudo empresarios que se encuentran dentro de un mismo sector de la actividad y nivel de la cadena de producción, pese a mantener relaciones de interdependencia, se encuentran en un plano mayor de igualdad*".

que dentro de los resultados del *E-Commerce Sector Inquiry Report* de la Comisión Europea, se afirmó que: *"(...) el intercambio de datos sensibles, como información sobre precios y cantidades vendidas, entre los marketplaces y los terceros vendedores o fabricantes con tiendas y minoristas propios puede conducir a problemas de competencia cuando los mismos agentes compiten directamente por la venta de determinados productos o servicios".*[581]

En consecuencia, para prevenir los riesgos asociados con el intercambio de información comercial sensible en situaciones de distribución dual, especialmente cuando la relación vertical es menos intensa, como en el caso de operar a través de simples revendedores, una estrategia eficaz es establecer una separación orgánica. Esta separación, a menudo comparada con una "muralla china" o el principio de "*arms length*" (distancia contractual), implica mantener una clara división entre el equipo comercial responsable de las ventas indirectas y aquellos a cargo de las ventas directas a los clientes finales. Este enfoque ayuda a mitigar el riesgo de coordinación indebida y preserva la confidencialidad de la información estratégica, asegurando que los distintos canales de distribución no compartan datos sensibles que podrían comprometer la competencia.

Siendo los intercambios de información uno de los grandes desafíos de la distribución dual y habida cuenta de la gran relevancia que suscitan, como se ha podido comprobar, dedicaremos el último apartado del presente capitulo a tales riesgos y

---

581 La Comisión Europea, en el *Report from the Commission to the Council and the European Parliament on E-Commerce Sector Inquiry (2017)*, par. 56, https://ec.europa.eu/competition/antitrust/sector_inquiry_final_report_en.pdf.: *"(...) the exchange of competitively sensitive data, such as on prices and sold quantities, between marketplaces and third party sellers or manufacturers with own shops and retailers may lead to competition concerns where the same players are in direct competition for the sale of certain products or services".*

los posibles conflictos que puedan ocasionar. En consecuencia, se realizará un estudio en profundidad de los diferentes textos legales europeos donde aparecen regulados, tanto a nivel horizontal como vertical.

4. Ventajas y desventajas de la distribución dual

Las ventajas y desventajas de la distribución dual surgen de la agregación de los beneficios y de los costes de cada canal y de la propia sinergia de los mismos. Destacamos entre sus ventajas las siguientes[582]:

---

582 Más allá de las ventajas aquí expuestas, numerosa doctrina se extiende de las desarrolladas en el presente trabajo, por lo que se ha pretendido exponer aquellas que presentan una mayor importancia. Véanse además. BLAIR. R., y KASERMAN. D., "A note on incentive Incompatibility under Franchising", *Review of industrial organization*, 1994, pp. 223-230. "*The manager's incentives are stronger under franchising than under company-ownership. The costs associated with monitoring and control may result in substituting control for initiatives. Franchised stores are therefore subject to much less control from the chain operator than company-owned stores. Similarity, full company ownership entails stronger investment incentives for the franchisor, but it may increase monitoring costs to prevent shirking, capital costs, and search costs. Dual distribution may be the optimal mix from a franchise system perspective*". LEWIN-SOLOMONS. S., "Innovation and Authority in Franchise Systems: An Empirical Exploration of the Plural Form", *University of Cambridge and Iowa State University*, 1999. argumenta que, "*dual distribution franchise enhances innovation by providing a credible signal to (potential) franchisees that only profitable innovations will be implemented*". Asimismo, explican los autores, SORENSON. O., y SORENSEN. J.B., "Finding the risk mix: Franchising, Organizational Learning and Chain Performance", *Strategic Management Journal*, 2001, pp. 713-724; expresa que "*the franchise mix as the result of a trade-off between exploration (franchising) and exploitation (company-owned units) in organizational learning*". MICHAEL, S.C., "Investments to Create Bargaining Power", *Strategic Management Journal*, 2000, pp. 497-514. mantiene que, "*that*

a) Un mayor control de las operaciones en los canales integrados verticalmente. En presencia de la distribución dual la integración vertical aumenta la credibilidad de la garantía contractual de la empresa y reduce el oportunismo de los agentes y la vulnerabilidad de la empresa. Además, la integración vertical también proporciona a la empresa un mayor control sobre sus procesos empresariales, productos y beneficios.

b) Menores costes y mayores rendimientos en los canales de mercado. Los agentes del mercado son una fuente importante de recursos financieros y de gestión escasos que se agrupan de forma eficiente en el contrato. Señalan ciertos autores que: "los costes administrativos a los agentes externos son bastante bajos; la "mano invisible del mercado" ejerce una presión considerable sobre los agentes independientes para que realicen una actividad de *marketing* de forma eficiente"[583].

---

franchise chains engage in dual distribution to build bargaining power". BRANDACH. J.L., "Using the Plural Form in the Management of Restaurant Chains", *Administrative Science Quarterly*, 1997, pp.276-303; pone en valor que "*The creation of dual labor market as a benefit of dual distribution*". *Vid.* también, EHRMANN. T., y SPRANGER. G., "Successful Franchising using the Plural form", *Economics and Management of Franchise Networks*, 2004. Argumentan que, "*dual distribution franchises may benefit from the effect of cost reduction, quality enhancement, growth stimulation and optimized risk control in contrast to pure franchise chains. They present empirical support from the quality argument of dual distribution*". Y los autores CLIQUET. G., y NGUYEN. M., "Innovation Management within the Plural Form Network", *Economics and Management of Franchise Networks*, 2004, presentan pruebas acerca de que la distribución dual facilita la innovación.

583 ANDERSON. E., y WEITZ. B.A., "Make or Buy decisions: Vertical Integration and Marketing Productivity", *Sloan Management Review*, 1986, p. 13.

c) Los canales basados en el mercado son más sensibles a las necesidades del consumidor[584]. Los propietarios/ gestores de los canales basados en el mercado siguen estrategias complejas y responden mejor a los cambios de mercado que los canales burocráticos integrados verticalmente. Asimismo, la distribución dual permite a los proveedores ofrecer su producto directamente al cliente y ofrecer una red más amplia a sus clientes que con los distribuidores propios por sí mismos, lo que resulta un acceso más fácil al producto por los consumidores lo que por lo tanto conlleva un aumento en la atención al cliente pre y post venta y una reducción de barreras en la información del producto o servicio.

d) Los canales basados en el mercado proporcionan un acceso de bajo coste y bajo riesgo a nuevos mercados. Los canales basados en el mercado proporcionan a las empresas un acceso de bajo riesgo y bajo coste a mercados que no merece la pena perseguir con canales integrados verticalmente. De hecho, en los casos de redes de franquicias, éstas suelen estar situadas en mercados remotos y de bajo potencial que, en término medio, consiguen menores ventas por unidad que las unidades de empre-

[584] Con la expresión “canal basado en el mercado”, nos estamos refiriendo a aquella estrategia de distribuir productos o servicios considerando las preferencias y comportamientos del mercado objetivo. Este enfoque implica entender las necesidades de los consumidores y adaptar el canal de distribución para satisfacer estas demandas específicas. En lo referente a la distribución dual, en nuestra opinión, conllevará mayor conocimiento de aquellas preferencias y necesidades de los consumidores si el proveedor también distribuye directamente al consumidor sus productos o servicios que, si únicamente distribuye a través de distribuidores. Ello le dará mayor información de primera mano sin tener que recurrir a opiniones o *feedbacks* de terceros que sí se encuentran en contacto directo con el mercado.

sa. Además, en el caso del contrato de franquicia está diseñado de tal manera que el beneficio de un aumento de los ingresos recae en el conjunto de las redes de distribución, mientras que el riesgo de un mal rendimiento es asumido únicamente por los franquiciados.

e) Sinergia entre canales duales. Al igual que las distintas ventajas de los canales integrados verticalmente y de los canales basados en el mercado, la sinergia entre los canales duales proporciona ventajas.

f) Concurrencia del proveedor y el distribuidor en un mismo territorio. La presencia directa de la empresa proveedora o proveedor en el mismo territorio que el distribuidor independiente deja claro que el primero se encuentra en una mejor posición para sustituir al segundo si es necesario, lo que sería una clara desventaja para el distribuidor independiente. No obstante, creemos más bien que gracias a esa presencia del proveedor en ese mismo espacio se ofrece una salvaguardia que permite a la empresa distribuidora seguir disfrutando de ventajas de costes y motivación del canal del proveedor. Asimismo, el despliegue simultáneo de dos canales en la misma zona geográfica no es fácil de gestionar, habida cuenta que, los distribuidores independientes desconfían de la presencia de los distribuidores propios del proveedor y pueden considerarlo un preludio de una conversión a una fuerza de ventas directas. Sin embargo, como hemos mencionado, se observa que estas estructuras duales persisten durante largos periodos de tiempo[585]. En resumen, para que se lleve a cabo un sistema de distribución dual, no es necesario que existan

---

585 DUTTA. S., BERGEN. M., HEIDE. J., y JOHN. G., "Understanding Dual distribution: The case of reps and house accounts", *Oxford University Press,* 1995, p. 194.

diferencias de ubicación u otras diferencias entre los distribuidores[586].

g) Suministro de información del mercado a los consumidores. Cuando un proveedor puede suministrar tanto bienes a un minorista como directamente a los consumidores (por ejemplo, a través de internet), un minorista que está al tanto de la información positiva del mercado puede estar dispuesto a compartir públicamente esa información. Al divulgar las buenas noticias del mercado, el minorista puede atraer a la competencia[587].

h) Mejora en el sistema del contrato de franquicia. El aprendizaje organizativo aumenta el rendimiento cuando hay explotación y exploración en el sistema de franquicia. Una organización dedicada solo a la exploración pierde economías de escala, mientras que una organización dedicada a la explotación pierde oportunidades debido a los cambios en el entorno. Una franquicia en un sistema de distribución dual realiza ambos tipos de aprendiza-

---

586 HENDRIKSE. G., y JIANG. T., "An incomplete contracting model of dual distribution in franchising", *Journal of Retailing*, 2011, p.338.

587 ARYA. A., y MITTENDORF. B., "Discretionary disclosure in the presence of dual distribution channels", *Journal of Accounting and Economics*, 2013, p.177. Los autores afirman que, "*the expansion of dual distribution may have consequences for information sharing among supply chain partners. More broadly, it may be worth examining if and how accounting practices can shape the formation of dual distribution networks and alter the relative importance of bricks-and-mortar stores vs. online sales channels.* "Asimismo que, "*A notable empirical implication of our results is that firms who participate in markets characterized by dual distribution are more likely to voluntarily disclose good news publicly, even is such disclosures risk entry. Though such evidence in the cross section has not yet been examined in the literature, we can at least note that the results are anecdotally consistent with the disclosure practices of prominent retail sellers for whom dual distribution is the forefront.*"

je, dado que, los incentivos suelen estar estructurados de tal manera que las unidades de franquicia propiedad del franquiciador perfeccionan rutinas existentes, es decir, las explotan, mientras que los empresarios independientes, exploran más recursos nuevos y rutinas novedosas. Por lo que franquiciado y franquiciador se complementan[588].

i) Penetración más rápida en el mercado, establecimiento más fácil de un diseño corporativo uniforme y mayor adaptabilidad al sistema de distribución. Debido a la competencia entre los dos sistemas de distribución, aumentarán los incentivos de rendimiento y, por tanto, el rendimiento global del sistema de distribución general. Además, la distribución dual tiene un efecto positivo en la eficiencia del sistema de distribución general debido a la mejora de la capacidad de control que se deriva de la información adicional resultante del canal

588 Véase, HENDRIKSE. G., y JIANG. T., "An incomplete contracting model of dual distribution in franchising…, cit., p.334. Los autores llegan a las siguientes conclusiones en su estudio: "*2. Dual distribution is the unique efficient governance structure when the costs of investment of the franchisee having power are not too large and the costs of investment of the franchisee without power are large. 5. A wholly franchised system (dual distribution cooperative franchise) is the unique efficient governance structure when the costs of investment of both franchisees are low; the dual distribution benefit is moderate, and the importance of the brand is above (below) a certain level of the dual distribution effect. (…) Our results show that a more competitive franchise system may well be a (dual distribution) cooperative franchise system. This is especially so when highly specific, non-contractible local assets are more important for the creation of value of the franchise. Managers of franchises may therefore facilitate shifting the balance of power in a franchise in order to give the franchisees confidence that they can recoup the costs of the investment. Having a more competitive franchise is also in their interest.*"

de distribución propiedad de la empresa proveedora/ proveedor[589].

Por otro lado, podemos apreciar ciertas desventajas que conlleva la aplicación del sistema de distribución dual, como:

a) Problemas de riesgo moral en los canales basados en el mercado. Dado que los distribuidores sólo invierten en su negocio (es decir, en el canal de distribución independiente) experimentan un mayor riesgo que los inversores bien diversificados y pueden invertir de forma

589 ROSEN. C., GUNKEL. M., y SCHLAEGEL. C., "Determinants and Outcomes of dual distribution: an international study", *Management Research Review, 2014, p.950.* En los resultados del estudio realizado por los autores se confirman los efectos positivos de la distribución dual, especialmente en el ámbito del estudio realizado que es el de concesionarios de automóviles. Dichos efectos establecen que *"increasing retail competences of employees on manufacturing levels; improving inter-organizational learning through more intensive knowledge transfer between distribution forms; testing concepts and innovations in the areas of distribution formats (e.g. inner-city showrooms), products (e.g. pilot locations for electric vehicle sales), services (e.g. mobility services), process and services (e.g. interactive animation and configuration technologies), staff (e.g. commission models and training approaches) and marketing (e.g. promotion measures)". "All in all, our results confirm the positive effects of dual distribution on the performance of distribution systems; especially channel performance that was already provided by the literature. Thus, the following is proposed: P2. Dual distribution improves the performance of the overall distribution system (P2a), the controllability of the retail network (P2b), the perceived quality of the distribution channels (P2c), the average market coverage of the overall distribution system (P2d) and the average customer satisfaction (P2e)".* No obstante, también se expresa en el citado estudio que, puede la distribución dual llegar a tener un efecto negativo cuando las empresas consideren que la misma produzca posibles conflictos y un aumento de los costes de transacción para gestionar dos tipos de propiedad a nivel minorista y, en ese caso, los puntos positivos de la distribución dual se ven superados por los mencionados efectos negativos.

menos eficiente en su unidad. Por ejemplo, los franquiciados pueden atraer a los clientes sobre la base de la reputación de la franquicia, pero entregar productos de calidad inferior, beneficiándose así de tales acciones con consecuencias negativas limitadas para ellos, mientras que perjudican la reputación de la empresa. Estos problemas de riesgo moral son especialmente comunes cuando los distribuidores independientes se sitúan en mercados remotos caracterizados por unos elevados costes de supervisión.

b) Incertidumbre sobre los ingresos procedentes de los canales basados en el mercado. Los proveedores que utilizan el sistema de distribución dual dependen de canales basados en el mercado que no están bajo su control para una parte de sus ingresos, lo que provoca incertidumbre sobre este flujo de ingresos[590].

c) Deterioro de los incentivos de inversión de la parte que carece de autoridad. Es decir, del gestor del punto de venta propiedad de una empresa proveedora en un sistema de distribución dual[591].

d) Disminución de la motivación de los socios de distribución. Y ello es debido a un mayor grado de competencia y menor flexibilidad estratégica del proveedor causada por el aumento de recursos financieros vinculados a los factores de producción propios[592].

---

590 SRINIVASAN. R., "Dual distribution and intangible firm value: Franchising in restaurant chains", *Journal of marketing*, 2006, pp. 120-135.

591 HENDRIKSE. G., y JIANG. T., *op., cit.*, p.340.

592 ROSEN. C., GUNKEL. M., y SCHLAEGEL. C., *op., cit.*, p.949.

5. La distribución dual en el comercio online

Considerando que, bajo ciertos supuestos, el comercio electrónico (*online o e-commerce)* conduce a una mayor eficiencia de costos y a una mayor transparencia de los precios, es razonable anticipar que existirán, cada vez más, situaciones de distribución dual que puedan generar diversos riesgos para la competencia. A ese respecto, el comercio electrónico podría ser un catalizador de los problemas ya existentes, en efecto: "Este problema puede verse intensificado, una vez que la distribución dual vía *e-commerce* se haya establecido. Lo anterior se debe a que el *e-commerce* lleva a eficiencias de costos y a incrementos en la transparencia de precios. Por ejemplo, el *e-commerce* puede llevar a una fiera competencia en precios entre proveedores/ distribuidores *e-commerce* y los distribuidores normales".[593]

Algunos autores señalan que, en el Derecho europeo, lo anterior podría requerir además un reajuste y modificaciones a las normas de competencia[594]. Ahora bien, en la economía de las plataformas digitales se observan situaciones en donde es posible que un agente económico que opera una plataforma de intermediación, es decir, un *marketplace online*[595]a través de la cual, proveedores independientes venden sus productos y servicios, desarrolle su propia versión de los productos y/o servicios cuyas ventas intermedia. Es decir, dicho intermediador podría usar su propia plataforma digital para vender dichos

---

593 KIRSCH, A., y WEESNER, W., "Can Antitrust Law...", cit., p. 302: *"This problem might be intensified, once dual distribution via e-commerce has been established. This is due to the fact that e-commerce leads to cost efficiencies and increased price transparency. For example, e-commerce may lead to fierce price competition between the manufacturer/e-commerce distributor and the regular distributors"*.

594 KIRSCH, A., y WEESNER, W., "Can Antitrust Law ..., cit., p. 305.

595 EVANS, D. y SCHMALENSEE, R., *Matchmaker: The New Economics of Platform Business*, Harvard Business Review Press, 2016, pp.1-2.

productos en abierta competencia con los de aquellos proveedores que aún intermedian a través suyo.

De esta relación pueden emanar riesgos para la competencia. El primero de ellos, por cierto, es de exclusión, dentro de los cuales también cabe el denominado *self-preferencing*. Al efecto, el caso *Google Shopping*[596] es un hito importante en el desarrollo de esta teoría de daño anticompetitiva. En el año 2017, la Comisión Europea emitió una condena contra *Google*, imponiéndole una multa de 2.4 billones de euros. Esta sanción se debió a que *Google* otorgaba a su servicio de comparador de compras un posicionamiento más favorable en las páginas de resultados de búsqueda, lo que se consideró un abuso de su posición dominante. Además de esta práctica, teóricamente, existe un riesgo potencial de coordinación entre proveedores y la plataforma digital. Este riesgo se centra en la posibilidad de que haya incentivos para alinear precios u otras condiciones de comercialización. En este escenario, la relación vertical subyacente podría convertirse en el mecanismo a través del cual se implementa o fiscaliza dicha coordinación, lo que plantea preocupaciones sobre posibles prácticas anticompetitivas en el mercado.

En efecto, como se ha puesto de manifiesto: "El comercio electrónico, especialmente con la ayuda de los llamados "shopping bots", conduce a una mayor visibilidad, transparencia y flexibilidad. De esta manera, la competencia entre el fabricante/ comerciante electrónico y sus otros distribuidores se vuelve más directa y horizontal en su naturaleza. Por ejemplo, imaginemos un escenario en el que un fabricante vende sus productos a los consumidores a precios apenas superiores a los precios al por mayor que el fabricante cobra a sus distribuidores

---

596 Google Search (Shopping), Caso AT.39740, Comisión Europea de 27 de junio de 2017, https://ec.europa.eu/competition/antitrust/cases/dec_docs/39740/39740_14996_3.pdf.

por los mismos productos. En este contexto, la presión sobre los precios que se deriva de la distribución por Internet es tan fuerte que los distribuidores habituales se ven obligados a vender casi sin margen y están esencialmente obligados a mantener el precio máximo de reventa (*factual price binding*), ya que no tienen ningún margen para elegir sus propios márgenes de precio. En estos casos, el fabricante y sus distribuidores compiten directamente, lo que significa que tienen una relación horizontal en la que la norma per se aplica de todos modos."[597]

A mayor abundamiento, algún autor ha identificado que buena parte de los actuales modelos de negocios de plataformas digitales operan con una relación de agencia, donde el proveedor es el principal y la plataforma digital el agente. En ese contexto, se entiende que no cabe aplicar el Derecho de la competencia a los acuerdos del principal y el agente, ya que ambas entidades serían parte de una *single economic entity*. Sin embargo, desde esta postura, existe un límite a la cohesión que subyace en esta relación y es el punto que vuelve hacer aplicable el Derecho de la competencia a las actuaciones individuales del proveedor y la plataforma digital y, por cierto, a sus acuerdos, a saber, cuando existe una pérdida en la alineación

---

[597] KIRSCH, A., y WEESNER, W., "Can Antitrust Law...", cit., p 317. *"Ecommerce, especially as assisted by so-called "shopping bots," leads to a greater visibility, transparency and flexibility. Thus, competition between the manufacturer/e-tailer and its other distributors become more direct and horizontal in nature. For example, imagine a scenario where a manufacturer sells its goods to consumers at prices which are barely above the wholesale prices that the manufacturer charges its distributors for the same goods. In this context, the pricing pressure that results from internet distribution is so fierce that the ordinary distributors are forced to sell at almost no margin and are essentially bound to engage in maximum resal e price maintenance (factual price binding), since they do not have any room to choose their own price points. In these cases, the manufacturer and its dealers compete directly, meaning they have a horizontal relationship in which the per se standard applies anyhow."*

de intereses comerciales y competitivos. Lo anterior se traduce en una transición desde una relación de *competitive neutrality* a una de *competitive rivalry*[598]. Cuando esta transición ocurre, se llega a la conclusión que ya no existe agencia como tal y la plataforma digital se convierte en competidora de su principal y como tal puede infringir la libre competencia en sus actuaciones *vis-à-vis* con su cliente/competidor.

A nuestro modo de ver, las conclusiones parecen correctas y, además, pueden aplicarse a relaciones verticales de menor jerarquía que las de una agencia. Si es posible que haya una transición desde una neutralidad competitiva hasta una rivalidad competitiva en una relación de agencia, entonces, con mayor razón, parece plausible que esto ocurra cuando la relación vertical es la de un distribuidor o revendedor independiente y multimarca, especialmente cuando la conexión inicial es más tenue.

La preocupación es particularmente importante si se considera que, en Europa, el RECAV 2022 incluye una serie de excepciones por categoría a la aplicación del mentado artículo 101, en la medida en que tales acuerdos contengan restricciones verticales[599].

Lo más interesante desde la óptica de la cuestión que estamos estudiando, la distribución dual, es que es uno de los temas a los que se ha prestado especial atención. Entre algunos de los comentarios que la autoridad ha recibido destaca la solicitud para que se ratifique que la distribución dual no se presume *ex ante* horizontal y que se explicite que los intercam-

---

598 Se trata de una reinterpretación del concepto de "*competitive neutrality*" formulada por AKMAN, P., precisamente como un criterio que permita analizar cuando una relación principal-agente deja de ser tal, al menos en un sentido restringido (AKMAN, P., "Online Platforms, Agency, and Competition Law: Mind the Gap", *Fordham International Law Journal* 43, No 2, 2019, pp.209-319).

599 Véase el art. 2.1 RECAV 2022

bios de información, como hemos mencionado más arriba, son compatibles con las necesidades de la relación vertical.[600]

II. LA DISTRIBUCIÓN DUAL EN EL ÁMBITO ANGLOSAJÓN

1. Estados Unidos

La importancia del estudio de la distribución dual en los EE.UU. y en otros países anglosajones se debe a que es este primer país en el que aparece este concepto como consecuencia del nacimiento y desarrollo del sistema de franquicias en el pasado siglo[601].

Históricamente en los Estados Unidos, la inquietud por la competencia en la distribución dual se enfocó especialmente en situaciones donde se presentaban restricciones verticales adicionales. Dado que, ya a principios de los noventa se consideraba que: "(...) la cautela judicial respecto a las restricciones que acompañan a los acuerdos de distribución dual aparente-

---

600 Al efecto, pueden revisarse las opiniones proporcionadas en el proceso de consulta pública que inició la Comisión Europea en: https://ec.europa.eu/info/law/better-regulation/have-your-say/initiatives/1936-Evaluation-of-the-Vertical-Block-Exemption-Regulation/public-consultation . Existen diversos comentarios que subrayan la necesidad de mantener la exención en materia de distribución dual y proporcionar certeza respecto a la licitud en los intercambios de información que ocurran en dicho contexto. De particular interés son las opiniones de la *American Bar Association* y de la *International Bar Association.*

601 CAVES. R., y MURPHY. W., "Franchising: Firms, Markets, and Intangible Assets… cit., p.585.

mente es generalizada"[602]. Ahora bien, esta inquietud por la distribución dual en los Estados Unidos debe ser entendida en su contexto y es que el análisis de esta modalidad de distribución fue avanzando a la par que evolucionaba la división analítica entre la *rule of reason* y la *regla per se.*[603]

---

[602] ZWIRB, R., "Dual Distribution and Antitrust Law", cit., p. 1281; "(...) *judicial caution towards restrictions accompanying dual distribution arrangements apparently is widespread"*.

[603] La regla de la razón o *rule of reason* es una doctrina legal utilizada para interpretar la Ley Sherman Antimonopolio, una de las piedras angulares de la normativa antimonopolio de los Estados Unidos. Si bien algunas acciones como la fijación de precios se consideran ilegales *per se,* otras acciones, como la posesión de un monopolio, deben analizarse bajo la regla de la razón y solo se consideran ilegales cuando su efecto es restringir injustificadamente el comercio. William Howard Taft, entonces juez principal de la Corte de Apelaciones del Sexto Circuito, desarrolló por primera vez la doctrina en un fallo sobre *Addyston Pipe and Steel Co. c. Estados Unidos,* que fue declarada en 1899 por la Corte Suprema. La doctrina también desempeñó un papel importante en el caso de la Corte Suprema de 1911 *Standard Oil Company of New Jersey v. Estados Unidos.* No existe una regla de la razón *(rule of reason)* en las normas de competencia de la UE (ver, por ejemplo, T-11/08, T-112/99, T-49/02, T-491/07, T-208/13, etc.). Sin embargo, sí existe en el Derecho sustantivo de la UE, como se desarrolló en la sentencia *Cassis de Dijon* del Tribunal de Justicia de las Comunidades Europeas. Asimismo, La regla de la razón o *rule of reason,* desde la perspectiva del Derecho de la competencia estadounidense adopta un sistema más sencillo y menos rígido para evaluar las cuestiones verticales de defensa de la competencia. El sistema se basa básicamente en la regla en que se aplica a todas las restricciones verticales de distribución. En la legislación estadounidense, no hay restricciones "duras" ni "puertos seguros" como en la UE. Del mismo modo, no hay directrices sobre restricciones verticales y, lo que es más importante, la regla de la razón se aplica por igual a los canales de distribución *offline* y *online.* Además, en el Derecho de la competencia de EEUU no existe una equivalencia a la distinción de la UE entre distribución exclusiva y selectiva a efectos de la aplicación de la *rule of reason.*

La regla *per se* supone una restricción manifiesta del comercio que es explícitamente anticompetitiva, como un acuerdo que controla el precio de un bien o el resultado de la producción. Por lo general, se considera que una restricción manifiesta sin una justificación favorable a la competencia es ilegal *per se*. Es decir, estas prácticas son, por su naturaleza, anticompetitivas y, por tanto, ilegales *per se*. Un tribunal no evaluará ninguna supuesta justificación favorable a la competencia para tal actividad. Por ejemplo, los acuerdos que establecen un precio mínimo o máximo, las limitaciones de producción, la distribución geográfica de una región, las prohibiciones de la competencia de precios calificarían como ilegales *per se*. Por ello, es mucho más probable que los acuerdos horizontales entre competidores sean ilegales *per se*. En los acuerdos verticales entre productor, mayorista y minorista, a menudo es difícil determinar si son anticompetitivos. Estos tipos de relación deben ser examinados bajo la regla de la razón o *rule of reason*.

La regla de la razón o *rule of reason* se aplica a una restricción que no se considera una restricción pura. Según la Sección 1[604], todo contrato, combinación o conspiración es ilegal si constituye una restricción indebida o irrazonable del comercio. La prueba de razonabilidad se refiere a si los contratos o actos impugnados restringen injustificadamente las condicio-

---

604 *Sherman Anti-Trust Act*. Aprobada el 2 de julio de 1890, la *Sherman Anti-Trust Act* fue la primera ley federal que prohibió las prácticas comerciales monopolísticas. La Ley Sherman Antimonopolio de 1890 fue la primera medida aprobada por el Congreso de los EE.UU. para prohibir los *trusts*. Debe su nombre al senador John Sherman de Ohio, presidente del comité de finanzas del Senado y Secretario del Tesoro bajo la presidencia de Hayes. Varios estados habían aprobado leyes similares, pero se limitaban a los negocios intraestatales. La *Sherman Antitrust Act* se basaba en el poder constitucional del Congreso para regular el comercio interestatal. Véase en: https://www.archives.gov/milestone-documents/sherman-anti-trust-act .

nes competitivas en el mercado o la industria. La irracionalidad puede basarse en la naturaleza o el carácter del acuerdo o las circunstancias circundantes. La regla de la razón equilibra los efectos favorables y anticompetitivos. Al determinar si una restricción del comercio es razonable, el tribunal considerará algunos factores tales como los hechos peculiares a este negocio, efectos reales y probables de la restricción (incluido el efecto sobre los competidores), la historia de la restricción, el propósito de la restricción, el alcance de la restricción, la conveniencia para proveedores y consumidores y la creación de nuevos productos. En esencia, si la actividad promueve la competencia, puede justificar los aspectos anticompetitivos.[605]

También se habla de la *Quick-Look (or Truncated) Rule of Reason.* Esta es una prueba empleada por los tribunales en circunstancias muy peculiares. Es factible que una restricción pura pueda ser legal si existe una justificación favorable a la competencia. Según la prueba de "revisión rápida", un tribunal permitirá que un acusado presente pruebas de que una conducta, que de otro modo sería ilegal *per se,* tiene un aspecto favorable a la competencia. Si es posible una justificación a favor de la competencia, el tribunal empleará un análisis completo de la regla de la razón.

Algunos tribunales identificaron una distinción entre dimensiones vertical y horizontal, lo que motivó un análisis detenido de sus impactos. En este proceso, varios de ellos adoptaron la postura de reconocer riesgos principalmente en la dimensión horizontal. Así, por ejemplo: *"La Corte observa, sin embargo, que la prueba de la existencia de mantenimiento ilegal del precio de reventa, cuando el fabricante es también un distribuidor (...) hace que la violación de las normas antimonopolio sea aún más perniciosa (...) ya que la actividad ilegal de los cárteles coexiste entonces*

---

605 BORK, H., "La regla de la razón y el concepto per se: la fijación de precios y el reparto de mercados", *Revista Themis,* nº 47, pp.. 19 y ss.

con el intento de controlar verticalmente la discreción del empresario independiente".[606]

Asimismo, uno de los precedentes originales en la materia que definió que sí existían riesgos de coordinación entre el proveedor y el distribuidor fue *United States v. Arnold, Schwinn & Company*[607], en donde la Corte Suprema estadounidense determinó que la asignación de territorio entre el proveedor y sus distribuidores era ilícita *per se,* dado que el dominio de los productos ya había sido traspasado al distribuidor que no era exclusivo.

Sin perjuicio de lo anterior, el análisis fue evolucionando y, posteriormente, la Corte Suprema estadounidense comenzó a analizar estos acuerdos, caso a caso, bajo la *rule of reason.* En efecto, la situación cambió significativamente con ocasión del caso *Continental T.V., Inc. v. GTE Sylvania, Inc. (Sylvania)*[608], en donde la Corte Suprema de los Estados Unidos estableció que, en casos de distribución dual, era necesario determinar, a través de un *characterization process,* si la conducta quedaba sujeta a la regla *per se* o a la *rule of reason.* Parece relevante contextualizar que *Sylvania* es un precedente famoso en la historia

---

606 Interphoto Corporation v. Minolta Corporation, 295 F. Supp. 711, US District Court for the Southern District of New York (1969), https://law.justia.com/cases/federal/district-courts/FSupp/295/711/2080893/. : "*The Court notes, however, that proof of the existence of unlawful resale price maintenance, where the manufacturer is also a distributor... makes the antitrust violation even more pernicious...for unlawful cartel activity then co-exists with the attempt to vertically control the discretion of the independent businessman".*

607 *United States v. Arnold, Schwinn & Company,* 388 U.S. 365 (1967).

608 *Continental T.V., Inc. v. GTE Sylvania, Inc.,* 433 U.S. 36. 76-15, U.S. Supreme Court (23 de junio, 1977), https://supreme.justia.com/cases/federal/us/433/36/#tab-opinion-1952357.

de dogmática antitrust[609]. Y es que, por encima de su impacto en el análisis de la distribución dual, es considerada la primera sentencia de la Corte Suprema estadounidense que cambió el paradigma de análisis de las restricciones verticales, desde la condena *per se* a la aplicación de la *rule of reason* y, en particular, se estableció la necesidad de acudir a un análisis propiamente económico. De hecho, el caso *Sylvania* fue la consolidación de la Escuela de Chicago en el Derecho de la competencia de los Estados Unidos y su influencia permanece hasta el día de hoy.

En ese contexto, por influencia por la Escuela de Chicago[610], se examinó un argumento económico para diferenciar y analizar los impactos de restricciones verticales entre proveedores y distribuidores en la competencia intramarca e intermarca, particularmente en el marco de una distribución dual. Sin embargo, debido a la complejidad, los efectos de estas restricciones podrían ser ambiguos, generando incertidumbre sobre su impacto anticipado

En consecuencia, una posibilidad analítica es la aplicación de la *single monopoly profit*, en efecto, según Hovenkamp: "(...) [un] fabricante que no tiene poder de mercado no puede utilizar la distribución dual para crearlo. Además, ni siquiera un fabricante monopólico puede en general aumentar su poder de mercado aislando sus propios puntos de venta minorista o retail, aunque el efecto sea perjudicar a los minoristas independientes de la competencia. Si el fabricante tiene poder de mer-

---

609 Al efecto, véase RICHARD A. P., "The Rule of Reason and the Economic Approach: Reflections on the Sylvania Decision", *The University of Chicago Law Review* 45, No 1, 1977, pp.1-20.

610 SOTO PINEDA, J.A., y JARAMILLO DE LOS RIOS, L.F., "Aspectos comunes de las escuelas de Chicago y Harvard en materia de la libre competencia", *Boletín Mexicano de Derecho Comparado,* n°154, 2019, pp. 77-106.

cado, cualquier beneficio de monopolio obtenido a nivel de minorista también podría obtenerse a nivel de fabricante"[611]

En el caso concreto *Benny Jacobs v. Tempur-Pedic International, Inc.*, No. 08-12720 (11th Cir. 2010), el proveedor estableció un precio mínimo de reventa con sus distribuidores en su relación vertical. Este precio, al mantener un sistema de distribución dual, también se aplicaba a las ventas directas. Aunque la Corte determinó que no existía evidencia suficiente por parte del demandante para demostrar una fijación de precios horizontal, su análisis sugirió que el precio mínimo acordado verticalmente afectaba tanto a las transacciones con distribuidores como a las ventas directas del proveedor, en definitiva, la corte señaló que: *"Este tribunal no ha adoptado una regla per se para dicha clasificación; en cambio, examinamos las circunstancias de cada acuerdo de distribución dual para ver si se asemeja más a un acuerdo horizontal o vertical.*"[612]

---

611 HOVENKAMP, H., "Federal Antitrust Policy: The Law of Competition and its Practice", *St. Paul, Minnesota: Thomson/West*, 3a ed., 2005, p. 490; *"(...) [a] manufacturer who has no market power cannot use dual distribution to create it. Furthermore, even a monopoly manufacturer generally cannot increase its market power by insulating its wholly-owned retail outlets, even if the effect is to injure competing, independent retailers. If the manufacturer has market power, any monopoly profits earned at the retailer level could also be earned at the manufacturer level"*.

612 Benny Jacobs v. Tempur-Pedic International, Inc., No 08-12720, 11th Circuit Court of Appeals (2 de diciembre, 2010), 22-23, https://law.justia.com/cases/federal/appellate-courts/ca11/08-12720/200812720-2011-03-14.html. *"This court has not adopted a per se rule for such classification; instead, we examine the circumstances of each dual distribution arrangement to see whether it more closely resembles a horizontal or vertical agreement"*.

En otro caso ulterior, la *Federal Trade Commission* (FTC) suscribió un acuerdo de distribución con *Fortiline, LLC* (Fortiline)[613], una empresa distribuidora de cañerías de hierro *(ductil iron pipe DIP).* La empresa distribuidora Fortiline fue acusada de infringir la ley federal *antitrust* al sugerir un aumento de precios a sus competidores, específicamente al proveedor "A" con el cual mantenía una relación de distribución. Históricamente, Fortiline y el proveedor "A" tenían acuerdos de distribución en varios territorios, pero en Carolina del Norte y Virginia, Fortiline operaba como distribuidor de otro proveedor "B". En estos estados, el proveedor "A" vendía directamente y, según la FTC, competía con Fortiline. Ante la disminución de precios por parte del proveedor "A", Fortiline se comunicó al menos en dos ocasiones solicitando detener la estrategia y aumentar los precios. La FTC interpretó esta sugerencia como una invitación a llevar a cabo prácticas colusorias en al menos dos mercados diferentes, lo que resultó en la acusación por violación antimonopolio. En efecto, la FTC ha señalado que: *"El derecho de la competencia reconoce que un proveedor y su distribuidor, comúnmente, tienen razones legítimas para discutir sobre las condiciones de mercado, incluyendo discutir sobre el precio cobrado por el distribuidor cuando revende los productos de dicho proveedor. Sin embargo, incluso si, en algunas instancias, dos empresas tienen una relación vertical (intramarca), dicha relación no les proporciona inmunidad frente a la responsabilidad que puedan tener al dañar la competencia horizontal (intermarca). El rol de Fortiline como distribuidor, en algunas circunstancias, del Fabricante A no lo protege de su responsabilidad por invitar al Fabricante A a llegar a un acuerdo colusiorio para incrementar el precio por las ventas DIP, incluyendo aquellas instancias*

---

613 *FTC v. Fortiline,* LLC, C-4592, Federal Trade Commission (23 de septiembre, 2016), https://www.ftc.gov/system/files/documents/cases/160927fortilinedo.pdf.

en donde ambas empresas competían por vender DIP a un contratante particular".[614]

No obstante, además de los casos expuestos anteriormente, pueden surgir ciertas discrepancias entre los proveedores y distribuidores con respecto a la reserva del canal *online* por parte del proveedor, dado que puede llevar consigo que los distribuidores descontentos se sientan amenazados por esa competencia directa. En el caso del país estadounidense, según la ley de competencia de EE.UU., esta práctica no difiere de la capacidad reconocida al proveedor de reservarse determinadas cuentas nacionales o ventas en el extranjero para sí mismo[615].

---

614 *Federal Trade Commission* (agosto 2016), https://www.ftc.gov/news-events/blogs/competition-matters/2016/08/compliance-check-collaborators-who-also-compete. *"Antitrust law recognizes that a supplier and its distributor often have legitimate reasons to communicate about market conditions, including discussing the price charged by the distributor when it re-sells the products of that supplier. However, even if two firms have a vertical (intrabrand) relationship in some instances, that relationship does not immunize them from liability for conduct harming horizontal (interbrand) competition. Fortiline's role as a distributor for Manufacturer A in some circumstances did not shield it from liability for inviting Manufacturer A to collude to raise the price for DIP sales across the board, including in instances where the two firms were competing to sell DIP to a particular contractor".*

615 *Vid. The White Motor Company v United States* 372 US 253 (1963), https://supreme.justia.com/cases/federal/us/372/253/ ; Véase también, *Bruce Drug v Hollister* Inc 688 F 2d 853, 856–57 (1st Cir 1982), 1982-2 Trade Cas. 64,941, https://casetext.com/case/bruce-drug-inc-v-hollister-inc; e *International Logistics Group v Chrysler Corp* 884 F 2d 904, 58 USLW 2187, 1989-2 Trade Cas. 68,744, https://casetext.com/case/international-logistics-grp-v-chrysler-corp, (donde el tribunal confirmó, en virtud de la regla de la razón, la política de Chrysler de reservarse el mercado internacional y de rechazar todos los pedidos de compra de los distribuidores que se negaran a cumplir sus condiciones de comercialización, a saber, ajustarse al programa de exportación de Chrysler y desistir de revender las uni-

Así, la posibilidad de que un proveedor se reserve las ventas en línea para sí mismo se cuestionó en una acción antimonopolio contra el proveedor de colchones *Tempur-Pedic*, en la que el demandante argumentó, entre otras cosas, que el sistema de distribución dual, en el que el proveedor vendía los colchones tanto a través de sus distribuidores autorizados como a través de su propio sitio *web*, constituía una actividad colusoria horizontal para la fijación de precios[616]. El tribunal de apelación coincidió con el tribunal de distrito en desestimar la demanda de fijación horizontal de precios, basándose en que los tribunales suelen considerar que las cadenas de proveedores y distribuidores son verticales (y, por tanto, están sujetas a la regla de la razón), no de naturaleza horizontal[617]. El tribunal

---

dades de exportación con descuento a los concesionarios nacionales de Chrysler).

616 *Jacobs v Tempur-Pedic Int'l, Inc* 626 F 3d 1327 (2010), 2010-2 Trade Cas. 77,250, 78 Fed R Serv 3d 41, 22 Fla L Weekly Fed C 1581, https://casetext.com/case/jacobs-v-tempur-pedic-intern.

617 El tribunal recordó que examina las circunstancias de cada acuerdo de distribución dual para ver si se asemeja más a un acuerdo horizontal o vertical. La tendencia reciente, sin embargo, ha sido "considerar la relación primaria entre un distribuidor dual y un franquiciado independiente como vertical cuando las restricciones no disminuyen la competencia entre marcas ni la disponibilidad de bienes o servicios". *Vid, Graphic Products Distributors v Itek Corp* 717 F 2d 1560, 1576 (11th Cir 1983), https://casetext.com/case/graphic-products-distributors-v-itek-corp ; *Abadir & Co v First Miss Corp* 651 F 2d 422, 427–28 (5th Cir 1981), https://casetext.com/case/abadir-co-v-first-mississippi-corp ; *Hesco Parts, LLC v Ford Motor Co* Nº 3:02 CV-736-S, 2006 WL 2734429, 4–5 (W.D.Ky. 22 September 2006), https://casetext.com/case/hesco-parts-3 ; *Véase tambien, Bedi v Hewlett-Packard Company* Nº 07-12318-RWZ (D Mass 17 November 2008), https://casetext.com/case/bedi-v-hewlett-packard-company ; *Midwestern Waffles, Inc v Waffle House, Inc.* 734 F 2d 705, 720 (11th Cir 1984), https://casetext.com/case/midwestern-waffles-inc-v-waffle-house-inc .

desestimó la demanda dado que el demandante no alegó un acuerdo horizontal autónomo entre el proveedor, en calidad de distribuidor, y sus distribuidores.

Otro claro ejemplo de este tipo de prácticas es el popular acuerdo de comercio electrónico que se refiere a los sitios web de marca compartida, como el "acuerdo de hospedaje en sitio espejo" entre la librería en línea *Amazon* y la librería física *Borders*, que fue objeto de un litigio antimonopolio sobre la base de de reparto de mercado entre competidores[618]. En este caso, el cliente de libros demandante presentó una demanda antimonopolio contra *Amazon.com* y *Borders*, alegando que su acuerdo suprimió la competencia entre dos antiguos rivales en

[618] *Véase, Gerlinger v Amazon.com* 311 F Supp 2d 838, 2004-1 Trade Cas. 74,363 (2004), https://casetext.com/case/gerlinger-v-amazon-com-2 . En 2001, *Amazon y Borders* suscribieron un acuerdo de "Tienda Sindicalizada" (el "Acuerdo" o "Acuerdo de Hospedaje del Sitio Espejo") en virtud del cual, relanzarían conjuntamente *www.borders.com* como un sitio web de marca compartida operado por Amazon. En virtud del Acuerdo, *Amazon.com* determinaba unilateralmente la selección de productos, ofrecía las condiciones de venta y los precios de los libros vendidos en el sitio web, con excepción de los libros disponibles para su recogida en una tienda física de *Borders*. A su vez, *Borders* fijaba el precio de los libros que se compraban en línea, pero se recogían en sus tiendas. Mientras que *Amazon* era el vendedor real de los libros vendidos en el sitio web y, por tanto, se quedaba con los ingresos de esas ventas, *Borders* pagaba a *Amazon.com* una tarifa única por crear el sitio web y *Borders* recibía una comisión por cada venta. *Amazon y Borders* afirmaron que el acuerdo no restringía ninguna otra actividad de venta de *Borders*, como las ventas de libros fuera de línea, el uso del sitio web *Bordersstores.com* para que los compradores reservaran libros para recogerlos en la tienda, o el derecho de Amazon.com a construir tiendas de ladrillo y cemento si así lo decidía. Los demandados argumentaron además que el acuerdo sólo implicaba una restricción accesoria en el contexto de una empresa integradora con objetivos y efectos procompetitivos que debían juzgarse según la regla de la razón.

el mercado de la venta de libros en línea, lo que dio lugar a que los consumidores se vieran privados de una opción competitiva para dichas compras. Aunque el tribunal no pudo determinar finalmente si los demandados acordaron dividir el mercado, el caso proporciona algunas aportaciones útiles sobre cómo los tribunales podrían analizar las demandas antimonopolio en casos similares.

En esencia, el tribunal podría haber considerado que no se habían aportado pruebas concluyentes de la demandante o de los demandados sobre la definición de mercado adecuada, por lo que, a falta de ésta, no podía determinar si el acuerdo constituía un reparto ilegal del mercado. De hecho, *Amazon* alegó que el mercado incluía *"los libros vendidos en todos los lugares"*, mientras que el demandante, a su vez, señaló un *"segmento de mercado online"* separado y distinto del resto del mercado en línea[619]. Sin embargo, es interesante que, al desestimar la

---

619 *National Ass'n of College Bookstores, Inc v Cambridge University Press* 990 F Supp 245 (1997), 1997-2 Trade Cas. 71,991, moción de desestimación denegada, 1998-1 Trade Cas. 72,034,https://cite.case.law/f-supp/990/245/ . En un caso de la Ley *Robinson-Patman*, la asociación de más de 3.000 librerías universitarias alegó que todos sus miembros competían, entre otros, con el comprador favorecido, el minorista de libros por Internet *Amazon.com*. Alegaban que se podía demostrar que Amazon.com era un competidor omnipresente. El tribunal les dio la razón: "*the presence of Amazon.com as a competitor is relevant: because it is alleged to compete in every retail book market in which there are customers with internet access, allegations detailing specific geographic markets on a store-by-store basis are of diminished value.*" *Vid.* en este sentido también, *In re Digital Music Antitrust Litig* 06 MDL N° 1780 (SDNY 18 July 2011), https://casetext.com/case/in-re-digital-music-antitrust-litigation-3 , (el caso se refería a una supuesta conspiración para inflar y mantener precios supracompetitivos en el mercado de la música digital. El Tribunal del Distrito Sur de Nueva York consideró que, si bien los compradores de música digital están legitimados, los demandantes compradores de CD no lo están, "ya

demanda del consumidor de libros, el tribunal observó que, si el mercado incluía realmente libros vendidos en todos los lugares, *"entonces el tribunal no encontraría una clara asignación de mercado per se"*.

Con respecto a la distribución dual, se planteó una cuestión interesante ante un Tribunal de arbitraje de Texas sobre si un franquiciador podría vender directamente a clientes en línea dentro de los territorios de los franquiciados[620]. En ese caso, el tribunal de arbitraje ordenó al franquiciador que no vendiera productos de Internet a clientes ubicados en los territorios exclusivos de sus franquiciados, razonando que los franquiciados tenían de hecho una expectativa razonable de que no se verían obligados a competir con las ventas directas en línea del franquiciador. Además, el tribunal sostuvo que la venta en línea dentro de los territorios de los franquiciados daría lugar a la confusión de los clientes y podría diluir el valor de las licencias de marca de los franquiciados. Si los principios de la resolución de la corte de arbitraje se mantuvieran en los casos ante los tribunales de EE.UU., el resultado sería que la invasión del comercio electrónico podría producirse no sólo sobre una base geográfica, sino también por el desarrollo de las ventas

---

que la demanda admite que la música digital y la música vendida en CD no son sustitutos").

620 *Matrix Essential, Inc. v. Emporium Drug Mart, Inc.*, 756 F. Supp. 280 (W.D. La. 1991), U.S. District Court for the Western District of Louisiana - 756 F. Supp. 280 (W.D. La. 1991), de 15 Febrero de 1991, https://law.justia.com/cases/federal/district-courts/FSupp/756/280/2291644/ . El contrato de franquicia bajo el que operaban los franquiciados contenía una cláusula de exclusividad territorial, pero no regulaba los derechos respectivos del franquiciador y de sus franquiciados a realizar ventas y competencia en Internet. Posteriormente, el franquiciador comenzó a operar un sitio web en esos territorios y ofreció artículos similares para la venta. El tribunal de arbitraje consideró que el franquiciador estaba incumpliendo los acuerdos de franquicia al realizar estas actividades.

por Internet y, en consecuencia, que los franquiciados podrían demandar a los franquiciadores que venden bienes y servicios a través de Internet a clientes situados en el territorio de los franquiciados[621].

En conclusión, como hemos analizado, en los Estados Unidos, los sistemas de distribución dual deben ser interpretados según las reglas *per se* y de la razón (*rule of reason*). No obstante, por un lado, nos encontramos ante una práctica muy utilizada y consolidada en el país americano, de hecho, es allí donde surge la modalidad de distribución dual como se ha comentado al inicio del presente capítulo. En este orden de cosas, el caso *Sylvania* sirvió como precedente para la aplicación de la regla de la razón a los casos de distribución dual, estableciéndose, asimismo, la necesidad de acudir, en dichas situaciones, a un análisis propiamente económico.

Por otro lado, es posible que surjan discrepancias en cuanto a la reserva del canal *online* por parte de los proveedores con sus distribuidores, práctica permitida en los EEUU, como se determina por los casos *Tempur-Predic* y *Amazon.com.* En cambio, con respecto a la utilización del canal *online* en un sistema de franquicia, que a su vez se encuentra en un sistema de distribución dual, puede dar lugar a la confusión de los consumidores y menguar el valor de las licencias de marca de los franquiciados. Por ende, los distribuidores podrían impugnar la venta a través de internet de sus proveedores en sus territorios asignados.

---

621 ACCARDO, G., "Vertical Antitrust Enforcement: Transatlantic Perspectives on Restrictions of Online Distribution under EU and US Competition Laws", *European Competition Journal*, 2013, pp. 331 y ss.

2. *Australia*

En Australia el tratamiento de la distribución dual por los tribunales de justicia es similar al que llevan a cabo los tribunales y doctrina norteamericana que acabamos de exponer. Un caso reciente de interés en materia de distribución dual que, por su trascendencia merece la pena comentar es el de *Australian Competition & Consumer Commision* (ACCC) v. *Flight Centre Limited*[622].

Flight Centre[623], una agencia de viajes especializada en reservas para vuelos internacionales, cobra comisiones por gestionar los pagos de tarifas aéreas en nombre de varias aerolíneas. Como parte de su estrategia competitiva, la empresa ofrecía a los clientes una garantía de precios bajos, comprometiéndose a igualar tarifas más convenientes si se presentaban. Sin embargo, las aerolíneas también vendían billetes de viaje directamente a precios inferiores en sus propios portales, afectando las comisiones y márgenes de *Flight Centre*. Ante esta situación, la agencia sugirió a las aerolíneas que no redujeran sus precios, advirtiendo que podría dejar de vender sus billetes.

La ACCC consideró que esta conducta podría constituir un acuerdo de fijación de precios entre competidores. Después de un extenso proceso judicial, la *High Court* de Australia respaldó la decisión de la ACCC a finales de 2016. La corte enfatizó la importancia de examinar las prerrogativas otorgadas a *Flight Centre* por las aerolíneas, evaluando su papel como agente y

---

622 Para un análisis del caso con links a las distintas decisiones véase: https://www.australiancompetitionlaw.org/cases/2013flightcentre.html.

623 ACCC v. Flight Centre. n.d., ACCC, Federal Court y High Court, https://www.australiancompetitionlaw.org/cases/2013flightcentre.html.

hasta qué punto actuaba en interés de las aerolíneas o en su propio interés opuesto.

3. Reino Unido

Hasta el 1 de junio de 2022, el Reglamento de exención por categorías de los acuerdos verticales de la UE del año 2010 se aplicaba a los acuerdos verticales en Reino Unido, habida cuenta que la exención por categorías se mantuvo en la legislación británica tras la salida del Reino Unido de la Unión Europea. Esto proporcionó a las partes de los acuerdos verticales claridad sobre la compatibilidad de sus acuerdos con la legislación *antitrust* del Reino Unido, mediante la creación de una exención de puerto seguro,[624] a la espera de que el gobierno del Reino Unido decidía cómo modificar las normas que rigen dichos acuerdos en un entorno posterior al Brexit. Así pues, el 1 de junio de 2022, como se ha mencionado ya en este trabajo, expiró el antiguo RECAV 2010 y entraron en vigor el nuevo RECAV 2022 y, en consecuencia, el Reino Unido cuenta ahora con su propia exención independiente tras haber introducido un nuevo *Vertical Agreements Block Exemption Order* (en lo sucesivo, VABEO).

El VABEO tiene una extensión prevista de 6 años, hasta el 1 de junio de 2028. Se trata de una duración más corta que la prevista para el RECAV 2022, que estará en vigor 12 años. Esto, a diferencia del RECAV 2022, ofrece mayor flexibilidad y da la posibilidad de que el Reino Unido revise su enfoque de los acuerdos verticales mucho antes de la Comisión Europea. Además, esta duración más breve puede sugerir que el Gobier-

---

624 Se establece en el apartado 48) de las Directrices del RECAV 2022 que: *"el puerto seguro se aplica mientras el beneficio de la exención por categorías no haya sido retirado en un caso concreto por la Comisión o la autoridad nacional competente"*.

no británico considera que la velocidad prevista del cambio tecnológico/comercial requiere revisar las cuestiones mucho antes y/o busca aprovechar, lo antes posible, las posibilidades de una mayor diferencia con respecto al régimen de la UE. No cabe duda de que esta disparidad de plazos introduce nuevas posibilidades de divergencia entre las normas del Reino Unido y las de la UE en un futuro no muy lejano. A continuación, se presentan las principales características del nuevo régimen vertical del Reino Unido con respecto a la distribución dual.

En lo que respecta al marco de evaluación, se mantienen exentos los acuerdos verticales entre empresas que no sean competidoras reales o potenciales, así como los acuerdos no recíprocos entre empresas competidoras en sentido descendente, siempre que el comprador no sea un competidor en sentido ascendente, asimismo, siempre que la cuota de mercado de ninguna de las partes supere el 30% en los mercados de referencia y; siempre que el acuerdo no contenga ninguna de las denominadas restricciones especialmente graves, establecidas en el art. 8 VABEO. Los acuerdos que no cumplen las condiciones para quedar exentos en virtud de la VABEO pueden seguir siendo compatibles con la legislación británica de defensa de la competencia. Estos acuerdos requerirán una evaluación individual en cuanto a si cumplen las condiciones para la exención de conformidad con la sección 9 de la Ley de Competencia del Reino Unido de 1998 (beneficios de eficiencia)[625].

---

[625] CLITRON, P., KELLIHER, K., e ISRAEL, M., "New antitrust rules for distribution agreements in the UK", *White & Case*, 2022, Sitio web: https://www.whitecase.com/insight-alert/new-antitrust-rules-distribution-agreements-uk. Véase también en ese sentido, OSTROSVSKY, S., COLLIN-DUBUISSON, C., y GUDERIAN, J., "Closer together? Final UK guidance on vertical agreements closes the gap with the EU – somewhat", *Linklaters*, 2022 Sitio web: https://www.linklaters.com/en/knowledge/publications/alerts-newsletters-and-

En lo referente a la distribución dual, el art. 3 (5) VABEO establece que, "*Los acuerdos verticales celebrados entre empresas competidoras sólo se especifican en la medida en que no sean recíprocos y el proveedor: (a) sea fabricante y distribuidor de bienes, mientras que el comprador sea distribuidor y no sea una empresa competidora en el nivel de fabricación, (b) sea prestador de servicios en varios niveles comerciales mientras que el comprador suministra sus bienes o servicios en el nivel minorista y no es una empresa competidora en el nivel comercial en el que adquiere los servicios contractuales, (c) es un mayorista y un distribuidor de bienes, mientras que el comprador es un distribuidor y no es una empresa competidora en el nivel mayorista, o (d) es un importador y un distribuidor de bienes, mientras que el comprador es un distribuidor y no es una empresa competidora en el nivel comercial en el que adquiere los bienes o en el nivel de importación*", es decir, la *Competition Markets Authority* (CMA) ha mantenido la exención para la distribución dual, ampliándose a mayoristas e importadores.

Sin embargo, el VABEO no excluye la exención a los intermediarios en línea. Por el contrario, el RECAV 2022 no se aplica a los acuerdos verticales relativos a la prestación de servicios de intermediación en línea cuando el prestador de servicios de intermediación en línea es una empresa competidora en el mercado de referencia de la venta de los bienes o servicios intermediados. Estos acuerdos, como ya ha sido comentado anteriormente y se analizará en el presente trabajo en su correspondiente apartado, deberán evaluarse individualmente de acuerdo con el art. 101.1 TFUE.

Las Directrices otorgadas por la CMA sobre el VABEO determinan que el beneficio de exención por categorías se extiende al intercambio de información en escenarios de distribución dual, pero solo si es necesario para aplicar el acuerdo vertical y no restringe la competencia por objeto, del mismo modo que

---

guides/2022/july/26/closer-together-final-uk-guidance-on-vertical-agreements-closes-the-gap-with-the-eu—somewhat

lo hace el RECAV 2022. No obstante, a diferencia del enfoque de la UE, las Directrices del Reino Unido no incluyen el requisito adicional de que dicho intercambio de información mejore la producción o distribución de los bienes o servicios objeto del contrato. Asimismo, la CMA proporciona una lista no exhaustiva de ejemplos de información que puede cumplir estas condiciones en su apartado 6.25[626], entre las que destacan:

a. *"La información técnica relativa a los productos contractuales[627], como la información relativa al registro, certificación, manipulación, utilización, mantenimiento, reparación, mejora o reciclaje de los productos contractuales, en particular cuando dicha información sea necesaria para cumplir medidas reglamentarias, y la información que permita al proveedor o al comprador adaptar los productos contractuales a las necesidades del cliente.*

b. *La información logística relativa a la producción y distribución de los productos contractuales en los niveles anterior o posterior, incluida la información relativa a los procesos de producción, inventario, existencias y volúmenes de ventas y devoluciones.*

c. *Información relativa a las compras de los productos contractuales por parte de los clientes, a las preferencias de*

---

[626] Establece el apartado 6.25 de las Directrices VABEO que: "*A continuación se ofrece una lista no exhaustiva de ejemplos de información que, cuando es intercambiada por las partes de un acuerdo vertical no recíproco que cumple una de las condiciones del apartado 5 del artículo 3 del VABEO, puede (a reserva de los puntos expuestos en el apartado 6.26) considerarse en general que es improbable que constituya una restricción por el objeto y que es probable que sea auténticamente vertical porque es necesaria para aplicar el acuerdo vertical. A menos que se indique lo contrario, los ejemplos cubren la información comunicada por el proveedor o el comprador, independientemente de la frecuencia de la comunicación y de si la información se refiere a conductas pasadas, presentes o futuras*".

[627] Se trata de la traducción literal de la expresión utilizada en el VABEO, y que luego también se repite en la normativa comunitaria.

éstos y a sus comentarios, siempre que el intercambio de dicha información no se utilice para restringir la zona geográfica en la que el comprador puede vender los productos contractuales o los clientes a los que puede vendérselos, en el sentido de las letras b), c) o d) del apartado 2 del artículo 8 del VABEO.

d. *Información relativa a los precios a los que el proveedor vende los productos contractuales al comprador.*

e. *Información relativa a los precios de reventa recomendados por el proveedor o a los precios máximos de reventa de los productos contractuales e información relativa a los precios a los que el comprador revende los productos, siempre que dicho intercambio de información no se utilice para restringir directa o indirectamente la capacidad del comprador de determinar su precio de venta o para imponer un precio de venta fijo o mínimo en el sentido de la letra a) del apartado 2 del artículo 8 del VABEO.*

f. *Sin perjuicio de lo dispuesto en la letra e), la información relativa a la comercialización de los productos contractuales, incluida la información sobre los nuevos productos que vayan a suministrarse en el marco del acuerdo vertical y la información sobre las campañas de promoción de los productos contractuales.*

g. *La información relativa a la comercialización de los productos contractuales, incluida la información sobre las campañas de promoción de los productos contractuales.*

h. *Información relacionada con el rendimiento, incluida la información agregada comunicada por el proveedor al comprador relativa a las actividades de comercialización y venta de otros compradores de los productos contractuales, siempre que ello no permita al comprador identificar las actividades de compradores competidores concretos, así como información relativa al volumen o valor de las ventas de los productos contractuales por parte del comprador en relación con las ventas de productos competidores por parte del comprador".*

Por el contrario,[628] en su apartado 6.26 aporta un listado exhaustivo de aquellos intercambios que sí se consideran contrarios a un acuerdo vertical y pueden restringir la competencia por objeto, siendo estos intercambios los referentes a:

a. *"Información relativa a los precios futuros reales a los que el proveedor o comprador venderá los productos contractuales en el mercado descendente.*

b. *Información relativa a la identificación de los usuarios finales de los productos contractuales, a menos que el intercambio de información sea necesario para:*

c. *- permitir al proveedor o al comprador satisfacer las exigencias de un usuario final, por ejemplo, para adaptar los productos contractuales a las adaptar los productos contractuales a las necesidades del cliente, para conceder al usuario final: un trato especial, condiciones (incluso en el marco de un programa de fidelización de clientes), o para prestar servicios preventa o posventa (incluidos los servicios de garantía); o*

d. *- aplicar o supervisar el cumplimiento de un acuerdo de distribución selectiva o un acuerdo de distribución exclusiva en virtud del cual se asignan determinados usuarios finales al proveedor o comprador.*

e. *La información relativa a los bienes vendidos por un comprador con su propia marca intercambiada entre el comprador y un fabricante de productos de marca competidores marca competidora, a menos que el fabricante sea también el productor de los bienes de marca propia".*

Como se puede apreciar, los listados anteriores se tratan de una copia literal de las listas exhaustivas que nos aporta los apartados 99) y 100) de las Directrices del RECAV 2022. Por

---

628 OSTROVSKY, S., COLIN-DUBUISSON, C., y GUDEIRIAN, J., "Closer together...?", cit., p.1

ende, será poco probable que existan divergencias entre el Reino Unido y la UE sobre las cuestiones de intercambio de información en los acuerdos de distribución dual. No obstante, como se ha mencionado anteriormente, la principal diferencia que existe es que, las Directrices del Reino Unido no incluyen el requisito adicional de que dicho intercambio de información mejore la producción o distribución de los bienes o servicios objeto del contrato, algo que sí se incluye en el RECAV 2022. Esta discrepancia sirve para resaltar el riesgo potencial para las empresas que establecen acuerdos verticales tanto en la UE como en el Reino Unido, especialmente cuando los regímenes son aparentemente similares. En teoría, el intercambio de información que podría ser legítimo en el Reino Unido podría no estar exento en la UE, y las repercusiones del intercambio ilegal de información con lo que son esencialmente competidores podrían ser elevadas. Será interesante observar este fenómeno y ver cómo se desarrolla esta divergencia en la práctica, ya que la lista de "lo que se debe y lo que no se debe hacer" proporcionada por las Directrices de la UE y del Reino Unido es esencialmente la misma.

Para finalizar, existe otra gran discordancia, como se ha mencionado anteriormente, con respecto a la diferencia del enfoque adoptado en la UE, ya que las normas verticales del Reino Unido no privan a las plataformas híbridas (es decir, los proveedores de servicios de intermediación en línea que también venden productos en competencia con los clientes de sus servicios de intermediación en línea) del beneficio de la exención de distribución dual[629]. En definitiva, veremos como en los próximos meses van desarrollando su actividad los distintos proveedores y distribuidores que operan en el país británico (y también en la UE) y la aplicación del VABEO.

---

629 Véase los apartados 6.30 a 6.36 de las Directrices VABEO.

III. LA DISTRIBUCIÓN DUAL EN LA UE

1. Precedentes: Situación de la distribución dual bajo el Reglamento No 330/2010 de la Comisión, de 20 de abril de 2010, relativo a la aplicación del artículo 101, apartado 3, del TFUE a determinadas categorías de acuerdos verticales y prácticas concertadas

La política de competencia de la Unión Europea y sus normas han sido un pilar fundamental en el proceso de integración europea desde la entrada en vigor del Tratado CE en 1957. Estas políticas han sido cruciales para la creación progresiva del mercado interior[630] y para garantizar su correcto funcionamiento. Asimismo, la actividad desarrollada por la Comisión Europea en los últimos años revela el firme y constante compromiso del regulador de la Unión con la eficaz aplicación de estas normativas en todo el territorio europeo. Además, la evolución normativa de la competencia muestra cómo progresivamente se ha ido introduciendo nuevos mecanismos y se han ido reforzando los existentes, con el propósito de disponer de un sistema que ampara la libre competencia cada vez más eficiente y de forma más eficaz, y al mismo tiempo, garantice el correcto funcionamiento del mercado interior y promueva el bienestar de los consumidores, así como la competitividad de la industria europea en un mundo cada vez más globalizado[631].

---

630 En el art. 26.2 del TFUE define el mercado interior como: "*un espacio sin fronteras interiores, en el que la libre circulación de mercancías, personas, servicios y capitales estará garantizada de acuerdo con las disposiciones de los tratados*".

631 BACHES OPI, S., "La política y el derecho de defensa de la competencia de la Unión Europea (II). Acuerdos restrictivos de la competencia, abuso de la posición de dominio y control de concentraciones", en AA.VV. *Las políticas de la Unión Europea en el siglo XXI*

Por lo que respecta a la distribución dual, en Europa existe desde hace más de diez años una regulación aplicable a dicha modalidad de distribución. Vamos, por lo tanto, a comenzar examinando los precedentes de la regulación actual llevada a cabo por el RECAV 2022 para en epígrafes posteriores centrarnos en el contenido de esta última norma europea por cuanto atañe a la distribución dual. En primer lugar, el Reglamento No 330/2010 de la Comisión, de 20 de abril de 2010, relativo a la aplicación del artículo 101, apartado 3, del TFUE a determinadas categorías de acuerdos verticales y prácticas concertadas, sin utilizar expresamente el término "distribución dual" pero haciendo referencia a lo que esta expresión engloba, estableció una excepción de bloque o por categoría al artículo 101 a los denominados acuerdos verticales y, a mayor abundamiento, su artículo 2.4 señalaba que: *"La exención prevista en el apartado 1 no se aplicará a los acuerdos verticales suscritos entre empresas competidoras. No obstante, se aplicará cuando empresas competidoras suscriban un acuerdo vertical no recíproco y: a) el proveedor sea un fabricante y un distribuidor de bienes y el comprador sea un distribuidor y no una empresa competidora en el plano de fabricación, o b) el proveedor sea un prestador de servicios en distintos niveles de actividad comercial y el comprador suministre sus bienes y servicios en el nivel minorista y no es una empresa competidora en el nivel comercial en el que compra los servicios contractuales".*[632]

Así, cuando los participantes en un acuerdo no recíproco son, por un lado, un proveedor que desempeña el papel de distribui-

---

(coords. ORTEGA GÓMEZ, M. y AÑOVEROS TERRADAS, B.) J.M. Bosch, 2017, pp. 219-267.

632 Comisión Europea, Reglamento N° 330/2010 relativo a la aplicación del artículo 101, apartado 3, del Tratado de Funcionamiento de la Unión (2010), Artículo 2.4. Cabe mencionar que, el RECAV 2022 copia prácticamente en su totalidad su mismo art. 2.4, para establecer aquellas situaciones de distribución dual que se benefician de la exención.

dor de bienes y, por otro lado, un distribuidor que no compite en la fabricación, el acuerdo queda amparado por la excepción categorizada en el RECAV 2010. Esta misma norma es válida para los actores económicos que prestan servicios, extendiendo la cobertura de la excepción a los proveedores de servicios.

Respecto de estos acuerdos, la propias Directrices 2010 indicaban que: *"en general, cualquier impacto potencial en la relación de competencia entre el fabricante y el minorista al nivel al por menor tiene menos importancia que el impacto potencial en la competencia en general del acuerdo de suministro vertical a nivel de la producción o al por menor"*[633]. Lo anterior nos parece conforme con la excepción en bloque que la distribución dual recibe en el RECAV 2010.

Por lo tanto, en el anterior marco regulatorio del RECAV 2010, los contratos de distribución que cumplían las condiciones dispuestas en el Reglamento de exención por categorías sobre acuerdos verticales tenían asegurada su compatibilidad con las normas de competencia. De lo contrario, todavía podrán resultar compatibles, si las empresas acreditaban que sus acuerdos verticales generaban suficientes ventajas para los consumidores y eficiencias, en compensación de sus efectos restrictivos de la competencia. Las Directrices que acompañaban al RECAV 2010 sirvieron de guía para esta autoevaluación sobre ventajas, eficiencias y compensación de efectos restrictivos.

2. *Aplicación del Reglamento No 330/2010 de la Comisión, de 20 de abril de 2010, relativo a la aplicación del artículo 101, apartado 3, del TFUE a determinadas categorías de acuerdos verticales y prácticas concertadas*

Vamos a examinar seguidamente, la aplicación del Reglamento No 330/2010 de la Comisión, de 20 de abril de 2010,

633 Comisión Europea, Directrices relativas a las restricciones verticales (2010), apartado 28.

relativo a la aplicación del artículo 101, apartado 3, del TFUE a determinadas categorías de acuerdos verticales y prácticas concertadas en Alemania y en España como dos ejemplos relevantes de la implementación de las políticas contempladas en la norma comunitaria.

En Alemania hay que destacar que en el año 2013, el *Bundeskartellamt* analizó las *parity clause* impuestas por *Amazon* a los *retailers* de su plataforma. La mencionada cláusula establecía que los vendedores que vendían sus productos en la plataforma de *Amazon* no se les permitía venderlos a un precio inferior que en ninguna otra plataforma *online* (esta restricción se aplicaba tanto para otras plataformas como para sus propios sitios web). Como *Amazon* opera como vendedor independiente en su propia plataforma, la autoridad de competencia alemana determinó que *Amazon* es competidor a la vez que proveedor del resto de los *retailers* que utilizan su plataforma. No obstante, este caso no terminó en una sentencia, sino que se dio por concluido cuando *Amazon* eliminó voluntariamente las cláusulas de paridad de precios que había impuesto a los minoristas que vendían en su plataforma. Asimismo, en el informe sobre el caso, el *Bundeskartellamt* expresó en su conclusión de que el *marketplace* de *Amazon* debe ser considerado una "*(...) cooperación comercial horizontal entre Amazon y terceros vendedores que tiene por objeto y efecto diversas restricciones de la competencia*"[634]. En ese sentido, como señala el *Bundeskartellamt* en el mencionado informe, los dos segmentos son presentados por *Amazon* como

---

634 Informe sobre el caso: A*mazon removes price parity obligation for retailers on its Marketplace platform,* Ref. B6-46/12, *Bundeskartellamt* 1 (9 de diciembre de 2013) (Ger.), 2-3, http://www.bundeskartellamt.de/SharedDocs/Entscheidung/EN/Fallberichte/Kartellverbot/2013/B6-46-12.pdf%3F__blob%3DpublicationFile%26v%3D2.

"una única plataforma integrada que no hace distinción entre el negocio minorista propio de Amazon y el negocio del Mercado" [635]

Tras este precedente, la Comisión Europea anunció una investigación preliminar en contra de *Amazon*. En el centro de la investigación se encuentra el doble rol de *Amazon*: por un lado, *Amazon* ofrece un mercado para que terceros vendedores ofrezcan a su vez sus productos a los consumidores; por otro lado, *Amazon* ofrece sus propios productos a través de su mercado, compitiendo con los vendedores de su plataforma.[636]

Por último, cabe mencionar que la Comisión Europea, como parte de su política para el desarrollo del Derecho de la Competencia en la economía digital llamado *"Competition Law 4.0"*, publicó un informe titulado *"A New Competition Framework for the Digital Economy"*[637]. En el citado informe se incluyó cierta recomendación para el uso de plataformas digitales, en consecuencia, el gobierno alemán preparó un borrador para una nueva reforma a la Ley de Competencia que incluye, explícitamente, una prohibición al denominado *self-preferencing*, salvo por la existencia de justificaciones objetivas.[638]

---

635 KIRSCH, A., y WEESNER, W., "Can Antitrust Law Control E-Commerce?", *U.C. Davis Journal of International Law and Policy*, nº12, 2006, p.305.

636 Al efecto, véase *"Antitrust: Commission opens investigation into possible anti-competitive conduct of Amazon"*, Comisión Europea (17 de julio, 2019), https://ec.europa.eu/commission/presscorner/detail/en/IP_19_4291 .

637 Un sumario del informe, en inglés, puede encontrarse en: https://www.bmwi.de/Redaktion/EN/Downloads/a/a-new-competition-framework.pdf?__blob=publicationFile&v=2 .

638 Una traducción no oficial del borrador de ley puede encontrarse, en inglés, en: https://www.d-kart.de/wp-content/uploads/2020/02/GWB10-Engl-Translation-2020-02-21.pdf .

Por lo que respecta a España, hay que destacar que en la resolución de la autoridad de competencia española, la Comisión Nacional de los Mercados y la Competencia (CNMC), de 8 de marzo de 2018,[639] respecto del expediente S/DC/0578/16, Mensajería y Paquetería Empresarial, incoado el 22 de julio de 2016, sancionó como cártel: "*a las prácticas entre integradores y revendedores sobre la base de considerarlas totalmente aisladas de las «relaciones verticales» y de los acuerdos de distribución entre los mismos, y ello por estimar que aquellos actúan como «competidores»*"[640].

La CNMC concluyó que la existencia de una relación vertical entre operadores no excluye automáticamente su coexistencia con un posible acuerdo horizontal o cártel entre competidores, pues incluso incluyendo en el análisis la óptica del RECAV 2010, como demandan quienes han alegado en este sentido, las restricciones al margen de la exención que otorga esta norma comunitaria, serían constitutivas de un acuerdo horizontal de reparto de mercado.[641]

Esta resolución ha sido estudiada y analizada con profundidad desde la doctrina[642] ya que en ella la Comisión Nacional de los Mercados y la Competencia plantea temas de interés relacionados con el Derecho *Antitrust.* De este modo, se trata de competencia *ex ante* cuando puede derivar de hechos de mercado y será competencia *ex post* cuando derive directamente de

639 Otra decisión relevante que vale la pena revisar sobre la materia es la Sentencia *Munters Spain* v. Comisión Nacional de la Competencia, 78/2014, Sentencia de la Audiencia Nacional, Sala de lo Contencioso-Administrativo (21 de marzo de 2017).

640 DE LA VEGA GARCÍA, F., "Situaciones de Distribución Dual, Competencia Ex Post y Reglamentos de Exención", *Revista General de Derecho de los Sectores Regulados,* Nº 3, 2019.

641 Resolución Mensajería y Paquetería Empresarial, Expte. S/DC/0578/16, Resolución CNMC (8 marzo, 2018), p. 160.

642 DE LA VEGA GARCÍA, F., *op. cit.*, p. 2.

acuerdos de distribución. Las respuestas a ambas situaciones por parte del Derecho *Antitrust* han de ser diversas. Por lo que se refiere al tema objeto de estudio, la distribución dual, la aplicación del RECAV 2010 tiene una destacada influencia[643].

---

643 Véase también en ese sentido, la relevancia del sistema de distribución dual en la jurisprudencia española, apareciendo en la Sentencia núm. 66/2021 de 22 de octubre, del TSJ de Madrid (Sala de lo Civil y Penal sección 1ª) (JUR 2021/342225). La citada sentencia, comúnmente conocida como "Asunto *Cabify-Auro*", anula el laudo arbitral dictado en el caso Maxi Mobility Spain S.L.U. contra Auro New Transport Concept S.L. declarando la nulidad parcial del laudo por vulneración de orden público, basada en el error en la selección del Derecho aplicable cometido por el Tribunal arbitral. El mencionado Laudo había resuelto la disputa suscitada entre las entidades anteriormente mencionadas, en el seno de la cual *Cabify* instó la declaración de incumplimiento por parte de Auro del pacto en exclusiva y no competencia establecida en el art. 2.2 del contrato de colaboración suscrito entre las partes, así como la condena a Auro a cesar inmediatamente en la operación de licencias de arrendamiento de vehículo con conductor ("licencias VTC") adscritas a la plataforma Cabify a través de *Auro Travel* y la condena a Auro a determinadas penalizaciones establecidas en el contrato. Asimismo, de acuerdo con el citado pacto de exclusiva y no competencia, Auro no podía utilizar otra plataforma tecnológica de la intermediación en la prestación de servicios de transporte VTC distinta de la de *Cabify*. Al respecto, los antecedentes de la Sentencia, en su Fundamento Jurídico Tercero, dan cuenta del argumento de la parte actora en anulación de que existían en realidad dos mercados relevantes a considerar en la relación Cabify-Auro, esto es, un escenario de distribución dual, *"a) de un lado, en el segmento "aguas arriba" (upstream), en el mercado de intermediación de servicios de transporte VTC, en el que existía una relación vertical entre Cabify (proveedor) y Auro (comprador), mercado en que resultaba de aplicación de exclusiva y no competencia del Contrato; y b) de otro lado, en el segmento "aguas abajo" (downstream), el mercado de servicios de transporte de personas mediante vehículos con licencia VTC, en que Cabify y Auro son competidores en el plano horizontal, pero en el que no aplicaba la citada cláusula"*. Por otro lado, Auro reconvino en el procedimiento de arbitraje frente a Cabify solicitando que se

Dados los hechos a los que se refiere la Resolución CNMC comentada, el análisis se centra en el mercado de la mensajería y paquetería empresarial. Este mercado se caracteriza por la continua existencia de relaciones contractuales de distribución o de prestación de servicios entre los diversos operadores. Son las redes empresariales las que garantizan el buen funcionamiento de mercado, ya que la oferta de un servicio completo al cliente final, que es estos casos son empresas, hace necesario que el operador tenga que contar con colaboradores.[644]Las alianzas estratégicas entre los distintos operadores son necesarias para el buen funcionamiento de este mercado produciendo eficiencias como el ahorro de costes de recogida o de entrega.[645]

---

declarara la nulidad de pleno derecho de la citada cláusula 2.2 y la cláusula del Contrato (que establecía determinadas penalidades en caso de incumplimiento del pacto de exclusiva y no competencia), así como la resolución del contrato con indemnización de daños y perjuicios consecuencia de determinados incumplimientos que habría cometido *Cabify*. Finalmente, la Sentencia estimó la demanda de anulación parcial planteada por *Cabify* y anuló los pronunciamientos 1 y 2 del Laudo final, por el segundo de los motivos de anulación convocados, esto es por considerar que el Laudo resultaba contrario al orden público. *Vid.* RIVERA. C., y ÁLVAREZ. B., "Sentencia del Tribunal Superior de Justicia de Madrid 66/2021, de 22 de octubre (asunto "Cabify-Auro")", *Revista de arbitraje comercial y de inversiones*, Volumen XIV, Thomson Reuters, 2022, pp. 1-7.

644 *Vid.* Resolución Mensajería y Paquetería Empresarial, Expte. S/DC/0578/16, Resolución CNMC (8 marzo, 2018), p. 8.

645 Como pone de manifiesto DE LA VEGA GARCÍA., F., ("Los distribuidores logísticos en participación y su control efectivo en el Derecho antitrust" *Revista de Derecho del Transporte,* 17, 2016, p. 100) "La realidad en este ámbito a ha evolucionado incluso a fórmulas de concentración económica entre los distintos distribuidores; el elevado coste de la ejecución logística y el contexto de crisis económica (este como fenómeno coyuntural) han contribuido a esta situación. Se observa en el sector la realización de fusiones, adquisiciones

En este contexto es frecuente en determinados sectores de mercado que la distribución logística de ciertos productos o servicios se realice combinando tanto el sistema de distribución directa como indirecta y que de este modo se produzcan ciertas situaciones de competencia "aguas abajo"[646]que tienen su origen en el acuerdo de distribución. Desde la UE se califica como "distribución dual" aquella situación en la que *"el fabricante de un bien determinado actúa también como distribuidor del mismo en competencia con los distribuidores independientes de su bien."*[647] Es la eficiencia empresarial la está en el origen de la distribución dual y no implica auténtica competencia ya que los operadores implicados están en una misma línea de acción.

La resolución de la CNMC marca una separación entre los conceptos de "acuerdos entre competidores" y "relación vertical" sin llegar a valorar los argumentos de que los acuerdos sancionados difieren de los cárteles porque se trata de distribución dual y porqué se producen en el marco de la competencia que surge de los acuerdos de distribución (competencia *ex post*). Se definen los acuerdos verticales como *"aquellos acuerdos o prácticas concertadas suscritos entre dos o más empresas que operen, a efectos del acuerdo o práctica concertada, en planos distintos de la*

---

de control, creación de empresa en participación o, simplemente, acuerdos estratégicos de distribución que tienen una clara tendencia a afectar al mercado de la prestación de servicios logísticos, entendidos en el sentido amplio."

646 Además de las funciones internas tradicionales del negocio, es necesario incluir organizaciones externas en el proceso de desarrollo de productos para reducir su ciclo de creación y fabricación. En ese sentido, es de suma importancia vincular en forma temprana a los proveedores en el proceso de desarrollo. Teóricamente, también se debe vincular al cliente y consumidor final, esto es, la integración de la cadena "aguas arriba", desde los proveedores, y "aguas abajo", hasta el cliente del cliente.

647 Directrices relativas a las restricciones verticales 2010 apartado 28.

cadena de producción o distribución y que se refieran a las condiciones en las que las partes pueden adquirir, vender o revender determinados bienes o servicios". Como señalan las Directrices Verticales 2010, *"no se descarta la posibilidad de que una empresa opere en más de un plano de la cadena de producción o distribución"*[648]. Incluso las empresas implicadas compiten entre sí (artículo 2.4 RECAV 2010). Lo que se pone de manifiesto es que lo importante es la situación de las empresas implicadas, que se encuentren en planos diferentes de la cadena de producción o distribución. De esta forma, tendrán también carácter vertical la relación entre compradores (revendedores) y proveedores (integradores) aun cuando estos ofrezcan servicios a los usuarios finales en los que una parte sustancial de los mismos ha sido comprada al revendedor. Las propias Directrices verticales 2010, al referirse a los acuerdos que se pueden incluir en las relaciones verticales indican que *"los bienes o servicios suministrados por el proveedor pueden ser revendidos por el comprador o empleados como insumo por este último para producir sus propios bienes o servicios"*[649].

3. La distribución dual en el RECAV 2022

3.1 El nuevo Reglamento de exención por categorías de acuerdos verticales de 2022

Como hemos analizado anteriormente, el artículo 101.1 del Tratado de Funcionamiento de la Unión Europea (TFUE) prohíbe los acuerdos o prácticas concertadas entre empresas que puedan afectar al comercio entre los Estados Miembros y que tengan por objeto o efecto impedir, restringir o falsear la com-

---

[648] Considerando 25 *in fine.*

[649] Apartado 25 *in fine.*

petencia[650]. Sin embargo, el artículo 101.3 del mismo Tratado establece una excepción a la prohibición general de este tipo de acuerdos siempre y cuando éstos tengan suficientes beneficios para superar los efectos nocivos que generan.

Así pues, el primer RECAV es el de 1999[651], y su normativa modificó radicalmente la disciplina de los acuerdos verticales, sustituyendo a las anteriores normas sobre distribución en exclusiva, compra en exclusiva y franquicia. El sistema regulatorio se basó en la idea de que las restricciones contenidas en los acuerdos verticales probablemente tendrían un efecto anticompetitivo cuando fueran implementadas por empresas con poder de mercado.

Entre las principales novedades destacó la introducción de cuotas de mercado como umbrales para el beneficio de la exención del acuerdo[652]; la exención funcionaba automáticamente cuando la cuota de mercado del proveedor no superaba el 30 % del mercado de referencia en el que vendía los bienes o servicios cubiertos por el acuerdo.[653]

---

650 BACHES OPI. S., "La política y el Derecho de defensa de la competencia de la Unión Europea (II). Acuerdos restrictivos de la competencia..., cit., p.237.

651 Reglamento (CE) n. 2790/1999 de la Comisión, de 22 de diciembre de 1999, relativo a la aplicación del art. 81, apartado 3, del Tratado CE a categorías de acuerdos verticales y prácticas concertadas, G.UC.E. 1999 L336/21.

652 Aportando, de ese modo, el lado "económico" a la evaluación de las posibles prácticas concertadas llevadas a cabo por las empresas, combinándolo con el análisis jurídico. En consecuencia, se salió del marco teórico (a veces insuficiente) que se establece con el análisis jurídico para este tipo de prácticas de mercado.

653 CRUZ RIVERO, D., "Cálculo de la cuota de mercado a efectos de la exención por categoría de los acuerdos verticales por el Reglamento 330/2010", en *Estudios de Derecho del Comercio Internacional: homenaje a Juan Manuel Gómez Porrúa* (coords. BRENES CORTÉS, J. LÓPEZ DE

Además, si el acuerdo superaba el umbral del 30% no había presunción de ilegalidad, ya que aún podía beneficiarse, aunque no automáticamente, de una exención individual. En todo caso, con independencia de las cuotas de mercado, quedaban excluidos del beneficio los acuerdos con las denominadas restricciones especialmente graves, consideradas[654] especialmente lesivas para la competencia. Asimismo, para algunos tipos de cláusulas, la exención estaba condicionada al cumplimiento de requisitos específicos, como en el caso de los pactos de no competencia, exentos únicamente si se pactan con una duración máxima de cinco años.

En 2010, el posterior Reglamento de la UE 330/2010 (RECAV 2010), en vigor hasta el 1 de junio de 2022, mantuvo sin cambios la estructura de contenido básico de la legislación anterior, introduciendo por primera vez una regulación de ventas en línea que no estaban expresamente reguladas en el reglamento de 1999, con el objetivo de adaptar el marco regulatorio a la evolución de las prácticas del mercado y la difusión de nuevas herramientas de promoción tras el desarrollo de las nuevas tecnologías[655]. En particular, debía permitirse a cualquier distribuidor el uso de internet para la venta de productos, considerando la existencia de un sitio web como una

---

LA TORRE, I. PACHECO CAÑETE, M. JIMÉNEZ SÁNCHEZ, G. J. (dir. congr.), DÍAZ MORENO, A. (dir. congr.)), 2013, pp. 385-395

654 Esta categoría incluye la imposición de precios de venta o restricciones absolutas con referencia a áreas geográficas o grupos de clientes.

655 En este sentido, el apartado 52 de las directrices relativas a las restricciones verticales 2010/C 130/01 determina que: "*Internet es una herramienta muy poderosa para llegar a un mayor número y diversidad de clientes que a los que se llegaría utilizando métodos de venta más tradicionales, y por esto ciertas restricciones sobre el uso de internet se tratan como restricciones a la venta o reventa. En principio, todos los distribuidores deben poder utilizar internet para vender productos.*".

forma de venta pasiva[656] y, por tanto, salvo excepciones particulares referidas a las ventas en línea[657], no podía restringirse, ya que era una forma razonable de permitir que los clientes llegarán al distribuidor.

Uno de los cambios más significativos fue la introducción del umbral de mercado del 30% con referencia al comprador; de hecho, mientras que el Reglamento de 1999 solo tenía en cuenta la cuota de mercado del proveedor, el Reglamento posterior preveía la extensión del requisito del umbral porcentual también a la contraparte compradora, respondiendo a la necesidad de tener en cuenta también el poder de mercado de los compradores, lo que vio la expansión de los grandes grupos de compra y la tendencia hacia una estructura más concentrada de los mercados de distribución minorista. El doble umbral del 30% se justificó sobre la base de la observación de que no todos los acuerdos anticompetitivos los impone el proveedor al comprador; estos últimos, más bien, si estuvieran dotados de poder de mercado, podrían (y pueden) introducir cláusulas de

---

656 De acuerdo con el RECAV 2010, mientras que las restricciones a las ventas activas están exentas, las de ventas pasivas son restricciones duras, entendidas como la respuesta a pedidos no solicitados de clientes individuales, incluyendo la entrega de bienes o la prestación de servicios a dichos clientes. Tales son, por ejemplo, publicidad general o promociones que llegan a clientes dentro de los territorios (exclusivos) o grupos de clientes (exclusivos) de otros distribuidores, pero que son una forma razonable de llegar a clientes fuera de dichos territorios o grupos de clientes, por ejemplo, para llegar a clientes dentro de su propio territorio.

657 En algunos casos, las promociones en línea pueden generar ventas activas en grupos o territorios exclusivos de clientes de otros distribuidores y pueden estar sujetas a restricciones, como publicidad dirigida a ciertos clientes mediante el uso de *banners* que muestran un vínculo territorial en sitios web de terceros o mediante pagar una tarifa a un motor de búsqueda o proveedor de publicidad para presentar anuncios a grupos de usuarios en territorios específicos.

gestión de categorías[658] y las que prevén un pago anticipado[659] por el acceso a la red de distribución.

Así pues, se confirmaba la lista de restricciones de núcleo duro, ya recogidas en el anterior Reglamento de 1999, cuyo incumplimiento no determinaba la nulidad del acuerdo vertical, pero sí la necesidad de la valoración individual del mismo, con la carga del art. 101.3 del TFUE. Destacamos entre dichas restricciones el mantenimiento de precios de reventa ("MPR"), a raíz del cual, la imposición de precios de venta fue considerada una restricción severa y por lo tanto, prohibida. Asimismo, la imposición de precios de reventa en un contrato hacía suponer que él mismo ponía un límite a la competencia, entrando así en el ámbito del art. 101 TFUE[660].

---

658 Esta hipótesis se produce cuando el distribuidor encomienda al proveedor la comercialización de una categoría de productos, incluidos los de sus competidores, que adquirirán por tanto cierta influencia en el posicionamiento y promoción de los productos en el punto de venta. Este proveedor toma el nombre de "capitán de categoría" en el párrafo 209 de las Directrices de 2010.

659 Estas son tarifas que cobran los distribuidores para que los proveedores puedan acceder a la red de distribución por los mismos servicios que los distribuidores ofrecen a sus clientes. Los problemas que subyacen a estas segundas hipótesis son principalmente dos: por un lado, el uso generalizado de esta práctica aumentaría las barreras de entrada para los pequeños operadores; por otro lado, se induciría al proveedor a utilizar un solo distribuidor, lo que limitaría la competencia en el mercado descendente. Este caso se refiere al párrafo 204 de las Directrices de 2010, con remisión particular a los apartados 194-199.

660 QUARANTA, E., "Acordi verticali tra imprese: l´evoluzione della normativa e il nuovo Regolamento UE ", *Agenda Digitale*, 2022; sitio web: https://www.agendadigitale.eu/mercati-digitali/accordi-verticali-tra-imprese-levoluzione-della-normativa-e-il-nuovo-regolamento-ue/

Las obligaciones de no competencia[661] también se han incluido en el ámbito de aplicación de la legislación, junto a las hipótesis de redes paralelas de acuerdos verticales similares, así como la distribución exclusiva y selectiva. Concretamente, en esta última fórmula de distribución, el RECAV 2010 reconoció los efectos procompetitivos que se derivan de ella. De hecho, la disciplina de la distribución selectiva ha sido con frecuencia objeto de discusión, precisamente con referencia al mercado *online*, como se ha puesto de manifiesto anteriormente en el presente trabajo[662]. Especialmente, se ha focalizado en las prácticas de algunas empresas, que imponían a sus distribuidores cláusulas como la prohibición de realizar ventas a consumidores finales a través de internet, suscitando fuertes dudas sobre la compatibilidad de estas cláusulas con las disposiciones comunitarias, siendo algunos casos muy relevantes al respecto, y que han sido objeto de estudio por nuestra parte en el capítulo anterior.

En consecuencia, la Comisión respondió a la necesidad de indicaciones en este sentido a través de las antedichas Directrices 2010, equiparando la prohibición del uso de formas de

---

661 Son aquellas obligaciones del distribuidor de no producir, comprar o vender bienes o servicios en competencia con los objetos del contrato, o las de comprar al proveedor más del 80% de sus compras anuales totales (cfr. art. 1.1, apartado d) del Reglamento UE n. 330/2010).

662 El comercio electrónico ha tenido un impacto significativo en los métodos de compra de los consumidores y en las estrategias de distribución adoptadas por las empresas, generando tensiones competitivas entre los llamados distribuidores tradicionales y los que venden productos a través del comercio en línea. Los distribuidores tradicionales, de hecho, tras haber hecho frente a una serie de inversiones promocionales, sufren la competencia de los precios más baratos que ofrecen los vendedores *online*, que, por el contrario, no tienen que hacer frente a los costes fijos que genera mantener un punto de venta físico.

comercio electrónico a una restricción real de las ventas. A saber, en el contexto de un sistema de distribución selectiva, el proveedor puede ciertamente exigir el cumplimiento de normas de calidad específicas también para los sitios web utilizados para la reventa de sus productos, a la par de lo que sucede generalmente con las tiendas físicas, en relación con la publicidad y la actividad promocional (el beneficio de la exención no cesa, por ejemplo, cuando el proveedor impone la presencia de puntos de venta físicos como condición para acceder a su sistema de distribución[663]). No obstante, si en principio el proveedor puede imponer restricciones a los distribuidores en contexto del comercio electrónico, tales límites deben seguir siendo no discriminatorios y no competitivos.

Pues bien, como hemos visto, el Reglamento 330/2010 (RECAV 2010) establecía las condiciones que deben reunir los acuerdos verticales (es decir, los acuerdos concluidos entre operadores económicos presentes en distintos niveles de la cadena de producción o comercialización de un producto o servicio) para poder beneficiarse de la exención del artículo 101.3 del Tratado de Funcionamiento de la Unión Europea. Dicha normativa fue objeto de revisión durante un periodo de algo más de tres años y medio en el que la Comisión Europea ha recabado pruebas sobre el funcionamiento del mencionado

---

663 P.j. véase el caso Festina en el que la Autoridad de Defensa de la Competencia (*Cons. Conc., Décision n° 06-D-24 du 24 juillet 2006 relative à la distribution des montres commercialisées par Festina France*) y posteriormente el Tribunal de París se pronunció sobre la cláusula impuesta por el fabricante en un contrato de distribución selectiva, según la cual las ventas en red sólo estaban permitidas a los distribuidores que tuvieran una tienda tradicional). Asimismo, la hipótesis de exención se da cuando un proveedor impone cláusulas particulares a sus distribuidores que utilizan plataformas de terceros para comercializar los productos objeto del contrato, con el fin de proteger el prestigio de la marca.

reglamento y analizado si debía o bien dejarlo expirar o por el contrario proceder a su modificación. Al final, la Comisión optó por la segunda opción, es decir, modificar el Reglamento 330/2010 (RECAV 2010).

En ese sentido, la Comisión Europea publicó el 9 de julio de 2021 dos proyectos de normas de competencia que, en este sentido, provocaron un impacto muy relevante en lo que respecta a los acuerdos de distribución. Se trataba del proyecto de Reglamento de exención por categorías de acuerdos verticales (el "Proyecto de Reglamento") así como las Directrices que lo acompañan. Estas normas moldean las cláusulas contractuales de multitud de acuerdos "verticales" entre proveedores y distribuidores, categoría que incluye los contratos de distribución (selectiva o exclusiva) franquicia, concesión, reventa, marketing, comercialización, suministro, agencia, etc. La Comisión Europea sometió a consulta pública sus proyectos de Reglamento de exención por categorías sobre acuerdos verticales y las Directrices que lo acompañan.

Finalmente, el 10 de mayo del 2022 adoptó el Reglamento 2022/720, relativo a la aplicación del artículo 101, apartado 3, del Tratado de Funcionamiento de la Unión Europea a determinadas categorías de acuerdos verticales y prácticas concertadas (RECAV 2022) así como las Directrices relativas a restricciones verticales (las Directrices 2022). El RECAV 2022 entró en vigor el 1 de junio del 2022; no obstante, se prevé un periodo transitorio de aplicación que abarca desde su entrada en vigor hasta el 31 de mayo del 2023, para que los acuerdos verticales vigentes a fecha de 31 de mayo del 2022 que cumplían los requisitos para beneficiarse de la exención puedan adaptarse a las nuevas normas y requisitos exigidos por dicho reglamento.[664] Como consecuencia, a partir del 1 de junio de

---

664 IGARTÚA ARREGUI, I., y TRONCOSO FERRER, E., "La Comisión Europea adopta el nuevo Reglamento y Directrices de restricciones

2022, los nuevos contratos de distribución respecto de los que se quiera disponer de plenas garantías de compatibilidad con las normas de competencia deberán redactarse de acuerdo con la nueva regulación. Para los contratos y políticas de distribución ya vigentes, se abre un plazo de un año (hasta el 31 de mayo de 2023) para que las empresas adapten dichos acuerdos a las nuevas normas de competencia[665].

El RECAV 2022 mantiene la misma estructura del Reglamento 330/2010, estableciendo en su artículo 2 una exención general a la prohibición de los acuerdos restrictivos de la competencia para los acuerdos verticales que cumplan una determinada serie de condiciones. En concreto, el proveedor y el distribuidor no han de superar el 30 % de cuota de mercado en sus respectivos mercados (art.3 RECAV) ni el acuerdo en cuestión puede contener una restricción especialmente grave de la competencia (art.4 RECAV)[666].

Esta nueva normativa constituye, por tanto, una invitación a las empresas para que revisen la compatibilidad con las normas de competencia de sus acuerdos y políticas comerciales aplicados a sus redes de distribución, actualicen sus programas de cumplimiento de competencia para tomarlas en consideración e impartan formación a sus empleados para que conozcan las nuevas reglas del juego en este ámbito.

Las nuevas normas no constituyen un cambio revolucionario con respecto a la regulación previa, pero sí generan nuevos riesgos de incumplimiento para las empresas, a la vez que

---

verticales ", *Gomez-Acebo y Pombo,* 2022, pp. 1 y ss.

665 ESCUDERO PUENTE, A., y TUIT. M., "Nuevas normas de competencia aplicables a los acuerdos de distribución", *Newsletter de PwC Tax & Legal,* 2022, pp. 1 y ss.

666 BACHES OPI. S., "La política y el Derecho de defensa de la competencia de la Unión Europea (II). Acuerdos restrictivos de la competencia..., cit., p.238.

crean oportunidades para incrementar la eficiencia y rentabilidad de sus redes de distribución.

La reforma tiene por objeto poner al día la regulación de competencia en el ámbito del comercio *on-line* y asegurar su aplicación uniforme en toda la UE por las autoridades nacionales de competencia. Las principales novedades afectan a la distribución dual, obligaciones de paridad, plataformas de comercio electrónico, ventas en internet de los distribuidores, asignación de territorios a los distribuidores y duración de las cláusulas de no competencia. Por otro lado, el RECAV 2022 pretende ampliar el ámbito de aplicación del puerto seguro en lo que se refiere a:

a) restricciones de venta activa[667], es decir, aquellas restricciones que impone el proveedor sobre la capacidad del comprador para dirigirse activamente a clientes individuales.

b) *dual pricing*, a saber, la posibilidad de aplicar al distribuidor precios mayoristas diferenciados para los productos

---

[667] La regla general establecida por el presente Reglamento limita las ventas activas en el caso de sistemas de distribución exclusiva respecto de territorios exclusivos o clientes exclusivos asignados a otros distribuidores; La Comisión proporciona ahora una definición más detallada de ventas activas y pasivas, aclarando el alcance de las exenciones para las restricciones de ventas y, en particular, en el caso de las ventas en línea. El Reglamento RECAV 2022 proporciona ejemplos de ventas en línea activas, como el uso de publicidad en motores de búsqueda dirigida a territorios específicos, que ofrece opciones de idioma del sitio web distintas de las que se usan comúnmente en el territorio designado o con un nombre de dominio correspondiente a un territorio distinto del asignado al distribuidor. Cuando la prevención de la venta activa (o pasiva) tenga por objeto limitar la capacidad del distribuidor o de sus clientes para utilizar Internet, esta restricción se considerará crítica para que el acuerdo en su totalidad no califique para la exención por categorías.

que éste dedicará a la venta *online*, frente a los destinados a la venta *offline*.

c) principio de equivalencia, esto es, la posibilidad de imponer condiciones de venta diferentes para las tiendas en línea en comparación con las tiendas físicas. El doble precio (*dual pricing*) ya no está calificado como extremo[668], lo que permite a los proveedores establecer dife-

---

668 Al respecto de la permisibilidad del doble precio es relevante en nuestro país la doctrina *Glaxo*. La doctrina *Glaxo* del TJUE se establece en España a través de una reciente sentencia de 22 de abril de 2021, la Audiencia Nacional ha confirmado la Resolución de la CNMC de 19 de enero de 2017 que declaró que el sistema de precios establecido por la compañía denunciada no supone un acuerdo anticompetitivo de doble precio. Tras una larga saga en sede administrativa y contenciosa, es la primera vez que la Audiencia Nacional se pronuncia sobre el fondo del asunto. Asimismo, dicha doctrina ha sido confirmada por el Tribunal Supremo en la STS 889/2023 (ECLI:ES:TS:2023:889) en la que se determina como interés casacional el "*objetivo para la formación de jurisprudencia consiste en aclarar si los contratos de suministro de medicamentos formalizados ente los laboratorios farmacéuticos y algunos distribuidores mayoristas, que incluyen un sistema de doble precio selectivo, pueden suponer una restricción de la competencia con arreglo a lo dispuesto en el artículo 101 TFUE*". Y, finalmente, la Sala resuelve con la siguiente argumentación: "*No cabe apreciar, por tanto, que la sentencia impugnada infrinja las sentencias del Tribunal Supremo a que se acaba de hacer referencia al no apreciar carácter anticompetitivo de la conducta de Pfizer investigada por la CNMC, en cuanto a las indicadas sentencias, según se ha dicho, no efectuaron ningún procedimiento sobre la infracción del artículo 1 LDC y 101 TFUE que denunció la asociación recurrente en los acuerdos suscritos por Pfizer con los distribuidores mayoristas, sino que limitaron su pronunciamiento a ordenar a la CNMC que proceda a evaluar, a la luz, de la doctrina Glaxo del TJUE y de la jurisprudencia de esta Sala, si la conducta objeto de las actuaciones constituye una conducta anticompetitiva, con la expresa prevención de que el mandato de ampliación de investigación se efectuaba "sin prejuzgar, sin embargo, las conclusiones que pueda efectuar la Comisión Nacional de la Competencia respecto de la existencia de una conducta prohibida sancionable…* ""

rentes precios mayoristas para las ventas *online* y *offline*, con el objetivo de reflejar los costos incurridos para cada canal de ventas, que se consideran inherentemente diferentes: por el principio de equivalencia, en cambio, ya no se exige los criterios impuestos por los proveedores en relación con las ventas en línea sean globalmente equivalentes a los criterios impuestos a las tiendas físicas[669], siempre y cuando, no tengan por objeto restringir las compras *online* de los clientes. Asimismo, resulta interesante la definición de proveedor de servicios de información en línea que ofrece el nuevo Reglamento, dado que, serán calificados como proveedores conforme a la nueva legislación. De esta manera, la plataforma *online* no puede eludir su condición de proveedor.

En definitiva, el nuevo marco regulatorio de los acuerdos verticales ha replanteado la estructura y, en gran medida, las disposiciones del anterior Reglamento, adaptándolas a los elementos innovadores del mercado, cada vez más orientado hacia la contraparte digital, y amoldándolas a la simplificación de las necesidades de las empresas.

Por lo tanto, la Comisión, como muchos observaron, ha acogido con satisfacción las recomendaciones de las partes interesadas, simplificando las disposiciones vigentes para hacerlas más accesibles a las partes interesadas, con el objetivo de garantizar una aplicación armonizada en el territorio europeo, completando las directrices del Tribunal de Justicia sobre la materia, así como aclarar los aspectos más complejos de la normativa vigente a fin de determinar un beneficio concreto en términos de costes y gastos de cumplimiento para las empresas

---

669 "Antimonopolio: la Comisión adopta el nuevo Reglamento de Exención por Categorías Vertical y Directrices Verticales", Comisión Europea, Press Corner – https://ec.europa.eu/commission/presscorner/detail/en/IP_22_2844

afectadas. En nuestra opinión, habrá que atender al posible impacto efectivo que se pretende que tenga el Reglamento en un contexto en constante evolución como es el de la distribución *online.*

3.2. Objetivos perseguidos por las nuevas normas de competencia sobre distribución

Según lo establecido en el Tratado de Funcionamiento de la Unión Europea, la protección de la competencia es uno de sus objetivos fundamentales, junto con la protección de los consumidores y el fomento del correcto funcionamiento de los sistemas de producción y distribución de bienes y servicios. Para cumplir con estos objetivos y preservar el correcto funcionamiento del mercado, el legislador europeo considera esencial actualizar periódicamente la legislación en materia de competencia para adaptarla a las necesidades del mercado en constante evolución, como por ejemplo el crecimiento del comercio electrónico y las innovaciones en cuanto a tipos de acuerdos verticales[670].

Más concretamente, los objetivos perseguidos por las nuevas normas europeas de competencia sobre distribución, el RECAV 2022 y sus Directrices, son los siguientes: en primer lugar, una aplicación más estricta de las normas de competencia en algunas áreas (como en lo relativo a las cláusulas de paridad o los intercambios de información en sistemas de distribución dual), en segundo lugar, introducir una regulación más detallada del comercio electrónico y de las plataformas de internet,

---

670 Dichos objetivos ya se ponían de relieve en los antecedentes y motivos del Libro Verde sobre las restricciones verticales y la política de competencia comunitaria del 22 de enero de 1997 presentado por la Comisión. Véase en: https://eur-lex.europa.eu/legal-content/ES/TXT/PDF/?uri=CELEX:51996DC0721&from=FR

en tercer lugar, flexibilizar las normas de competencia en otras áreas (precios de suministro para la reventa *online*; o prórroga de las obligaciones monomarca) y por último, hacer que esta normativa sea más clara para que pueda aplicarse con mayor uniformidad en toda la Unión Europea.

Los contratos de distribución que cumplen las condiciones dispuestas en el reglamento de exención por categorías sobre acuerdos verticales (RECAV 2022) tienen asegurada su compatibilidad con las normas de competencia. De lo contrario, todavía podrán resultar compatibles, si las empresas acreditan que sus acuerdos verticales generan suficientes ventajas para los consumidores y eficiencias, en compensación de sus efectos restrictivos de la competencia. Las Directrices que acompañan al Reglamento sirven de guía para esta autoevaluación sobre ventajas, eficiencias y compensación de efectos restrictivos.

3.3. Principales modificaciones introducidas por el RECAV 2022

A continuación, se relacionan aquellos aspectos de las nuevas normas que traen consigo una regulación más estricta. Son cuestiones que las empresas deberán revisar con especial cuidado. De soslayarse esta revisión, se correrá el riesgo de que la empresa cometa infracciones, pues el marco normativo previamente vigente (RECAV 2010) era más laxo que la regulación que contiene el RECAV 2022. Asimismo, y como hemos visto en el análisis en de este tema en el Capítulo II de este trabajo, una de las novedades que plantea el RECAV 2022 se establece en base a la importancia de la distribución de bienes y servicios a través de las plataformas en línea, las cuales amplían la forma de realización de negocios.

No obstante, llama la atención que los acuerdos que se realizan por medio de la aplicación de este tipo de plataformas no encuentran su cabida en la clasificación que se aplica a los acuerdos verticales en la economía tradicional[671]. Se hace mención específica a los servicios de intermediación en línea, que permiten a las empresas ampliar su alcance al brindarles la oportunidad de establecer relaciones comerciales más directas con otros negocios y con los consumidores[672]. En el RECAV 2022, se reconoce que los servicios de intermediación en línea son acuerdos verticales y, por lo tanto, serán acogidos para la exención por categorías establecida en la normativa[673].

3.3.1 Distribución Dual

De entre las distintas estructuras de acuerdos verticales, presentan gran importancia para el legislador los llamados sistemas de distribución dual. Sin perjuicio de lo ya expuesto en páginas anteriores, cabe recordar que un sistema de distribución dual es aquél en el que el proveedor compite a nivel minorista con sus distribuidores. Como se ha señalado, se trata de una práctica que últimamente ha proliferado, sobre todo, al empezar a vender *online* los proveedores directamente a los consumidores. Esta situación se suele dar también en las redes de franquicia, puesto que el franquiciador normalmente dispone de establecimientos propios que compiten con los franquiciados.

En el RECAV 2022 se identifica el impacto de los acuerdos de distribución dual sobre la competencia. El resultado de esta valoración en la relación competitiva de estos será determinan-

---

671 *Vid.* Considerando nº10 del Reglamento (UE) 720/2022.

672 Considerando nº11 del Reglamento (UE) 720/2022.

673 TRUJILLO JIMÉNEZ, A., “Reglamento (UE) 2022/720, de la Comisión, de 10 de mayo de 2022, relativo a la aplicación del art. 101, apartado 3, del Tratado de Funcionamiento de la Unión Europea a determinadas categorías de acuerdos verticales y prácticas concertadas (DOUE-L-2022-80724)”, *Ars Iuris Salmanticensis,* vol.10, diciembre 2022, pp.179-184.

te para considerar que este tipo de acuerdos de distribución dual quedan exentos en virtud de las categorías practicadas concertadas que se rigen en esta norma[674].

Seguidamente, el mismo Reglamento plantea un requisito para este tipo de situaciones de distribución dual. Respeto al intercambio de información que se tiene que dar entre el proveedor y el distribuidor, la información en la distribución dual debe estar dirigida a la mejora de los procesos de producción y distribución, y únicamente quedará exento del RECAV 2022 el intercambio de información que tiene como objeto el desarrollo de un acuerdo vertical que cumpla con los fines de optimización de producción y distribución de los bienes y servicios objeto del contrato[675]. Debemos destacar que en el Reglamento se establece una excepción a la justificación de la exención de los acuerdos verticales en situación de distribución dual, en el momento que los acuerdos se realizan a través de la aplicación de los servicios de intermediación en línea en los que el proveedor de servicios de intermediación en línea es también una empresa competidora en el mercado de referencia para la venta de los bienes o servicios intermediados. Ello es debido a que los proveedores de servicios de intermediación en línea que tengan tal función híbrida pueden tener la capacidad y el incentivo para influir en el resultado de la competencia en el mercado pertinente de la venta de los bienes o servicios inter-

---

674 El Reglamento (UE) 720/2022 en su considerando nº12 expresa que: "*En tal caso, en ausencia de restricciones especialmente graves, y siempre que el comprador no compita con el proveedor en un nivel ascendente, el impacto negativo potencial del acuerdo vertical en la relación competitiva entre el proveedor y el comprador a nivel descendente es menos importante que el impacto positivo potencial del acuerdo vertical sobre la competencia en general a nivel ascendente o descendente. Por consiguiente, han de quedar exentos en virtud del presente Reglamento los acuerdos verticales celebrados en dichas situaciones de distribución dual*".

675 Considerando nº13 del Reglamento (UE) 720/2022.

mediados. En consecuencia, dichos acuerdos verticales no han de quedar exentos en virtud del RECAV 2022[676].

En los sistemas de distribución dual deberán establecerse cautelas en relación con los intercambios de información entre el proveedor y sus distribuidores. En adelante, el Reglamento no garantiza la compatibilidad con las normas de competencia de los intercambios que no estén directamente relacionados con la aplicación del acuerdo o que no sean necesarios para mejorar la producción o la distribución de los productos objeto del contrato.

Señalan las Directrices verticales 2022 que el proveedor podrá legítimamente acceder y entregar información de sus distribuidores relativa a las siguientes materias: información técnica, logística, *feedback* de clientes, precios de reventa de sus distribuidores, *marketing*, promociones y porcentaje de ventas efectuadas por el distribuidor de los productos suministrados por el proveedor, respecto del total de ventas del distribuidor sobre ese tipo de productos (incluyendo los comprados a otros proveedores distintos). El proveedor podrá igualmente facilitar al distribuidor información agregada sobre el rendimiento de otros distribuidores de su red (actividades de *marketing* y ventas)[677].

Por el contrario, en adelante, se podría llegar a considerar anticompetitivo el acceso por el proveedor a la siguiente tipología de información procedente de sus distribuidores cuando el proveedor no hubiera establecido mecanismos de *compliance* de competencia: en primer lugar, precios de reventa futuros, en segundo lugar, información de ventas a clientes individuales (aunque se admite en determinadas circunstancias), y, por últi-

---

676 Considerando nº14 del Reglamento (UE) 720/2022.

677 Véanse en este sentido los apartados 97 a 103 de las Directrices verticales 2022.

mo, información intercambiada sobre los productos de marca blanca entre una cadena de supermercados y los proveedores que producen bajo marca propia productos competidores.

Una vez dicho esto, las Directrices abren la posibilidad de que el intercambio de información entre un proveedor y sus distribuidores, en relación con las categorías de información señaladas en el párrafo anterior, todavía puede ser compatible con las normas de competencia si el proveedor implementa protocolos de cumplimiento de competencia. En particular, este control interno de *compliance* puede consistir en impedir, mediante "murallas chinas", que la información sobre el distribuidor considerada como problemática llegue a la unidad de negocio del proveedor que compite a escala minorista con los distribuidores. Una vez implantado este cortafuegos, las Directrices dejan entrever que el proveedor podría estar legitimado para acceder también a las informaciones procedentes del proveedor mencionadas en el párrafo previo.

Todo ello será objeto de análisis en un epígrafe específico, dada la importancia que presenta en el contexto del presente estudio.

3.3.2 Tratamiento de las restricciones de las ventas en línea

Conforme al RECAV 2022, el proveedor puede imponer al comprador ciertas restricciones de la venta en línea o restricciones de la publicidad en línea siempre y cuando no tengan como efecto directo o indirecto impedir el uso efectivo de internet por parte del comprador o de sus clientes para vender los bienes o servicios contractuales (lo cual es considerado una restricción especialmente grave de la competencia)[678].

---

678 El Reglamento presenta unas limitaciones a la exención de prohibiciones del art.101.1TFUE, en aquellos acuerdos verticales que pre-

A) Restricciones de la venta en línea

Conforme a las Directrices 2022,[679] el proveedor puede imponer las siguientes restricciones de la venta en línea al distribuidor:

1. prohibir el uso de *marketplaces*;[680]
2. establecer requisitos de calidad para la tienda en línea del distribuidor[681];
3. obligar al distribuidor a que disponga de una tienda física[682];
4. implantar un sistema dual de precios para ventas físicas y en línea[683];

---

senten restricciones graves que puedan afectar de forma negativa a la competencia y perjudicar a los consumidores, o que, de no contener restricciones graves, simplemente que no sean necesarias para lograr los objetivos de optimización de la eficiencia económica. El considerando nº15 del RECAV 2022 establece un listado de acuerdos verticales que contengan tipos de restricciones graves para la competencia, que no estarán amparados por la exención, como los precios de reventa mínimos y fijos y determinados tipos de protección territorial, incluido impedir el uso efectivo de internet para la venta o determinadas restricciones de la publicidad en línea.

679 Apartado 208 Directrices verticales 2022.

680 Apartado 208 letra c) Directrices verticales 2022 establece que: "*la prohibición directa o indirecta de ventas en los mercados en línea*".

681 Apartado 208 letra a) Directrices verticales 2022 determina que, "*requisitos destinados a garantizar la calidad o una apariencia particular de la tienda en línea del comprador*".

682 Apartado 208 letra d) Directrices verticales 2022 indica que: "*la exigencia de que el comprador opere en uno o más establecimientos físicos o salas de exposición…*"

683 Apartado 209 Directrices verticales 2022.

5. obligar al distribuidor a realizar un volumen mínimo de ventas físicas[684].

Por su parte, se establecen las siguientes limitaciones a la actuación del proveedor, que no podrá:

1. exigir a sus distribuidores que impidan a los clientes situados en otro territorio visitar su sitio *web* o que pongan fin a las transacciones en línea de los consumidores cuando los datos de sus tarjetas de crédito revelen una dirección que no se encuentra en el territorio del distribuidor[685];
2. obligar al distribuidor a que solicite la autorización previa del proveedor para vender en línea; o exigir al distribuidor que sólo venda en espacios físicos o con la presencia física de personal autorizado[686];
3. obligar al distribuidor a que no utilice las marcas del proveedor en su página *web*[687];

En lo que se refiere al caso concreto de los *marketplaces*, las Directrices establecen que las restricciones deben ser proporcionales y no ir más allá de lo necesario para preservar la calidad y garantizar el uso adecuado de los bienes o servicios contractuales.[688] A tal respecto, las Directrices señalan que pro-

684 Apartado 208 letra e) de las Directrices verticales establece que: "*el requisito de que el comprador venda una cantidad mínima de los bienes o servicios contractuales fuera de línea (en valor o volumen, pero no como proporción de sus ventas totales) para garantizar el funcionamiento eficiente de su tienda física…*".

685 Apartado 206) letras a y b de las Directrices verticales 2022.

686 Apartado 206) letras c) y d) de las Directrices verticales 2022.

687 Apartado 206) letra f de las Directrices verticales 2022.

688 Apartado 150 Directrices verticales 2022.

bablemente queden fuera de la exención las siguientes conductas del proveedor:[689]

a) que haya incluido al *marketplace* como distribuidor autorizado en su sistema de distribución selectiva;

b) que restrinja el uso de *marketplaces* por parte de determinados distribuidores autorizados, pero no de otros, o

c) que restrinja el uso de los *marketplaces* a sus distribuidores, pero use un *marketplace* para distribuir los bienes o servicios contractuales.

En definitiva, incorporando los principios del caso *Coty*, las Directrices 2022 establecen que en principio las restricciones al uso de *marketplaces* están cubiertas por la exención por categorías, ya que restringen únicamente uno de los modos de venta *online* que puede utilizar el distribuidor (que continúa siendo libre para vender a través de su sitio *web* y otros canales en línea y de utilizar publicidad en línea), siempre que la restricción no tenga por objeto impedir el uso efectivo de internet para la venta de los bienes o servicios establecidos en el contrato de distribución.[690]

Otra novedad importante introducida por el RECAV 2022 es la posibilidad de implantar un sistema dual de precios para las ventas físicas y en línea *(dual pricing)*. Se trata de la práctica según la cual un proveedor aplica un precio distinto para la venta de un mismo producto, dependiendo de si el distribuidor lo va a vender en línea o en tiendas físicas. Bajo el régimen anterior, no se podía vender a precio diferente el mismo pro-

---

689 Apartado 342 Directrices verticales 2022.

690 Además en los apartados 337 y siguientes de las Directrices verticales 2022 se facilitan orientaciones para evaluar las restricciones de los mercados en línea en los casos concretos en los que se superen los umbrales de cuota de mercado establecidos en el art. 3 RECAV 2022.

ducto al mismo distribuidor cuando este mismo fuera a venderlo en línea o en una tienda física.

Pues bien, ahora el RECAV 2022 no califica esta práctica como una restricción especialmente grave de la competencia. Por tanto, los proveedores podrán fijar precios distintos para las ventas en línea y fuera de línea respecto del mismo distribuidor, siempre y cuando se incentive o recompense un nivel adecuado de inversiones, se relacione con los costes soportados para cada canal y no tenga por objeto, directa o indirectamente, impedir que los compradores o sus clientes utilicen internet para vender sus bienes o servicios en línea. Esto último acontecerá a) si la diferencia en el precio de venta al por mayor hiciera que la venta en línea no fuera rentable o b) si se utilizara para limitar la cantidad de productos que el distribuidor puede vender en línea[691].

En síntesis, el "*dual pricing*", que consiste en que el proveedor fija los precios mayoristas diferentes para las ventas *online* y *offline* para el mismo distribuidor, en las Directrices anteriores (2010) se consideraba una restricción a las ventas pasivas y, por tanto, estaba prohibido. En cambio, ahora, con las nuevas Directrices (2022), se anula dicha perspectiva, siempre que la diferencia de precios se encuentre vinculada a los distintos costes incurridos en cada canal y tenga por objeto incentivar o recompensar un nivel adecuado de inversión en los canales en línea y en sitio físico, respectivamente. Por tal motivo, la doble indicación de precios ya no se considerará necesariamente una restricción especialmente grave, a menos que la diferencia de precios persiga el objetivo principal de obstaculizar las ventas en línea y/o transfronterizas.

691 Se establece en el apartado 209 de las Directrices verticales 2022 que "*Las partes pueden acordar un método adecuado para la aplicación de precios duales, que incluya, por ejemplo, una compensación posterior de las cuentas sobre la base de las ventas reales*".

Hay que destacar que, además de los puntos desarrollados anteriormente, resulta ser de especial relevancia que el RECAV 2022 confirma la práctica reciente de la Comisión Europea[692], que considera restricción especialmente grave cualquier prohibición explícita por parte del proveedor de que sus distribuidores utilicen los canales de venta en línea[693]. En este sentido, las Directrices de 2010 incluían entre las restricciones especialmente graves la imposición por parte del proveedor de criterios para las ventas en línea que no fueran en su conjunto equivalentes a los impuestos en un punto de venta físico (denominado "criterio de equivalencia"). De manera significativa, las Directrices 2022 eliminan dicho requisito de equivalencia, con el objetivo de que ya no se exige que los criterios impuestos por los proveedores en relación con las ventas *online* sean equivalentes a los criterios impuestos en los puntos de venta *offline*, siempre que, estos criterios no tengan por objeto obstaculizar las ventas en línea.

Por último, por lo que respecta a los "*price comparasion tools*" (las herramientas de comparación de precios), las Directrices 2022 determinan la prohibición absoluta de dichos servicios, lo que impediría el uso de un canal publicitario y, por tanto, constituiría una restricción especialmente grave. Sin embargo, se aclara que las restricciones no impiden el uso de los servicios de comparación de precios, por ejemplo, siempre que éstos observen determinadas normas de calidad, y, en ese sentido, pueden beneficiarse del RECAV 2022[694].

---

692 Véase en este sentido el asunto, tratado en este mismo trabajo en el capítulo anterior, C-230/16 *Coty Germany GmbH/Parfümerie Akzente GmbH*, ECLI:EU:C:2017:941.

693 *Vid.* El art. 4, letra c), del Reglamento 330/2010 y el art. 4, letra e) del nuevo Reglamento 720/2022.

694 Las Directrices verticales determinan en sus apartados 343) y ss. que: "*Los servicios de comparación de precios, como los sitios web o las aplicaciones de comparación de precios, permiten que los vendedores aumenten*

B) Restricciones de la publicidad en línea

Con respecto a las posibles restricciones a la publicidad en línea, pueden destacarse los siguientes aspectos. En primer lugar, el proveedor puede exigir que la publicidad en línea realizada por sus distribuidores cumpla determinadas normas de calidad o incluya contenidos o información específicos.

En segundo lugar, como hemos mencionado en párrafos anteriores, no se puede prohibir (por completo) el uso de las herramientas de comparación de precios o la publicidad en motores de búsqueda, ni imponer obligaciones indirectas que

---

su visibilidad y generen tráfico para su tienda en línea y que los clientes potenciales encuentren minoristas, comparen diferentes productos y ofertas del mismo producto. Los servicios de comparación de precios aumentan la transparencia de estos precios y tienen el potencial de intensificar la competencia de precios intramarca e intermarcas en el nivel minorista. A diferencia de los mercados en línea, los servicios de comparación de precios no suelen ofrecer funciones de compraventa, sino que redirigen a los clientes a la tienda en línea del minorista, lo cual permite iniciar una transacción directa entre el cliente y el minorista fuera del servicio de comparación de precios. Por tanto, los servicios de comparación de precios no son un canal de venta en línea distinto, sino más bien un canal de publicidad en línea. Los proveedores pueden querer restringir el uso de comparación de precios, por ejemplo, para proteger su imagen de marca, ya que los servicios de comparación de precios suelen centrarse en el precio y pueden no permitir que los minoristas se diferencien a través de otras características, como la gama o la calidad de los bienes o servicios contractuales. Otras razones para restringir el uso de los servicios de comparación de precios pueden ser la reducción de las posibilidades de falsificación o la protección del modelo de negocio del proveedor, por ejemplo, cuando se basa en la especialización o la calidad más que en el precio". En consecuencia, los acuerdos verticales que restrinjan el uso de comparación de precios, pero no impidan directa o indirectamente el uso por completo de todos los servicios de comparación de precios, es decir, aquellos comparadores que mantengan o cumplan con el requisito de calidad de los productos o servicios, podrán beneficiarse de la exención contemplada en el RECAV 2022.

lleven al mismo resultado, como la obligación del distribuidor de no utilizar las marcas comerciales o los nombres de las marcas de los proveedores para pujar para posicionarse en los motores de búsqueda, o la prohibición de proporcionar información relativa a los precios a las herramientas de comparación de precios, antes mencionadas[695] . Sin embargo, las Directrices 2022 permiten establecer restricciones al uso de ciertas herramientas de comparación de precios que no cumplan con ciertos estándares de calidad[696] y que no sean utilizadas por la mayoría del público.

Por último, las Directrices enumeran una serie de pautas[697] para evaluar la compatibilidad de las restricciones impuestas a las herramientas de comparación de precios en aquellos acuerdos que no puedan beneficiarse del RECAV 2022 (por ejemplo, en los que las partes tengan una cuota de mercado superior a 30 %). Los factores a tener en cuenta para la evaluación son: a) la posición en el mercado del proveedor y de sus competidores; b) la importancia de las herramientas de comparación de precios como canal publicitario en los mercados de productos y geográficos, y c) el alcance de las restricciones.

3.3.3. Obligaciones de paridad

Por obligación de paridad (o cláusula de nación / cliente más favorecido) se entiende la prohibición impuesta a la otra parte de ofrecer a terceros precios inferiores o mejores condiciones comerciales[698]. Estas cláusulas, denominadas también

---

695 Las llamadas *"price comparasion tools"* (las herramientas de comparación de precios) Apartado 206 letra g Directrices 2022.

696 Apartado 349 Directrices verticales 2022.

697 Apartado 353 Directrices verticales 2022.

698 *Vid.* Apartado 356) de las Directrices verticales 2022 en el cual se establece la definición de obligación de paridad: "*Las obligaciones*

como "*most-favored-nation clauses*" o "MFN" o "*parity clauses*", en la terminología inglesa, han sido objeto de creciente atención por parte de las autoridades de competencia en los últimos años, a pesar de que estaban exentas en bloque virtud del RECAV 2010. En este contexto, el RECAV 2010 excluía del ámbito de aplicación de la exención las obligaciones directas o indirectas que impiden a los compradores de servicios de intermediación en línea ofrecer, vender o revender bienes o servicios a los usuarios finales en condiciones más favorables a través de servicios de intermediación en línea de competidores, las denominadas *"across-platform retail parity obligations"*[699].

La exención por categorías sigue en vigor al respecto de todos los demás tipos de cláusulas "MFN", y las Directrices proporcionan más orientaciones y ejemplos sobre los tipos de MFN que pueden beneficiarse de la exención[700]. En cualquier caso, el RECAV 2022 advierte expresamente del riesgo de que

---

de paridad, a veces denominadas cláusulas de nación más favorecida o acuerdos de paridad entre plataformas, exigen que un vendedor de bienes o servicios ofrezca los bienes o servicios a otra parte en condiciones que no sean menos favorables que las ofrecidas por el vendedor a otras partes o a través de otros canales determinados. Las condiciones pueden referirse a los precios, el inventario, la disponibilidad (...). La obligación de paridad puede adoptar la forma de una cláusula contractual o puede ser el resultado de otras medidas directas o indirectas, incluido el uso de precios diferenciados u otros incentivos cuya aplicación depende de las condiciones en las que el vendedor ofrece sus bienes o servicios a otras partes de otros canales".

699 Véase art.5 (1) (d) del RECAV 2022.

700 El apartado 254) de las Directrices 2022 introduce los siguientes ejemplos: "*a) obligaciones de paridad minoristas relativas a los canales de venta directa de los compradores de servicios de intermediación en línea (las llamadas obligaciones de paridad minoristas «restringidas»); b) obligaciones de paridad relativas a las condiciones en las que se ofrecen bienes o servicios a empresas que no son usuarios finales; c) obligaciones de paridad relativas a las condiciones en las que los fabricantes, mayoristas o minoristas compran bienes o servicios como insumos (obligaciones de «cliente más favorecido»)*".

se retire la exención por categorías cuando, por ejemplo, el mercado de referencia para la prestación de servicios de intermediación en línea esté muy concentrado y la competencia entre los proveedores de tales servicios se vea restringida por los efectos acumulativos de redes paralelas de acuerdos similares que limiten la capacidad de los compradores de servicios de intermediación en línea para ofrecer, vender o revender bienes o servicios a los usuarios finales en condiciones más favorables en sus canales de venta directa[701].

El RECAV 2022 no ampara las obligaciones de paridad impuestas a las empresas por las plataformas de intermediación *online*, cuando impidan directa o indirectamente a aquéllas ofrecer a los consumidores precios inferiores o mejores condiciones, a través de plataformas competidoras (cláusula de paridad amplia). Las Directrices añaden que por mejores condiciones se entiende un mayor inventario, disponibilidad o capacidad. No obstante, el RECAV 2022 sí otorga amparo a la prohibición impuesta por la plataforma a las empresas de efectuar mejores ofertas a través de los canales de ventas directos propios de las empresas (cláusula de paridad estrecha).

Como hemos señalado, las obligaciones de paridad, también conocidas como cláusulas de cliente o nación más favorecida[702], son obligaciones que prohíben a una empresa ofrecer a terceros mejores precios o condiciones contractuales. Se observa en el párrafo anterior que cabe distinguir entre obligaciones de paridad amplias y estrechas[703]. Por un lado, las primeras son aquellas que prohíben a una empresa ofrecer mejores condiciones en cualquier otro canal de venta o comercialización, por otro lado, las estrechas limitan sólo el ofreci-

---

701 Véase el art.6 (1) del RECAV 2022.

702 (MFN, por su acrónimo en inglés)

703 (*wide* MFN y *narrow* MFN, respectivamente).

miento de mejores condiciones en el canal de venta directo propio de la empresa sujeta a la cláusula.

Desde otro punto de vista puede también distinguirse entre obligaciones de paridad mayorista y minorista[704]. En el primer caso, se trata de limitaciones a la venta o comercialización en el canal mayorista; las obligaciones de paridad minorista impiden que el bien o servicio se comercialice al usuario final a un menor precio o en mejores condiciones.

Conforme al RECAV 2022, quedan exentas de la aplicación del artículo 101.1 del Tratado de Funcionamiento de la Unión Europea todas las obligaciones de paridad, salvo el supuesto concreto de las obligaciones de paridad minorista que impidan a una empresa vender en un proveedor de servicios de intermediación en línea en mejores condiciones que en otra plataforma competidora. Así lo establece el artículo 5.1d) del RECAV 2022 cuando indica que *«la exención prevista en el artículo 2 no se aplicará a las siguientes obligaciones contenidas en los acuerdos verticales: [...] d) cualquier obligación, directa o indirecta, que impida al comprador de servicios de intermediación en línea ofrecer, vender o revender bienes o servicios a los usuarios finales en condiciones más favorables mediante servicios competidores de intermediación en línea»*[705].

---

704 Apartado 357) de las Directrices verticales 2022: "*Las obligaciones de paridad minoristas se refieren a las condiciones en las que se ofrecen bienes o servicios a usuarios finales. Estas obligaciones suelen ser impuestas por los proveedores de servicios de intermediación en línea (por ejemplo, mercados en línea o servicios de comparación de precios) a los compradores de sus servicios de intermediación (por ejemplo, empresas que venden a través de la plataforma intermediaria)*".

705 Con la excepción de las obligaciones de paridad entre plataformas para el comercio minorista en el sentido del artículo 5, apartado 1, letra d), del Reglamento (UE) 2022/720, todos los tipos de obligación de paridad en los acuerdos verticales pueden beneficiarse de la excepción prevista en el art. 2, apartado 1, del mismo Reglamento.

La obligación de paridad no sólo puede derivarse de una cláusula contractual, sino también de otras medidas directas o indirectas, como el uso de precios diferentes o incentivos cuya aplicación por la plataforma en línea en cuestión depende de las condiciones en las que el comprador de los servicios de intermediación en línea ofrece bienes o servicios a los usuarios finales a través de servicios de intermediación en línea competidores. En cualquier caso, la sección 8.2.5.1 de las Directrices 2022 ofrece elementos que se han de tener en cuenta para evaluar si una obligación de paridad minorista entre plataformas en línea que no esté exenta por el RECAV 2022 reúne las condiciones del artículo 101.3 del Tratado de Funcionamiento de la Unión Europea:

1. la posición de mercado del prestador de servicios de intermediación en línea que impone la obligación y la de sus competidores;
2. la proporción de compradores de los servicios de intermediación en línea que están cubiertos por las obligaciones;
3. el comportamiento de los compradores de los servicios de intermediación en línea y de los usuarios finales (cuántos servicios de intermediación en línea competidores utilizan);
4. la existencia de barreras de entrada al mercado de referencia para el suministro de servicios de intermediación en línea;
5. la importancia de los canales de venta directa de los compradores de los servicios de intermediación en línea y la medida en que dichos compradores pueden retirar

sus productos de las plataformas de los proveedores de servicios de intermediación en línea (exclusión)[706].

Por otra parte, también las Directrices ofrecen criterios que hay que tener en cuenta para la autoevaluación de las restantes obligaciones de paridad en aquellos casos en que el RECAV 2022 no sea de aplicación, fundamentalmente porque alguna de las partes supere el umbral del 30 % de cuota en los mercados de referencia[707].

Finalmente, las autoridades de defensa de la competencia pueden decidir aplicar el artículo 101.1 del Tratado de Funcionamiento de la Unión Europea a las obligaciones de paridad que, pese a en principio reunir las condiciones del RECAV 2022 entrañan efectos incompatibles con el artículo 101.3 de dicho tratado[708]. En particular, el artículo 6.1 del RECAV 2022

---

706 Apartado 361) de las Directrices verticales 2022.

707 A saber, Obligaciones de paridad minoristas relativas a los canales de venta directa (Sección 8.2.5.2), Evaluación de las obligaciones de paridad minoristas con arreglo al artículo 101.3 TFUE (Sección 8.2.5.3.), Obligaciones de paridad ascendentes (8.2.5.4), Obligación de cliente más favorecido (8.2.5.5).

708 "*En general, es más probable que las obligaciones de paridad minoristas restringidas cumplan las condiciones del art. 101.3. TFUE que las obligaciones de paridad entre plataformas para el comercio minorista. Esto se debe principalmente a que sus efectos restrictivos son, en general, menos graves y, por tanto, es más probable que se vean compensados por las eficiencias. Además, el riesgo de parasitismo por parte de los vendedores de bienes o servicios a través de sus canales de venta directa puede ser mayor, en particular porque el vendedor no incurre en ningún coste de comisión de plataforma por sus ventas directas. Sin embargo, cuando las obligaciones de paridad minoristas restringidas no generen eficiencias en el sentido del art. 101. 3. TFUE, podrá retirarse el beneficio de la exención por categorías. Este puede ser el caso, en particular, cuando el riesgo de parasitismo sea limitado o cuando las obligaciones de paridad minoristas restringidas no sean indispensables para lograr las eficiencias. En ausencia de eficiencias, la retirada es especialmente probable cuando los tres mayores proveedores de servicios de intermediación en*

menciona que tales efectos se pueden dar, por ejemplo, cuando el mercado de referencia para la prestación de servicios de intermediación en línea esté muy concentrado y la competencia entre los proveedores de dichos servicios esté restringida por el efecto acumulativo de redes paralelas de acuerdos similares que limiten a los compradores de los servicios de intermediación en línea la oferta, venta o reventa de bienes o servicios a los usuarios finales en condiciones más favorables en sus canales de venta directa.[709]

3.3.4 Sistemas de distribución

El RECAV 2022 distingue tres posibles sistemas de distribución entre los cuales podría escoger un proveedor de bienes o servicios: a) distribución exclusiva; b) distribución selectiva, y c) otro tipo de distribución (donde entraría cualquier sistema de distribución que no sea exclusivo ni selectivo, denominado distribución "libre"). Pues bien, dicho reglamento introduce modificaciones con respecto al diseño de los sistemas de distri-

línea aplican obligaciones de paridad minoristas restringidas en el mercado de referencia y estos proveedores poseen una cuota de mercado combinada superior al 50%. En ausencia de eficiencias, la exención por categorías podrá también retirarse, en función de las circunstancias particulares, cuando los compradores que representen una parte significativa de la demanda total pertinente de servicios de intermediación en línea estén sujetos a obligaciones de paridad minoristas restringidas. La exención por categorías podrá retirarse respecto de los acuerdos de todos los proveedores de servicios de intermediación en línea cuyas obligaciones de paridad minoristas restringidas contribuyan significativamente al efecto anticompetitivo acumulativo, a saber, los proveedores con cuotas de mercado superiores al 5%". (Apartado 374) de las Directrices verticales 2022).

709 IGARTÚA ARREGUI, I., y TRONCOSO FERRER, E., *op. cit.*, p. 12.

bución exclusiva y selectiva[710] y a las restricciones a la reventa permitidas en los distintos sistemas de distribución[711].

A) El diseño de los sistemas de distribución exclusiva

El RECAV 2022 define en su artículo 1.1.h) los sistemas de distribución exclusiva como, "*un sistema de distribución en el que el proveedor se reserva un territorio o grupo de clientes exclusivamente a sí mismo o a un máximo de cinco compradores, y restringe la venta*

---

710 Artículo 4 apartados b), c) y d) RECAV 2022.

711 El artículo 4 del RECAV 2022 enumera las diferentes situaciones en las que la exención no se aplicará a los acuerdos verticales cuando estos tengan como finalidad la restricción de la facultad del comprador de determinar el precio de venta, sin que el vendedor pueda imponer precios de venta máximos (art.4, a). El apartado b) del mismo artículo, en cambio, incluye la operabilidad del proveedor en un sistema de distribución exclusiva. No obstante, lo relevante en este apartado son las excepciones que el propio Reglamento menciona acerca del sistema de distribución mencionado, como (i) la restricción de un máximo de otros cinco distribuidores exclusivos en un mismo territorio,(ii) la restricción de las ventas activas o pasivas del distribuidor exclusivo y sus clientes a distribuidores no autorizados situados en un territorio en el que el proveedor gestione un sistema de distribución selectiva de los bienes o servicios contractuales, (iii) o la restricción del lugar de establecimiento del distribuidor exclusivo, (iv) o la restricción de ventas activas o pasivas a usuarios finales por un distribuidor exclusivo que opere a nivel del comercio al por mayor, (v) o la restricción de la facultad del distribuidor exclusivo de vender activa o pasivamente componentes suministrados con el fin de su incorporación a un producto... Casi análogamente ocurre en el caso de la distribución selectiva. En este sentido, las restricciones se centran en la territorialidad de los clientes a los que los miembros del sistema de distribución selectiva pueden vender los bienes de forma activa o pasiva. Consecutivamente, se restringe la distribución selectiva de los suministros cruzados (ii y iii). Seguidamente, el art. 4 enuncia otras restricciones de venta en línea.

activa en el territorio exclusivo o al grupo exclusivo de clientes para el resto de sus compradores". Con ello, el RECAV 2022 introduce un importante cambio respecto del régimen anterior al admitir, dentro del concepto de 'distribución exclusiva', lo que se ha denominado como exclusividad compartida, es decir, la posibilidad de que la reserva en exclusiva del territorio o grupo de clientes sea para el proveedor o para varios compradores (cinco como máximo) y no para un único distribuidor. Habida cuenta que, por encima de esta cantidad, existe mayor riesgo de que los distribuidores exclusivos puedan aprovecharse mutuamente de sus inversiones, eliminando de ese modo la eficiencia que se pretende lograr con la distribución exclusiva.

Asimismo, para que el sistema de distribución exclusiva este cubierto por la exención prevista en el art. 2.1. del RECAV 2022, los distribuidores designados deben de estar protegidos de las ventas activas en el territorio exclusivo o al grupo de clientes exclusivo por parte de todos los demás distribuidores del proveedor. Cuando un proveedor designe a más de un distribuidor para un territorio o grupo de clientes exclusivos, todos estos distribuidores deben de estar igualmente protegidos de las ventas activas en el territorio exclusivo o al grupo de clientes exclusivos por parte de todos los demás distribuidores del proveedor, pero no se pueden restringir las ventas activas y pasivas de estos distribuidores dentro del territorio o del grupo de clientes exclusivo[712]. Además, cuando por razones prácticas y no con el objetivo de impedir el comercio paralelo, el territorio o el grupo de clientes exclusivo no estén protegidos de ventas activas de determinados compradores durante un periodo temporal.

En comparación con el RECAV 2010 anterior, y aunque se haya mencionado en el capítulo anterior al hablar de la distri-

---

712 Apartado 122) Directrices verticales 2022.

bución exclusiva y el acceso a la red de los distribuidores, el RECAV 2022 introduce las siguientes novedades que, por su importancia, creemos necesario poner de relieve:

a) Se introduce la posibilidad de la denominada "exclusividad compartida", superando el planteamiento del sistema anterior, según el cual de las ventas activas únicamente era posible con referencia a territorios o grupos de clientes asignados en exclusiva a un solo distribuidor. Ahora es posible asignar un territorio y/o grupo de clientes en exclusiva a un máximo de cinco distribuidores[713].

b) La definición de ventas activas se ha ampliado para adaptarla al contexto actual de aumento significativo del *e-commerce*, especificando que son ventas activas, entre otras cosas: la explotación de un sitio *web* con un dominio de nivel superior que corresponda a determinados territorios, la oferta en un sitio *web* de opciones linguísticas utilizadas habitualmente en determinados territorios, cuando estas lenguas sean diferentes de las utilizadas habitualmente en el territorio en el que está establecido comprador y la utilización de herramientas de comparación de precios o de publicidad asociada a motores de búsqueda, que estén destinadas a clientes de determinados territorios o grupos de clientes[714].

---

713 Véase el art.4 (b) (i) del RECAV 2022 y el apartado 219) de las Directrices 2022. En dicho apartado de la Directrices se añade que, "*para preservar sus incentivos de inversión, el proveedor debe proteger a sus distribuidores exclusivos de las ventas activas, incluida la publicidad en línea personalizada, en su territorio exclusivo o a su grupo de clientes exclusivo por parte de todos los demás compadores del proveedor*", conllevando una nueva obligación a los proveedores o fabricantes sobre sus distribuidores.

714 *Vid.* art. 1 (1) (l) del RECAV 2022.

c) Se introduce la posibilidad de que el proveedor transfiera, el denominado "*pass-on*", la restricción de las ventas activas, es decir, que pueda pedir a sus distribuidores que impongan a su vez una prohibición de ventas activas a sus clientes directos en los territorios y/o grupos de clientes asignados en exclusiva a otros distribuidores[715].

d) Se reconoce la posibilidad de utilizar sistemas de distribución diferentes entre los distintos Estados miembros y, en este caso, de proteger a los distribuidores exclusivos de un Estado miembro de las ventas activas de los distribuidores selectivos o libres (y de sus clientes) en los países en los que existe distribución selectiva o libre, respectivamente[716].

B) El diseño de los sistemas de distribución selectiva

En el marco de un sistema de distribución selectiva[717], el proveedor puede seleccionar a sus distribuidores autorizados sobre la base de criterios cuantitativos o cualitativos, debiendo establecerse, en principio, estos últimos para las ventas en línea y en tienda física. Hasta ahora, los criterios cualitativos establecidos para ambos tipos de ventas de los distribuidores

---

715 En este sentido, el art. 4 (b) (i) del RECAV 2022.

716 Véase los arts. 4 (c) (i) (1) y 4 (d) (i) del RECAV 2022.

717 Los sistemas de distribución selectiva son comparables a los de distribución en exclusiva en el sentido de que restringen el número de distribuidores autorizados y las probabilidades de reventa. La diferencia principal entre los dos tipos de sistemas radica en la naturaleza de la protección otorgada al distribuidor. En un sistema de distribución en exclusiva, el distribuidor está protegido contra la venta activa procedente de fuera de su territorio exclusivo, mientras que en un sistema de distribución selectiva el distribuidor está protegido contra las ventas activas y pasivas de distribuidores no autorizados. (Párrafo 145) Directrices 2022.

selectivos debían ser «globalmente equivalentes». Sin embargo, las Directrices verticales 2022 indican que, en la medida en que ambos canales de venta tienen características diferentes, los criterios para las ventas en línea pueden no ser equivalentes a los criterios para las ventas en tienda física, siempre y cuando los criterios impuestos a las ventas en línea no tengan el objeto indirecto de evitar que el distribuidor venda los productos por internet a territorios o clientes particulares[718].

En el caso de la distribución selectiva, el RECAV 2022 también prevé una mayor protección, a saber:

a) Para evitar la elusión de la prohibición de reventa fuera de la red típica de la distribución selectiva, se introduce la posibilidad de que el proveedor repercuta (el mencionado *pass-on*) la restricción de ventas activas y pasivas a distribuidores no autorizados, en otras palabras, que pida a sus distribuidores selectivos que impongan una prohibición de ventas activas y pasivas a distribuidores no autorizados situados en el territorio en el que el proveedor explota el sistema de distribución selectiva[719].

b) Se reconoce la posibilidad de utilizar sistemas de distribución diferentes entre los distintos Estados miembros y, en este caso, la posibilidad de proteger a los distribuidores selectivos de un Estado miembro de las ventas activas y pasivas de los distribuidores exclusivos o libres (y de sus clientes) a distribuidores no autorizados situados en países en los que el proveedor explota un sistema de distribución selectiva[720].

---

718 Apartado 143) Directrices Verticales 2022.

719 Véase art. 4(c) (i) (2) del Reglamento (UE) 720/2022.

720 *Vid.* los arts. 4 (b) (ii), 4 (c) (i) y 4 (d) (ii) del Reglamento (UE) 720/2022.

c) Asimismo, en las Directrices citadas queda claro que la combinación de la distribución selectiva con la distribución exclusiva en el mismo territorio no puede acogerse a la exención prevista en el Reglamento, ni siquiera cuando el proveedor aplica la distribución mayorista exclusiva y la distribución minorista selectiva[721].

C) La distribución "libre"

Además, el RECAV 2022 introduce, por primera vez una disciplina aplicable a los sistemas de distribución que no son exclusivos ni selectivos, la llamada distribución "libre", que especifica qué restricciones pueden imponerse a los distribuidores libres sin perder el beneficio de exención[722]. En particular, además de las restricciones previstas, y mencionadas anteriormente, para

---

721 Apartado 236) de las Directrices verticales 2022 establece que, dicha combinación no puede beneficiarse de la exención prevista en el art. 2, apartado 1, del Reglamento, dado que "*esto se debe a que tal combinación requeriría que los distribuidores autorizados aceptarán restricciones especialmente graves em el sentido del artículo 4, letras b) o c), del Reglamento (UE) 2022/720, por ejemplo, restricciones a las ventas activas en territorios o a clientes que no se hayan asignado exclusivamente, restricciones de las ventas activas o pasivas a usuarios finales, o restricciones de los suministros cruzados entre distribuidores autorizados. No obstante, el proveedor puede comprometerse a suministrar únicamente a determinados distribuidores autorizados, por ejemplo, en ciertas partes del territorio en el que opere el sistema de distribución selectiva, o puede comprometerse a no realizar por sí mismo ventas directas en dicho territorio. Según la tercera excepción establecida en el artículo 4, letra c), inciso i), del Reglamento (UE) 2022/720, el proveedor también puede imponer una cláusula de establecimiento a sus distribuidores autorizados*".

722 ANTÓN JUAREZ, I., "Los contratos de distribución en Europa a través de las normas de Derecho de la competencia europeo. Las novedades aportadas por el Reglamento (UE) 2022/720 de exención de acuerdos verticales", *Cuadernos de Derecho Transnacional*, 2023, p.40.

proteger a los distribuidores exclusivos y selectivos en otros países, se reconoce la posibilidad, entre otras cosas, de imponer (i) una restricción de establecimiento al comprador, (ii) una restricción de ventas activas o pasivas a usuarios finales por parte de un comprador que opere en nivel mayorista de comercio y (iii) en determinadas circunstancias, como ya se ha reconocido para los acuerdos de distribución selectiva (en el caso *Coty*), prohibir el uso de mercados en línea, siempre que dicha restricción no tenga por objeto, directa o indirectamente, impedir que el comprador o sus clientes utilicen efectivamente Internet para vender los bienes o servicios contractuales[723].

3.3.5 Las restricciones a la reventa permitidas en los distintos sistemas de distribución

Al igual que la normativa anterior, y como hemos examinado ya en el capítulo anterior, el RECAV 2022 recoge en su artículo 4b, 4c.1 y 4d como restricción especialmente grave la del territorio en el que el distribuidor pueda vender activa o pasivamente los bienes o servicios contractuales (o la de los clientes a los que igualmente pueda vendérselos) y establece a continuación una serie de excepciones, que pueden resumirse como sigue:

1. Está permitido que el proveedor prohíba las ventas activas por parte del comprador y de sus clientes directos en un territorio o a un grupo de clientes exclusivo, independientemente del sistema de distribución del territorio de origen.

2. Está permitido que el proveedor, que opere con un sistema de distribución selectiva en un territorio, prohíba al comprador y a sus clientes las ventas activas y pasivas

723 Véase apartado 335) de las Directrices verticales 2022.

a los distribuidores no autorizados del territorio donde opere el sistema selectivo, independientemente del sistema de distribución del territorio de origen.

3. Está permitido que el proveedor establezca una limitación al lugar de establecimiento del comprador.
4. Está permitido que el proveedor prohíba al comprador que opere a nivel mayorista las ventas activas o pasivas a usuarios finales.
5. Está permitido que el proveedor prohíba al comprador que venda activa o pasivamente componentes suministrados para incorporarlos a un producto a clientes que tengan intención de usarlos para fabricar el mismo tipo de bienes que fabrica el proveedor.

En primer lugar, el RECAV 2022 introduce la posibilidad de imponer ciertas restricciones a la reventa del producto o servicio no sólo al comprador del acuerdo, sino a los clientes del comprador. Concretamente, el proveedor del acuerdo puede limitar: a) las ventas activas al territorio o grupo de clientes exclusivo y b) las ventas activas y pasivas a los distribuidores no autorizados del territorio donde opere el sistema selectivo de sus clientes (los compradores del acuerdo) y de los clientes de estos últimos.

En segundo lugar, se han actualizado y aclarado los conceptos de ventas activas y pasivas, ambos han sido objeto de estudio en el capítulo tercero. Asimismo, las Directrices detallan que las promociones y publicidad dirigidas a un grupo de clientes específico son una forma de venta activa y se refieren, en particular, a los servicios de publicidad en línea que permiten al vendedor seleccionar los territorios o clientes a los que se mostrará el anuncio en línea, como la publicidad de búsqueda, la publicidad en *webs*, *app stores* o redes sociales. No obstante, en cada caso, habrá que analizar cuál es el objetivo de la publicidad en cuestión para determinar si da lugar a ventas activas o pasivas:

si la publicidad está dirigida a clientes situados en el territorio del distribuidor y no puede evitarse que sea vista por clientes situados en otros territorios o por grupos de clientes diferentes, entonces dará lugar a ventas pasivas. El uso de herramientas y técnicas de optimización de motores de búsqueda (dedicados a mejorar la visibilidad o el posicionamiento de la página web del comprador en los motores de búsqueda) o la oferta de una aplicación en la app store son también, en principio, formas de venta pasiva en la medida en que son medios que permiten a los clientes potenciales encontrar al distribuidor.

Por otra parte, el RECAV 2022 indica que las ventas que resultan de la participación en procedimientos de licitación (públicos o privados) son ventas pasivas. La Comisión considera que la organización de la licitación es una forma de petición no solicitada por parte de los clientes a múltiples potenciales vendedores y, por lo tanto, la venta que pueda resultar de la participación en el proceso será una venta pasiva.

En tercer lugar, el RECAV 2022 introduce la posibilidad de prohibir a los distribuidores no selectivos la venta a distribuidores no autorizados en el territorio en el que el proveedor opere un sistema de distribución selectiva. Esta cuestión se plantea en situaciones en las que el proveedor opera un sistema de distribución mixto en el marco del cual combina, en los distintos territorios que componen el Espacio Económico Europeo (EEE), un sistema de distribución selectiva con otro tipo de sistema de distribución, un sistema exclusivo u otro.

3.3.6. Contratos de agencia

En relación con los contratos de agencia, las nuevas normas regulan con mayor detalle cuestiones como las siguientes: los operadores que, en relación con un mismo proveedor, actúan tanto como revendedores (para algunos productos) como agentes (para otros), los agentes que actúan para varios principales competidores y las plataformas de comercio electrónico.

El contrato de agencia consiste en un acuerdo por medio del cual una persona física o jurídica (el agente) se obliga a negociar o suscribir contratos por cuenta de otra (el principal) para la compra de bienes o servicios por parte del principal o para la venta de bienes o servicios suministrados por el principal. Pues bien, esta clase de acuerdo está exenta de la aplicación del artículo 101.1 del Tratado de Funcionamiento de la Unión Europea si puede ser calificado de genuino, es decir, si el agente no asume ningún riesgo financiero o comercial en relación con los contratos celebrados o negociados por cuenta del principal.

El nuevo marco legal mantiene el planteamiento del anterior RECAV 2010, según el cual la condición para que una relación de agencia se considere excluida del ámbito de aplicación del art. 101 TFUE (y por tanto del RECAV) es la falta de independencia económica del agente, es decir, la ausencia o no importancia del riesgo financiero o comercial en relación con los contratos que el agente celebra o negocia por cuenta del principal (el denominado "*agency test*").

Las Directrices introducen una interpretación más restrictiva del "*agency test*", refiriéndose al criterio de la importancia del riesgo asumido por el agente, que debe evaluarse con referencia a los ingresos generados por la prestación de servicios de agencia por parte del agente (normalmente, las comisiones recibidas por el agente del principal), en lugar de con referencia a los ingresos obtenidos por la venta de bienes o servicios cubiertos por el contrato de agencia[724]. Esta evaluación puede

[724] Véase el apartado 32 de las Directrices verticales 2022.

resultar especialmente compleja[725] en el caso de que se lleven a cabo actividades de agencia y distribución independiente para el mismo proveedor (el denominado "*dual role*"), ya que ello crea dificultades a la hora de distinguir entre las inversiones y los costes relacionados con la función de agencia, incluidas las inversiones específicas del mercado, y los relacionados exclusivamente con la actividad independiente[726]. Asimismo, las Directrices especifican que cuando el agente tiene un número considerable de mandantes es menos probable que la relación pueda calificarse como agencia[727] y que los acuerdos celebrados por empresas activas en la economía de las plataformas en línea no cumplen en general las condiciones para ser calificados como contratos de agencia, por ello quedan fuera del ámbito de aplicación del art. 101 TFUE. También se reitera el hecho de que las partes califiquen o no el contrato como contrato de agencia (siendo frecuente esta práctica en el caso de las empresas que operan en las plataformas en línea[728]). Dicha calificación es irrelevante a efectos de la defensa de la competencia, ya que la parte importante es la satisfacción en la relación del "*agency test*".

En definitiva, el RECAV 2022 introduce tres novedades:

1. La consideración de la compra temporal de los bienes por parte del agente. Una característica clave en los contratos de agencia genuinos es que el agente no es el propietario de los bienes que comercializa en el tráfico económico. El agente actúa por cuenta del principal y los bienes son propiedad de éste. Sin embargo, es posible

[725] Véase la Sentencia del Tribunal de Justicia de 16 de diciembre 1075, *Suiker Unie/ Comisión*, asuntos acumulados 40 a 48, 50, 54 a 56, 111, 113 y 114/73, ECLI:EU:C:1975:174, apartados 537 a 557.

[726] *Vid.* Apartado 37 de las Directrices verticales 2022.

[727] *Vid.* Apartado 30 de las Directrices verticales 2022.

[728] *Vid.* Apartado 63 de las Directrices verticales 2022.

que el agente se siga considerando como genuíno aunque adquiera la propiedad de los bienes temporalmente siempre que se cumplan dos condiciones: a) el agente vende los bienes por cuenta del principal y b) el agente no incurre en costes o riesgos vinculados con la transmisión de la propiedad[729]. Esto implica que, aunque de forma puntual la relación entre el principal y el agente pueda parecerse más a la derivada de un contrato de distribución eso no implica la consideración de agente genuino.

2. El pago de los costes del agente. El principal puede reembolsar los costes del agente genuino para evitar que incurra en riesgos. Ese reembolso puede ser[730]: a) el reintegro de los costes exactos en los que haya incurrido el agente; b) el abono de una cantidad a tanto alzado; y c) el pago de un porcentaje fijo de los ingresos en atención al contrato de agencia. Es importante que el agente pueda diferenciar entre estos pagos del principal en concepto de riesgos de los pagos por remuneración por la prestación de servicios[731].

3. Los acuerdos celebrados por empresas que operan en la economía de plataformas en línea no se pueden considerar acuerdos de agencia genuinos. Estas empresas suelen actual en el tráfico económico como empresas independientes, prestando servicios a un elevado número de vendedores y llevando a cabo un importante número de inversiones en programas informáticos, publicidad o servicio postventa[732]. En consecuencia, estos acuerdos no quedan excluidos de la aplicación del art.

---

729 Apartado 33 de las Directrices Verticales 2022.

730 Apartado 35 de las Directrices Verticales 2022.

731 Apartado 35 de las Directrices Verticales 2022.

732 Apartado 46 de las Directrices Verticales 2022.

101.1 TFUE de forma automática y se tendrá que abordar en el caso concreto los efectos que pueden presentar para la competencia y si podrán quedar exentos de prohibición en virtud del RECAV 2022.

A) Tipos de riesgos

Conforme a las Directrices 2022, existen los siguientes tipos de riesgo en los contratos de agencia:

1. los riesgos directamente relacionados con los contratos suscritos por el agente por cuenta del principal;
2. los riesgos derivados o relacionados con inversiones específicamente destinadas al mercado, y
3. los riesgos relacionados con la necesidad de realizar otras actividades en el mismo mercado del producto siempre que el principal requiera que el agente lleve a cabo esas actividades por su propia cuenta, y no como agente en nombre del principal.[733]

A tal respecto, las Directrices 2022 describen las características que suelen reunir los acuerdos de agencia genuinos[734]:

1. El agente no adquiere la propiedad de los bienes comprados o vendidos. Sin embargo, el hecho de que el agente adquiera temporalmente la propiedad de los bienes en nombre del principal no excluye la existencia de un acuerdo de agencia genuino. Como se ha mencionado anteriormente, ésta constituye una de las novedades, con respecto al RECAV 2010 anterior, más relevantes.

---

733 *Vid.* Apartado 31 de las Directrices verticales 2022.

734 *Vid.* Apartado 33 de las Directrices verticales 2022.

2. El agente no contribuye a los costes relacionados con el suministro o adquisición de los bienes o servicios objeto del contrato.
3. El agente no mantiene, corriendo personalmente con los costes y riesgos, existencias de los bienes objeto del contrato y puede devolver los bienes al principal en caso de que no se hayan vendido.
4. El agente no asume responsabilidad por el incumplimiento del contrato de los clientes.
5. El agente no asume responsabilidad frente a los clientes o terceros por las pérdidas o daños resultantes de los bienes o servicios objeto del contrato.
6. El agente no está obligado a invertir en promoción de ventas.
7. El agente no realiza inversiones destinadas al mercado en equipos, locales, formación del personal o publicidad de bienes o servicios objeto del contrato.

En conclusión, un aspecto que no ha cambiado con respecto al RECAV 2010 son los dos escenarios que se presentan con respecto al contrato de agencia y la aplicación de las normas de competencia. En primer lugar, en el caso de que el contrato de agencia se puede clasificar de genuino en atención a las Directrices 2022 no se le aplicará el art. 101.1 TFUE. Y, en segundo lugar, en el supuesto de que el contrato de agencia no se pueda clasificar de genuino quedará sujeto al art. 101.1 TFUE y si contiene restricciones de competencia podrían quedar exentas de prohibición en atención al RECAV 2022, dado que se le daría el mismo trato que cualquier acuerdo vertical[735].

735 ANTÓN JUAREZ, I., *op. cit.*, p.61.

B) Agentes duales

Un agente dual es aquel que es distribuidor de algunos bienes o servicios de un proveedor y al mismo tiempo agente para otros bienes o servicios de ese mismo proveedor[736]. Conforme a las Directrices, los contratos de agencia dual no se benefician de la exención establecida en el artículo 2 del RECAV 2022, salvo que: 1) puedan delimitarse las actividades y riesgos cubiertos por el contrato de agencia, 2) que el distribuidor sea verdaderamente libre de celebrar el acuerdo de agencia y 3) que todos los riesgos vinculados a la venta de bienes o servicios cubiertos por el acuerdo de agencia sean asumidos por el principal.[737] Del mismo modo, el principal no podrá imponer al agente, directa o indirectamente, una actividad de distribuidor independiente, a menos que el principal satisfaga íntegramente dicha actividad.

C) Contrato de agencia y proveedores de servicios de intermediación en línea

Por último, las empresas que prestan servicios de intermediación en línea no pueden considerarse agentes genuinos[738]. Por ello, si imponen un precio de reventa mínimo ello no queda exento automáticamente en virtud del RECAV, sino que deberá llevarse a cabo un examen más detallado sobre el eventual cumplimiento de las condiciones del artículo 101.3 del Tratado de Funcionamiento de la Unión Europea.

---

736 *Vid.* Apartado 36 de las Directrices verticales 2022.

737 *Vid.* Apartado 34 de las Directrices verticales 2022.

738 *Vid.* Apartado 46 de las Directrices verticales 2022.

3.3.7 Fijación de precios de reventa

En relación a la fijación de precios de reventa, el RECAV 2022 y las Directrices 2022 siguen calificando de restricciones especialmente graves de la competencia las prácticas consistentes en el mantenimiento vertical de precios por parte de un proveedor sobre sus distribuidores, el denominado *"resale price maintenance"* o "RPM"[739]. Las cláusulas que directa o indirectamente fijen un precio de reventa al que debe adaptarse el distribuidor no se benefician de la exención automática del RECAV 2022. El hecho de imponer al distribuidor un precio al que debe revender los bienes y servicios elimina la competencia intramarca en lo que se refiere al precio. Asimismo, este tipo de conductas facilita la colusión y compartimenta el mercado en los Estados Miembros de la UE[740]. La prohibición del art.4 a) del RECAV 2022 no solo afecta a la imposición de un precio de venta determinado sino también la imposición de un precio mínimo al que se debe vender. Del mismo modo que, la imposición de un precio fijo es el precio que el comprador se ve obligado a aplicar en la venta de los productos, pudiendo tratarse bien de una cifra concreta, o bien de la fijación de los márgenes de beneficio o de descuentos de los que se beneficia el distribuidor. El precio mínimo implica para el distribuidor la obligación de vender como mínimo a la cantidad predetermi-

---

739 Véase en este sentido, ENNIS, S., y KÜHN, K.U., "Minimum Advertised Prices: How to differ from RPM", *University of East Anglia,* 2021, pp. 10 y ss. Sitio web: http://www.markenverband.de/publikationen/studien/Minimum%20Advertised%20Price%20Restrictions%20FINAL%2020210419.pdf

740 Véase en este sentido, ORTUÑO BAEZA, Mª. T., "Acuerdos verticales y Derecho de la Competencia: Comentario al Reglamento 2.790/1999 de la Comisión de 22 de diciembre de 1999, relativo a la aplicación del apartado 3 del art. 81 del Tratado CE a determinadas categorías de acuerdos verticales y prácticas concertadas", *Noticias de la Unión Europea,* 204, 2002, p.28.

nada por el proveedor o el proveedor, siempre con la posibilidad de vender a un precio superior. A pesar de que la fijación de un precio de venta y el precio mínimo son diferentes, el resultado que causan en el mercado puede ser muy semejante, a saber, restringir la competencia[741].

En relación con los precios máximos y precios recomendados, se tiene una consideración diferente. Por una parte, el precio máximo implica que el distribuidor no va a poder vender nunca por encima de ese precio. Bajo el precio máximo el proveedor fija un tope al precio que alcanzarán sus productos o servicios a la hora de distribuirse. Por otra parte, a diferencia del precio máximo, el precio recomendado es una recomendación del proveedor al distribuidor sobre el precio al que se deberían vender los productos o servicios.

El precio máximo y el precio recomendado generalmente no eliminan la competencia debido a que el distribuidor tiene margen de maniobra para fijar precios que crea convenientes. De hecho, los precios máximos o recomendados pueden presentar aspectos positivos para la competencia cuando el distribuidor tiene el poder de mercado[742]. Es una forma de limitar el poder de actuación del distribuidor en cuanto a los precios. Sin embargo, los precios máximos o recomendados pasan a ser un problema para la competencia cuando se encubre una fijación de precios[743].

---

741 ANTÓN JUÁREZ, I., *op., cit.*, p.41.

742 ZURIMENDI ISLA, A., *Las restricciones verticales a la libre competencia*, Civitas, Madrid, 2006, p.231. Asimismo, STJCE de 28 de enero de 1986, Pronuptia, as. 161/84, Rec. 1886, p.353, apartado 25.

743 La autora ANTÓN JUÁREZ, I., *op. cit.*, p.41. considera que: "*los precios máximos o recomendados dejan de ser una opción para el distribuidor y se convierten en fijos cuando el proveedor no le deja la posibilidad de decidir el precio. Esto suele suceder en los casos en los que el proveedor tiene el poder de mercado y el distribuidor no tiene otra alternativa más que seguir el precio indicado. Los medios indirectos para convertir un precio recomendado en*

No obstante, de forma contraria a los precios máximos y recomendados, la fijación de precio y precio mínimo habida cuenta que, son considerados negativos para la competencia son los que más debate han creado. Sin embargo, en las Directrices 2022 relativas a las restricciones verticales se puede observar algunas novedades que merece la pena mencionar respecto del RECAV 2010:

a. Las Directrices ofrecen orientaciones más amplias sobre las circunstancias en las que las prácticas de fijación de precios pueden dar lugar a aumentos de eficiencia[744]. No obstante, estos casos no se beneficiarán de la exención automática concedida por el Reglamento[745]. Las

---

uno fijo son variados, podemos encontrar desde más sutiles como la realización de descuentos en función del nivel de precios, hasta los más agresivos, como las advertencias de resolución, amenazas o retrasos en las entregas".

744 En particular, el lanzamiento de un nuevo producto (véase el apartado 197), letra a) de las Directrices Verticales 2022), las campañas de precios bajos a corto plazo -normalmente, de 2 a 6 semanas- (véase el apartado 197), letra b), de las Directrices Verticales 2022), la presentación por el minorista de servicios adicionales de preventa, en particular en el caso de productos cuya calidad es difícil de evaluar antes del consumo (productos "de experiencia") o en el caso de productos complejos (véase el apartado 197), letra d), de las Directrices Verticales 2022), y la posibilidad de que el proveedor imponga al distribuidor un precio mínimo de reventa en el caso de que éste revenda sistemáticamente el producto (véase el apartado 197), letra e), de las Directrices Verticales 2022) o en el caso de productos complejos (apartado 197(d) de las Directrices Verticales 2022), y la posibilidad de que el proveedor imponga un precio mínimo de reventa al distribuidor en caso de que éste revenda sistemáticamente los productos del proveedor por debajo de los precios al por mayor con el fin de atraer a nuevos clientes (el llamado "producto cebo") (apartado 197(c) de las Directrices Verticales 2022).

745 Desde siempre las autoridades de la competencia de la UE han considerado que la fijación de precios mínimos es de las prácticas más dañinas, o tal vez la que más, debido a los efectos perniciosos

empresas deberán llevar a cabo un análisis *ad hoc* de tales prácticas para evaluar si cumplen los requisitos para acogerse a una exención individual en virtud del art. 101.3 TFUE[746].

b. A continuación, las Directrices afirman que la fijación por parte del proveedor de precios mínimos anunciados, las denominadas "*minimum advertised price policies*" "MAPs")[747], aunque en principio deja al distribuidor la libertad de fijar un precio de venta inferior al anunciado produce un efecto totalmente contrario, de hecho desincentiva la posibilidad de que el minorista fije precios de reventa más bajos, limitando su capacidad de informar a los clientes potenciales de la disponibilidad de posibles descuentos[748];

---

que crean en el mercado. La competencia de precios es considerada como uno de los aspectos más cruciales para la integración de los mercados y, por tanto, la consecución efectiva de un mercado europeo. No obstante, sí es cierto que, en los últimos años, las autoridades de competencia se están planteando cada vez más proclives a fijar precios mínimos en las relaciones proveedor-distribuidor. En este sentido *Vid.* HERRERO SUAREZ, C., "La fijación de los precios de reventa: ¿nuevos vientos?", *Rcd*, 2009, pp.67 y ss; considera la autora que las restricciones de fijación de precios son conductas que pueden presentar efectos positivos, negativos o neutrales para la competencia, pero la entidad de daño que crean es de tal envergadura que no puede ser compensado con los posibles efectos positivos que pudieran llegar a tener, es más, dichos efectos positivos que generan se podrían conseguir por otras vías menos restrictivas para la competencia.

[746] Apartado 191 de las Directrices verticales 2022.

[747] Sobre el cambio que se introduce en el nuevo RECAV 2022 Véase. JUNGERMANN, S., "Will the European Commission change its policy to allow binding MAPs?", *Lexicology*, 2021.

[748] Véase el apartado 189 de las Directrices verticales 2022.

c. Las Directrices establecen que la fijación de precios de reventa en contratos de ejecución (es decir, acuerdos entre un proveedor y un comprador que ejecutan un acuerdo previo entre el proveedor y un usuario final específico) no siempre constituye una fijación de precios, siempre que sea el proveedor y no el cliente quien identifique a la empresa que ejecutará el contrato[749];

d. En el contexto de un acuerdo entre un proveedor de bienes y servicios y una empresa activa en la economía de plataformas en línea[750], está última no puede ser calificada de comprador en el sentido del RECAV 2022 respecto de los bienes o servicios ofrecidos por el proveedor que utiliza dichos servicios de intermediación en línea[751]. Por lo tanto, el proveedor puede fijar los precios de venta en la plataforma en línea de los bienes o servicios que ofrece. Además, las Directrices dejan claro que la exención concedida por el Reglamento no se aplica a un acuerdo por el que un proveedor de servicios de intermediación en línea imponga un precio

---

749 Véase el apartado 193 de las Directrices verticales 2022. Asimismo, se establece que en los contratos de cumplimiento no se considera que se están fijando precios en los casos en los que el proveedor selecciona a la empresa que prestará los servicios de logística e impone un precio de reventa.

750 Véase el art. 1, apartado 1, letra e) "servicios de intermediación en línea": los servicios de la sociedad de la información, en el sentido del artículo 1, apartado 1, letra b), de la Directiva (UE) 2015/1535 del Parlamento Europeo y del Consejo, que permiten a las empresas ofrecer bienes o servicios: (i) a otras empresas, con el fin de facilitar el inicio de transacciones directas entre dichas empresas; o ii) a los consumidores finales, con el fin de facilitar el inicio de transacciones directas entre dichas empresas y los consumidores finales; con independencia de que dichas transacciones se concluyan y del lugar en que se concluyan.

751 Véase apartado 67) (a) de las Directrices verticales 2022.

de venta fijo o mínimo para las transacciones en línea intermediadas por él[752]. En cualquier caso, esto no se aplica a las plataformas híbridas, ya que los acuerdos verticales relativos a la prestación de servicios de intermediación en línea en los que el proveedor de dichos servicios es una empresa competidora en el mercado de referencia para la venta de los bienes o servicios objeto de la intermediación no pueden beneficiarse de la exención por categorías, como se ha mencionado en epígrafes anteriores.

3.3.8 Obligaciones de no competencia

Las obligaciones de no competencia son las que imponen al distribuidor suministrarse en exclusiva del proveedor, o comprarle más del 80% de sus necesidades de los productos objeto de suministro[753].

El RECAV 2022 sigue considerando compatibles estas cláusulas si duran hasta cinco años. Pero ya no exigirá que, llegado el quinto año, deban ser objeto de renovación expresa, permitiéndose su prórroga tácita, en determinadas circunstancias. En el régimen anterior, las cláusulas de no competencia podían beneficiarse de la exención por categorías siempre que se respetara el umbral del 30% de cuota de mercado y su duración

---

[752] Véase apartado 67) (c) de las Directrices verticales 2022.

[753] La definición de "cláusula de no competencia" aparece recogida en el art. 1 f) del RECAV 2022 como: "*cualquier obligación directa o indirecta que prohíba al comprador fabricar, adquirir, vender o revender bienes o servicios que compitan con los bienes o servicios contractuales, o cualquier obligación, directa o indirecta, que exija al comprador adquirir al proveedor o a otra empresa designada por éste más del 80 % del total de sus compras de los bienes o servicios contractuales y de sus sustitutos en el mercado de referencia, calculadas sobre la base del valor o, cuando sea la práctica corriente en el sector, del volumen de sus compras en el año precedente*".

no superara los cinco años. Por lo tanto, quedaban excluidas del beneficio de exención las cláusulas de no competencia: (i) de duración indefinida, (ii) de duración determinada superior a cinco años, y (iii) renovables tácitamente más allá de cinco años[754].

El nuevo RECAV 2022, como hemos comentado, mantiene el planteamiento anterior, dejando inalterado el periodo de cinco años[755]. No obstante, las Directrices introducen una novedad importante con respecto a la hipótesis referente a la renovación tácita, en el sentido de que las cláusulas de no competencia que se renueven tácitamente más allá de cinco años puede ahora acogerse a la exención siempre que se permita al distribuidor renegociar o rescindir efectivamente el acuerdo vertical que contiene la cláusula de no competencia con un preaviso razonable y sin incurrir en costes irrazonables, y además, que el distribuidor pueda entonces cambiar de proveedor tras la expiración de un periodo de cinco años[756].

Creemos que la nueva norma debe de acogerse positivamente, ya que da más flexibilidad a los acuerdos verticales que contienen obligaciones de no competencia renovables tácitamente al final del periodo de cinco años. No obstante, queda por aclarar, a nuestro entender, la causa por la que la exención no se ha ampliado también a los acuerdos de duración indefinida y a los acuerdos de duración determinada superior a cinco años que puedan rescindirse con un preaviso razonable y a un coste razonable, dado que no queda claro en que pueden diferir estos últimos de los primeros con respecto a los objetivos perseguidos por la norma.

---

754 Véase art.5 (1) (a) del Reglamento 330/2010, así como las Directrices de 2010 en sus apartados 66 y 67.

755 *Vid.* art.5 (1)(a) RECAV 2022.

756 Véase apartado 248) de las Directrices verticales 2022.

3.3.9 La distribución dual y proveedores de servicios de intermediación en línea

Por último, la versión final del RECAV 2022 ha mantenido un enfoque restrictivo hacia las plataformas, excluyendo de la exención a las plataformas híbridas. Particularmente, se aclara que la exención por categorías no se aplica a los acuerdos verticales relativos a la prestación de servicios de intermediación en línea cuando el prestador de dichos servicios se una empresa competidora en el mercado de referencia de la venta de los bienes o servicios objeto de la intermediación[757]. Es de esperar que este nuevo RECAV excluya numerosos acuerdos, que seguirán estando sujetos a una evaluación *ad hoc* con las consiguientes cargas para las empresas.

El RECAV 2022 distingue las situaciones que son propiamente de distribución dual de la figura de los proveedores de servicios de intermediación en línea (término con el que dicho reglamento se refiere a las plataformas que facilitan las transacciones entre empresas —B2B— o entre dichas empresas y los consumidores finales —B2C—). A menudo dichas plataformas actúan con dos roles diferentes: por un lado, actúan como compradores y distribuidores propiamente dichos de los productos del proveedor en cuestión y, por otro, como intermediarios en la venta de productos por parte de terceros a quienes prestan el servicio de plataforma o intermediación en línea[758].

---

757 Véase el art. 2.6 del RECAV 2022.

758 Para un mayor análisis véase FERNÁNDEZ MASÍA, E., "Servicios de intermediación en línea en Europa: diseño de un sistema específico de solución de controversias", *Revista Boliviana de Derecho*, núm. 32, 2021, pp.560-585. y MATE SATUÉ, L.C., "Reflexiones sobre la normativa aplicable a las plataformas de intermediación de servicios jurídicos", *Revista Boliviana de Derecho*, núm. 33, 2022, pp.512-531.

Las Directrices verticales 2022 califican este doble rol de las plataformas de "función híbrida", en aquellos casos que: "*el proveedor de los servicios (...) es una empresa competidora en el mercado de referencia para la venta de los bienes o servicios intermediarios*". El art. 2.6 RECAV 2022 se aplica a los acuerdos verticales que conciernen a la prestación de servicios de intermediación en línea, independientemente de que el acuerdo se refiera a la prestación de dichos servicios a una parte en el acuerdo o a terceros[759].

Pues bien, conforme al citado artículo 2.6 del RECAV 2022, la exención relativa a la distribución dual no se aplica a los acuerdos verticales relativos a la prestación de servicios de intermediación en línea en los que el proveedor de éstos sea una empresa competidora en el mercado de referencia para la venta de los bienes o servicios intermediados.

En todo caso, para la valoración de estos acuerdos, las Directrices 2022 destacan que es importante tener en cuenta que puede tratarse de acuerdos de *minimis* en el supuesto de que las partes tengan una baja cuota de mercado. A estos efectos, habrá que tener en cuenta la Comunicación de *minimis* de la Comisión y las disposiciones a tal efecto de la Ley y el Reglamento de Defensa de la Competencia[760]. La Comisión añade que el

---

759 La aplicación del artículo 2, apartado 6 del RECAV 2022 presupone que el acuerdo vertical celebrado por el proveedor de servicios de intermediación en línea con una función híbrida, no se considera un acuerdo de agencia que queda fuera del ámbito de aplicación del art 101. apartado 1 del Tratado.

760 Comunicación de la CE relativa a los acuerdos de menor importancia que no restringen la competencia de forma sensible en el sentido del artículo 101, apartado 1 TFUE (Comunicación de *minimis*) (2014/C 291/01). Véase en: https://eur-lex.europa.eu/legal-content/ES/TXT/PDF/?uri=CELEX:52014XC0830(01). En la comunicación la CE indica, mediante umbrales de cuotas de mercado, las circunstancias que considera que los acuerdos que pueden tener como efecto la prevención, restricción o distorsión de la competen-

poder de mercado en este sector puede medirse con métricas que no son necesariamente los ingresos de la plataforma, sino otras, como el número de transacciones intermediadas o el número de usuarios. La Comisión también indica que, a no ser que dichos acuerdos contengan restricciones por objeto o las partes ostenten un poder de mercado significativo, no es plausible que priorice la investigación de acuerdos de servicios de intermediación en línea con proveedores híbridos. En consecuencia, la CE mediante sus Directrices Verticales 2022 clarifica la relación entre los acuerdos verticales y los servicios de intermediación en línea, como se viene a desarrollar a continuación.

En primer lugar, se establece que los acuerdos verticales relativos a la prestación de servicios de intermediación en línea celebrados por proveedores de servicios de intermediación en línea con esta función híbrida no cumplen la justificación para las excepciones a la distribución dual establecidas en el artículo 2.4, letras a) y b), del RECAV 2022. Puesto que, dichos proveedores pueden tener un incentivo para favorecer sus propias ventas y la capacidad de influir en el resultado de la competencia entre las empresas que utilizan sus servicios de intermediación en línea. Por consiguiente, estos acuerdos ver-

cia en el mercado interior de la UE no constituye un efecto sensible sobre el comercio entre Estados Miembros. Asimismo, se plantean orientaciones a este respecto sobre el efecto del comercio, donde la CE determina, a través de una combinación de un umbral de cuota de mercado del 5% y un umbral de negocio de 40 millones de euros, qué acuerdos no pueden en principio afectar al comercio entre Estados Miembros de una forma sensible. En este sentido, cabe señalar que los acuerdos entre PYMES no son susceptibles de afectar al comercio entre los Estados Miembros, así lo determina la recomendación de la CE de 6 de mayo de 2003 sobre la definición de microempresas, empresas pequeñas y medianas. En definitiva, tales acuerdos, normalmente, se encuentran fuera del ámbito del art. 101.1 TFUE, incluso si tienen por objeto, impedir, restringir o falsear la competencia.

ticales pueden plantear problemas de competencia en general en los mercados de referencia para la venta de los bienes o servicios intermediados[761].

En segundo lugar, se determina[762] que el art. 2.6 del RECAV 2022 se aplica a los acuerdos verticales relativos a la prestación de servicios de intermediación en línea en los que el proveedor de estos servicios es un competidor real o potencial en el mercado de referencia para la venta de los bienes o servicios intermediados. En particular, debe existir la posibilidad de que el proveedor de servicios de intermediación en línea realice, en un breve período de tiempo (normalmente, no superior a un año), las inversiones adicionales necesarias o incurra en otros costes necesarios para introducirse en el mercado de referencia para la venta de los bienes o servicios intermediados[763].

En tercer lugar, los acuerdos relativos a la prestación de servicios de intermediación en línea que, de conformidad con el artículo 2.6 RECAV 2022, no se beneficien de la exención prevista en el artículo 2.1 del Reglamento, deben evaluarse individualmente con arreglo al artículo 101 del TFUE. Estos acuerdos no restringen necesariamente la competencia en el sentido del artículo 101.1 del TFUE, o pueden cumplir las condiciones de una exención individual con arreglo al artículo 101. 3 del TFUE. La Comunicación de *minimis* puede aplicarse en los casos en que las partes tengan cuotas de mercado bajas en el mercado de referencia de la prestación de servicios de intermediación en línea y en el mercado de referencia de la venta de los bienes o servicios intermediados.[764] Las Directrices horizontales pueden proporcionar orientaciones pertinentes para la evaluación de los posibles efectos colusorios. Y en su lu-

---

761 *Vid.* apartado 105 Directrices Verticales 2022.

762 *Vid.* apartado 106 Directrices Verticales 2022.

763 *Vid.* apartado 90 Directrices Verticales 2022.

764 *Vid.* apartado 26 Directrices Verticales 2022.

gar, las Directrices Verticales pueden proporcionar orientación para la evaluación de cualquier restricción vertical[765].

En cuarto lugar, en ausencia de restricciones de la competencia por el objeto, es improbable que se produzcan efectos anticompetitivos apreciables cuando el proveedor de servicios de intermediación en línea no goce de poder de mercado en el mercado de referencia de los servicios de intermediación en línea, por ejemplo, debido a su reciente introducción en dicho mercado (fase de puesta en marcha). En la economía de las plataformas en línea, los ingresos generados por un proveedor de servicios de intermediación en línea (por ejemplo, las comisiones) pueden ser solo una primera aproximación al alcance de su poder de mercado y también puede ser necesario tener en cuenta parámetros alternativos, como el número de transacciones intermediadas por el proveedor, el número de usuarios de los servicios de intermediación en línea (vendedores o compradores) y la medida en que dichos usuarios utilizan los servicios de otros proveedores. Asimismo, es poco probable que un proveedor de servicios de intermediación en línea goce de poder de mercado cuando no se beneficia de efectos de red positivos apreciables, directos o indirectos[766].

Por último, en ausencia de restricciones por el objeto o un poder de mercado significativo, es poco probable que la Comisión dé prioridad a las medidas de ejecución respecto de los acuerdos verticales relativos a la prestación de servicios de intermediación en línea cuando el proveedor tenga una función híbrida. Esto ocurre en particular cuando, en un supuesto de distribución dual, un proveedor permite a los compradores de sus bienes o servicios utilizar su sitio web para distribuir los bienes o servicios, pero no permite que el sitio web se utilice para ofrecer marcas competidoras de bienes o servicios y, de

---

765 *Vid.* apartado 107 Directrices Verticales 2022.

766 *Vid.* apartado 108 Directrices Verticales 2022.

otro modo, no está activo en el mercado de referencia para la prestación de servicios de intermediación en línea con respecto a dichos bienes o servicios[767].

En definitiva, estos acuerdos verticales relativos a la prestación de servicios de intermediación en línea no pueden beneficiarse de la exención en bloque, sin embargo, sí podrían beneficiarse de manera individual en atención al art. 101.3 TFUE, como se establece en las Directrices 2022. *A priori*, estos acuerdos de intermediación en línea y distribución dual no van a suponer una restricción de las normas *antitrust* siempre que la plataforma no ostente un poder de mercado considerable ni tampoco existan restricciones por objeto. En todo caso, si las partes del acuerdo vertical ostentan un poder de mercado menor del 5% es posible aplicar la Comunicación de *minimis* de la CE[768].

---

767 *Vid.* apartado 109 Directrices Verticales 2022.

768 La Comisión considera que los acuerdos entre empresas que puedan afectar al comercio entre los Estados miembros y que puedan tener por efecto impedir, restringir o falsear el juego de la competencia dentro del mercado interior, no restringen la competencia de forma sensible en el sentido del artículo 101, apartado 1, del Tratado: a) cuando la cuota de mercado conjunta de las partes en el acuerdo no exceda del 10 % en ninguno de los mercados de referencia afectados por el acuerdo, en el caso de acuerdos entre empresas que sean competidores reales o potenciales en cualquiera de dichos mercados (acuerdos entre competidores), o b) cuando la cuota de mercado de cada una de las partes en el acuerdo no exceda del 15 % en ninguno de los mercados de referencia afectados por el acuerdo, en el caso de acuerdos entre empresas que no sean competidores reales o potenciales en ninguno de dichos mercados (acuerdos entre no competidores), sin embargo, tras la entrada en vigor del RECAV 2022, el umbral a tener en cuenta sería el del 30%. En los casos en que resulte difícil determinar si se trata de un acuerdo entre competidores o un acuerdo entre no competidores, se aplicará el umbral del 10 %. Apartado 8 y 9 de la *Comunicación de minimis*.

3.3.10 Conclusión

En resumen, el legislador comunitario ha llevado a cabo un minucioso trabajo actualizando la normativa relacionada con los acuerdos verticales. Ha quedado claro que, para aplicar la exención contemplada en el artículo 101.3 del TFUE, es necesario evaluar cada acuerdo individualmente para determinar los factores decisivos. Además, el aumento del comercio electrónico y la aparición de nuevos tipos de acuerdos verticales han generado una evolución en la competencia que permite mejorar la eficiencia económica y reforzar la supervisión de las redes paralelas de acuerdos verticales en beneficio del sistema de competencia del mercado. Además, el nuevo RECAV 2022 presenta varias mejoras con respecto al régimen anterior e incorpora ciertas indicaciones surgidas de la aplicación práctica del Reglamento anterior, con el objetivo de dotar de mayor flexibilidad a los sistemas de distribución. Las novedades introducidas por el nuevo Reglamento y sus Directrices son muchas y, sin duda, harán necesario que las empresas lleven a cabo una revisión exhaustiva de sus acuerdos verticales, no solo para evaluar si pueden o no seguir beneficiándose de la exención por categorías concedida por el RECAV 2022, sino para aprovechar las nuevas oportunidades que ofrece. Sin embargo, en nuestra opinión, las nuevas normas siguen presentado áreas de incertidumbre que podrían dar lugar a prácticas divergentes entre los Estados miembros de la UE y, que por tanto, hacer más compleja la celebración de acuerdos verticales entre empresas. En este sentido, a nuestro parecer, será interesante comprobar si la herramienta de las cartas de orientación[769] puede ser real-

---

[769] El instrumento de las cartas de orientación se introdujo con la Comunicación de la Comisión Europea relativa a las orientaciones informales sobre cuestiones nuevas relacionadas con los arts. 81 y 82 del Tratado CE que se planteen en asuntos concretos (2004/C 101/06), en la que la Comisión Europea adoptó criterios que inter-

mente utilizada por las empresas para resolver estas áreas de incertidumbre [770].

IV. DISTRIBUCIÓN DUAL E INTERCAMBIOS DE INFORMACIÓN

1. Intercambios de información entre competidores

1.1 Planteamiento de la cuestión

Son múltiples y variadas, las cuestiones jurídicas que pueden plantear las distintas formas de colaboración, coordinación y cooperación empresarial en general, y las redes de empresas en particular. En este apartado nos vamos a centrar, concretamente, en el campo del Derecho de la Competencia, donde se plantea realmente un reto jurídico. Como ha expuesto por la doctrina en diferentes ocasiones, las redes empresariales pueden presentar externalidades tanto positivas como negativas[771], siendo posible que establezca un impacto anticompetitivo de algunas de ellas. De ahí que, las cuestiones latentemente problemáticas, que pueden plantear las redes empresariales desde

---

pretaban de forma restrictiva las circunstancias en las que la Comisión Europea podía proporcionar orientaciones informales en casos de auténtica incertidumbre sobre la aplicación de las normas en materia de defensa de la competencia.

770 Véase el enlace de la consulta pública de la Comisión Europea, lanzada con el objetivo de adoptar una nueva Comunicación sobre la base de los criterios actualizados, ya que la Comisión considera que un enfoque estricto como el anterior ya no está justificado. Sitio web: https://competition-policy.ec.europa.eu/public-consultations/2022-informal-guidance-notice_en

771 TEUBNER, G., *Networks as connected contracts: edited with an Introduction by Hugh Collins,* Hart Publishing, 2011, pp.72 y ss.

el punto de vista del Derecho de la Competencia, abarcan los problemas derivados de las relaciones "de red" en el marco de las redes empresariales en el marco de control de concentraciones[772], los posibles abusos de dependencia en el marco de las redes empresariales[773] o la posibilidad de que los acuerdos que constituyen un vínculo jurídico entre los miembros de una red contractual puedan ser contrarios al art. 101 TFUE con la consiguiente posibilidad de exención por categorías, si cabe[774].

A raíz de lo anterior, las ventajas que adquieren las redes empresariales plantean la aplicabilidad de las condiciones de exención contempladas en el mencionado art. 101.3 TFUE, más concretamente, en el RECAV 2022, habida cuenta que, se refieren a supuestos que pueden encajar en el referido Reglamento. A saber, la correcta evaluación en el marco de defensa de la competencia de los intercambios de información entre los miembros de una red empresarial es, sin lugar a dudas, una de las cuestiones más notables en este aspecto. Los intercambios de información son un instrumento organizativo consustancial para las redes, al mismo tiempo que la expresión del deber de actuar de buena fe en la estipulación y ejecución del contrato que, sin embargo, paralelamente pueden ser conside-

---

772 VICIANO PASTOR, J., "La tutela de intereses públicos y las redes contractuales. Especial referencia al control de las contrataciones y las redes empresariales", en (RUIZ PERIS, J.I. (Dir.)) *Hacia un Derecho para las redes empresariales,* Tirant lo Blanch, Valencia, 2009, pp. 223 y ss.

773 Como se expone por la autora, ESTEVAN DE QUESADA, C., *Explotación de la dependencia económica en las redes de distribución,* Thomson Reuters Aranzadi, 2017.

774 *Vid.* MARTÍ MIRAVALLS, J., "Las restricciones accesorias, necesarias y proporcionadas en el contrato de franquicia", *Actas de derecho industrial y derecho de autor,* 2007-2008, pp. 341 y ss.

rados como prácticas colusorias que, en ciertas circunstancias, infringen el art. 101 TFUE[775].

En la rama del Derecho de la Competencia, se realiza la distinción entre redes verticales (integradas por operadores que llevan a cabo su actividad en diferentes niveles de la cadena de valor, y que por tanto no son competidores, en principio) y las redes horizontales (integradas por los operadores que sí actúan en el mismo nivel de la cadena y que, por lo tanto, sí son competidores)[776].

Indudablemente, en cualquiera de ambos tipos de redes es necesario el intercambio de información entre sus componentes. El caso más claro de intercambio de información, probablemente, sea el relativo a la información acerca de las características y funcionamiento de la propia red que, el proveedor debe proporcionar al resto de miembros de la misma, ya sea en un momento anterior a la firma del contrato (información precontractual)[777] o durante el transcurso del mismo. Se trata de una información que circula en trazo vertical desde el proveedor como cabeza de la red hacia el resto de integran-

---

775 RUIZ PERIS, J.I., "Del contrato bilateral a la relación de red", en (RUIZ PERIS, J.I. (Dir.)) *Hacia un Derecho para las redes empresariales,* Tirant lo Blanch, Valencia, 2009, pp. 18 y ss.

776 COSTAS COMESAÑA, J., "El concepto de restricciones de la competencia por objeto y su aplicación a los intercambios de información entre competidores", *Actas de derecho industrial y derecho de autor,* 2009, pp. 167-182

777 Las redes de franquicia son quizás el mejor ejemplo en este sentido puesto que, en este tipo de contratos existe una obligación de naturaleza legal, en relación con la información precontractual que ha proporcionado el franquiciador al franquiciado, véase en este sentido, RUIZ PERIS, J.I., *"Los tratos preliminares del contrato de franquicia"*, Aranzadi, 2000; MARTÍ MIRAVALLS, J., "Transparencia y redes empresariales", en (RUIZ PERIS, J.I. (Dir.)) *Hacia un Derecho para las redes empresariales,* Tirant lo Blanch, Valencia, 2009, pp. 136 y ss.

tes, encontrándose estos en un nivel inferior. No obstante, este flujo de información puede ser al mismo tiempo ascendente o recíproco entre los miembros de la red con la cabeza[778].

Sin embargo, esta información vertical proporcionada por el "jefe" o "cabeza" de la red al resto de los constituyentes no siempre se limita a un aspecto puramente vertical entre ambos operadores. Es decir, en ciertas situaciones, la información proporcionada por el cabeza de red puede proporcionar (indirectamente) información sobre otros miembros que componen la misma, situados al mismo nivel que el operador que recibe la información desde arriba. En estos casos el flujo de información vertical (en principio), tiene un cierto efecto horizontal, puesto que, permite que los miembros que se encuentran en el mismo nivel que de la red obtengan información de unos a otros[779]. Ello se debe a que, por una parte, el cabeza de la red proporciona información sobre la propia red que permita identificar datos concretos referidos a otros miembros de la propia red o, por otra parte, dado que suministra de forma directa o indirecta información, sobre alguno de los otros miembros de la red. Independientemente de la forma, se trata de información que tiene como origen el cabeza de la red y un contenido, en principio, dentro de los límites de la relación vertical, sin embargo, el proveedor puede revelarle a un

---

[778] VALDÉS BURGUI, Á. y FAURA ENRIQUEZ, P., "Intercambios ilícitos de información entre competidores: límites y conexión con los cárteles y la clemencia", *Gaceta jurídica de la Unión Europea y de la competencia*, Nº 32, 2013, pp. 28-45.

[779] Véase el apartado 55 de las Directrices sobre la aplicabilidad del artículo 101 del TFUE a los acuerdos de cooperación horizontal (2011/C11/01), "*El intercambio de información puede revestir diferentes formas. En primer lugar, los competidores pueden compartir datos de forma directa. En segundo lugar, se pueden compartir los datos de forma indirecta a través de un organismo común o de un tercero…* ".

integrante de la cadena, información acerca del resto de los miembros de la red[780].

Este último escenario, en cuanto al origen de la información procedente del cabeza de la red, nos aporta un dato esencial para diferenciar este tipo de comunicaciones de los denominados intercambios "*hub-and-spoke*", siendo éstos una variante concreta del supuesto general de intercambios de información entre competidores, y que pueden definirse como intercambios entre competidores realizados de manera indirecta a través de una tercera parte contractual común[781].

Las autoridades *antitrust* ya manifestaron su preocupación por este tipo de intercambios a través de las Directrices relativas a las restricciones verticales de 2010 en su apartado 211[782]. Dicha preocupación se mantuvo hasta el punto en el que, a través de las nuevas Directrices relativas a las restricciones verticales de 2022, se establece en su apartado 387 que: "*El Reglamento (UE) 2022/720 no cubre dichos intercambios de información entre competidores (...) se aplican únicamente al intercambio de información en el contexto de los escenarios de distribución dual*"[783]. En resumen, para evitar situaciones colusorias mediante intercam-

---

780 ESTEVAN DE QUESADA, C., "Información y colaboración empresarial en el Derecho de defensa de la competencia" en (RUIZ PERIS, J.I. y ESTEVAN DE QUESADA, C., (dirs.)) *Cooperación empresarial y Derecho de la competencia,* Tirant lo Blanch, Valencia, 2019, p.54.

781 ESTEVAN DE QUESADA, C., "Información y colaboración empresarial en el Derecho de defensa de la competencia... ", cit., p.55.

782 Apartado 211 de las Directrices relativas a las restricciones verticales (2010/C 130/01) establecian que: "*Los acuerdos de gestión por categoría pueden facilitar la conclusión entre distribuidores cuando el mismo proveedor actúa de capitán de la categoría para todos o la mayoría de los distribuidores competidores de un mercado y proporciona a estos distribuidores un punto de referencia común para sus decisiones de comercialización*"

783 Apartado 387 de las Directrices relativas a las restricciones verticales (2022/C 248/01).

bios de información entre competidores, únicamente estarán amparados por las exenciones recogidas en el RECAV 2022, aquellos intercambios que se encuentren dentro del contexto de la distribución dual.

En consecuencia, debe ser objeto de análisis en qué medida el flujo de información entre miembros de la red se conecta con la finalidad perseguida por la iniciativa empresarial concreta en la que colaboran o, en cambio, si la misma va más allá. Esta última situación se daría cuando la información intercambiada directamente entre las partes excediera de lo necesario para el correcto funcionamiento de la red. Asimismo, es necesario tener en cuenta el posible impacto colusorio que podría producir cuando se establece una red con la finalidad exclusiva de intercambiar información[784]. A raíz de lo anterior, se expondrán los distintos supuestos que plantean una mayor problemática para el Derecho *antitrust*.

1.2 Supuestos problemáticos

Continuando en el contexto de las redes verticales, se han establecido los siguientes tipos de intercambios de información:

- En primer lugar, los intercambios puramente verticales, entre el cabeza de la red y los miembros de la misma, sin ninguna repercusión de carácter horizontal.

---

784 RETORTILLO ATIENZA, O., "Intercambios de información entre competidores", en (VELASCO SAN PEDRO, L. A., ECHEBARRÍA SÁENZ, M., HERRERO SUÁREZ, C., (dirs.)) *Acuerdos horizontales, mercados electrónicos: y otras cuestiones actuales de competencia y distribución*, Universidad de Valladolid, Instituto de Estudios Europeos Lex Nova, 2014, pp.61-79.

- En segundo lugar, los intercambios verticales con origen en la cabeza de red, pero que sí pueden tener algún tipo de repercusión horizontal.
- En tercer lugar, los intercambios "*hub-and-spoke*", mencionados anteriormente, consistentes en un sistema radial que se produce en el marco de una red vertical, en los que la transmisión de información tiene su origen en un miembro de red situado en un escalón inferior y se dirige al cabeza de la red, que esté a su vez, comunica a los otros miembros de la red situados en el nivel inferior.
- Por último, aquellos intercambios directos entre los miembros de la red situados en el mismo nivel, sin intervención por parte del proveedor.

En lo que respecta a los supuestos de intercambio de información en las redes horizontales nos encontramos:

- Por un lado, aquellos que se producen directamente entre los miembros de la red para asegurar el correcto funcionamiento de la misma y alcanzar el fin para el que se creó,
- Por otro lado, las redes informativas diseñadas en exclusiva para el intercambio de información entre sus miembros, el cual se puede llevar a cabo directamente a través de los mismos componentes de la red o a través de un tercero que centraliza la información y la redistribuye[785].

De las seis situaciones descritas anteriormente como posibles modos de intercambio de información dentro de una red empresarial, cuatro pueden clasificarse como intercambios en-

---

785 ESTEVAN DE QUESADA, C., "Información y colaboración empresarial en el Derecho de defensa de la competencia… ", cit., p.58.

tre competidores. El primero es el intercambio *hub-and-spoke*, el sistema radial dentro de la red vertical; el segundo es la comunicación directa entre los miembros de la red vertical al mismo nivel; el tercero es la comunicación directa entre los miembros de la red horizontal para garantizar su normal funcionamiento, y por último nos encontramos con la red de información de competencia entre competidores.

Estas cuatro situaciones desarrolladas en el párrafo anterior, son más problemáticas para el Derecho de la competencia que las otras dos descritas anteriormente. Puesto que, las redes verticales suelen tener importantes efectos pro-competitivos[786], lo que aumenta la necesidad de intercambiar información para el buen funcionamiento de la red y sus vínculos con los poderes organizativos y de supervisión por el proveedor, y ello encajaría en el supuesto del art.101 TFUE[787] y podría beneficiarse por el nuevo Reglamento por categorías.

---

786 En el apartado 12 de las Directrices verticales 2022 se establece que: "*Los acuerdos verticales producen efectos positivos, entre otros, precios más bajos, el fomento de la competencia en aspectos distintos de los precios y la mejora de la calidad de los servicios. Los acuerdos contractuales simples entre un proveedor y un comprador, en los que solo se fija el precio pueden conducir a menudo a niveles de inversión y venta inferiores al óptimo, ya que no tienen en cuenta las externalidades derivadas de la naturaleza complementaria de las actividades del proveedor y sus distribuidores. Estas externalidades se dividen en dos categorías: externalidades verticales y externalidades horizontales*".

787 El intercambio de información puede dar lugar a efectos restrictivos de la competencia, especialmente cuando puede es capaz de que ciertas empresas tengan conocimiento de las estrategias de mercado de sus competidores directos. Véase, por ejemplo, el asunto C-7/95 P, *John Deere*, en el considerando nº88 se establece que "*consideró en particular que, en principio, la transparencia entre los operadores económicos fomenta, en un mercado verdaderamente competitivo, la intensificación de la competencia entre los proveedores, puesto que, en tal caso, la circunstancia de que un operador económico tenga en cuenta informaciones sobre el*

La pura comunicación vertical entre el "jefe" de la red y cada miembro de la misma, independientemente de que exista una determinada respuesta horizontal entre miembros del mismo nivel en la red, es un intercambio de información entre operadores que no compiten entre sí. En este escenario de circulación en sentido puramente vertical, no causa ningún impacto en la escala horizontal dentro de la red, por lo que, nos encontramos en el contexto de las necesidades operativas básicas de la red vertical. Este tipo de flujo de información se encuentra dentro de la propia estructura de la red, dado que, el líder de la misma siempre tiene que proporcionar algún tipo de información a sus miembros, sobre todo aquella relativa a la relación vertical que los une.

Sin embargo, aunque la información fluye entre operadores que no compiten entre sí y suele estar vinculada a datos sobre las características y patrones de funcionamiento de la red, el resultado que puede darse es que los operadores del mismo nivel de la red obtengan información de los otros operadores

---

funcionamiento del mercado, de las que dispone gracias al sistema de intercambio de información, para adaptar su comportamiento en dicho mercado, no atenúa ni suprime para los otros operadores económicos, habida cuenta del carácter atomizado de la oferta, toda incertidumbre en cuanto al comportamiento previsible de sus competidores. No obstante, el Tribunal de Primera Instancia estimó que en un mercado oligopolístico fuertemente concentrado, como el mercado de que se trata, el intercambio de información puede permitir a las empresas conocer la posición en el mercado y las estrategias comerciales de sus competidores y, de este modo, alterar sensiblemente la competencia subsistente entre los operadores económicos", Véase en: https://eur-lex.europa.eu/legal-content/ES/TXT/PDF/?uri=CELEX:61995CJ0007&from=ES. El intercambio de información desde el punto de vista de la competencia depende de las características del mercado en el que tenga lugar tal transferencia de conocimientos, y del tipo de información intercambiada, dado que, tiene la capacidad de modificar el entorno del mercado de referencia haciendo más factible la coordinación.

distintos al proveedor, como se ha mencionado en párrafos anteriores. Es debido a este posible impacto horizontal que estas transacciones deben analizarse con más cuidado que las transacciones puramente verticales[788].

En estos casos, el primer problema es verificar la fuente de la información (es decir, si la información proviene de la cabeza de red o de uno de los miembros inferiores), ya que esto permite separar esta suposición del intercambio *hub-and-spoke,* que ha sido desarrollado previamente, el cual debe establecerse como intercambios entre competidores, habida cuenta que, se trata de intercambios indirectos mediante terceros. Asimismo, en el tipo de intercambio *hub-and-spoke* es necesario valorar la conexión del intercambio con la existencia y características de la red empresarial. Además, son especialmente significativos los datos como aquellos que se obtienen por la relevancia de la información para cumplir con las necesidades de funcionamiento de la red y el cumplimiento del fin por el cual fue creada la misma. Si confluyen todos los elementos mencionados en el supuesto, el intercambio puede considerarse como una parte primordial para llevar a cabo el acuerdo vertical[789].

Por consiguiente, los intercambios de información entre no competidores, enmarcados en una relación vertical, incluso pudiendo plantear ciertos riesgos desde el punto de vista del Derecho de la competencia, son relativamente fáciles de afrontar en la medida que su análisis *antitrust* ha de realizarse en un marco jurídico que se encuentra bien determinado, tanto en el RECAV 2022, como en sus correspondientes Directrices,

---

788 VALDÉS BURGUI, A. y FAURA ENRIQUEZ, P., "Intercambios ilícitos de información entre competidores: límites y conexión con los cárteles y la clemencia", *Gaceta jurídica de la Unión Europea y de la Competencia, Ed. La Ley,* 2013, pp. 4 y ss.

789 ESTEVAN DE QUESADA, C., "Información y colaboración empresarial en el Derecho de defensa de la competencia… ", cit., p.62.

teniendo en cuenta ciertos datos conectados con la existencia y necesidades de funcionamiento en la red vertical. Sin embargo, aquellos referidos a intercambios de información entre competidores, son probablemente más relevantes para el Derecho *antitrust*, en la medida en que conectan con la problemática de los acuerdos horizontales, tradicionalmente considerados más dañinos en esta rama jurídica.

En definitiva, los cuatro escenarios planteados pueden sistematizarse en función de que el intercambio sea directo o indirecto. Estos últimos son, por un lado, el sistema *hub-and-spoke* y las redes operadas a través de tercero y, en cambio, el resto concurrirán como intercambios directos.

1.3 Intercambios de información entre competidores dentro de una red vertical

Como se ha expuesto anteriormente, si los miembros de una misma red de distribución se encuentran en el mismo nivel horizontal dentro de una red con estructura vertical intercambian información (ya sea directamente entre ellos, sin la intervención del responsable de la red, o indirectamente a través de un tercero), nos encontramos ante supuestos semejantes de intercambio de información en los acuerdos horizontales que preocupan mucho a las autoridades de competencia tanto europea como nacionales[790].

En estos casos, aunque los referidos intercambios de información tienen lugar en redes verticales, es evidente que su naturaleza y efecto son similares a los intercambios horizontales directos de información entre competidores. Por ello, no parece adecuada la aplicación automática de las disposiciones

---

790 ESTEVAN DE QUESADA, C., "Información y colaboración empresarial en el Derecho de defensa de la competencia… ", cit., p.68.

sobre acuerdos verticales (que sí lo es en el caso de los otros dos escenarios de intercambio de información en redes verticales mencionados anteriormente), dado que regula la relación vertical de la red, y no las posibles relaciones horizontales que se pueden producir entre aquellos de sus miembros que se encuentran en el mismo nivel horizontal[791]. No obstante, no puede excluirse del análisis el hecho de que la intercambio se produzca en redes verticales, por lo que, además de los criterios y métodos generales que en él se detallan, también debe considerarse en estos casos la existencia de una red requerida de cierta evaluación en materia *antitrust*. Dicho esto, al examinar la naturaleza de la información intercambiada, es especialmente importante relacionarla con el propósito de la red y sus necesidades operativas.

En estos casos, lo determinante será si la información intercambiada, a pesar de su naturaleza estratégica[792], individualizada[793], presente y privada[794], es o no necesaria para el correc-

---

[791] Es decir, debiéndose aplicar a dichos acuerdos el Reglamento (UE) 2023/1067 de la Comisión sobre los acuerdos de cooperación horizontal y sus correspondientes Directrices horizontales (2023/C 259/01) de 27 de julio de 2023.

[792] De acuerdo con el apartado 386 de las Directrices Horizontales 2023, la información estratégica puede referirse a: "*precios (…) los costes, la capacidad, la producción, las cantidades, las cuotas de mercado, los clientes, los planes para entrar o salir de los mercados, o sobre otros elementos importantes…)*. No obstante, esta lista no es exhaustiva y en todo caso la utilidad de la información considerada estratégica dependerá también del análisis de los demás parámetros que incluyen las Directrices Horizontales.

[793] Los intercambios de información individualizados no suelen plantear problemas de competencia. Véase al respecto BELLAMY, C. y CHILD, G. D., *European Community Law of Competition*, Sweet & Maxwell, Londres, 2014, p.358.

[794] Según los autores WHISH, R., y BAILEY, D., "Competition Law", *Oxford University Press*, Oxford, 2012, p. 546. El intercambio de infor-

to funcionamiento de la red. En dicho caso y para que pueda aplicarse la exención del art. 101.3 TFUE es necesario que se cumplan las cuatro condiciones: que el intercambio de información dé lugar a mejoras de la eficiencia, las restricciones a las que da lugar sean indispensables para generar mejoras de eficiencia alegadas, se produzca un beneficio para los consumidores y no se elimine la competencia al respecto de una parte sustancial de los productos que se trate[795].

Este análisis debe realizarse caso por caso según las características de la información. Dado que, como se ha indicado anteriormente, un intercambio de información entre competidores no es una infracción de la normativa de defensa de la competencia "*per se*" y pueden dar lugar a mejoras de la eficiencia[796].

---

mación verdaderamente público entre competidores no constituirá normalmente una infracción de la normativa de competencia. Además, de acuerdo con el apartado 388 de las Directrices Horizontales 2023, la información verdaderamente pública es "*aquella a la que por lo general todos los competidores y clientes tienen acceso fácilmente (en términos de costes de acceso) (...) su obtención no debe ser más costosa para los compradores y las empresas no participantes en el sistema de intercambio que para las empresas que intercambian información*". Por lo general, el hecho de intercambiar información en público puede disminuir la coordinación en el mercado siempre que las empresas no participantes en el intercambio, los competidores y los compradores se encuentren en condiciones de limitar el posible efecto restrictivo de la competencia.

795 *Vid.* WARD, A., y LAVANDERÍA SUÁREZ, P., "Los intercambios de información entre competidores desde el punto de vista del Derecho de la competencia y su calificación como infracciones "por objeto"", *Revista cuatrimestral de las Facultades de Derecho y Ciencias Económicas y Empresariales,* nº95, 2015, p.53.

796 En este sentido, FERNÁNDEZ, C., "Intercambios de información", en (MARTÍNEZ, S. y PETIBÒ, J. (dirs.)) *Los acuerdos horizontales entre empresas,* Fundación Rafael del Pino-Marcial Pons, 2009, pp.191-212.

Por último, otra circunstancia a tener en cuenta es el relativo a la cobertura de mercado[797], que también conecta con la propia red. En definitiva, los intercambios de información entre competidores dentro de una red vertical tienen un carácter intramarca, dado que se producen entre empresas que comercializan los productos o servicios de una misma marca, y en consecuencia, hay que analizar, el diseño de la propia red y si tienen o no un efecto sensible en el mercado de referencia.

1.4 Intercambios esencialmente informativos

A efectos del presente estudio, resulta de interés plantearse si la existencia de la red proporciona datos que sugieran una apreciación diferente de estos sistemas de intercambio de información. En el caso de las redes verticales, el interés es compartido por los miembros de la red y el poder del proveedor, se establecen como elementos esenciales que pueden evidenciar la necesidad de ciertos intercambios de información, no obstante, surgen mayores dudas en el caso de los intercambios de información de tipo horizontal, en las que, por el contrario, no existe cabeza de red y en las que el interés compartido por los miembros es el mero intercambio de información.

A grandes rasgos, la finalidad de una red esencialmente informativa es proporcionar a sus miembros una información más amplia y detallada de la que éstos podrían obtener de manera

---

797 Para que un intercambio de información entre competidores tenga efectos sobre la competencia, habrá que analizar si el mismo cubre una parte suficientemente amplia del mercado en el que se produce el intercambio. En la práctica esto significa que será necesario determinar las cuotas de mercado de las partes del intercambio de información. En dicho caso, habrá que atender a la posible aplicación de la Comunicación de *minimis* en aquellos casos en los que el acuerdo en cuestión no tenga por lo general un alcance suficientemente amplio para dar lugar a efectos restrictivos para la competencia.

individualizada o por sí mismos. Al respecto, si los miembros son competidores, la información que obtendrán sobre el mercado en el que se mueven puede llevar a un aumento artificial de la transparencia informativa en el mercado de referencia que pueda, en algunos casos, y bajo determinadas circunstancias, permitir o facilitar una coordinación de sus comportamientos competitivos[798]. En cambio, la jurisprudencia ha apreciado que ciertas redes informativas de este tipo no constituyen directamente restricciones de la competencia por objeto, y ha examinado estos acuerdos en el marco metodológico clásico de valoración en este ámbito (analizando las características de la información y del mercado) para comprobar si infringían o no el art. 101.1 TFUE y en su caso, si cumplían o no con los requisitos establecidos en los Reglamentos de exención por categorías[799]. La primera valoración de los mismos (refiriéndose al objeto del acuerdo) indica la necesidad de tener en cuenta la existencia de la misma red y su objetivo. Previamente a evaluar en particular los efectos de los intercambios de información y, por tanto, antes de analizar las características concretas de la información intercambiada y las condiciones económicas del mercado, la jurisprudencia examina la *"finalidad esencial de los sistemas de intercambios de información"*[800]. El fin perseguido por los miembros de la red

---

798 ESTEVAN DE QUESADA, C., "Información y colaboración empresarial en el Derecho de defensa de la competencia... ", cit., p.73.

799 En este sentido, para evaluar si un intercambio de información constituye una infracción "por objeto" deberá atenderse al contexto jurídico y económico del intercambio. Véase por ejemplo los asuntos acumulados C-501/06 P, C-513/06 P, C-515/06 P y C-519/06 P, *GlaxoSmith Kline* y el asunto C-209/07 *BIDS*. Asimismo, HERNÁNDEZ RODRIGUEZ, F., "Los intercambios de información entre empresas competidoras como restricciones por el objeto tras la doctrina «cartes bancaires»", *Actas de derecho industrial y derecho de autor*, 2014, pp. 536-538

800 *Vid.* Sentencia Tribunal de Justicia (UE) de 23 de noviembre de 2006, el asunto C-238/05 (*Asnef-Equifax, Servicios de Información sobre*

determina el interés compartido por estos, y es por ello que, un dato clave para la primera valoración del intercambio de información. Consiste en contrastar si el interés compartido contiene o no un ánimo contrario a las normas de la competencia, es decir, si el fin del acuerdo perseguido es por sí mismo contrario a la competencia[801].

Únicamente, si este tipo de acuerdos no se consideran restrictivos por el objeto, es decir, si pasa el examen *antitrust*, se pasará a evaluar los efectos que tiene el acuerdo. Por consiguiente, los legisladores europeos en materia de competencia utilizan el marco analítico detallado en las Directrices horizontales[802], en el que los datos fundamentales no se refieren ya al interés compartido, sino al tipo de información y a las características del mercado. En esta segunda fase de análisis, por su parte, la propia presencia de la red es un dato esencial que debe ser tenido en cuenta, especialmente en lo referente a la "cobertura del mercado" de los miembros de la red y su implicación en el mercado.

A modo de resumen, se han identificado los posibles escenarios en relación con la circulación de la información dentro de las grandes categorías de redes empresariales. Asimismo, se ha realizado la delimitación de aquellos supuestos más proble-

---

Solvencia y Crédito, S.L. y Administración del Estado, contra Asociación de Usuarios de Servicios Bancarios (Ausbanc), los párrafos 46 a 49, en: https://eur-lex.europa.eu/legal-content/ES/TXT/PDF/?uri=CELEX:62005CJ0238&from=EN

801 GONZÁLEZ-PÁRAMO RODRÍGUEZ, C. y GÓMEZ ÁLVAREZ, A., "Las actividades de las asociaciones sectoriales y el Derecho de la competencia: ¿bajo permanente sospecha?", *Diario La Ley*, 2014, pp. 5 y ss.

802 Directrices sobre la aplicabilidad del artículo 101 del Tratado de Funcionamiento de la Unión Europea a los acuerdos de cooperación horizontal (2023/C 259/01). Véase en: https://www.boe.es/doue/2023/259/Z00001-00125.pdf

máticos desde el punto de vista de competencia, siendo éstos los que corresponden con los intercambios de información entre competidores, los cuales se producen en el contexto de una colaboración empresarial. De modo que los intercambios de información que se producen en dichos escenarios han de analizarse teniendo en cuenta las consideraciones relativas a las características de la información intercambiada y del mercado en el que operan las empresas[803], tal y como se establece en las Directrices horizontales, al igual que otros datos específicos en relación con la red empresarial que son absolutamente necesarios para realizar un análisis ajustado al caso concreto[804]. En el caso de que el intercambio de información entre competidores se produzca dentro de una red vertical (ya sea de forma directa entre el proveedor y el distribuidor, o de forma indirecta a través de del cabeza de red), será necesario tener en cuenta que la finalidad de la red y las necesidades operativas de las misma, así como el alcance que tiene en el mercado que opera la red.

---

803 En el apartado 155 de las Directrices Horizontales se establece que, "*Para evaluar la relación de competencia entre las partes que cooperan, hay que definir en primer lugar el mercado o mercados de referencia afectados directamente por la cooperación para la producción, es decir, los mercados a los que pertenecen los productos objeto del acuerdo de producción*". Es decir que es posible que un determinado acuerdo de producción también puede tener efectos indirectos en mercados adyacentes del mercado afectado directamente por la cooperación, por ejemplo, en mercados ascendentes o descendentes (los llamados "mercados afectados indirectamente"). Es probable que los mercados afectados indirectamente sean mercados de referencia si son interdependientes y las partes tienen una posición sólida en el mercado afectado indirectamente.

804 FAUS SANTASUSANA, J., "Intercambios de información entre empresas y el derecho de la competencia", *Comunicaciones en propiedad industrial y derecho de la competencia*, 2011, pp. 125-148

Por otro lado, debemos diferenciar las anteriores situaciones expuestas de las que tienen lugar en las redes horizontales, encontrando en este ámbito dos escenarios. Cuando la información se intercambia en el marco de una colaboración que tiene un objetivo más legítimo, el intercambio ha de estimarse en el contexto del acuerdo horizontal general (Reglamento de exención en su caso, y consideraciones de las Directrices horizontales en relación con el tipo de acuerdo en concreto) y cuando nos encontramos con intercambios puramente informativos hay que acudir a lo establecido en las Directrices sobre la aplicabilidad del artículo 101 del Tratado de Funcionamiento de la Unión Europea a los acuerdos de reciprocidad horizontal de 2011[805], pero siempre teniendo en cuenta los datos accesorios referidos a la red. En el caso contrario, el análisis de defensa de la competencia ha de revisar los posibles efectos anticompetitivos, pero no solo por referencia a las características de la información y del mercado relevante detalladas en el las Directrices horizontales, sino añadiendo también en este caso manifestaciones relativas a la cobertura de mercado de la red[806].

En conclusión, los intercambios de información entre competidores no son una conducta por sí misma contraría a las leyes de defensa de la competencia. Más bien lo contrario, existen intercambios de información que generan eficiencias. Para saber distinguir cuándo un intercambio de información entre competidores puede constituir una infracción o cuando es una práctica pro-competitiva es necesario autoevaluar el intercambio de información teniendo en cuenta, en primer lugar, la estructura del mercado afectado, en segundo lugar, las características de la información intercambiada y, por último, el modo en que se producen los intercambios de información. No obs-

---

805 Concretamente a su segundo epígrafe.

806 ESTEVAN DE QUESADA, C., "Información y colaboración empresarial en el Derecho de defensa de la competencia… ", cit., p.75.

tante, la ausencia de regulación legal específica sobre los intercambios de información entre competidores ha puesto en valor la práctica decisoria de las autoridades de la competencia, de los tribunales y sobre todo de las Directrices horizontales que facilitan una importante guía para la autoevaluación de los acuerdos[807], siempre y cuando no nos encontremos ante una situación de distribución dual, en la cual deberemos atender a lo dispuesto en el RECAV 2022 y sus Directrices verticales, como se abordará a continuación.

2. Distribución dual e intercambios de información en el RECAV 2022

Como se ha expuesto al principio de este capítulo, la distribución dual consiste en que el proveedor también se dedica a realizar la función de distribuidor, lo que le lleva a competir en el mercado con sus distribuidores.[808] La distribución dual en teoría no es ilícita desde un punto de vista del Derecho de la Competencia, pero puede llegar a serlo si la misma lleva aparejada otro tipo de restricciones. El legislador europeo definió la distribución dual en las Directrices verticales 2010 como "*aquellas en las que el fabricante de un bien determinado también actúa como distribuidor del mismo en competencia con distribuidores independientes de su bien*"[809].

---

807 WARD, A., y LAVANDERÍA SUÁREZ, P., "Los intercambios de información…", cit., p.64.

808 *Vid.* ESPINOSA.A, y MONTERO, C. "Una relación híbrida con consecuencias para la competencia", *Investigaciones Ceco,* 2020, pp. 3 y ss. Véase en: https://centrocompetencia.com/wp-content/uploads/2020/08/Espinosa-y-Montero_Distribuci%C3%B3n-dual_Una-relaci%C3%B3n-h%C3%ADbrida-con-consecuencias-para-la-competencia.pdf

809 En el apartado 28 de las Directrices verticales 2010 se determina que "*El Reglamento de Exención por Categorías cubre los acuerdos no recíprocos*

El artículo 2.4 del RECAV 2010 eximía de la aplicación del artículo 101.1 del TFUE a las situaciones de "distribución dual" si se daban estas dos condiciones:

a. el acuerdo no es recíproco;

b. el proveedor opera en el nivel ascendente (aguas arriba) como fabricante, importador o mayorista y, en el nivel descendente (aguas abajo), como importador, mayorista o minorista de bienes; y el comprador opera en el nivel descendente como importador, mayorista o minorista, sin ser competidor del proveedor en el nivel ascendente en el que compra los bienes.

En el RECAV 2022 el art. 2.4 sigue conservando la misma redacción y por lo tanto la distribución dual (tenido por tal, como hemos señalado, aquella situación en la que un proveedor distribuye sus productos directamente en el mercado además de venderlos a otros distribuidores, de modo que el proveedor compite con sus propios distribuidores en el mercado) queda exenta de la prohibición del 101.1 TFUE siempre que reúna los requisitos antes mencionados.

Una de las innovaciones más relevantes aportada por el RECAV 2022 en relación con esta modalidad contractual es la introducción de una nueva disposición por la que se beneficia de la exención del art. 101.3 del TFUE a los acuerdos verticales en los que los intercambios de información entre el proveedor y distribuidor estén directamente relacionados con la ejecución del acuerdo vertical o sean necesarios para mejorar la produc-

---

entre competidores si a) el proveedor es fabricante y distribuidor de bienes, mientras que el comprador es sólo distribuidor y no también una empresa competidora en la fabricación, o b) si el proveedor es un prestador de servicios que opera a distintos niveles comerciales, mientras que el comprador opera a nivel minorista y no es una empresa competidora en el nivel comercial en el que adquiere los servicios objeto del contrato".

ción o distribución de los bienes o servicios contractuales[810]. A este respecto, las Directrices verticales 2022 recogen, como se expondrá a continuación, una lista no exhaustiva de la información cuyo intercambio se considera en general directamente relacionado con la ejecución del acuerdo o necesario para mejorar la producción o distribución de bienes o servicios afectados por el contrato, y que, por tanto, podría con toda probabilidad y en función de las circunstancias del caso concreto, beneficiarse de la exención prevista en el RECAV 2022, así como la información que, en general, se considera no directamente relacionada con la ejecución del contrato o necesaria para mejorar la producción o distribución de los bienes o servicios contractuales. A nuestro parecer, esta nueva disposición obviamente requerirá de una evaluación muy cuidadosa de los flujos de información existentes entre el proveedor y el distribuidor para evitar riesgos anitmonopolísticos.

Por lo tanto, el artículo 2.5 del RECAV aclara que la exención del artículo 2.4 no será de aplicación a los intercambios de información entre proveedor y comprador que:

a. no estén directamente relacionados con la aplicación del acuerdo vertical o

b. no sean necesarios para mejorar la producción o la distribución de los bienes.

Mientras que la primera circunstancia de exclusión es evidente, al ser consecuencia del propio ámbito de aplicación del Reglamento —que se aplica a acuerdos verticales—, la segunda circunstancia (no necesidad) ha de ser objeto de interpretación y análisis caso por caso.

A tal respecto, las Directrices verticales incluyen en sus puntos 99 y 100 listados no exhaustivos de ejemplos de informa-

---

810 Véase art. 2(5) del RECAV 2022.

ción cuyo intercambio se puede entender que cumple o no los requisitos del artículo 2.4 del RECAV.

2.1 Ejemplos de intercambios de información que cumplen con la exención del art 2.4 RECAV 2022

Quedarían exentos de la aplicación del artículo 101.1 del Tratado de Funcionamiento de la Unión Europea, a tenor de lo dispuesto en el apartado 99 de las Directrices verticales 2022 los siguientes intercambios de información:[811]

a. *"información técnica relativa a los bienes o servicios contractuales, como la relativa al registro, la certificación, la manipulación, la utilización, el mantenimiento, la reparación, la mejora o el reciclado de los bienes o servicios contractuales, en particular cuando dicha información sea necesaria para cumplir las medidas reglamentarias, e información que permita al proveedor o al comprador adaptar los bienes o servicios contractuales a las necesidades del cliente;*

b. *información logística relativa a la producción y distribución de los bienes o servicios contractuales en los niveles superior o inferior, en particular la información relativa a los procesos de producción, el inventario, las existencias y, sin perjuicio de lo dispuesto en el apartado 100, letra b), los volúmenes de ventas y las devoluciones;*

c. *información relativa a las compras de los bienes o servicios contractuales, las preferencias de los clientes y las observaciones de los clientes, siempre que el intercambio de dicha información no se utilice para restringir el territorio en el que el comprador puede vender los bienes o servi-*

[811] Salvo indicación en contrario, los ejemplos incluyen la información comunicada por el proveedor o el comprador, con independencia de la frecuencia de la comunicación y de si la información se refiere a conductas pasadas, presentes o futuras.

cios contractuales en el sentido del artículo 4, letras b), c) o d), del Reglamento (UE) 2022/720;

d. *información relativa a los precios a los que el proveedor vende los bienes o servicios contractuales al comprador;*

e. *información relativa a los precios de reventa recomendados por el proveedor o a los precios de reventa máximos de los bienes o servicios contractuales e información relativa a los precios a los que el comprador revende los bienes o servicios, siempre que dicho intercambio de información no se utilice para restringir la capacidad del comprador de determinar su precio de venta o para aplicar un precio de venta fijo o mínimo en el sentido del artículo 4, letra a), del Reglamento (UE) 2022/720;*

f. *información relativa a la comercialización de los bienes o servicios contractuales, incluida la información sobre campañas de promoción e información sobre nuevos bienes o servicios que deban suministrarse o prestarse en virtud del acuerdo vertical;*

g. *información relativa al rendimiento, incluida la información agregada comunicada por el proveedor al comprador en relación con las actividades de comercialización y venta de otros compradores de los bienes o servicios contractuales, siempre que ello no permita al comprador identificar las actividades de determinados compradores competidores, así como información sobre el volumen o el valor de las ventas del comprador de los bienes o servicios contractuales en relación con sus ventas de bienes o servicios competidores."*

2.2 Ejemplos de intercambios de información que por lo general no cumplen con la exención del art 2.4 RECAV 2022

A continuación, se muestran ejemplos de información que, por lo general, es improbable que cumpla las dos condiciones establecidas en el artículo 2, apartado 5, del RECAV 2022 cuando se intercambia entre un proveedor y un comprador en un escenario de distribución dual (apartado 100 Directrices verticales 2022):

a. *"información relativa a los precios futuros a los que el proveedor o comprador tiene intención de vender los bienes o servicios contractuales en sentido descendente;*

b. *información relativa a los usuarios finales identificados de los bienes o servicios contractuales, a menos que el intercambio de dicha información sea necesario:*

   i. *para permitir al proveedor o al comprador satisfacer los requisitos de un usuario final concreto, por ejemplo, para adaptar los bienes o servicios contractuales a los requisitos del usuario final, conceder al usuario final condiciones especiales, incluso en el marco de un sistema de fidelización del cliente, o prestar servicios de preventa o posventa, en particular servicios de garantía,*

   ii. *para aplicar o supervisar el cumplimiento de un acuerdo de distribución selectiva o de un acuerdo de distribución exclusiva en virtud del cual se asignen usuarios finales concretos al proveedor o al comprador;*

c. *información intercambiada sobre los bienes vendidos por un comprador bajo su propia marca entre el comprador y un fabricante de bienes de marca competidora, a menos que el fabricante sea también el productor de esos bienes de marca propia."*

Si los intercambios de información no reúnen las condiciones del artículo 2.4 del RECAV 2022, ello no significa necesariamente que sean contrarios a las normas de defensa de la competencia, sino que deben ser objeto de análisis individual al margen de este Reglamento. Para esos casos, las Directrices indican que la presencia de dichos intercambios no impide que las demás disposiciones del acuerdo vertical puedan acogerse a la exención de dicho Reglamento[812] y añaden que las empresas pueden tomar precauciones en esos escenarios para minimizar riesgos tales como agregar la información, retrasar su suministro o seleccionar a las personas dentro de la organización del proveedor que recibirán dicha información.[813]

En ese sentido[814], los ejemplos expuestos en los apartados 99 y 100 de las Directrices verticales 2022 se facilitan para ayudar a las empresas en su autoevaluación. Sin embargo, la inclusión de un tipo particular de información en el apartado 99 no implica que el intercambio de dicha información cumpla en todos los casos las dos condiciones establecidas en el artículo 2, apartado 5 del RECAV 2022. Del mismo modo, la inclusión de un tipo particular de información en el apartado 100 no implica que el intercambio de dicha información no cumpla nunca estas dos condiciones. Por lo tanto, las empresas deben aplicar las condiciones del artículo 2, apartado 5, del Reglamento a los hechos concretos de su acuerdo vertical.

De este modo[815], cuando las partes de un acuerdo vertical que cumpla las condiciones del artículo 2, apartado 4, letras a) o b), del RECAV 2022 intercambien información que no esté directamente relacionada con la aplicación de su acuerdo vertical o no sea necesaria para mejorar la producción o distribución de los bienes o servicios contractuales, o que no cumpla ninguna de estas dos condiciones, el intercambio de información deberá evaluarse individualmente con arreglo al artículo 101 del Tratado. Estos intercambios no infringen necesariamente el artículo 101 del Tratado. Además, las demás cláusulas del acuerdo vertical pueden beneficiarse de la exención prevista en el artículo 2, apartado 1, del Reglamento, siempre

---

812 Apartado 102 de las Directrices Verticales 2022

813 Apartado 103 de las Directrices Verticales 2022.

814 Apartado 101 de las Directrices Verticales 2022

815 Apartado 102 de las Directrices Verticales 2022

que el acuerdo cumpla las condiciones establecidas en el RECAV 2022.

Por último, en ese mismo sentido[816], cuando las empresas competidoras celebren un acuerdo vertical y realicen intercambios de información que no se beneficien de la exención prevista en el artículo 2, apartado 1, del RECAV 2022[817] , pueden adoptar precauciones para minimizar el riesgo de que el intercambio de información plantee problemas de competencia[818] . Por ejemplo, pueden intercambiar únicamente información de forma agregada o garantizar un plazo adecuado entre la generación de la información y el intercambio. También pueden utilizar como cortafuegos medidas técnicas o administrativas con el fin de garantizar que la información comunicada por el comprador solo sea accesible al personal del proveedor responsable de las actividades de la fase anterior del proveedor y no al personal responsable de la actividad de venta directa posterior. Sin embargo, el uso de tales precauciones no puede incluir en el ámbito de aplicación de la exención prevista en el artículo 2, apartado 1, del RECAV 2022 los intercambios de información que, de otro modo, quedarían fuera del ámbito de aplicación de dicha exención.

Como vemos, en resumen, no estarían exentos los intercambios de información sobre los precios futuros a los cuales el proveedor y el comprador tienen la intención de vender los bienes contractuales en el nivel descendente en el que compiten. Tampoco los intercambios de información relativa a usuarios finales de los productos contractuales, salvo cuando sea necesario para satisfacer las exigencias de ciertos usuarios

---

816 Apartado 103 de las Directrices Verticales 2022

817 Por ejemplo, porque no se cumplen las condiciones del artículo 2, apartados 4 y 5, o del artículo 3, apartado 1 del RECAV 2022.

818 *Vid.* lo señalado anteriormente sobre intercambio de información futura.

finales o para controlar el cumplimiento de un sistema de distribución selectiva o exclusiva en que se hayan atribuido ciertos clientes finales al proveedor o al comprador.

3. Análisis crítico de la regulación de la distribución dual e intercambios de información en el RECAV 2022

3.1 Antecedentes jurídicos

El punto de partida del análisis es el planteamiento general de los parámetros legales bajo los que se trata actualmente el intercambio de información en la distribución vertical, dual y horizontal.[819]

La Comisión Europea, aunque no define el "intercambio de información" en los acuerdos verticales u horizontales,[820] establece:

> *"El intercambio de información es una característica común a muchos mercados competitivos que puede generar diversos tipos de mejoras de eficiencia. Puede solucionar problemas de asimetrías de la información, incrementando así la eficiencia de los mercados. Además, las empresas mejoran a menudo su eficiencia interna a partir de una comparación con las mejores prácticas de las demás. El intercambio de información también puede ayudar a las empresas a ahorrar costes reduciendo sus existencias, haciendo posible una entrega más rápida de los productos perecederos a los clientes o resolviendo la inestabilidad de la demanda. Asimismo, los intercambios de información pueden beneficiar directamente a los consumidores redu-*

---

819 *Vid.* PAUTKE, S., SCHULTZE, J.M., "Expert Report on the review of the Vertical Block Exemption Regulation Information exchange in dual distribution Final report", *European Commission,* 2022, p.4.

820 Apartado 373 de las Directrices de la Comisión sobre la aplicabilidad del artículo 101 del Tratado de Funcionamiento de la Unión Europea a los acuerdos de cooperación horizontal (Directrices horizontales) de 21 de julio de 2023.

ciendo sus costes de búsqueda y mejorando sus posibilidades de elección.".

Cuando hablamos de "información" nos referimos a toda comunicación basada en hechos y/o subjetiva, incluyendo cifras y datos de ventas, pero no limitándonos a estos últimos. Del mismo modo, la expresión "intercambio" se utiliza en lo sucesivo para todo tipo de divulgación de dicha información, independientemente de si la información se divulga unilateral o recíprocamente, por escrito, oralmente o por medios técnicos. El intercambio de información entre partes en acuerdos puramente verticales y/o entre partes en un escenario de distribución dual no se abordaba ni se trataba específicamente en el en el RECAV 2010, como se ha expuesto con anterioridad.

Por consiguiente, el RECAV 2010 no proporcionaba una respuesta a la pregunta de si, y en qué circunstancias, dicho intercambio de información puede causar restricciones de la competencia y, por lo tanto, requería una exención del artículo 101, apartado 1, del TFUE. En consonancia con otras exenciones por categorías, el RECAV 2010 establecía en su considerando nº4:

"Para la aplicación del artículo 101, apartado 3, del Tratado mediante reglamento, no es necesario definir los acuerdos verticales que pueden entrar en el ámbito de aplicación del artículo 101, apartado 1, del Tratado. En la evaluación individual de los acuerdos con arreglo al artículo 101, apartado 1, del Tratado, deben tenerse en cuenta varios factores y, en particular, la estructura del mercado por el lado de la oferta y de la compra."

Habida cuenta de los cambios en materia de regulación de los intercambios de información llevados a cabo por el nuevo RECAV 2022, que han sido expuestos en el epígrafe anterior, vamos analizar el trasfondo jurídico y fáctico los mismos en los supuestos de distribución dual con arreglo a este último reglamento. En consecuencia, el enfoque jurídico que ahora abordamos se centra en la evaluación del intercambio de información exento por categorías en virtud del RECAV 2022. Es decir, intentar resolver la cuestión general de sí, y en qué circunstancias, el intercambio de información en acuerdos verticales en una situación de distribución dual es restrictivo de la competencia de conformidad con el Art. 101.1 TFUE y, por lo tanto, requiere una exención en virtud del Art. 101.3 TFUE, y se puede acoger al mecanismo de exención del RECAV 2022.

3.1.1 Intercambio de información en acuerdos verticales fuera del ámbito del RECAV 2022

El RECAV 2022 no aborda explícitamente el intercambio de información en los acuerdos puramente verticales, únicamente hace referencia a los que se producen en las situaciones de distribución dual, como ya se ha mencionado a lo largo del presente capítulo[821]. La evaluación de los primeros se desprende del mecanismo general de exención del RECAV 2022, así como de las explicaciones de este mecanismo en sus Directrices verticales. Además, pueden encontrarse algunas orientaciones indirectas en la Comunicación de la Comisión sobre determinados acuerdos de subcontratación en relación con el apartado 1 del artículo 85 del Tratado ("Comunicación sobre subcontratación")[822], en las Directrices sobre la aplicación del apartado 3 del artículo 81 del Tratado ("Directrices del apartado 3 del artículo 81")[823] y, al menos conceptualmente, en la Comunicación de la Comisión sobre las restricciones

---

821 Introducción. Apartado 4 Directrices verticales 2022.

822 Comunicación de la Comisión, de 18 de diciembre de 1978, referente a la consideración de los subcontratos respecto a las disposiciones del apartado 1 del artículo 85 del Tratado constitutivo de la Comunidad Económica Europea. Véase en: https://eur-lex.europa.eu/legal-content/ES/TXT/PDF/?uri=CELEX:31979Y0103(01) .

823 Comunicación de la Comisión, de 27 de abril de 2004, referente a las Directrices relativas a la aplicación del apartado 3 del artículo

directamente vinculadas a las concentraciones y necesarias a tal fin ("Comunicación sobre restricciones accesorias")[824]. Por último, las Directrices verticales remiten a las Directrices horizontales[825], que actualmente tratan del intercambio de información entre competidores, pero no abordan el intercambio de información en el contexto de los acuerdos verticales, incluida una situación de distribución dual.

3.1.2 Intercambio de información en un escenario de distribución dual

Como se ha mencionado anteriormente, de conformidad con el art. 2.4 del RECAV 2022, un "*acuerdo vertical celebrado entre empresas competidoras*" queda explícitamente excluido del ámbito de aplicación del RECAV 2022, siempre y cuando dichas empresas competidoras "*suscriban un acuerdo vertical no recíproco*". El apartado 91 de las Directrices verticales 2022 aclara que tales acuerdos deben evaluarse con arreglo a las Directrices horizontales "*por lo que respecta a los posibles efectos colusorios*" y con arreglo a las Directrices verticales por lo que respecta a los "*evaluación de cualquier restricción vertical contenida en tales acuerdos*" en el marco general del art. 101.3 del TFUE. Así pues, los acuerdos verticales entre competidores no pueden basarse en

---

81 del Tratado (2004/C 101/08). Véase en: https://eur-lex.europa.eu/legal-content/ES/TXT/PDF/?uri=CELEX:52004XC0427(07) .

[824] Comunicación de la Comisión sobre el procedimiento simplificado para tramitar determinadas concentraciones en virtud del Reglamento (CE) no 139/2004 del Consejo (2005/C 56/04). Véase en: https://eur-lex.europa.eu/legal-content/ES/TXT/PDF/?uri=CELEX:52005XC0305(03) .

[825] Directrices sobre la aplicabilidad del artículo 101 del Tratado de Funcionamiento de la Unión Europea a los acuerdos de cooperación horizontal (2023/C 259/01). Véase en: https://www.boe.es/doue/2023/259/Z00001-00125.pdf .

la presunción de que tales "*acuerdos confieren suficientes beneficios para compensar los efectos contrarios a la competencia*" (considerando 5 del RECAV 2022), como se exigiría para su inclusión en el mismo.

El art. 2.4 RECAV 2022 prevé dos excepciones a esta exclusión general, a saber, para los acuerdos no recíprocos en los que:

a. *"el proveedor opera ascendente como fabricante, importador o mayorista y a nivel descendente como importador, mayorista o minorista de bienes, mientras que el comprador es importador, mayorista o minorista a nivel descendente y no una empresa competidora en el nivel ascendente en el que compra bienes contractuales; o*

b. *el proveedor es un prestador de servicios en varios niveles de actividad comercial y el comprador suministra sus servicios en el nivel minorista y no es una empresa competidora en el nivel comercial en el que compra los servicios contractuales".*

Ambas excepciones se denominan escenarios de "distribución dual", como ya hemos tenido ocasión de examinar en epígrafes anteriores. El RECAV 2022 ofrece, por tanto, a las restricciones en situaciones de distribución dual, que entran en su ámbito de aplicación, las mismas posibilidades de exención que a las restricciones en acuerdos puramente verticales. Esto también se aplica a las restricciones desencadenadas por el intercambio de información.

Sin embargo, estas normas sólo se aplican si la situación de distribución dual es unilateral. Si el distribuidor, por ejemplo, suministrara al mismo tiempo productos al proveedor en el mismo mercado, la relación sería recíproca y, de nuevo, quedaría fuera del RECAV 2022.

Como se ha explicado anteriormente, el régimen actual no prevé una exención general de todas las restricciones de la competencia basadas en el intercambio de información en el contexto de la distribución puramente vertical. Lo mismo se aplica a los escenarios de distribución dual en el sentido ya expuesto. Las restricciones basadas en el intercambio de información en situaciones de distribución dual sólo pueden beneficiarse de una exención en virtud del RECAV 2022 (cumplimiento de los umbrales de cuota de mercado asumidos) si:

a. se refieren a las condiciones en las que las partes pueden adquirir, vender o revender los bienes o servicios objeto del contrato (art. 2.1, art. 1.1 a) RECAV 2022) y

b. no constituyen una restricción especialmente grave con arreglo al art. 4 RECAV 2022.

El intercambio de información en un contexto puramente horizontal se considera mucho más estricto que en un contexto vertical (que actualmente incluye una situación de distribución dual). Las Directrices horizontales dedican un capítulo aparte al tema del intercambio de información basado en la jurisprudencia del TJCE.[826]

Con arreglo al anterior RECAV 2010 y actual RECAV 2022, apenas existe jurisprudencia que aborde el intercambio de información en situaciones de distribución dual. Sin embargo, pueden destacarse los siguientes ejemplos que ilustran una selección de decisiones de imposición de multas a nivel de la Comisión y nacional y resúmenes de casos a nivel nacional que de hecho se referían a una situación de distribución dual. Única-

---

[826] Sentencia en el asunto C-286/13 *P Dole*, EU:C:2015:184, ap. 119. En el asunto *Dole, al que se* hace referencia más adelante junto con el asunto *T-Mobile Nederlands*, el Tribunal de Justicia inicia su examen en la parte aquí relevante de la siguiente forma: “Por lo que respecta, *en particular, al intercambio de información entre competidores, conviene recordar que los criterios de coordinación y cooperación necesarios para determinar la existencia de una práctica concertada deben entenderse a la luz de la noción inherente al Tratado...* “.

mente en la decisión *Hugo Boss* se menciona expresamente una situación de distribución dual, por ello será objeto de análisis más amplio y de exposición en primer lugar dada su importancia para el presente estudio.

A) Caso Hugo Boss

El caso *Hugo Boss Nordic* (en lo sucesivo, *Hugo Boss*) es, hasta la fecha, una de las últimas resoluciones en el marco de la UE que aprecia aspectos horizontales en acuerdos que, de otro modo, serían verticales. Esto hace que sea más fácil (de hecho, en muchos casos no sería posible) impugnar determinados acuerdos entre un proveedor y sus distribuidores. Si dichos acuerdos fueran horizontales, claramente, serían inadmisibles. Sin embargo, si por el contrario fueran verticales estarían permitidos por el RECAV 2022. En el presente caso, el Consejo Danés[827] intentó imponer medidas acusando restricciones horizontales, ignorando completamente y convenientemente las complejidades que el caso plantea.

A modo introductorio, el asunto se refería a *Hugo Boss Nordic,* la marca alemana de artículos de moda, zapatería y accesorios conocida mundialmente, que en este caso vende directamente a los consumidores, como también, a través de minoristas independientes en el mercado noruego. Por voluntad de *Hugo Boss,* se informó a dichos distribuidores (*Axel Kaufmann* y *Ginsborg*) acerca de futuras campañas, concretamente sobre: los precios de ciertos productos, descuentos, etc.

---

827 En Dinamarca, la Autoridad Danesa de la Competencia y Consumo es la responsable de la aplicación de las normas relativas a la competencia. Concretamente, el Consejo es el órgano de la Autoridad que adopta las decisiones en caso de principio o especial importancia.

Consecuentemente de dichos intercambios de información, el Consejo Danés consideró, en dos ocasiones, que *Hugo Boss* había iniciado prácticas concertadas distintas con sus distribuidores que implicaban un intercambio horizontal de información[828]. Asimismo, el Consejo decidió que la práctica llevada a cabo fue de naturaleza horizontal, por lo que, tachó el intercambio de información por el objeto citando algunos casos de cárteles europeos[829]. Concluyendo que, el RECAV 2010 no podía aplicarse al caso. Por tal motivo, *Hugo Boss* impugnó tales decisiones ante el Tribunal de Apelación de Competencia Danés[830].

Tanto el Consejo, como la mayor parte de los integrantes del Tribunal de Apelación (salvo dos miembros) consideraron que el intercambio de información era de carácter horizontal. Desde el punto de vista de los consumidores, éstos podían comprar el mismo producto a *Hugo Boss* y a sus minoristas in-

---

828 Decisión del Consejo de 24 de junio 2020 denominado "*Informationsudveksling mellem Hugo Boss og Kaufmann*" véase en: https://www.kfst.dk/afgorelser-ruling/konkurrenceomraadet/afgoerelser/2020/20200624-informationsudveksling-mellem-hugo-boss-og-kaufmann/, y Decisión del Consejo de 24 de junio 2020 denominado "*Informationsudveksling mellem Hugo Boss og Ginsborg*" véase en: https://www.kfst.dk/afgorelser-ruling/konkurrenceomraadet/afgoerelser/2020/20200624-informationsudveksling-mellem-hugo-boss-og-ginsborg/.

829 Concretamente, Case T-25/95 *Cimenteries CBR*, EU:T:2000:77 y, Case C-286/13 *P Dole Food and Dole Fresh Fruit Europe*, EU:C:2015:184.

830 Decisión del Tribunal de 21 de junio de 2021, *Axel Kaufmann ApS og Hugo Boss Nordic ApS mod Konkurrencerådet*, Sitio web: https://www.kfst.dk/afgorelser-ruling/konkurrenceomraadet/kendelser-fra-konkurrenceankenaevnet/2021/20210623-kl-1-og-kl-2-kaufmann/. y Decisión del Tribunal de 23 de junio de 2021, *Hugo Boss Nordic ApS mod Konkurrencerådet*, Sitio web: https://www.kfst.dk/afgorelser-ruling/konkurrenceomraadet/kendelser-fra-konkurrenceankenaevnet/2021/20210623-kl-3-hugo-boss-nordic/.

dependientes, dado que, competían en el ámbito minorista, dándose una situación de distribución dual.

La controversia surge a raíz de la decisión del Consejo Danés (apoyado en gran medida por el Tribunal de segunda instancia) considerando el caso como puramente horizontal. Por lo que, el Consejo determinó una práctica concertada entre las partes que tenía por objeto restringir la competencia. No obstante, como se ha indicado anteriormente, la minoría del Tribunal de Apelación consideró que era imposible separar los aspectos horizontales de los verticales, por esta razón debía de tenerse en cuenta esta complejidad a la hora de la valoración final.

El Consejo danés señaló el hecho evidente de que tanto *Hugo Boss* como sus minoristas independientes operaban en el mismo mercado minorista y, por ello, eran competidores reales. Además, *Hugo Boss,* divulgó información relativa a sus actividades en el mercado minorista (aguas abajo) y no sobre sus actividades en el mercado mayorista (aguas arriba). Por ende, el Consejo determinó que el intercambio de información era de naturaleza horizontal, justificando tal decisión en base a la jurisprudencia que se describe a continuación de forma resumida.

El primer precedente al cual se refiere el Consejo Danés de la competencia es una de sus propias decisiones anteriores. Este es el caso *Bestseller*[831], una empresa integrada verticalmente que, del mismo modo que *Hugo Boss,* se dedicaba tanto a la fabricación de ropa como, en colaboración con sus minoristas independientes, a la venta al por menor de sus propios pro-

---

[831] Decisión del Consejo de 24 de marzo 2010, *Bestseller—indberetning af prisoplysninger. Vid.* https://www.kfst.dk/afgorelser-ruling/konkurrenceomraadet/afgoerelser/2010/bestseller-indberetning-af-prisoplysninger/#:~:text=Konkurrencer%C3%A5det%20godkender%20Bestsellers%20nye%20franchisekoncept&text=Afg%C3%B8relsen%20betyder%2C%20at%20Bestseller%20fremover,varer%20i%20den%20enkelte%20butik.

ductos (de nuevo, situación de distribución dual). *Bestseller* se dirigió al Consejo danés con el objeto de tomar una decisión acerca de si era legal la recabación de información sobre precios de sus minoristas independientes. La cuestión central era si la información sobre los precios de los minoristas implicaba en la práctica la fijación de precios de reventa, ya que *Bestseller* había incurrido unos años antes en una conducta ilegal de este tipo[832]. Sin embargo, el Consejo planteó la cuestión de si tal práctica constituía un problema horizontal, dado que la rama minorista de *Bestseller* podía tener acceso a información sobre los precios de sus minoristas independientes[833]. *Bestseller* se ofreció a garantizar la existencia de murallas chinas efectivas entre su tramo minorista y su tramo mayorista. Habida cuenta que, *Bestseller* aportó soluciones, el Consejo nunca adoptó una decisión definitiva sobre si el intercambio de información era contrario al Derecho de la competencia.

El segundo precedente al que se refiere es, del mismo modo que el caso anterior, otra de sus propias decisiones. En este caso también se refería a una empresa integrada verticalmente (esta vez un mayorista y minorista de comestibles) y el acceso

---

832 Decisión del Consejo de 27 de agosto 2003, *Bestsellers forhandleraftaler for selvstændige konceptbutikker*. Ver en: https://www.kfst.dk/afgorelser-ruling/konkurrenceomraadet/afgoerelser/2003/ankede-afgoerelser/bestsellers-forhandleraftaler-for-selvstaendige-konceptbutikker/#:~:text=Konkurrencer%C3%A5det%20har%20i%20dag%20kr%C3%A6vet,vejledende%20priser%2C%20som%20Bestseller%20fastsatte.

833 La decisión no contiene ningún análisis detallado, limitándose a hacer referencia al cártel del cemento en los asuntos acumulados C-204/00 P, C-205/00 P, C-211/00 P, C-213/00 P, C-217/00 P y C-219/00 P *Aalborg Portland and Others*, EU:C:2004:6, determinando que el intercambio de información no disponible públicamente no puede ser problemático.

a la información sobre sus minoristas independientes[834]. Nuevamente, la decisión no contiene ningún análisis detallado, limitándose a hacer referencia al caso *Bestseller* anteriormente citado. Al igual que su predecesor, el mayorista *Dragrofa* ofrecía soluciones, no siendo consideradas por el Consejo danés, puesto que nunca llegó a tomar una decisión definitiva sobre si el intercambio de información era ilegal ni el caso fue objeto de recurso.

En tercer lugar, el Consejo se refiere a una sentencia del Tribunal Marítimo y Comercial de Dinamarca[835]. Al parecer, el Tribunal concedió especial importancia al hecho de que el *British Sugar* fuera el líder del mercado. A simple vista, esta decisión respalda en cierta medida las conclusiones del Consejo. No obstante, existen ciertas diferencias. En el asunto *Hugo Boss* se hacía referencia a las reuniones entre el proveedor y un minorista. En cambio, en el asunto *Tate & Lyle* se llevaron a cabo reuniones entre dos distribuidores y dos proveedores. A saber, si dos proveedores intercambian información sensible desde el punto de vista de la competencia, nos encontramos, claramente, de un intercambio horizontal de información, que normalmente es lo problemático. Lo mismo ocurre si dos distribuidores intercambian información sensible desde el punto de vista de la competencia. Asimismo, *British Sugar* era el líder del mercado con una elevada cuota de mercado en comparación con *Hugo Boss*, que poseía (según sus propias estimaciones en la decisión) menos del 5% de cuota de mercado. Por tal motivo,

---

834 Decisión del Consejo de 23 de octubre 2013, *Aftaler om omstrukturering af kædesamarbejde i Dagrofa ApS*. Véase en: https://www.kfst.dk/afgorelser-ruling/konkurrenceomraadet/afgoerelser/2013/20131023-aftaler-om-omstrukturering-af-kaedesamarbejde-i-dagrofa-aps/ .

835 *Judgment of the Danish Maritime and Commercial Court on 21 October 2019 in case BS-28571/2018-SHR.*

el cuarto precedente es un poco más sólido que los anteriores, aunque existen diferencias notables con el caso *Hugo Boss*.

Posteriormente, el Tribunal de Apelación aplicó un razonamiento ligeramente diferente. El Tribunal consideró que *Hugo Boss* y sus minoristas tenían una relación tanto vertical como horizontal, estableciendo así una distinción entre tres clases de intercambios de información.

En primer lugar, la información relativa a la venta de productos de *Hugo Boss*, que afectaba a la relación vertical, sin mencionar ningún ejemplo. En segundo lugar, la información que afectaba a la rama de fabricación de *Hugo Boss* y que fluía del mayorista al minorista, de nuevo, el Tribunal no ejemplifica dicha clase de intercambio. Por último, en tercer lugar, la información relativa al tramo minorista de *Hugo Boss* y relativa a precios, descuentos y cantidades. En este caso, el Tribunal sí apreció que esta categoría era un intercambio horizontal de información.

Sin embargo, hubo una minoría de los miembros del Tribunal que discrepaban de dicha clasificación. Esta minoría señaló que, en el caso de una situación de distribución dual tendría necesariamente aspectos horizontales y verticales. No obstante, no era posible dilucidar los aspectos verticales y horizontales y examinarlos de forma aislada. A lo largo del análisis sería necesario tener en cuenta su naturaleza dual. La minoría consideró que la cooperación no era ni horizontal ni vertical, sino ambas al mismo tiempo.

Tanto el Consejo como el Tribunal de Apelación (la minoría no examinó la cuestión dado que, por otros motivos anularía la decisión) consideraron que el intercambio de información era calificada como una práctica concertada. El Consejo no abordó la cuestión de si existía algún acuerdo entre *Hugo Boss* y sus minoristas independientes en relación con el intercambio de información. De hecho, esto también sería difícil de afirmar, ya que los documentos no revelaban que las partes hubieran expresado ninguna intención común de actuar de una manera determinada en el mercado. La única de las partes que reveló su estrategia fue *Hugo Boss*. Por otro lado, el mismo Consejo consideró que existía una práctica concertada entre las partes. En consecuencia, el Consejo aplicó la práctica de otros intercambios horizontales de información.

Primero, existía una conexión entre las partes en forma de correspondencia por correo electrónico. Segundo, las partes habían expresado una voluntad común o consenso de cooperar en lugar de competir, ya que la conexión eliminaba o reducía significativamente la incertidumbre sobre la conducta de *Hugo Boss* en el mercado. Esto era así porque *Hugo Boss* proporcionaba información sobre sus futuros precios, descuentos y cantidades, que los minoristas necesariamente tendrían en cuenta a la hora de determinar su propia conducta en el mercado. Y, tercero, existía la presunción de que los minoristas habían actuado sobre la base de la información y no habían refutado esta presunción.

El Consejo danés adopta un enfoque puramente horizontal de la cuestión de una práctica concertada, siendo esto comprensible. Para determinar la existencia de una infracción, el Consejo tuvo que determinar que el intercambio de información fuera horizontal. Por lo tanto, es conceptualmente difícil (sino imposible) que exista una práctica concertada entre no competidores. Si no existiera este vínculo horizontal, el intercambio quedaría totalmente fuera de la prohibición de acuerdos contrarios al Derecho de la competencia, dado que no existiría acuerdo ni práctica concertada entre *Hugo Boss* y sus minoristas independientes.

Asimismo, siguiendo el razonamiento del Consejo, también parecería existir una práctica concertada si los minoristas hubieran facilitado la misma información a *Hugo Boss*. Tanto la Autoridad de Competencia danesa como el Tribunal de Apelación (a excepción de la minoría mencionada) concluyeron que el RECAV 2010 no era aplicable. No obstante, aunque el Consejo y el Tribunal compartieron la conclusión, no aplicaron la misma línea de razonamiento.

Por una parte, el Consejo rechazó la aplicabilidad del RECAV utilizando una triple argumentación. A continuación, se vienen a desarrollar los argumentos utilizados por el Consejo en orden inverso, habida cuenta que, el tercer argumento enlaza con el razonamiento posterior del Tribunal.

El primer argumento del Consejo determinaba que, el intercambio de información entre competidores sobre futuros precios, descuentos y/o cantidades constituye una infracción por objeto y que, por lo general, este tipo de infracciones no cumple con los criterios para acogerse a una exención por categorías con arreglo al art. 101.3 TFUE. A primera vista se pueden apreciar ciertos errores en este razonamiento. Una exención por categorías eximirá todos los acuerdos que entren dentro de su ámbito de aplicación a menos que los excluya explícitamente de su protección. No cabe distinguir entre restricciones por objeto u por efecto y afirmar que las primeras quedan totalmente fuera del RECAV. El art. 4 del RECAV 2010 y 2022 contiene una lista exhaustiva de restricciones por objeto que invalidan la aplicabilidad del reglamento a todo el acuerdo y el artículo 5 a su vez, contiene una lista exhaustiva de restricciones que invalidan la aplicabilidad del reglamento a la restricción específica. Si una restricción concreta no figura en las listas de los arts. 4 y 5 o una restricción no tiene por objeto restringir la competencia, aunque figure en la lista del art. 4, el RECAV se aplicará a la restricción. Ni el art. 4 ni el art.5 excluyen el intercambio de información de la protección del RECAV. Por lo tanto, el RECAV se aplicará al intercambio de información independientemente de si restringe la competencia y de si esta restricción es por efecto o por objeto.

En consecuencia, el Consejo invoca un argumento que no tiene cabida a la hora de determinar si se aplica el RECAV, a saber, el argumento no puede apoyarse en la conclusión de que el Reglamento no se aplica al intercambio de información en el caso de distribución dual, y mucho menos en el nuevo RECAV de 2022.

El segundo argumento del Consejo danés de competencia se inspira en el apartado 27 de las Directrices sobre las restricciones verticales 2010 (apartado 90 de las Directrices verticales 2022[836]). El mencionado órgano establece la necesidad de evaluar los posibles efectos de colusión de los acuerdos entre competidores con arreglo a las Directrices horizontales y evaluar los aspectos verticales con arreglo a las Directrices verticales. Sin afirmarlo explícitamente, el Consejo parece razonar que siempre es necesario evaluar por separado los aspectos horizontales de un acuerdo con arreglo al marco para acuerdos horizontales. Por lo consiguiente, el RECAV no prestará su protección a los aspectos horizontales.

El Consejo toma una frase que parece apoyar su conclusión general, pero no la interpreta en su contexto adecuado. Es decir, el apartado 27 de las Directrices verticales 2010 expone la

---

836 Apartado 90) de las Directrices Verticales 2022; "*El artículo 1, apartado 1, letra c), del Reglamento (UE) 2022/720 define una empresa competidora como «un competidor real o potencial». Dos empresas reciben el trato de competidores reales si operan en el mismo mercado de referencia (de productos y geográfico). Una empresa es considerada un competidor potencial de otra empresa si, a falta de un acuerdo vertical entre ellas, es probable que la primera empresa, en un período de tiempo breve (normalmente no superior a un año), realice las inversiones adicionales necesarias o incurra en otros costes necesarios para introducirse en el mercado de referencia en el que opera la otra empresa. Esta evaluación debe basarse en datos realistas, teniendo en cuenta la estructura del mercado y el contexto económico y jurídico. No basta con la mera posibilidad teórica de introducirse en el mercado. Deben existir posibilidades reales y concretas de que la empresa se introduzca en el mercado y no deben existir barreras de entrada insuperables. En cambio, no es necesario demostrar con certeza que la empresa entrará efectivamente en el mercado de referencia y que será capaz de mantener su lugar en dicho mercado*".

norma general del apartado 2 del artículo 4 del RECAV según la cual los acuerdos entre competidores quedan fuera del ámbito de aplicación del Reglamento. Seguidamente, describe cómo evaluar tales acuerdos con arreglo a los dos conjuntos de directrices. Esto es natural y evidente en un contexto en el que no se aplica el RECAV, ya que de otro modo sería innecesario recurrir a las Directrices (*soft law*) en lugar de a la protección (*hard law*) del RECAV. Esto también queda claro en el apartado 91 de las Directrices 2022 sobre restricciones verticales[837]. Sin embargo, el apartado 28 de las Directrices 2010 (apartado 91 de las Directrices 2022), siendo este, a nuestro juicio, el más relevante para el caso *Hugo Boss* puesto que, se aplica para los casos de distribución dual, no es ni siquiera citado por el Consejo.

El tercer argumento del Consejo, y último, aparentemente es el más sólido, dado que hace referencia al art. 2, apartado 4 del RECAV. Este artículo establece (como ya se ha citado en el presente trabajo) que, la exención no se aplica a los acuerdos entre empresas competidoras. Sin embargo, si se aplica a las situaciones de distribución dual, puesto que, ambas empresas suscribieron un acuerdo vertical no recíproco. El órgano de competencia danés subraya la referencia de "acuerdo vertical" afirmando que el intercambio de información era de naturaleza horizontal y, por lo tanto, quedaba fuera del ámbito de aplicación del RECAV 2010.

---

837 Aparado 91) de las Directrices verticales 2022; "*Los acuerdos verticales entre empresas competidoras que no estén comprendidos en las excepciones establecidas en el artículo 2, apartado 4, segunda frase, del Reglamento (UE) 2022/720, sobre los que se ofrecen orientaciones en los apartados 93) a 95), deben evaluarse individualmente con arreglo al artículo 101 del Tratado. Las presentes Directrices son pertinentes para la evaluación de cualquier restricción vertical contenida en tales acuerdos. Las Directrices horizontales pueden proporcionar orientaciones pertinentes para la evaluación de los posibles efectos colusorios*".

Cabe preguntarse cómo lo valoraría el Consejo si *Hugo Boss* y sus minoristas hubieran acordado que *Hugo Boss* no bajaría de un determinado precio en sus campañas. Se trataría de un precio mínimo y sería entre distribuidores competidores, por lo que tendría claramente carácter horizontal. O, ¿cómo evaluaría el Consejo si *Hugo Boss* concediera protección territorial a sus minoristas prometiendo que *Hugo Boss* no vendería activa o pasivamente a determinados clientes en Dinamarca? Se trataría de un reparto de clientes entre distribuidores competidores y, por tanto, de naturaleza claramente horizontal.

Aplicando el razonamiento del Consejo, habría que decir necesariamente que ambos ejemplos quedarían fuera del RECAV. Sin embargo, al tratarse en este caso de únicamente informar acerca de futuras campañas con precios y descuentos, no se cumplen, a nuestro juicio, ninguno de los escenarios planteados y menos en una relación de cooperación empresarial reconocida en el RECAV como es la distribución dual.

Posteriormente, ya en sede del Tribunal de Apelación se estableció por el mismo que, el asunto se refería a una práctica constatada entre competidores activos en el mismo nivel de distribución y que no se refería a las condiciones en las que las partes pueden comprar, vender o revender determinados bienes o servicios. El Tribunal de Apelación hizo una referencia explícita al artículo 2.4 apartado (a) y artículo 1.1 apartado (a) del RECAV 2010.

En esencia, el Tribunal razonó que el intercambio específico de información no satisfacía los criterios para formar parte de un acuerdo vertical, es decir, que estuviera relacionado con las condiciones de compra, venta o reventa de bienes específicos. Esto en sí mismo era suficiente para que el Tribunal dijera que el Reglamento no era aplicable. En resumen, el Tribunal tomó el tercer argumento del Consejo, a saber, que el intercambio de información no era vertical, y lo desarrolló de forma que, el intercambio de información tenía carácter horizontal y no cumplía con los requisitos para ser calificado como vertical.

Este es, con diferencia, el argumento más sólido, aunque a nuestro parecer tiene algunos puntos débiles. El Tribunal argumenta que un acuerdo vertical solo existe si se refiere a las condiciones de compra, venta o reventa de productos o servicios. Esto incluiría, por ejemplo, restricciones de ventas, descuentos, bonificaciones, garantías, etc… ya que estas afectan directamente a las compras, ventas o reventas de productos o servicios. Sin embargo, esto no se extendería a una obligación que impida o prohíba que las partes puedan llevar a cabo actividades independientes de investigación y desarrollo incluidas en un acuerdo vertical, ya que estas actividades no están relacionadas con la venta, reventa o compra de productos o servicios (véase el apartado 26 de las Directrices 2010: "*el Reglamento de Exención por Categorías no cubre las restricciones u obligaciones que no se refieran a las condiciones de compra, venta y reventa, tales como la obligación que impide a las partes desarrollar actividades de investigación y desarrollo independientes, que las partes puedan haber incluido en un acuerdo vertical de otro tipo*"[838]). De la misma manera que, un intercambio de información no está relacionado con la compra, venta o reventa de productos o servicios y por tanto, no se aplicarían los artículos citados del RECAV[839], esto también se aplica en los supuestos de distribución dual, como es el caso y así lo establece la Comisión Europea. En definitiva, a nuestro parecer, el argumento del Tribunal de Apelación sería erróneo.

---

838 *Vid.* en el mismo sentido, Apartado 61) de las Directrices verticales 2022.

839 De acuerdo con el apartado 96) de las Directrices de restricciones verticales 2022, "*el intercambio de información puede contribuir a los efectos favorables que tienen los acuerdos verticales para la competencia, en particular la optimización de procesos de producción y distribución. Esto también se aplica en los supuestos de distribución dual*".

En relación a lo anteriormente expuesto, el Consejo y la mayoría de miembros del Tribunal de Apelación de Dinamarca consideraron que el intercambio de información -en relación al punto de vista de los precios futuros, descuentos y/o cantidades- tenía por objeto restringir la competencia. Basándose ambos para llegar a dicha conclusión en la jurisprudencia relativa a los acuerdos horizontales puros. Por el contrario, la minoría de los miembros del Tribunal que no secundaron tal conclusión, afirmaron que tal jurisprudencia no podía ser de aplicación a un caso mixto, por cuanto se desarrollará seguidamente.

Dado que el Consejo calificó el intercambio de información de horizontal, apoyándose en la jurisprudencia según la cual el intercambio de determinada información entre competidores tiene por objeto restringir la competencia. El Consejo citó casos como los cárteles *Cimentries CBR y Dole Food and Dole Fresh Fruit Europe.* Además de considerar el caso como puramente horizontal, el único aspecto, más allá de los precios y descuentos, que afirma el órgano de competencia es que el intercambio de información relativo a cantidades futuras tiene por objeto restringir la competencia, a nuestro parecer algo sorprendente. La jurisprudencia respalda que el intercambio de información que hace referencia a los precios futuros (entendemos, asimismo, que a los descuentos) constituye una infracción de objeto. No obstante, en este sentido, únicamente podemos encontrar respaldo para esa afirmación en los apartados 72) 73) y 74) de las Directrices de restricciones horizontales de 2011[840],

---

840 Para una mayor ilustración se transcriben los citados preceptos relativos a las Directrices sobre la aplicabilidad del artículo 101 del Tratado de Funcionamiento de la Unión Europea a los acuerdos de cooperación horizontal (2011/C 11/01): "*2.2.2. Restricción de la competencia por el objeto 72. Cualquier intercambio de información cuyo objetivo sea la restricción de la competencia se considerará restricción de la competencia por el objeto. Al evaluar si un intercambio de información constituye una restricción de la competencia por el objeto, la Comisión prestará especial aten-*

aplicables en el momento del presente caso. Actualmente, tras la publicación de las Directrices horizontales 2023, no podría sostenerse dicha justificación, habida cuenta de la eliminación de dichos apartados.

Asimismo, la mayoría de miembros del Tribunal de segunda instancia coincidió con la decisión del Consejo. El Tribunal hizo referencia a la definición de infracción por objeto establecida por el Tribunal Supremo danés[841] y afirmó que un amplio

---

ción al contexto jurídico y económico del intercambio en cuestión. Para ello tendrá en cuenta si el intercambio de información, por su propia naturaleza, puede dar lugar a una restricción de la competencia". 73. Es particularmente probable que el intercambio de información sobre las intenciones individuales de las empresas en cuanto a su conducta futura relativa a precios o cantidades desemboque en un resultado colusorio. La información recíproca sobre tales intenciones puede permitir a los competidores llegar a un nivel común de precios más elevado sin correr el riesgo de perder cuota de mercado o de desencadenar una guerra de precios durante el periodo de ajuste a los nuevos precios (véase el Ejemplo 1, punto 105). Además, es menos probable que este tipo de intercambio de información sobre futuras intenciones se haga por razones favorables a la competencia que el intercambio de datos reales. 74. Así pues, los intercambios entre competidores de datos individualizados sobre los precios o cantidades previstos en el futuro deberían considerarse una restricción de la competencia por el objeto a tenor del artículo 101, apartado 1 (4) (5). Además, los intercambios privados entre competidores relativos a sus intenciones en materia de futuros precios o cantidades se considerarán normalmente carteles y serán multados como tales puesto que, por lo general, tienen por objeto fijar precios o cantidades. Los intercambios de información que constituyen carteles no sólo infringen el artículo 101, apartado 1, sino que además es muy improbable que cumplan las condiciones del apartado 3 de dicho artículo".

841 Dicha definición aparece recogida en el caso *C-67/13 P, Groupement des Cartes Bancaires, EU:C:2014:2204 in UfR 2020.524, referenced the banana import cartel in Case C-286/13 P Dole Food and Dole Fresh Fruit Europe, EU:C:2015:184,* sitio web: https://domstol.dk/media/ewedmyrn/dom1.pdf

número de resoluciones judiciales apoyaba que el intercambio de precios tenía por objeto restringir la competencia.

Por el contrario, la minoría de los miembros del Tribunal basaron su conclusión en que el acuerdo no era ni vertical ni horizontal, sino ambas. Para determinar la existencia de una infracción por objeto, el Consejo se basó en únicamente la jurisprudencia relativa a los intercambios de información puramente horizontales. Según esta parte del Tribunal, la experiencia según tales intercambios eran lo suficientemente perjudiciales para la competencia en un contexto horizontal como para merecer una infracción por objeto, sin embargo, no era transferible con el suficiente grado de certeza a una situación de distribución dual, que comparte tanto aspectos horizontales como verticales. En este tipo de situaciones, que son principalmente de naturaleza vertical, es natural y necesario que se produzca un cierto nivel de comunicación y planificación en relación con la estrategia entre el proveedor y distribuidor. En consecuencia, el intercambio de información no cumplía con los criterios de infracción por objeto. El Consejo, no había evaluado si el intercambio podía tener efecto de restricción de la competencia. Por consiguiente, la minoría votó a favor de anular la decisión y remitirla al Consejo de la Competencia danés para un nuevo examen.

A modo de conclusión, compartimos la opinión de cierta parte de la doctrina[842], a saber, si el planteamiento del Consejo y de la mayoría del Tribunal lo adoptan el resto de Tribunales europeos, no augura nada bueno para futuros casos de distribución dual. No obstante, estaremos a la espera de las futuras resoluciones y la aplicación del nuevo RECAV 2022,

---

842 DITTMER, M.A., y HELGE STRATON-ANDERSEN, K., "Vertical agreements: Tilting Information Exchanges in Dual Distribution Scenarios (Denmark)", *Journal of European Competition Law & practice,* 2022, p.499.

B) Caso *Guess*

La única decisión de imposición de multas de la Comisión con arreglo al RECAV 2010 es la relativa a un supuesto de hecho de distribución dual es la decisión de imposición de multas en el asunto *Guess*[843]. Consideramos que la decisión es digna de mención, ya que ejemplifica cuestiones que la Comisión ya había planteado en abstracto a raíz de su investigación en el sector del comercio electrónico[844].

En su informe final sobre la investigación en el sector del comercio electrónico, la Comisión señaló que el número de proveedores de bienes de consumo que realizan ventas directas en línea a los consumidores ha aumentado significativamente. La Comisión comenta esta evolución en el par. 181 de su informe final sobre la investigación en el sector del comercio electrónico: "*Muchos fabricantes reconocen que la decisión de dedicarse a la venta directa al por menor se debe en gran medida al hecho de que, con inversiones relativamente pequeñas, pueden beneficiarse de las ventajas de la venta en línea, incluido un mejor conocimiento y control de la distribución tanto en términos de calidad como de precio.*"

La investigación sobre *Guess* se inició directamente a raíz de la investigación sobre el sector del comercio electrónico. En la decisión se afirma que *Guess* opera un sistema de distribución selectiva en el que vende sus productos también directamente fuera de línea y en línea[845]. Por lo tanto, a nuestro parecer, en

---

843 Comisión, 17.12.2018, asunto AT.40428-*Guess*. Véase en: https://ec.europa.eu/competition/antitrust/cases/dec_docs/40428/40428_1205_3.pdf

844 Comisión, 10.5.2017, Informe final sobre la investigación en el sector del comercio electrónico, SWD(2017) 154 final, COM 2017. (229) final. Véase en: https://eur-lex.europa.eu/resource.html?uri=cellar:9d1137d3-3570-11e7-a08e-01aa75ed71a1.0001.02/DOC_1&format=PDF

845 Comisión, 17.12.2018, asunto AT.40428-*Guess*, párrafos 20 y 21.

el asunto *Guess* los hechos describen una situación de distribución dual.

Con la decisión, la Comisión multó a *Guess* por diversas restricciones verticales especialmente graves. El hecho de que estas restricciones especialmente graves se impusieran en una situación de distribución dual y fueran acompañadas de un importante intercambio de información se mencionó en el resumen fáctico, pero no desempeñó ningún papel en la evaluación jurídica de las infracciones[846]. En nuestra opinión, la decisión no habría sido diferente en un escenario de distribución puramente vertical, habida cuenta que, *Guess* fue multada por las restricciones de reventa en línea y territoriales impuestas a sus distribuidores, así como por el mantenimiento de los precios de reventa. *Guess* hizo cumplir sus restricciones de reventa en línea incluyéndolo en los contratos y en sus comunicaciones. El cumplimiento de las restricciones de suministro entre sistemas y el mantenimiento de los precios de reventa se vio respaldado por la obligación de informar sobre las fuentes de compra distintas de *Guess* y el control de precios.[847]

Los documentos internos ofrecían los siguientes motivos para las restricciones de las ventas (en línea):

> *"Uno de los objetivos era, por tanto, reducir la presión competitiva de los minoristas autorizados sobre las propias actividades minoristas en línea de Guess, limitando la capacidad de los minoristas autorizados de utilizar eficazmente esta herramienta publicitaria y de mantener bajos sus propios costes de publicidad"*[848]. *"El objetivo principal de esta parte de la estrategia de comercio electrónico de Guess Europe era proteger sus propias actividades de venta en línea y limitar la competencia intramarca de los minoristas autorizados, en lugar de garantizar*

---

846 Comisión, 17.12.2018, asunto AT.40428-*Guess*, párrafos 157-162.

847 Comisión, 17.12.2018, asunto AT.40428-*Guess*, párrafos 69 y 87

848 Comisión, 17.12.2018, asunto AT.40428-*Guess*, par. 50 en relación con las restricciones de *AdWord*.

el cumplimiento de una serie de criterios objetivos de calidad dentro de un sistema de distribución selectiva"[849].

La decisión no se centra en la relación competitiva entre *Guess* y sus distribuidores a nivel horizontal. Esto está en consonancia con el mecanismo de exención del RECAV 2010 que no sometía las restricciones en un escenario de distribución dual a normas específicas. El RECAV 2010 eximía todas las restricciones de la distribución dual, salvo las restricciones especialmente graves y las no exentas, siempre que las restricciones se considerasen restricciones verticales con arreglo al art. 2 RECAV 2010, no afectasen a la relación competitiva entre *Guess* y sus distribuidores a nivel horizontal y no superasen los límites de cuota de mercado del Art. 3 RECAV 2010. Observamos que en el asunto *Guess*, el hecho de que el RECAV 2010 (norma aplicable en ese momento) no abordase específicamente el intercambio de información no impidió a la Comisión abordar plenamente las restricciones especialmente graves (verticales) impuestas por *Guess* a sus distribuidores aplicadas o facilitadas debido al intercambio de información.

C) Caso *Apple*

La decisión de la autoridad francesa de competencia adoptada el 16 de marzo de 2020 contra *Apple* y sus mayoristas *Ingram Micro* y *Tech Data*[850] (que dio lugar a una multa récord de 1.280 millones de euros) sigue un razonamiento similar al de la decisión de *Hugo Boss* con respecto a la situación de distri-

---

849 Comisión, 17.12.2018, asunto AT.40428-*Guess*, par. 55 en relación con las restricciones generales en línea.

850 Autoridad francesa de la competencia, 16.3.2020, 20-D-04 *Apple France*, *https://www.autoritedelaconcurrence.fr/en/decision/regarding-practices-implemented-apple-products- distribution-sector.*

bución dual[851]. *Apple*, entre otras cosas, opera un sistema de distribución dual con respecto a la venta al por mayor de sus productos, así como sus ventas al por menor a los clientes finales. *Apple* suministra a los minoristas en competencia con sus grandes mayoristas. *Apple* también gestiona su propia tienda en línea, así como sus propios puntos de venta al por menor fuera de línea. A pesar de que las Directrices verticales 2010 (aplicables al caso) no se pronunciaban al respecto, la autoridad francesa de competencia consideró que: "*la competencia entre un proveedor y sus mayoristas como un factor pertinente a tener en* cuenta *en el contexto económico de una práctica anticompetitiva por objeto*"[852].

En *Apple, la* competencia minorista se ve afectada por diferentes formatos de distribución para diferentes líneas de productos. La autoridad francesa de competencia, entre otras cosas, impuso multas a *Apple* y a sus mayoristas por colusión horizontal mediante un intercambio de información de tipo "*hub-and-spoke*" entre *Apple* y sus mayoristas con arreglo al Art. 101.1 TFUE[853], así como a *Apple* por restricciones verticales a la reventa Art. 4 (b) (i) RECAV 2010[854].

La decisión proporciona una descripción detallada de la información intercambiada entre las partes solicitada por *Apple* o comunicada a ésta. También ofrece un análisis de la relación

---

851 Obsérvese que la decisión impuso multas a *Apple* también por conducta unilateral abusiva, a saber, por explotación de la dependencia económica. El presente estudio sólo aborda determinados elementos de esta decisión en la medida en que permiten extraer conclusiones sobre la evaluación del intercambio de información en los supuestos de distribución dual con arreglo al art. 101.1 y 101.3 TFUE.

852 Autoridad francesa de la competencia, 163.2020, 20-D-04 *Apple France*, par. 708.

853 Autoridad francesa de la competencia, 163.2020, 20-D-04 *Apple France*, párrafos 576 subsiguientes.

854 Autoridad francesa de la competencia, 163.2020, 20-D-04 *Apple France*, párrafos 657 subsiguientes.

competitiva entre *Apple* y sus mayoristas en relación con las actividades basadas en el volumen[855], la calidad del servicio y el precio. Sobre este último, *el* mayorista de *Apple, Ingram Micro*, declaró: "En *cuanto a los precios, generalmente tenemos poco margen de maniobra con las TI. Con Apple, este margen de maniobra es aún menor*"[856]. Además, la decisión expone minuciosamente el mecanismo aplicado para el intercambio de información.

En resumen, *Apple* recibía informes semanales de sus mayoristas sobre sus ventas a minoristas[857]. Las obligaciones contractuales de información obligaban a los mayoristas a facilitar información sobre la descripción del producto, el número de factura, el precio unitario y el precio total, la cantidad y el nombre y dirección del destinatario[858]. Asimismo se impusieron obligaciones de información similares a los minoristas[859]. Además, *Apple* recopilaba información informal mediante llamadas telefónicas o visitas[860] , por ejemplo, en las reuniones semanales. Un responsable de *Ingram Micro* confirmó que: "*Apple tiene una imagen precisa, conoce las cantidades, las fechas de factura-*

---

855 La competencia entre mayoristas de equipos informáticos se efectúa en gran medida en función de los volúmenes: cuanto más volumen pueda vender un mayorista, mejor para él, sobre todo teniendo en cuenta los escasos márgenes de este sector. Hay que distinguirlo de los "distribuidores de valor añadido", párrafos 92-95 del caso *Apple France.*

856 Autoridad francesa de la competencia, 163.2020, 20-D-04 *Apple France,* párrafo 101.

857 Autoridad francesa de la competencia, 163.2020, 20-D-04 *Apple France,* párrafos 115 y ss.

858 Autoridad francesa de la competencia, 163.2020, 20-D-04 *Apple France,* párrafo 122.

859 Autoridad francesa de la competencia, 163.2020, 20-D-04 *Apple France,* párrafos 209 y ss.

860 Autoridad francesa de la competencia, 163.2020, 20-D-04 *Apple France,* párrafos 126 y ss.

ción, los clientes y los precios"[861]. *Apple*, por su parte, enviaba a sus distribuidores sus cuotas de mercado periódicas de ventas de productos *Apple*[862] y un análisis de sus resultados comerciales con sugerencias de mejora. También informaba a los mayoristas sobre las existencias, la composición de la fuerza de ventas y la estrategia comercial de los otros mayoristas respectivos[863] .

Los parámetros de la decisión en *Apple* son esencialmente una combinación del planteamiento de la Comisión adoptado en *Guess* (aplicación exclusivamente vertical) y el planteamiento de la autoridad danesa de competencia aplicado en *Hugo Boss* (aplicación exclusivamente horizontal). El amplio intercambio de información entre *Apple* y, en particular, sus mayoristas se consideró una infracción del art. 101.1 TFUE como intercambio de información puramente horizontal a nivel mayorista entre competidores de reventa. La autoridad francesa de competencia evaluó esto como una infracción directa del Art. 101.1 TFUE para la que no había exenciones disponibles[864]. Las restricciones a la reventa también fueron sancionadas como restricciones verticales especialmente graves de conformidad con el art. 4 (1) (b) (i) RECAV[865]. La autoridad francesa de competencia constató que las restricciones verticales de reventa se vieron reforzadas por medidas de control ba-

---

[861] Autoridad francesa de la competencia, 163.2020, 20-D-04 *Apple France*, párrafo 132.

[862] Autoridad francesa de la competencia, 163.2020, 20-D-04 *Apple France*, párrafo 137.

[863] Autoridad francesa de la competencia, 163.2020, 20-D-04 *Apple France*, párrafo 147.

[864] Autoridad francesa de la competencia, 163.2020, 20-D-04 *Apple France*, párrafos 576 y ss.

[865] Autoridad francesa de la competencia, 163.2020, 20-D-04 *Apple France*, párrafos 621y ss. y 722 y ss.

sadas en los informes de datos presentados[866]. Dicho organismo cita directamente las Directrices verticales de la Comisión (2010) en las que se mencionan los sistemas de supervisión como una forma de hacer más eficaces las restricciones verticales a la reventa[867]. En esencia, el intercambio de información se utilizó para apoyar tanto las restricciones especialmente graves horizontales como las verticales.

Desde nuestro punto de vista, al igual que *Guess,* también la decisión *Apple* se ajusta plenamente al RECAV 2010 y a su mecanismo de exención. Va más allá, en el sentido de que *Apple* también se consideró un centro de intercambio de información entre mayoristas[868]. Este intercambio indirecto de información entre los mayoristas se consideró un intercambio de información horizontal que no formaba parte del acuerdo vertical entre *Apple* y los mayoristas.

La autoridad francesa de competencia consideró brevemente si un sistema exclusivo, es decir, un sistema en el que los mayoristas individuales estuvieran protegidos de las ventas (activas) de *Apple* o de los otros mayoristas, podría haber llevado a una conclusión diferente en cuanto a la restricción vertical especialmente grave con arreglo al art. 4 (1) (b) (ii) RECAV 2010[869]. Sin embargo, este organismo desestimó la idea, ya que no estaba respaldada por los hechos. Además, la estrategia *de Apple se* dirigía tanto contra las ventas activas como contra las

---

[866] Autoridad francesa de la competencia, 163.2020, 20-D-04 *Apple France,* párrafo 683.

[867] Autoridad francesa de la competencia, 163.2020, 20-D-04 *Apple France,* párrafo 660.

[868] Autoridad francesa de la competencia, 163.2020, 20-D-04 *Apple France,* párrafos 595-599.

[869] Autoridad francesa de la competencia, 163.2020, 20-D-04 *Apple France,* párrafo 732.

pasivas[870]. En ausencia de restricciones especialmente graves, creemos que el mero intercambio de información en un acuerdo vertical no se habría considerado un problema como tal.

D) Caso *XOM et. al.*

El caso *XOM Metals GmbH* ("*XOM*")[871] se refiere a una serie de plataformas comerciales B2B, en las que proveedores y distribuidores operan como proveedores en las plataformas y venden productos a revendedores y/o clientes industriales finales[872]. Las plataformas crean una situación de distribución dual, ya que los productos vendidos directamente por un proveedor para su reventa a clientes industriales o revendedores también se ofrecen a mayoristas que pueden servir a la misma base de clientes.

La autoridad alemana de competencia utilizó *XOM* y otros casos para proporcionar orientaciones generales sobre las plataformas de comercio B2B en forma de resúmenes de casos. Dicho organismo afirma en su resumen del caso relativo a *XOM* que "*generalmente apoya las cooperaciones que pueden aumentar la eficiencia y tienen como objetivo mejorar y reducir el coste de los productos y los procesos de producción en estas industrias*"[873].

La autoridad alemana de competencia no evaluó los casos como situaciones de distribución dual y, por tanto, con vistas

---

870 Autoridad francesa de la competencia, 163.2020, 20-D-04 *Apple France*, párrafo 734.

871 Autoridad alemana de competencia, resumen de caso de decisión de 27.2.2018, B 5-1/18-01 ("XOM").

872 Véase también la autoridad alemana de competencia, comunicado de prensa de 9.9.2020 ("*Unamera*"), resumen de la decisión de 14.5.2020, B8-94/19 ("*OLF Deutschland*").

873 Autoridad alemana de competencia, resumen del caso de 27.2.2018, B 5-1/18-01 ("*XOM*"), p.1.

o referencias al RECAV. En cambio, trató todas las plataformas B2B como situaciones de distribución puramente horizontales. De hecho, no prohibió ninguna de estas plataformas, sobre la base de que los proveedores tomaron medidas diferentes para evitar un intercambio de información estratégica.

A este respecto, la autoridad alemana de competencia concluyó con respecto a *XOM* que: "*Para descartar la coordinación entre proveedores a través de la plataforma, KSE ha diseñado la plataforma de tal forma que los proveedores no tendrán acceso a datos de los que puedan extraer conclusiones sobre el comportamiento de sus competidores en el mercado.*"

En conclusión, tras analizar los intercambios de información que se producen dentro de una relación de acuerdos verticales y, concretamente en un sistema de distribución dual, opinamos que, los intercambios verticales de información son inherentes a los acuerdos de distribución y permiten su funcionamiento. En principio, los intercambios de información en acuerdos verticales no plantean problemas apreciables de competencia, dado que, deberían ser objeto de aplicación del RECAV 2022 de una exención por categorías y, desde luego, no deberían evaluarse con arreglo a las Directrices horizontales.

3.1.3 Intercambio de información en un contexto horizontal en el marco del RECAV 2022

A) Gestión de categorías

En la actualidad, las Directrices verticales 2022 sólo contienen una referencia al intercambio de información puramente horizontal en el contexto de un acuerdo vertical, a saber, en relación con la gestión por categorías[874], para indicar que el intercambio directo de información entre competidores no está cubierto por el RECAV 2022. Esto también está en consonancia con los principios expuestos anteriormente según los cuales sólo la información relativa a un acuerdo vertical y, por tanto, a los productos y/o servicios contractuales puede beneficiarse del RECAV 2022. En el caso de la gestión por categorías, el servicio contractual es la prestación de asesoramiento de marketing a un distribuidor, no la venta de productos contractuales. La información que suele intercambiarse en la gestión por categorías[875] a menudo se refiere a información que queda fuera del ámbito de aplicación del artículo 2, apartado 1, del RECAV 2022.

Esto se aplica independientemente de si se mira desde la perspectiva del acuerdo de servicios o desde la perspectiva de un acuerdo de suministro potencialmente independiente. En consecuencia, del mecanismo de exención del RECAV 2022 se desprende directamente que los posibles límites y salvaguardias necesarios para el tratamiento lícito de la información estratégica sobre marcas de terceros competidores (divulgada y obtenida normalmente en el contexto de la prestación de asesoramiento sobre categorías) deben evaluarse únicamente con arreglo a los principios expuestos en las Directrices horizontales. Las Directrices verticales no explican esto con más detalle porque no hay ninguna necesidad técnica, ya que cualquier otra interpretación estaría en contradicción con el art. 2.1 RECAV y el mecanismo de exención del RECAV como tal.

---

874 Apartados 385-388 de las Directrices Verticales 2022.

875 Es decir, el jefe de categoría que revisa cierta información estratégica sobre productos de terceros proveedores y marcas blancas competidores del comprador del servicio con el fin de asesorar sobre la categoría.

B) Marca propia

Los distribuidores de marca propia no fabrican ellos mismos los productos, sino que los encargan a un tercer proveedor para luego venderlos con su propia marca. En el apartado 92 de las Directrices verticales considera a los distribuidores de marcas propias como no competidores de un proveedor de productos de marca a nivel de fabricación. En consecuencia, la excepción para la distribución dual prevista en el Art. 2.4 (a) del RECAV 2022 se aplica a los contratos de suministro/distribución entre un proveedor de productos de marca y un distribuidor que no sólo revende productos de marca, sino que también ofrece productos de marca propia procedentes de un tercer proveedor. El respectivo contrato de venta/distribución de productos contractuales de marca puede (al igual que el contrato de suministro con el proveedor tercero) beneficiarse así del RECAV 2022. Sin embargo, las Directrices verticales no abordan la situación resultante de competencia puramente horizontal entre el proveedor de productos de marca y el distribuidor de marcas propias en el nivel de reventa. Observamos que la falta de aclaración de la situación de venta horizontal resultante en las Directrices verticales puede malinterpretarse fácilmente. El hecho de que el distribuidor sea un revendedor competidor con respecto a los productos de marca de distribuidor no constituye distribución dual con arreglo al RECAV 2022. Y, de hecho, existe una diferencia significativa con un escenario de distribución dual: los distribuidores de marcas propias son competidores intermarca del proveedor de marca a nivel de reventa. Esto difiere de la situación de distribución dual definida en el RECAV 2022, que se caracteriza por afectar únicamente a la competencia intramarca[876].

---

[876] En ausencia de restricciones especialmente graves, las restricciones intramarca son, según los principios del RECAV, menos importantes que las restricciones de la competencia intermarca; según la prác-

Por lo tanto, el acuerdo de venta vertical entre el proveedor y el minorista de marca propia para un producto contractual de marca (incluida la información intercambiada en virtud del mismo) puede acogerse a una exención en virtud del art. 2. 4) (a) del RECAV 2022, en caso de que el proveedor también venda directamente al por menor. Sin embargo, en nuestra opinión, el intercambio de información sobre productos de terceros competidores, incluidos los productos de marca propia vendidos por el minorista, siempre queda fuera del ámbito de aplicación del RECAV 2022. En consonancia con la lógica general (tal como se establece, por ejemplo, para la gestión por categorías), dicho intercambio de información (a falta de un elemento vertical) debe evaluarse únicamente sobre la base de las Directrices horizontales.[877]

3.1.4 Intercambio unilateral de información y prácticas concertadas en un contexto puramente horizontal

Actualmente, las Directrices verticales 2022 ofrecen explicaciones sobre la distinción entre acuerdos y prácticas concertadas (que pueden entrar en el ámbito de aplicación del art.101.1 TFUE y, por lo tanto, eximible en virtud del RECAV)

---

tica decisoria más reciente del TJCE, una disminución de la competencia intramarca sólo se considera problemática si la práctica respectiva disminuye al mismo tiempo la competencia intermarca, sentencia en el asunto C-306/20 Visma EU:C:2021:935, par.78

[877] En Alemania, el intercambio de información en una situación de distribución dual con productos de marca propia se menciona indirectamente, pero no se resuelve, en los párrafos 95 y 96 de las Directrices sobre diferentes aspectos de la conservación de los precios de reventa en los supermercados físicos, publicadas en 2017. Véase en: www.bundeskartellamt.de; https://www.bundeskartellamt.de/SharedDocs/Publikation/EN/Others/Guidance_note_prohibition_vertical_p rice_fixing_LEH.pdf? blob=publicationFile&v=2

y la conducta unilateral, regida únicamente por el art. 102 TFUE y/o equivalentes nacionales[878].

En consonancia con los principios expuestos anteriormente, el intercambio unilateral de información, es decir, la revelación de información por una parte a la otra, sólo es motivo de preocupación en el marco del actual régimen vertical si se basa en un acuerdo o da lugar a prácticas concertadas entre las partes. La situación es totalmente distinta en el caso del intercambio unilateral de información entre competidores reales y potenciales, es decir, en una situación horizontal.

Esta conclusión es uno de los fundamentos de la jurisprudencia de los tribunales europeos, en particular del TJCE en el asunto "*T-Mobile Nederlands*"[879]. Aquí, el Tribunal Europeo sostuvo que puede considerarse que el intercambio de información entre competidores da lugar a una práctica concertada en virtud del art. 101.1 TFUE aunque la información sólo se hubiera intercambiado unilateralmente.[880]

---

878 Apartados 50-53 de las Directrices verticales 2022.

879 Sentencia en el asunto C-8/08 *T-Mobile Nederlands* EU:C:2009:343; confirmada por la sentencia en el asunto C-286/13 P Dole EU:C:2015:184, par. 119-127,

880 El TJCE sostuvo que: "*[El requisito de independencia] excluye estrictamente cualquier contacto directo o indirecto entre dichas [empresas] mediante el cual una empresa pueda influir en la conducta en el mercado de sus competidores reales o potenciales o revelarles sus decisiones o intenciones relativas a su propia conducta en el mercado cuando la dicho contacto tenga por objeto o efecto crear condiciones de competencia que no correspondan a las condiciones normales del mercado de que se trate, habida cuenta de la naturaleza de los productos o servicios ofrecidos, del tamaño y número de las empresas implicadas y del volumen de dicho mercado*". El Tribunal de Justicia aclara que, por lo general, tal práctica concertada da lugar a una restricción de la competencia por objeto: "*Un intercambio de información entre competidores está viciado por un objeto contrario a la competencia si el intercambio puede eliminar incertidumbres sobre el comportamiento previsto de las empresas participantes*". El Tribunal señaló que el concepto de

En definitiva, por lo que se refiere al intercambio de información en situaciones de distribución dual, lo hasta ahora expuesto significa lo siguiente: a menos que el intercambio de información pueda acogerse en general a una exención por categorías, las partes tendrían que iniciar su evaluación individual para una posible exención bajo la presunción legal de que su intercambio de información da lugar a una práctica concertada. Esto impondría a las partes una carga de la prueba significativa, si no insuperable, para poder acogerse a una exención individual en virtud del artículo 101, apartado 3, del TFUE[881]. Como sólo se trata de una presunción, en teoría es refutable, pero en la práctica tal refutación es muy difícil. Si bien estas consecuencias parecen adecuadas para el intercambio horizontal de información en las condiciones especificadas por la jurisprudencia y explicadas con más detalle en las Directrices horizontales, la conclusión no está justificada, en nuestra opinión, si el intercambio de información se refiere a la compra, venta y reventa de bienes o servicios y, por tanto, entra en el ámbito de aplicación del art. 101.3 TFUE. Sin embargo, sin la protección del RECAV 2022, cualquier intercambio de información entre minoristas competidores estaría sujeto a la misma presunción de ilegalidad que un acuerdo puramente horizontal. A nuestro juicio, esto llevaría a resultados erróneos para el intercambio de información en un escenario de distri-

práctica concertada implica como requisitos necesarios: "*un comportamiento posterior en el mercado y una relación de causa- efecto entre ambos* ", "*debe presumirse que las empresas que participan en la acción concertada y permanecen activas en el mercado tienen en cuenta la información intercambiada con sus competidores para determinar su comportamiento en dicho mercado*".

881 Véanse las Directrices verticales 2022, en su apartado 266, en las que se explica la elevada carga que supone llegar a tal conclusión en el caso de los acuerdos que contienen restricciones especialmente graves.

bución dual, que siempre ha de considerarse arraigado y, por tanto, parte de una configuración de distribución vertical.

3.2 Medidas de aplicación para los proveedores/distribuidores y puntos críticos sobre los intercambios de información tras la entrada en vigor del RECAV 2022

Una vez examinados, por un lado, los principios que rigen los intercambios de información en un sistema de distribución dual, es decir, cumplirán con la exención establecida en el RECAV los intercambios de información que: a) estén directamente relacionados con la aplicación de un acuerdo vertical y b) sean necesarios para mejorar la producción/distribución de los bienes o servicios objeto del contrato. Y, por otro lado, como pueden ser evaluarlos, a saber, en primer lugar, teniendo en cuenta los listados no exhaustivos de ejemplos que figuran en los apartados 99) y 100) de las Directrices verticales, en segundo lugar, mediante la evaluación de cada caso concreto en función del modelo de distribución existente (por ejemplo, distribución exclusiva o selectiva) y, en tercer lugar, si el intercambio de información no puede beneficiarse de la exención por categorías, en tal caso la evaluación se basará en la aplicación del art. 101.3 TFUE y las Directrices horizontales.

Los proveedores y/o distribuidores deberán utilizar medidas paliativas con el objetivo de intentar encuadrar los intercambios de información dentro de los supuestos enumerados como, por ejemplo, murallas chinas, agregaciones de datos, intercambios limitados a datos históricos, acuerdos de confidencialidad, sistemas de alerta, etc. Asimismo, en nuestra opinión, los proveedores deberán imperativamente, en primer lugar, llevar a cabo una auditoria con toda la información recibida de los distribuidores o enviada a los mismos y determinar quién (a nivel proveedor) tiene acceso a estos datos. En segundo lugar, los proveedores tendrán que evaluar si es probable que estos intercambios de información cumplen los criterios establecidos anteriormente (es decir, estén directamente relacionados con la aplicación de un acuerdo vertical y sean necesarios para mejorar la producción/distribución de los bienes o servicios objeto del contrato) y conservar las pruebas de los objetivos legítimos perseguidos al recopilar estos datos. Por último, será preciso que los proveedores sensibilicen a sus distribuidores sobre los riesgos relacionados con estos intercambios de información, por ejemplo, con políticas o envío de circulares sobre los intercambios de información.

Además de las medidas expuestas que las empresas proveedoras de bienes o servicios deberán aplicar, éstas tendrán que prestar especial atención al lugar donde se almacena la información intercambiada, del mismo modo que, la forma en la que se recopila. Esto es, el uso de programas informáticos que no permitan la restricción de acceso en función del cargo empleado o del departamento al que pertenece aumenta el riesgo de intercambios ilícitos de información. Al igual que, el acceso ilimitado y sin restricciones del proveedor al sistema de gestión de los distribuidores también podría entrañar riegos elevados. Adicionalmente a las precauciones mencionadas, las empresas también deberán tener cuidado cuando la misma persona de la alta dirección supervisa el negocio minorista y mayorista.

Sin embargo, en función de los resultados de la auditoria, algunos datos deberán, por un lado, no recopilarse, por ejemplo, aquella información relativa a los precios futuros a los que el proveedor o el distribuidor tiene previsto vender los bienes objeto del contrato. Por otro lado, se recopilará la información que pueda justificarse, es decir, aquella que cumpla con los criterios establecidos en el RECAV 2022. Y, por último, solo podrán acceder a ella determinados empleados, tales como, los datos relativos a los usuarios finales pueden compartirse con el empleado a cambio de garantía, pero no con el vendedor a cambio de venta directa.

En la práctica, a nuestro parecer, la recopilación de información por parte del proveedor suele estar justificada por razones objetivas. Por ejemplo, la recopilación de información relativa a los usuarios finales podría estar justificada por la necesidad del proveedor de tener un conocimiento optimizado de los clientes actuales y potenciales, de personalizar la calidad del servicio, de desarrollar programas de fidelización. Lo importante en este caso es asegurarse de que esos datos no serán accesibles por el departamento equivocado dentro de la empresa del proveedor, por ejemplo, si el proveedor tiene un sistema de distribución dual, por el departamento encargado de la venta directa por internet.

En consecuencia, es probable que los distribuidores invoquen el nuevo RECAV para negarse a compartir determinados datos con el proveedor. Concretamente, cabe plantearse si puede un distribuidor negarse a presentar sus datos financieros a su proveedor tras la entrada en vigor del RECAV 2022.

En nuestra opinión, los proveedores deberían seguir teniendo derecho a acceder a los libros y datos financieros de los distribuidores en virtud del RECAV 2022 y sus Directrices, habida cuenta que, la salud financiera del distribuidor está directamente relacionada con la aplicación del acuerdo vertical. De hecho, en un sistema de distribución selectiva, la buena salud financiera del distribuidor sería uno de los criterios a tener en cuenta dentro de la red de distribución del proveedor. En ese caso, los proveedores deberán poder controlar el cumplimiento de selección[882].

Igualmente, se requerirá precaución a nivel del distribuidor en el caso de un modelo de distribución selectiva o un modelo de agencia no genuina. Puesto que, si el proveedor efectúa ventas directas a través de internet o ventas directas a través de

---

882 *Vid.* Apartado 98 de las Directrices Verticales 2022.

agentes no genuinos para un producto "A" y ventas indirectas, a través de distribuidores, para un producto "B" y por el otro lado, el distribuidor actúa como agente no genuino para el producto "A" y el distribuidor como revendedor del producto "B". En estos casos existe el riesgo de que se produzcan intercambios ilícitos de información si el distribuidor comparte datos relativos a la actividad de agencia, que fueron compartidos con anterioridad por el proveedor, con el departamento de ventas indirectas de la empresa del proveedor (nos encontraríamos ante el modelo de intercambio de información *hub and spoke* analizado en epígrafes anteriores).

Además, también existe el riesgo de intercambios ilícitos de información en la empresa del distribuidor, entre el departamento encargado de la actividad de agencia y el departamento de las actividades de reventa. De igual forma que, en la empresa del proveedor, entre el departamento del negocio de agencia y el departamento encargado de las actividades de venta indirecta.

En estos casos, según nuestro parecer, el proveedor y los distribuidores deben de implantar ciertas medidas, como por ejemplo murallas chinas, para impedir los intercambios prohibidos de información. No obstante, estas medidas propuestas pueden resultar especialmente difíciles de aplicar para aquellos distribuidores que no dispongan de suficientes recursos materiales y/o humanos.

Con el propósito de impedir dichos intercambios ilícitos, los proveedores pueden adoptar alguna de las posibles medidas para garantizar la estanqueidad del cortafuegos que se exponen a continuación. En primer lugar, separación física y logística entre equipos con cortafuegos (por ejemplo, edificios diferenciados o zonas separadas). En segundo lugar, periodo de "reflexión" en el caso de cambio de un equipo protegido contra incendios a otro. En tercer lugar, organización de formaciones periódicas a los distribuidores y empleados del proveedor sobre los intercambios de información. En cuarto lugar, nombramiento de un responsable de cumplimiento dentro de la empresa. En quinto lugar, restricción del acceso a documentos (tanto físicos como electrónicos). En sexto lugar, firma de acuerdos de confidencialidad para los equipos con cortafuegos y el departamento informático. Y, por último, implantación de un sistema de notificación en caso de infracción.

Más allá de las medidas expuestas en el párrafo anterior, existen otras posibles medidas para sensibilizar a los distribuidores y limitar los intercambios de información contrarios a las normas como, por ejemplo, celebrar un acuerdo de intercambio de datos con los distribuidores, en el que se establezcan las normas a seguir a la hora de intercambiar datos con el proveedor, en el caso de combinación de modelos de distribución (agente/comprador/revendedor), asegurarse de que los distribuidores sepan quiénes son sus personas de contacto dentro de la empresa del proveedor y, en última instancia, enviar cartas de advertencia en caso de incumplimiento por parte de los distribuidores[883].

3.3 Conclusiones sobre el intercambio de información en un escenario de distribución dual

3.3.1 Observaciones generales

Un acuerdo puramente vertical que entra en el ámbito de aplicación de los arts. 2 y 3 del RECAV 2022, pero sin restricciones especialmente graves, es un acuerdo respecto del cual puede presumirse con suficiente certeza que cumple las condi-

---

[883] VOGEL, J., "Dealing with dual distribution", en *IDI Conference "RESTRICTIONS ON THE FREEDOM OF CONTRACT To what extent can you trust that your distribution or franchise contract will not be reinterpreted or rebalanced by Courts"*, Bolonia, junio 2023.

ciones del art. 101.3 TFUE. Esta consideración no cambia por el mero hecho de que el proveedor sea o pase a ser hasta cierto punto activo en el nivel minorista.

En nuestra opinión, las situaciones en las que pueden faltar los supuestos efectos competitivos del intercambio de información se refieren principalmente a situaciones en las que este facilitaría o daría lugar a restricciones verticales especialmente graves u horizontales por objeto. Creemos, por tanto, que un umbral adicional de cuota de mercado en el RECAV 2022 para el intercambio de información en escenarios de distribución dual no ayudaría a distinguir tales situaciones de prácticas y/o conductas competitivas, razón por la que el texto definitivo RECAV 2022 no incorpora dicho porcentaje adicional. Hay que añadir que, además, en nuestra opinión, la jurisprudencia reciente citada anteriormente demuestra que el marco jurídico actual está preparado para hacer frente a las prácticas restrictivas derivadas del intercambio de información en situaciones de distribución dual.

En línea con la reciente jurisprudencia del TJUE, consideramos importante distinguir adecuadamente entre la información intercambiada en una relación vertical y, por tanto, relativa a la competencia intramarca, y la información intercambiada en una relación puramente horizontal, que afecta a la competencia intermarca. Sólo esta última está sujeta a una presunción de ilegalidad. A nuestro modo de ver, es por tanto fundamental que las explicaciones sobre los límites del intercambio de información en la distribución dual se proporcionen en las Directrices Verticales 2022 (como efectivamente aparecen reseñadas) y no se proporcionen parcial o totalmente en las Directrices horizontales. De lo contrario, la evaluación de una exención en virtud del art. 101.3 TFUE estaría sujeta a parámetros jurídicos y presunciones totalmente diferentes, como ocurría en el marco legal anterior. Incluso en el supuesto de que la distribución dual se trate en un capítulo separado de las Directrices horizontales, consideramos posible que las autoridades y los tribunales nacionales interpreten erróneamente esta orientación y apliquen conceptos de la jurisprudencia sobre el intercambio de información entre empresas competidoras directamente a los supuestos de distribución dual. Concluimos, por lo tanto, que los límites del intercambio de información en la distribución dual deben proporcionarse únicamente en las Directrices verticales, y no en las Directrices horizontales pues ello llevaría a resultados erróneos.

Consideramos que el enfoque del RECAV 2022 está plenamente en consonancia con los principios de exención de la norma como tal, ya que reconoce que los acuerdos verticales se aplican en diferentes formatos de distribución, para diferentes tipos de productos, en todos los sectores y panoramas competitivos. En este contexto, no es un tipo específico de información, sino de hecho la "relación" proporcional de dicha información con la facilitación y/o aplicación adecuada del tipo específico de sistema de distribución legalmente aplicado, lo que determina su evaluación desde el punto de vista de la competencia. Por poner un ejemplo: en un sistema de franquicia, es necesario y proporcionado un intercambio de información más amplio que en un sistema de distribución simple.[884] Lo que significa que también un intercambio de información más amplio está directamente relacionado con un acuerdo vertical y, por lo tanto, debe estar cubierto por el ámbito de aplicación de la exención del RECAV 2022.

Con independencia del formato de distribución empleado, los principales elementos no restrictivos de un acuerdo vertical vienen determinados por la naturaleza de los productos y/o servicios ofrecidos en virtud del acuerdo y los requisitos de servicio adicionales aplicados. Las obligaciones de garantía, los requisitos de registro, la necesidad de cumplir las disposiciones

---

[884] Directrices relativas a la aplicación del apartado 3 del artículo 81 del Tratado de 27.4.2004, p. 97, ap. 31.

reglamentarias o el hecho de que los productos contractuales deban adaptarse a las necesidades individuales de los clientes son sólo algunos ejemplos que suelen definir la *"principal operación no restrictiva"*[885] , es decir, el acuerdo vertical. Basándonos en estas consideraciones, no vemos suficiente apoyo en las circunstancias fácticas del intercambio de información para excluir determinados tipos de información como tales del ámbito de aplicación del RECAV.

Incluso la información estratégica puede a menudo estar directamente relacionada con el acuerdo vertical y, por tanto, su intercambio justificado para implementar y/o facilitar la venta de algunos productos/servicios (por ejemplo, destino exacto del cliente para productos sanitarios, productos químicos tóxicos), mientras que puede carecer de un nexo suficiente y, por tanto, *"no estar relacionada"* con otros. Observamos que este principio ya se reconoce en las propias Directrices verticales como justificación objetiva de ciertas restricciones, por ejemplo, con respecto a consideraciones de seguridad y salud, recuperación de inversiones o pruebas de nuevos productos en un mercado.[886] Esta consideración se aplica incluso a la información estratégica sobre precios: la comunicación de información sobre precios futuros del distribuidor al proveedor se considera normalmente de la mayor importancia estratégica para la competencia minorista entre sectores y formatos de distribución. La obligación del distribuidor de comunicar sus futuros precios de reventa al proveedor bien puede ser utilizada por un proveedor para aplicar el MPR[887] y, por tanto, infringir el art. 4 a) del RECAV 2022 ya que existe una alta probabilidad de que tal requisito de información sea seguido en el enten-

---

[885] Directrices, relativas a la aplicación del apartado 3 del artículo 81 del Tratado de 27.4.2004, p. 97, ap. 28.

[886] Directrices verticales 2010, apartados 60 y ss.

[887] Mantenimiento Precio Reventa.

dimiento mutuo de una reacción, aunque sólo sea en forma de consentimiento tácito, por parte del proveedor. Esta apreciación no es específica de una situación de distribución dual, sino que se aplica igualmente a acuerdos puramente verticales. Por otra parte, la comunicación por parte del proveedor al distribuidor de los precios al por menor recomendados no suele considerarse restrictiva de la competencia en un acuerdo puramente vertical. En un escenario de distribución dual, sin embargo, dicha comunicación podría considerarse igualmente como la comunicación de datos estratégicos sobre precios. En particular, si se desglosa, por ejemplo, en precios al por menor recomendados para campañas de ventas, lanzamientos de productos, etc., la información suele permitir sacar conclusiones precisas sobre el comportamiento de precios del propio proveedor. Excluir el intercambio de datos estratégicos sobre precios en un escenario de distribución dual de los beneficios del RECAV 2022 llevaría, en nuestra opinión, a resultados erróneos a menos que se excluya la comunicación de precios de reventa recomendados del proveedor al distribuidor. La política del proveedor de no participar en la competencia de precios con sus distribuidores es un elemento inherente a las situaciones de distribución vertical y dual, a la que el proveedor podría incluso comprometerse contractualmente[888]. En ausencia de esta información, los distribuidores bien podrían acabar en una desventaja competitiva no deseada en la competencia de reventa, ya que el proveedor podría abstenerse de tal comunicación competitiva para no arriesgarse a una violación de las normas verticales. Creemos que esto es contrario a los principios de exención del RECAV 2022.

---

[888] La prohibición de mantener los precios de reventa en el art. 4 a) RECAV 2022 sólo se refiere a la influencia del proveedor sobre el distribuidor en los precios de reventa, pero no a la política de precios del mismo proveedor.

3.3.2 Observaciones sobre las pautas orientativas del intercambio de información en la distribución dual

A la luz del mecanismo general de exención por categorías del RECAV 2022 ("todo lo que no está excluido del ámbito de aplicación del mismo está exento"), las explicaciones de las Directrices verticales 2022 sobre los límites del intercambio de información en un escenario de distribución dual se centran principalmente en las prácticas de las que se puede afirmar con suficiente certeza que no están suficientemente relacionadas para facilitar la aplicación o el correcto funcionamiento de los acuerdos verticales. Creemos que se ha producido un gran avance en esta materia al ofrecer asimismo las Directrices verticales 2022 ejemplos positivos de intercambio de información exento por categorías en la medida en que es necesario para comprender el concepto de evaluación. En el caso de un enfoque según el cual el intercambio de información en la distribución dual permanece generalmente dentro del ámbito de aplicación de la exención por categorías, dichas orientaciones permitirán suficiente flexibilidad también con respecto a los nuevos modelos empresariales que puedan surgir en el futuro y que aún no puedan describirse o incluso preverse.

A) Observaciones sobre el intercambio de información no exenta en situaciones de distribución dual

En nuestra opinión, la información que no está suficientemente relacionada con la aplicación o facilitación de un acuerdo vertical en un escenario de distribución dual no puede definirse en general, sino que debe evaluarse a la luz del acuerdo vertical respectivo. No obstante, los siguientes elementos pueden servir de orientación:

a) Información no relacionada

A nuestro parecer, la información no relacionada es aquella que no está justificada por la aplicación o facilitación del acuerdo vertical competitivo. Esto incluiría, por ejemplo, intercambio recíproco de información estratégica únicamente relacionada con el nivel minorista horizontal en la distribución dual (es decir, discusión de políticas de precios, discusión de asignación de clientes, discusión de estrategias de reventa). En nuestra opinión, el RECAV 2022 ya ofrece al proveedor herramientas suficientes para imponer legalmente ciertas formas de restricciones de reventa a sus distribuidores (por ejemplo, restricciones activas de venta a clientes exclusivos de otros distribuidores, prohibición de reventa a distribuidores no autorizados en un sistema de distribución selectiva, etc.). El intercambio recíproco de información estratégica únicamente relacionada con el nivel minorista no suele ser necesario para la aplicación del acuerdo vertical ni está directamente relacionado para facilitar y/o permitir sus efectos competitivos.

Con la excepción de los sistemas de franquicia, en los que el concepto de franquicia puede exigir la necesidad de intercambiar información estratégica, no nos parece que esta afirmación deba matizarse más a la luz de los diferentes formatos de distribución como, por ejemplo, los sistemas selectivos. Tampoco vemos que los elementos de servicio adicionales requeridos, por ejemplo, por la distribución de algunos productos[889]cambien en general esta evaluación. También en estos casos las partes deben evaluar si la información intercambiada sigue estando directamente relacionada (y es proporcionada) con su acuerdo.

[889] Por ejemplo, los productos relacionados con la industria química.

b) Información desproporcionada

Los elementos generales para determinar la proporcionalidad del intercambio de información son:[890]

1. El flujo de información: el intercambio recíproco de información es más crítico que el unilateral.
2. El momento del intercambio de información: el intercambio de información relativa al comportamiento actual o futuro es más crítico que el pasado.
3. La frecuencia y el nivel de granularidad de dicho intercambio de información: cuanto más frecuente y estratégico sea el intercambio de información, más crítico será.
4. El uso de la información: un debate sobre la información intercambiada es más crítico que su comunicación/recepción unilateral.
5. Información de reventa desproporcionada del proveedor al distribuidor: la información del proveedor que va más allá del nivel de información requerido para los elementos competitivos de un acuerdo vertical, puesto que el mismo efecto podría lograrse con una información menos detallada, debe excluirse de la exención por categorías[891].

---

[890] PAUTKE, S., y SCHULZE, J.M., *op., cit.*, p.42.

[891] Por ejemplo, la información unilateral del proveedor sobre el calendario de las próximas campañas de ventas, así como los precios minoristas generales recomendados es proporcionada, la discusión conjunta de los precios exactos durante esa campaña y/o un requisito de informar sobre el comportamiento desviado de los precios en un escenario de distribución dual no lo es, la presencia del proveedor en una reunión con el cliente para explicaciones técnicas es proporcionada, la presencia en las reuniones durante las negociaciones de precios de reventa entre el distribuidor y sus clientes no lo es.

6. Información de reventa desproporcionada del distribuidor al proveedor: la información del distribuidor que va más allá del nivel de información exigido para los elementos procompetitivos de un acuerdo vertical, dado que podría conseguirse el mismo efecto con una información menos detallada, no debería beneficiarse de la exención por categorías[892].

B) Observaciones sobre la información exenta en situaciones de distribución dual

A nuestro juicio, los siguientes elementos son relevantes para determinar en conjunto el carácter competitivo del intercambio de información como elemento directamente relacionado y proporcionado en un escenario de distribución dual:

a) Formato de distribución

Todo intercambio de información vinculado a la aplicación o facilitación de un formato de distribución específico (exento por categorías) debe seguir estando exento por categorías también si este sistema se aplica con elementos de distribución dual. En consecuencia, en los sistemas selectivos o de franquicia, el intercambio de información es más amplio y propor-

---

[892] Por ejemplo, los requisitos de revelar datos de clientes finales por parte de un distribuidor a un proveedor que proporciona servicios (posventa) al cliente o trabaja en un sistema de envío directo pueden ser proporcionados, mientras que el mismo tipo de información en un escenario de distribución dual sin tales elementos generalmente no lo es; la información agregada de rendimiento sobre un tipo específico de campaña promocional es proporcionada, mientras que presentar el precio exacto de reventa cobrado por el distribuidor a nivel unitario durante sus campañas de *marketing* no lo es, a menos que se den las circunstancias limitadas descritas en las Directrices verticales.

cionado que en los sistemas de distribución libre. En nuestra opinión, los sistemas totalmente exclusivos que excluyen *de facto* la competencia del proveedor en el nivel minorista con respecto al territorio o grupo de clientes exclusivos, no conducen en muchos casos a una relación de reventa entre las partes contratantes diferente de la que se da en otros formatos de distribución. Por tanto, concluimos que tales casos no deberían someterse a las consideraciones específicas de intercambios de información de la distribución dual.

b) Principales elementos no restrictivos de un acuerdo vertical

Toda la información relacionada con la aplicación real y la ejecución satisfactoria del acuerdo vertical como tal debe permanecer exenta de bloque. Esto afecta, entre otras cosas, al intercambio de información relativa al cumplimiento de los requisitos normativos, las políticas de devolución, las obligaciones de garantía, etc.

c) Otros elementos no restrictivos de un acuerdo vertical

Toda la información intercambiada en situaciones de distribución dual relativa a determinados parámetros neutros o competitivos (que aumentan la eficiencia), como los requisitos de servicio, la asistencia técnica, la entrega directa o en reparto, los sistemas de reposición, los sistemas informáticos de gestión de pedidos o existencias, etc., debe permanecer exenta de bloqueo. Esto también se aplica si la información sobre los parámetros en cuestión es solicitada o iniciada por compradores o distribuidores, por ejemplo, para garantizar una gestión rentable del suministro y los pedidos.

d) Naturaleza de los productos y servicios vendidos en virtud del acuerdo

Toda la información requerida por la naturaleza de los productos y/o servicios vendidos debe permanecer exenta de bloqueo. Esto se refiere, por ejemplo, a la información sobre los requisitos de registro/certificación, la necesidad de cumplir las disposiciones reglamentarias, la manipulación de mercancías peligrosas o el hecho de que los productos contractuales deban adaptarse a las necesidades individuales de los clientes. La naturaleza de determinados productos y/o servicios puede requerir un mayor intercambio de información y la consiguiente interacción entre el proveedor y el distribuidor que en el caso de otros productos/servicios.

e) Medidas de los resultados de *marketing* y ventas

El éxito y la competitividad de un sistema de distribución indirecta dependen principalmente de los resultados de ventas y *marketing* de los distribuidores. La información necesaria y proporcional para medir los esfuerzos y garantizar el progreso futuro de los distribuidores en ventas y *marketing*[893] debe permanecer exenta de bloqueos. Lo mismo se aplica a la información comunicada por el proveedor al comprador/distribuidor para garantizar la competitividad de los productos y servicios desde una perspectiva intermarca[894]

f) Medidas para aplicar o supervisar elementos objetivamente justificados de un acuerdo vertical

La recuperación de inversiones o el ensayo de nuevos productos se mencionan en las Directrices verticales como dos factores que pueden justificar objetivamente la aplicación de ciertas restricciones verticales.[895] Para mantener la coherencia

---

893 Por ejemplo, a través de informes de ventas, sistemas de descuentos, planes de *marketing*, etc.

894 Es decir, lanzamiento de nuevos productos, ajuste de las recomendaciones de precios de reventa, información sobre el calendario y el contenido de las campañas de marketing centrales, información sobre el calendario de las campañas de marketing del proveedor, información general sobre el panorama competitivo.

895 Concretamente en el apartado 16 c) de las Directrices verticales 2022 se establece que: "*Entre las razones que pueden justificar la aplica-*

dentro del sistema general, esto también tendría que relacionarse con el intercambio de información en la distribución dual relativa a tales escenarios objetivamente justificados.

En definitiva, podemos concluir, a la vista de todo lo expuesto en las páginas anteriores, que el intercambio de información es una parte inherente de cualquier acuerdo vertical. Por lo tanto, en los escenarios de distribución dual, debe excluirse del ámbito de aplicación del RECAV 2022 sólo si no está directamente relacionado con el funcionamiento y/o la facilitación de un acuerdo vertical o no es proporcional al mismo.

V. DISTRIBUCIÓN DUAL: CONSIDERACIONES FINALES

La distribución dual ha generado grandes desafíos para las autoridades de competencia al evaluar sus posibles ramificaciones, representando un hito significativo en la evolución del Derecho *antitrust*. Este fenómeno ha allanado el camino hacia la adopción de la perspectiva de la Escuela de Chicago y un enfoque más orientado hacia la economía en el estudio de las interacciones entre agentes económicos.

En la actualidad, la distribución dual no se percibe como inherentemente ilícito, de hecho, a primera instancia, se presume su legalidad. Sin embargo, debido a su naturaleza híbrida,

---

ción de determinadas restricciones verticales figuran las siguientes: c) abrir nuevos mercados o introducirse en ellos. En el caso de que un proveedor desee introducirse en un nuevo mercado geográfico, por ejemplo, exportando a otro país, ello puede implicar la realización de inversiones a fondo perdido específicas por parte del distribuidor para establecer la marca en el mercado. Para convencer a un distribuidor local de que realice estas inversiones, cabe la posibilidad de que sea necesario ofrecer protección territorial, de forma que el distribuidor pueda recuperar sus inversiones. Esto puede justificar que se restrinja la venta en el nuevo mercado a los distribuidores situados en otros mercados geográficos…".

surgen riesgos potenciales que varían según diversas circunstancias.

Por un lado, desde una óptica orgánica, la distribución dual puede manifestarse en entornos de relaciones verticales intensas, como en una red de distribución selectiva y/o exclusiva. Aquí, los efectos de la distribución dual pueden integrarse en una verticalidad que descarta riesgos de coordinación, contrastando con las posibles tensiones entre agentes económicos independientes en un mismo eslabón de la cadena de producción.

Por otro lado, cuando la relación vertical es tenue, como en el caso de proveedores que emplean redes de comercialización con distribuidores independientes y multimarca, pueden surgir diversos riesgos de exclusión y coordinados fuera de una lógica propiamente vertical. La determinación de casos y riesgos resulta compleja, requiriendo un análisis económico para desentrañar si la afectación a la competencia intramarca tiene la capacidad de restringir la competencia intermarca. Asimismo, un fenómeno adicional a considerar es la integración vertical de plataformas digitales intermediadoras, que compiten directamente con sus propios clientes al generar su gama de productos y servicios[896].

En conclusión, el potencial conflicto de interés subyacente a estos fenómenos no puede pasarse por alto. A saber, el análisis de la posible conducta anticompetitiva por coordinación entre proveedores y distribuidores en un contexto de distribución dual implica considerar la colusión como un acuerdo o práctica concertada entre competidores. La determinación crítica radica en evaluar si la venta directa del proveedor al

---

[896] BLOODSTEIN, B., "Amazon and Platform Antitrust", *Fordham University School of Law* 88, No 1 2019, p. 213. *"The dual distribution model, while not perfectly designed for or typically associated with two-sided platforms, may be a helpful lens through which to view some of Amazon's practices, specifically in its competition with its own third-party sellers".*

cliente final implica competencia directa con sus propios distribuidores.

En última instancia, la conclusión depende inevitablemente de múltiples factores, y se requiere un enfoque que incluya tanto, el análisis de la dicotomía vertical/horizontal, como los efectos en la competencia intermarca de la conducta. La implicación más relevante es que no todo sistema de distribución dual puede ser categorizado bajo la inmunidad de una aparente relación vertical[897]. En este sentido, la posible horizontalidad de la relación puede volverse más evidente cuando el distribuidor es multimarca y vende productos de varios proveedores, o en el caso de meros revendedores.

---

[897] En su análisis a propósito de las relaciones entre principal y agente, AKMAN, P. (*"Online Platforms, Agency, and Competition Law"*, cit., p. 20) identifica que, típicamente, la relación entre ambos implica una suerte de inmunidad frente al derecho de la competencia, pero, emanada de la doctrina de la *single economic entity*. A nuestro juicio, *mutatis mutandis*, el criterio parece, al menos, teóricamente replicable a prácticas entre agentes económicos presuntivamente subsumibles en una relación vertical.

Conclusiones

PRIMERA

Los contratos de distribución en su mayor parte son atípicos, en tanto que carecen de régimen legal. Un intento para su regulación se llevó a cabo por la Propuesta del Anteproyecto de Ley de Contratos de Distribución elaborado por la Comisión General de Codificación y, otro intento, por el Proyecto de Ley de Contratos de Distribución. La atipicidad de estos contratos, antes mencionada, plantea el problema de encontrar un régimen jurídico subsidiario que pueda cubrir las lagunas no cubiertas por la voluntad de las partes. Así, por un lado, su carácter de contratos de duración indefinida ha dado lugar a muchos conflictos en torno a la eficacia extintiva de la voluntad de las partes y la existencia o no de un deber de indemnización por la clientela procurada por el distribuidor durante el contrato, por aplicación analógica de la regulación del contrato de agencia. Finalmente, la última jurisprudencia recaída sobre esta cuestión es unánime en señalar que el distribuidor, bajo unos requisitos y análisis de las consecuencias de la extinción del contrato, podrá recibir una indemnización referente a los clientes que haya podido consolidar en beneficio de la empresa fabricante, siempre y cuando se contemple en el contrato y se trate de distribución exclusiva. Pero dicha regla decae si esa consecuencia no se ha reflejado en el contrato y el distribuidor no tiene carácter exclusivo. Por otro lado, en general los contratos de distribución son contratos de adhesión en los que, aunque ambas partes reúnen la condición de empresarios, una de las mismas tiene el carácter de contratante débil y por lo tanto en ocasiones merece una tutela específica ante situaciones de asimetría informativa. Por ello puede ser conveniente una regulación especial de los deberes precontractuales de información o en su caso, la aplicación analógica de los que rigen en materia de franquicia.

SEGUNDA

Teniendo en cuenta las dificultades para abordar una regulación de los contratos de distribución, hay que hacer referencia a los códigos de conducta, que se perfilan, en nuestra opinión, como una auténtica alternativa. El propio prelegislador se mostró partidario de su difusión y promoción en los distintos ámbitos sectoriales, sirviendo así de ayuda para interpretar y ejecutar los contratos en el sector de la distribución comercial. Es evidente la mejora que los códigos de conducta suponen respecto a la legislación en cuestiones como la flexibilidad y la posibilidad de prestar atención a cuestiones concretas que se presentan, siendo igualmente de gran utilidad a los jueces a la hora de valorar la conducta de las partes. Sin embargo, también, a nuestro parecer, hay que poner de relieve que la libertad que plantean como instrumentos de autorregulación es, a su vez, su principal debilidad, ya que, tratándose de instrumentos de adhesión voluntaria, sus declaraciones únicamente resultarán exigibles en relación a aquellos operadores que hayan decidido libremente someterse a ellas, y lo mismo puede predicarse de la eficacia de las sanciones a que den lugar los incumplimientos. Esta es la razón que nos lleva a defender la conveniencia de códigos de conducta positivos, que marquen la línea a seguir a través de la fijación de estándares que se consideran adecuados para actividad en el sector y en general en el mercado, como ocurre con el Código Deontológico Europeo de la Franquicia.

TERCERA

Es esencial estudiar los contratos de distribución, a nuestro modo de ver, en el ámbito del Derecho de la competencia. Por un lado, en lo que se refiere defensa de la libre competencia hay que atender a la aplicación de las normas nacionales, pero, sobre todo, a las normas comunitarias relativas a la exención por categorías de acuerdos, que también resulta aplicable a nuestro país. Nos referimos al Reglamento (UE) 720/2022 de la Comisión, de 10 de mayo de 2022, relativo a la aplicación del art. 101, apartado 3 del Tratado de Funcionamiento de la Unión Europea a determinadas categorías de acuerdos verticales y prácticas concertadas (RECAV 2022). También, por otro lado, resultará de aplicación la normativa sobre competencia desleal, dado que usualmente en el contenido del contrato de distribución aparecen cláusulas de exclusividad y competencia, cuyo incumplimiento podría ser calificado como acto de competencia desleal, en sus vertientes de inducción a la infracción contractual y explotación de la situación de dependencia.

CUARTA

La aparición de un medio de comunicación universal como es internet, que permite al fabricante o prestador de servicios entrar en contacto directo y negociar con consumidores y usuarios, compromete indirectamente la supervivencia a medio plazo de los sistemas o modelos tradicionales tanto de distribución simple como indirecta e integrada. Los fabricantes o proveedores tienden a canalizar la venta de sus productos o la prestación de sus servicios a través de la negociación directa con los consumidores y posteriormente subcontratan el almacenamiento y la entrega a domicilio, provocando la paulatina desaparición de los distribuidores. Este proceso se acelera mucho más cuando hablamos de bienes y servicios aptos para digitalizarse y con la capacidad de poner a disposición del usuario a través una transmisión en línea mediante la red. En estos casos la desaparición de distribuidores tradicionales es prácticamente absoluta.

QUINTA

Sin embargo, en nuestra opinión, la desaparición del intermediario en la distribución no va a ser tan radical. Si bien la distribución directa de proveedores a consumidores ha crecido, los sistemas de distribución indirecta (especialmente los modelos integrados de distribución indirecta) perdurarán en el tiempo debido a que se basan en una estrategia competitiva postindustrial, que se asienta en el prestigio de la marca y en las ventajas de los establecimientos abiertos al público, la asistencia posventa y las minuciosas condiciones comerciales de atención al cliente. Pero, asimismo, es lógico que los distribuidores integrados como empresarios independientes quieran ingresar al mercado de Internet de la misma manera que los proveedores, con la finalidad de expandir sus expectativas comerciales, a veces entrando en conflicto con ellos, que pretenden reservar este canal con exclusividad. La distribución en Internet, de esta forma, y aunque el número de intermediarios disminuya gradualmente, también se incorporará a la distribución presencial o tradicional de los distribuidores integrados en la red empresarial creada por los proveedores y la distribución *online* de los propios proveedores y distribuidores.

SEXTA

Por lo tanto, la capacidad del comercio electrónico para la distribución directa por parte de los fabricantes no dará como resultado la eliminación completa de intermediarios o distribuidores. Seguramente se eliminarán los mayoristas y minoristas más débiles, pero en cambio, surgirán otros intermediarios también desarrollarán su negocio exclusivamente a través de Internet. Este será el caso de los minoristas que compren los productos de marca para la reventa a los consumidores y usuarios, que podrán desarrollar sus actividades de reventa a través del mercado virtual. Y ello es debido a que Internet favorece este fenómeno de comercio paralelo, basado en el principio de agotamiento de los derechos de propiedad industrial e intelectual en el Espacio Económico Europeo. De este modo, será posible encontrar fabricantes que vendan y distribuyan sus productos junto a distribuidores independientes de productos originales de marca en la red.

SÉPTIMA

Si bien en principio es imposible imponer restricciones al acceso de los distribuidores a los mercados virtuales y al comercio electrónico, dependiendo de las circunstancias, estas restricciones o limitaciones pueden ser admisibles si el uso que los distribuidores hacen de Internet es incompatible con el modelo de distribución del que forman parte y perjudican tanto proveedor como al resto de los miembros la red. El ingreso de cualquier miembro de la red en el mercado electrónico, sin el consentimiento del empresario principal, puede suponer un gran cambio en la relación contractual entre ellos y en la estructura de toda la red de distribución. Por un lado, en diferentes territorios con derechos exclusivos, como en los contratos de concesión o franquicia, se debe exigir el respeto mutuo. Por otro lado, en los contratos de distribución selectiva, los productos con prestigio se entregan y venden bajo ciertas condiciones, es por ello que, el proveedor puede establecer ciertos requisitos para que los distribuidores selectivos operen en el mercado *online*.

OCTAVA

El nuevo RECAV 2022, en lo que respecta a las ventas por Internet, establece que el proveedor podrá establecer requisitos de calidad o apariencia de la página web del distribuidor, así como requisitos mínimos relacionados con la forma en que se deberán visualizar los bienes o productos, o la marca del proveedor, en la web del distribuidor. Asimismo, podrá prohibir la utilización de plataformas o *marketplaces* para la distribución de sus bienes en determinados supuestos, o exigir al distribuidor que disponga de un establecimiento físico de venta, además del canal *online*, y que realice un volumen mínimo de ventas a través de dicho establecimiento físico. En este sentido, las nuevas Directrices Verticales también permiten, de forma novedosa, que el proveedor pueda fijar un precio al por mayor diferente para un mismo producto en función de si es distribuido *online* o en establecimiento físico, siempre que esta práctica no tenga como objetivo impedir el uso de Internet para la distribución del producto. Sin embargo, a nuestro parecer se plantean nuevos interrogantes que resolverá la jurisprudencia, en particular en lo relativo a la fijación de precios dual a nivel mayorista en función de si el producto es distribuido *online* o en establecimiento físico, a la distribución dual, o a las cláusulas de nación más favorecida.

NOVENA

El sistema de distribución exclusiva se basa en cláusulas territoriales reforzadas, que pueden evitar que los distribuidores vendan activamente productos o servicios por contrato fuera de su ámbito de influencia, aunque sí están autorizados a vender pasivamente a sujetos que provengan de la zona delimitada, siempre y cuando no se haya realizado una labor de captación de clientes. La pregunta clave es si las ventas realizadas por distribuidores exclusivos a través de Internet deben clasificarse como ventas activas, por lo que los proveedores pueden prohibir estas ventas bajo contrato, lo que evitará que los distribuidores expandan virtualmente su negocio. La cuestión se ha clarificado mucho a raíz de la entrada en vigor del nuevo RECAV 2022. En él se definen las ventas activas y pasivas en el contexto de los sistemas de distribución, algo que, junto a los casos específicos y ejemplos recogidos en las Directrices del nuevo RECAV 2022, supone una concreción de supuestos permitidos y prohibidos, lo que solventa, en nuestra opinión, de forma definitiva, las antiguas dudas y problemas generados por el Reglamento y Directrices anteriores.

DÉCIMA

Respecto a la distribución selectiva, de acuerdo con su estructura típica, los artículos de lujo, o productos con la complejidad técnica de la marca del proveedor, solo se podrán adquirir en tiendas autorizadas, en las que los productos del fabricante se exhibirán de manera cuidadosa y distinguida, y donde se debe prestar atención preventa y postventa conforme las características del producto. Sin embargo, la aparición de Internet y la aparición de mercados virtuales globales han provocado importantes quiebras en esta estructura tradicional. El proveedor no puede evitar que los distribuidores autorizados integrados en su red utilicen Internet para llevar a cabo sus actividades de comercialización, y si lo hace, debe considerarse una prohibición inválida dado que está incluida en el listado de excepciones del RECAV 2022, puesto que es una restricción de las ventas activas y pasivas a consumidores finales por parte de los miembros de un sistema de distribución selectiva que opere al nivel del comercio minorista. No obstante, el hecho de que los distribuidores puedan acceder a Internet no impide a los proveedores incluir restricciones accesorias en los contratos de distribución selectiva, exigiendo a los distribuidores autorizados que diseñen y proporcionen sitios *web* adecuados a sus directrices, además de otorgar la visibilidad del producto objeto del contrato con el prestigio conveniente y un servicio eficiente de atención al cliente en línea.

UNDÉCIMA

Los agregadores de información constituyen un nuevo tipo de intermediario, de forma que contribuyen a la distribución de productos y servicios en la red, pero creemos que no son calificables como distribuidores en sentido estricto, ni simples ni integrados, ya que sus funciones se limitan a organizar una plataforma centralizada que se utiliza para comprar o vender productos o servicios. En consecuencia, los agregadores no son distribuidores, pero contribuyen a la contratación y distribución *online* de diversos servicios, simplificando así la distribución a través de Internet. Por tanto, estos modelos de negocio se clasifican como formas especiales de distribución *online*.

DUODÉCIMA

En relación con las plataformas digitales nos planteamos la naturaleza jurídica del contrato de intermediación de servicios en línea entre las mismas y el vendedor o suministrador del servicio que tiene por objeto la prestación por la plataforma de un servicio en línea, aunque la dificultad viene dada por la diversidad y diferentes funciones de aquellas. Hemos examinado si encaja en algunos de los contratos clásicos de mediación y distribución. No obstante, la configuración como contrato de distribución se llevó a cabo por algún sector doctrinal para "sostener la excepción a la aplicación del art. 101 TFUE/ art. 1 LDC". En nuestra opinión, sin embargo, según el nuevo RECAV 2022 no haría falta la configuración de las relaciones generadas entre plataforma y oferentes como contrato de distribución a los fines de la aplicación del art. 101 TFUE, ya que se entiende que *"los acuerdos relativos a la prestación de servicios en línea son acuerdos verticales y, por tanto, deben poder beneficiarse de la exención por categorías"*. También, sobre este tema creemos que es muy relevante el Reglamento Europeo 2019/1150, de 20 de junio, sobre fomento de la equidad y de la transparencia para los usuarios profesionales de servicios de intermediación en línea, de 20 de junio de 2019 es la primera norma comunitaria que tiene como objeto la regulación de las plataformas como servicios de intermediación en línea, si bien se ciñe a los contratos celebrados con oferentes profesionales. Por lo tanto, no están contempladas en la misma las relaciones entre plataforma y consumidor, ni entre el oferente profesional o consumidor.

DECIMOTERCERA

En relación a las ventas en línea, hay que observar que frecuentemente las características locales de cada uno de los Estados son tenidas en cuenta por los fabricantes que venden o directamente *online* o a través del *marketplace,* que tienden a crear diversificaciones nacionales, tanto en los precios como en las calidades de los productos. Son habituales las medidas conocidas como, de geobloqueo y filtrado geográfico. En este sentido, el Reglamento *Geoblocking* únicamente prohíbe el bloqueo del acceso a páginas web y otras interfaces y la redirección hacia una versión distinta en determinadas circunstancias que considera injustificadas, como nacionalidad, lugar de residencia, etc. Aun así, dicho bloqueo geográfico injustificado continúa admitiendo excepciones, por ejemplo, si objetivamente son necesarias, es decir, cuando derivan del cumplimiento de un requisito legal establecido en el Derecho comunitario de la Unión, o del mismo modo, cumpliendo la legislación de alguno de los Estados Miembros. Se trata de encontrar el equilibrio necesario, por un lado, para trasladar las limitaciones de la distribución exclusiva y selectiva al entorno digital, y por otro, para asegurar la libertad de los consumidores de comprar donde quieran. A saber, si bien la finalidad del Reglamento *Geoblocking* es sin duda loable, pensamos que su alcance será probablemente modesto por varios motivos. Fundamentalmente porque parece que la mayor parte de los obstáculos que sufre a diario el consumidor europeo para adquirir bienes o servicios son a causa de prácticas concertadas y no de actuaciones individuales del empresario, quien lógicamente no debería rechazar transacciones si no es porque le generan más inconvenientes que ganancias.

DECIMOCUARTA

Por otra parte, el TJUE ha estudiado con detenimiento las prohibiciones absolutas de ventas *online* y las prohibiciones de ventas a través de plataformas. A este respecto, los relevantes casos *Pierre Fabre* y *Coty* representan la doctrina emanada del TJUE sobre estas prohibiciones. Hemos analizado ambos casos para aclarar las justificaciones de las restricciones a las ventas pasivas *online* que pueden ampararse en el apartado 3 del art. 101 TFUE. En este sentido, existen dudas en cuanto a si proteger el valor de marca o la imagen de lujo de un producto puede respaldar la legitimidad de algunas de estas restricciones. Por lo tanto, la afirmación de que el propio canal en línea, independientemente del diseño del portal de ventas específico, puede dañar la imagen de los productos vendidos, es algo que, a nuestro modo de ver y a la vista del desarrollo de Internet no tendría cabida. En consecuencia, se puede argumentar, que, dada la evolución cualitativa del mercado digital, una prohibición total de las ventas en línea, como en el caso de *Pierre Fabre*, difícilmente puede considerarse proporcionada a la posibilidad del fabricante de imponer y controlar los parámetros de calidad del concreto portal de venta en Internet. Por el contrario, la protección de la imagen de lujo puede justificar la prohibición de venta a través de "ciertos" portales como plataformas en línea, tal y como se observa en el caso *Coty*.

DECIMQUINTA

Ahora bien, a nuestro parecer, que el sistema selectivo no entre en conflicto con el art. 101.1 TFUE, se debe a que los productos vendidos en el sistema deben tener características particulares y no deben ser productos comunes. Pero, de nuevo surge la cuestión de quién establece si un producto es tecnológico o de lujo. Al no disponer de una noción comunitaria de bien tecnológico/de lujo, en nuestra opinión puede haber, en la práctica, un abuso de la utilización de los sistemas selectivos, ya que solo tienen por objeto evitar que los productos salgan de la red con ventas en línea. Cabe preguntarse entonces si un sistema selectivo en el que se venden bienes comunes debería ser autorizado por el RECAV 2022 sobre exención por acuerdos verticales. Pensamos que si se abusara del sistema selectivo (utilizando un concepto más amplio de bienes de lujo o tecnológicos), se perjudicarían las ventas paralelas que garantizan un ulterior canal de arbitraje ventajoso para el consumidor. En efecto, las ventas paralelas permiten al consumidor comprar a precios generalmente inferiores a los de la red; además, se dirigen a todos los mercados, incluso a aquellos en los que hay importadores o distribuidores del proveedor.

DECIMOSEXTA

La distribución dual consiste en que un proveedor vende sus productos o servicios tanto a los distribuidores como directamente a clientes finales, a través de sus propias tiendas, filiales o sitios web. Esta forma generalizada de distribución suele quedar exenta por categorías en el caso de acuerdos verticales no recíprocos entre empresas no competidoras si el proveedor es un productor y distribuidor de bienes y el comprador es un distribuidor y no una empresa competidora que fabrica, aplicándose la misma norma a los servicios. El RECAV 2022 amplía acertadamente la exención por categorías a los distribuidores y/o mayoristas, que habían sido pasados por alto en los Reglamentos anteriores a pesar de que económicamente se encuentran en una situación similar a la de los productores o proveedores.

DECIMOSÉPTIMA

La exención para la distribución dual no se aplicará a los acuerdos verticales que, directa o indirectamente, de forma aislada o en combinación con otros factores sobre los que las partes tengan control, tengan por objeto restringir la competencia entre el proveedor competidor y el comprador. Esta excepción se aplicará independientemente de la cuota de mercado de las partes. Lo contrario conllevaría una inseguridad jurídica considerable, puesto que las restricciones por objeto en cuestión no están cubiertas por el RECAV 2022 y las autoridades de competencia tienden a interpretar el concepto de manera muy amplia, lo que les exime de la necesidad de demostrar los efectos de una práctica y por ello sus resoluciones son impugnadas por los Tribunales muy frecuentemente. En este contexto, toda una serie de restricciones verticales que permiten la explotación de redes podrían interpretarse como restricciones horizontales por objeto. Además, hacer circular precios de venta recomendados a distribuidores que compiten con sus propias ventas directas podría considerarse un intercambio de información sobre precios. Del mismo modo, la designación de un distribuidor independiente en una zona y de una sucursal en otra con el acuerdo tácito de la red o de uno de sus miembros dentro del *numerus clausus* de una red selectiva cuantitativa o distribución exclusiva, podría considerarse como reparto de mercado o clientela. En nuestra opinión, dicho planteamiento privaría a casi todas las redes duales de la exención y daría lugar a interminables acusaciones de cárteles.

DECIMOCTAVA

En la exención por distribución dual generalmente se excluye cuando un proveedor de servicios de intermediación en línea, que también compite con otras empresas a las que brinda servicios de intermediación en línea, celebra un acuerdo vertical no recíproco con otros competidores. En nuestra opinión, la intención puede haber sido negar el beneficio automático de la exención por categorías a las grandes plataformas de venta *online* sospechosas de recibir información confidencial de los proveedores que venden productos en la plataforma y utilizarla en su beneficio a expensas de dichos proveedores. En este caso, tal excepción excluye de la exención a todos los proveedores que, para ayudar a sus distribuidores a vender en línea, les permiten vender sus productos o servicios desde el sitio *web* del proveedor. Pensamos que, en lugar de obstaculizar estas iniciativas pro-competitivas en desarrollo, este tipo de intromisión debería reservarse a un Reglamento *ad hoc* como el *Digital Services Act* o el *Digital Markets Act,* dirigido únicamente a las plataformas muy grandes, o excluir la excepción a los responsables de redes de distribución exclusivas o selectivas.

DECIMONOVENA

El legislador comunitario ha llevado a cabo un minucioso trabajo actualizando la normativa relacionada con los acuerdos verticales. Ha quedado claro que, para aplicar la exención contemplada en el artículo 101.3 del TFUE, es necesario evaluar cada acuerdo individualmente para determinar los factores decisivos. Además, el aumento del comercio electrónico y la aparición de nuevos tipos de acuerdos verticales han generado una evolución en la competencia que permite mejorar la eficiencia económica y reforzar la supervisión de las redes paralelas de acuerdos verticales en beneficio del sistema de competencia del mercado. Asimismo, el nuevo RECAV 2022 presenta varias mejoras con respecto al régimen anterior e incorpora ciertas indicaciones surgidas de la aplicación práctica del Reglamento precedente, con el objetivo de dotar de mayor flexibilidad a los sistemas de distribución. Las novedades introducidas por el nuevo Reglamento y sus Directrices son muchas y, sin duda, harán necesario que las empresas lleven a cabo una revisión exhaustiva de sus acuerdos verticales, no solo para evaluar si pueden o no seguir beneficiándose de la exención por categorías concedida por el RECAV 2022, sino para aprovechar las nuevas oportunidades que ofrece. Sin embargo, en nuestra opinión, las nuevas normas siguen presentado áreas de incertidumbre que podrían dar lugar a prácticas divergentes entre los Estados miembros de la UE y, que por tanto, hacer más compleja la celebración de acuerdos verticales entre empresas. En este sentido, a nuestro parecer, será interesante comprobar si las herramientas de las cartas de orientación pueden ser realmente utilizadas por las empresas para resolver estas áreas de incertidumbre.

VIGÉSIMA

Los intercambios de información entre competidores no son una conducta por sí misma contraría a las leyes de defensa de la competencia. No obstante, la ausencia de regulación legal específica sobre los intercambios de información entre competidores ha puesto en valor la práctica decisoria de las autoridades de la competencia, de los tribunales y sobre todo de las Directrices horizontales que facilitan una importante guía para la autoevaluación de los acuerdos. Todo ello, siempre y cuando no nos encontremos ante una situación de distribución dual, en la cual deberemos atender a lo dispuesto en el RECAV 2022 y sus Directrices verticales.

VIGESIMOPRIMERA

A la luz del mecanismo general de exención por categorías del RECAV 2022 ("todo lo que no está excluido del ámbito de aplicación del mismo está exento"), las explicaciones de las Directrices verticales 2022 sobre los límites del intercambio de información en un escenario de distribución dual se centran principalmente en las prácticas de las que se puede afirmar con suficiente certeza que no están suficientemente relacionadas para facilitar la aplicación o el correcto funcionamiento de los acuerdos verticales. Creemos que se ha producido un gran avance en esta materia al ofrecer asimismo las Directrices verticales 2022 ejemplos positivos de intercambio de información exento por categorías. Además, en el caso de un enfoque según el cual el intercambio de información en la distribución dual permanece generalmente dentro del ámbito de aplicación de la exención por categorías, dichas orientaciones permitirán suficiente flexibilidad también con respecto a los nuevos modelos empresariales que puedan surgir en el futuro y que aún no puedan describirse o incluso preverse.

VIGESIMOSEGUNDA

En nuestra opinión, la información que no está suficientemente relacionada con la aplicación o facilitación de un acuerdo vertical en un escenario de distribución dual no puede definirse en general, sino que debe evaluarse a la luz del acuerdo vertical respectivo. No obstante, encontramos elementos que pueden servir de orientación para determinar si existe o no un acuerdo vertical entre las partes. La información no relacionada es aquella que no está justificada por la aplicación o facilitación del acuerdo vertical competitivo. Esto incluiría, por ejemplo, intercambio recíproco de información estratégica únicamente relacionada con el nivel minorista horizontal en la distribución dual (es decir, discusión de políticas de precios, discusión de asignación de clientes, discusión de estrategias de reventa). A nuestro juicio, el RECAV 2022 ya ofrece al proveedor herramientas suficientes para imponer legalmente ciertas formas de restricciones de reventa a sus distribuidores (por ejemplo, restricciones activas de venta a clientes exclusivos de otros distribuidores, prohibición de reventa a distribuidores no autorizados en un sistema de distribución selectiva, etc.). El intercambio recíproco de información estratégica, únicamente relacionada con el nivel minorista, no suele ser necesario para la aplicación del acuerdo vertical ni está directamente relacionado para facilitar y/o permitir sus efectos competitivos (con la excepción de los sistemas de franquicia, en los que el concepto de franquicia puede exigir la necesidad de intercambiar información estratégica).

VIGESIMOTERCERA

Los proveedores y/o distribuidores deberán utilizar medidas paliativas con el objetivo de intentar encuadrar los intercambios de información dentro de los supuestos enumerados en los apartados 99 y 100 de las Directrices Verticales 2022 como, por ejemplo, murallas chinas, agregaciones de datos, intercambios limitados a datos históricos, acuerdos de confidencialidad, sistemas de alerta, etc. Asimismo, en nuestra opinión, los proveedores deberían, en primer lugar, llevar a cabo una auditoría con toda la información recibida de los distribuidores o enviada a los mismos y determinar quién (a nivel proveedor) tiene acceso a estos datos. En segundo lugar, los proveedores tendrán que evaluar si es probable que estos intercambios de información cumplen los criterios establecidos anteriormente (es decir, que estén directamente relacionados con la aplicación de un acuerdo vertical y que sean necesarios para mejorar la producción/distribución de los bienes o servicios objeto del contrato) y conservar las pruebas de los objetivos legítimos perseguidos al recopilar estos datos. Por último, será preciso que los proveedores sensibilicen a sus distribuidores sobre los riesgos relacionados con estos intercambios de información, por ejemplo, con políticas o envío de circulares sobre los intercambios de información.

Bibliografía

AA.VV., ¿Qué es el contrato de distribución internacional? Modelos y cláusulas, Global Negotiator Blog, http://www.globalnegotiator.como/blog/que-es-el-contrato-de-distibucion-internacional-modelo-clausulas/ .

AA.VV., "Legal guidance for doing international business", *International Trade Center*, 2010.

ACCARDO. G., "Vertical Antitrust Enforcement: Transatlantic Perspectives on Restrictions of Online Distribution under EU and US Competition Laws", *European Competition Journal*, 2013, pp. 331 y ss.

ACUM MALDONADO, C., "La responsabilidad civil de los prestadores de servicios en la sociedad de la información" *Revista de la Contratación Electrónica*, núm. 115, 2011, pp. 3-24.

AKMAN, P., "Online Platforms, Agency, and Competition Law: Mind the Gap", *Fordham International Law Journal* 43, No 2, 2019, pp.209-319).

ALCALÁ DIAZ, M.A., "Los contratos de distribución como instrumentos de descentralización empresarial", *Revista de Derecho de la competencia y la distribución*, nº5, 2009, pp. 65-106.

ALÉS GARCÍA, J. F., "Contrato de distribución: llegó la ansiada regulación". *Legal Today*, 2011, véase en: https://www.legaltoday.com/practica-juridica/derecho-mercantil/transporte-logistica/contratos-de-distribucion-llego-la-ansiada-regulacion-legal-2011-03-24/ .

ALFARO ÁGUILA-REAL, J., "Anteproyecto de ley de contratos de distribución", junio 2011, p. 5 y ss.

ALFARO AGUILA-REAL, J., "La terminación de los contratos de distribución", en Almacén de Derecho, 14 de abril 2016.

ALFONSO SÁNCHEZ, R., *Retos jurídicos de la economía colaborativa en el contexto digital*, Thomson Reuters, Madrid, 2017, p. 235.

ALONSO ESPINOSA, F.J., *El nuevo Derecho de marcas (Ley 7/2001, de 7 de diciembre, de marcas)*, Comares, 2002.

ALONSO MARTÍNEZ, L., I., "Criterios jurisprudenciales sobre la indemnización por clientela en los contratos de agencia y distribución" *Treinta años de integración europea* (MOLINA DEL POZO, C.F. (coord.)), 2009, pp. 553-565

ALONSO SOTO, R., "Bases para una futura regulación de los contratos de distribución" en VIERA GONZÁLEZ, J., ECHEVARRIA SÁEZ, M., RUIZ PERIS, J.I. (dirs.), *La reforma de los contratos de distribución comercial,* La Ley, 2013 p. 51 y ss.

ALONSO SOTO, R., "Los contratos de distribución comercial", en AA.VV., *Curso de Derecho Mercantil, Tomo II,* Navarra, 2007, pp. 177-203.

ALONSO SOTO, R., "Tipología de los contratos de distribución comercial" en (ALONSO UREBA, VELASCO SAN PEDRO, ALONSO LEDESMA, ECHEBARRÍA SAEZ, VIERA GONZÁLEZ (Dirs.)) *Los contratos de distribución,* La Ley, Madrid, 2020, pp. 64 y 65.

ALVAREZ MORENO, M.T., *La contratación electrónica mediante plataformas en línea: modelo negocial,* ed. Reus, Madrid 2021, p. 8.

ANDERSON. E., y WEITZ. B.A., "Make or Buy decisions: Vertical Integration and Marketing Productivity", *Sloan Management Review,* 1986, p. 13.

ANDREVA, M., "Los contratos de distribución, el agotamiento del Derecho de marca y el fenómeno del comercio paralelo", *Economist & Jurist,* 2012.

ANTÓN JUAREZ, I., "Los contratos de distribución en Europa a través de las normas de Derecho de la competencia europeo. Las novedades aportadas por el Reglamento (UE) 2022/720 de exención de acuerdos verticales", *Cuadernos de Derecho Transnacional,* 2023, p.40.

ANTÓN JUÁREZ, I., "Los productos de lujo y su venta en Internet a través plataformas digitales: en torno a la STJUE de 6 de diciembre de 2017, Coty Germany", *Revista de Derecho de la Competencia y la Distribución,* Nº. 22, 2018, pp. 16 y ss.

APARICIO VAQUERO, J.P., "La protección de los usuarios consumidores en sus relaciones con los proveedores de contenidos y servicios en Internet", en (COTINO HUESO, I., (coord.)) *Consumidores y usuarios ante las nuevas tecnologías,* 2008, Tirant lo Blanc, pp. 601 y ss.

ARENAS GARCÍA, R., "La regulación de la responsabilidad precontractual en el Reglamento Roma II" *Indret,* 2008, pp. 1 -27.

ARPIO SANTACRUZ, J., "La regulación del bloqueo geográfico y otras formas de discriminación en la UE", en (MADRID PARRA, A. (dir.)) *Derecho mercantil y tecnología,* Aranzadi, 2018, pp. 16 y ss.

ARROLLO VENDRELL, T., "El contexto de la próxima regulación europea B2C de los actos cotidianos del comercio electrónico (los contratos de suministro de contenidos y servicios digitales) en paralelo con la actualización y expansión del régimen jurídico del contrato de compraventa de bienes", *CESCO,* 2 de mayo 2019.

ARROYO APARICIO, A., "Productos de lujo y distribución a través de plataformas de internet desde el Derecho Europeo de la Competencia (TJUE C-230/16, Asunto Coty)", *Cuadernos de Derecho Transnacional,* Vol. 11, Nº. 1, 2019, pp. 663-670.

ARROYO APARICIO, M. L., *Contrato de agencia. Principios y análisis.*, Aranzadi, 2019. p. 89.

ARYA. A., y MITTENDORF. B., "Discretionary disclosure in the presence of dual distribution channels", *Journal of Accounting and Economics,* 2013, p.177.

BACHES OPI, S., "La aplicación del Derecho español y comunitario de defensa de la competencia a las centrales de compras: análisis de algunas cuestiones prácticas." en *Derecho de la Competencia Europeo y Español,* vol. VIII, Dykinson, Madrid 2008, pp. 357-391.

BACHES OPI, S., "La política y el Derecho de defensa de la competencia de la Unión Europea (II). Acuerdos restrictivos de la competencia, abuso de posición de dominio y control de concentraciones", en (ORENGA GÓMEZ, M. (dir.)) *Las políticas de la Unión Europea en el siglo XXI,* J.M.Bosch, Barcelona, 2017, pp. 239 y ss.

BARRAL VIÑALS, I., *La regulación del comercio electrónico,* Dickynson, 2003.

BATUECAS CALERIO, A., "Deberes de información del proveedor en la contratación electrónica", en *Autores, consumidores y comercio electrónico* (dir. MORO ALMARÁZ, M.J.) Colex, Madrid, 2004, pp. 433 y ss.

BELLAMY, C. y CHILD, G. D., *European Community Law of Competition,* Sweet & Maxwell, Londres, 2014, p.358.

BELLIDO, J., "Art. 16. Discriminación y dependencia económica", en (BERCOVITZ RODRIGUEZ-CANO, A. (Dir.)) *Comentarios a la Ley de Competencia Desleal,* Aranzadi, 2011, p. 433 y ss.

BLAIR. R., KASERMAN. D., "A note on incentive Incompatibility under Franchising", *Review of industrial organization,* 1994.

BLAIR. R., y LAFONTAINE. F., "Franchising, Vertical Integration, and Vertical Restraints", *The Economics of Franchising,* 2005, pp.82 y ss.

BLOODSTEIN, B., "Amazon and Platform Antitrust", *Fordham University School of Law* 88, No 1 2019, pp. 213 y ss.

BONET NAVARRO, A., Contrato de distribución y venta exclusiva, *Cuadernos Civitas de jurisprudencia civil,* nº. 10, 1986, pp. 3487-3500.

BROSETA PONT, M. y MARTÍNEZ SANZ F., "Contratos de Gestión de Negocios Ajenos y Distribución Comercial" capítulo 29, *Manual de Derecho Mercantil volumen II.,* 25ª edición, 2019, Tecnos, pp. 123-143.

BUESO GUILLÉN, P., "Distribución a través de internet y acuerdos verticales", en (dirs. VIEIRA, J., ECHEVARRÍA, M. y RUIZ PERIS, J.I.) *La reforma de los contratos de distribución comercial,* La Ley, 2013, pp. 783 y ss.

BUSTO LAGO, J.M., "La responsabilidad civil de los prestadores de servicios de intermediación en la sociedad de la información", *Actualidad Jurídica Aranzadi,* nº 542, 2002, pp. 1-6.

BUSTO LAGO, J.M., "La responsabilidad civil de los prestadores de servicios de la sociedad de la información (ISOs)", en *Tratado de responsabilidad civil* (coords. REGLERO CAMPOS, L. y BUSTO LAGO, J.M.,) Vol. 2 Thomson Reuters Aranzadi, 5ª ed., 2014, pp. 598-747.

CALAVIA MOLINERO, J.M., "El contrato de distribución exclusiva", *en Los contratos de distribución comercial: Novedades legislativas y jurisprudenciales* (VÁZQUEZ ALBERT, D., dir.), Tirant lo Blanch, Valencia, 2010, pp. 69-83.

CALVO CARAVACA, A.L., CARRASCOSA GONZÁLEZ, J., *Curso de contratación internacional,* Madrid Colex, 2006, pp. 30 y ss.

CAMACHO CLAVIJO, S., "Régimen jurídico de los prestadores de servicios en la sociedad de la información" en (NAVAS NAVARRO, S., y CAMACHO CLAVIJO, S.) *Mercado digital. Principios y reglas jurídicas.* Tirant lo Blanch, 2016, pp. 114 y ss.

CAMPINS VARGAS, A., "Inducción a la infracción contractual. Análisis del art 14 LCD", en (EMPARANZA SOBEJANO, A. (dir.)) *Orientaciones actuales del Derecho Mercantil. IV Foro de magistrados y profesores de Derecho Mercantil,* Marcial Pons 2013, pp. 116 y ss.

CAMPOS CARVALHO, J., "On line plataforms: Concept, Role in the conclusion of contracts and current legal framework in Europe" en (ARROYO I AMAYUELAS, E. y CÁMARA LAPUENTE, S. (dirs.)) *El Derecho privado en el nuevo paradigma contractual,* Colegio Notarial de Cataluña, Marcial Pons, 2020, pp. 239 y ss.

CAMPUZANO DÍAZ, B., *La repercusión del Convenio de Viena de 11 de abril de 1980 en el ámbito de la compraventa internacional de mercaderías, Universidad de Sevilla secretariado de publicaciones,* Sevilla, 2000, pp. 92 y ss.

CARBAJO CASCÓN, F., "El caso "Weblisten y sus implicaciones para el futuro de la gestión de los derechos de la propiedad intelectual sobre contenidos musicales en Internet", *Actas de Derecho Industrial y Derecho de Autor,* Tomo XXVI, años 2005-2006, Universidad de Santiago de Compostela-Marcial Pons, 2006, pp. 615-673.

CARBAJO CASCÓN, F., "La distribución en Internet", en (HERRERO GARCÍA, Mª J. (dir.)), *La contratación en la en el sector de la distribución comercial,* Thomson Reuters Aranzadi, 2010, pp. 164 y ss.

CARBAJO CASCÓN, F., "La marca en los sistemas de distribución selectiva (el problema de las ventas paralelas)", en (GALÁN CORONA, E., y CARBAJO CASCÓN, F., (coords.)) *Marcas y distribución comercial,* Universidad de Salamanca, 2011, pp.153-212.

CARBAJO CASCÓN, F., "La propiedad intelectual como objeto del comercio electrónico", en *Autores, consumidores y comercio electrónico* (dir. MORO ALMARÁZ, M.J.), Colex, Madrid, 2004, pp. 51 y ss.

CARBAJO CASCÓN, F., *La distribución selectiva y el comercio paralelo de productos de lujo,* Universidad Javeriana, Bogotá, 2009, pp. 209 y ss.

CARBAJO CASCÓN, F., "Nombres de dominio", en *Derecho y nuevas tecnologías de la información y la comunicación* (coord. por PLAZA PENADÉS, J., VÁZQUEZ DE CASTRO, E., GUILLÉN CATALÁN, R., CARBAJO CASCÓN, F.), 2013, pp. 919-1016.

CARBAJO CASCÓN, F., y MORALEJO MENÉNDEZ, I., "Distribución y dominios en el mercado virtual", *Revista de la Contratación Electrónica,* nº 35, febrero 2003, p. 3 y ss.

CARLTON, M., "Dual Distribution and the Horizontal-Vertical Dichotomy of Nonprice Restrictions", *Tulsa Law Review,* nº17,1981, pp.306 y ss.

CARRASCO DEL OLMO, P., "El caso Coty: licitud de las restricciones a las ventas on line en la distribución selectiva de productos de lujo", *La Ley mercantil,* Nº. 40 (octubre), 2017, pp. 2 y ss.

CARVALLO, A., "Are online and offline price similar? Evidence from Large Multi-Channel Retailers," *American Economic Review,* 2017, pp. 107 y ss.

CASTELLÓ PASTOR, J.J., "La responsabilidad indirecta de los prestadores de servicios en la sociedad de información e intermediarios a la luz del art. 138.II de la Ley de Propiedad Intelectual", *Revista Aranzadi de Derecho Patrimonial* nº 41, 2016, pp. 175-199.

CATRICALÀ, A., CAZZATO, C.E., y FIMMANÒ, F., *Diritto Antitrust,* Giuffrè, Milán, 2021, p. 305.

CAVES. R., y MURPHY. W., "Franchising: Firms, Markets, and Intangible Assets", *Southern Economic Journal*, 1976, p.584.

CERVILLA GARZÓN, M.D., "El contrato de servicios en la propuesta de reglamento de compra venta", en *El actual contrato de prestación de servicios* (CERVILLA GARZÓN, M.D. y ZURITA MARTÍN, I. (dirs.) LÓPEZ SUARÉZ, C. (coord.)), Aranzadi, 2023, pp.297-322.

CESARINI, P., "Développements récents de la jurisprudence en matière de distribution sélective ", *European Comission News Speach*, 1997.

CLEMENTE MEORO, M., "Responsabilidad de los prestadores de servicios de la sociedad de la información", en (dir. MORO ALMARAZ, M.J.) *Autores, consumidores y comercio electrónico*, Colex, Madrid 2004, pp. 251 y ss.

CLIQUET. G., y NGUYEN. M., "Innovation Management within the Plural Form Network", *Economics and Management of Franchise Networks*, 2004.

CLITRON, P., KELLIHER, K., e ISRAEL, M., "New antitrust rules for distribution agreements in the UK", *White & Case*, 2022,

CORVO LÓPEZ, F.M., "Distribución y protección de la clientela", en *Los contratos de distribución en las propuestas armonizadas del derecho contractual europeo: repercusiones en el derecho español y en la práctica contractual* (CARBAJO CASCÓN, F. (dir.)), Tirant lo Blanch, 2015, pp.151-178.

COSIMO ROMANO, V., *Vendite online nei networks di distribuzione selettiva: il caso Pierre Fabre*, Il Mulino, Bolonia, 2012, pp. 145 y ss.

COSTAS COMESAÑA, J., "El concepto de restricciones de la competencia por objeto y su aplicación a los intercambios de información entre competidores", *Actas de derecho industrial y derecho de autor*, 2009, pp. 167-182

CRÉMER, J., DE MONTJOYE, I.A., y SCHWEITZER, H., "Competition Policy for the Digital Era: Final Report", Comisión Europea, 2019, pp.7 y ss.

CRUZ RIVERO, D., "Cálculo de la cuota de mercado a efectos de la exención por categoría de los acuerdos verticales por el Reglamento 330/2010", en *Estudios de Derecho del Comercio Internacional: homenaje a Juan Manuel Gómez Porrúa* (coords. BRENES CORTÉS, J. LÓPEZ DE LA TORRE, I. PACHECO CAÑETE, M., JIMÉNEZ SÁNCHEZ, G. J. (dir. congr.), DÍAZ MORENO, A. (dir. congr.)), 2013, pp. 385-395

CRUZ RIVERO, D., "La regulación proyectada (y fracasada) de los contratos de distribución", *El proyecto de Ley de contratos de distribución y la propuesta de Código Mercantil. Estudios sobre el futuro Código Mercantil: Libro homenaje al profesor Rafael Illescas Ortiz,* Getafe, 2015, pp. 1263 y ss.

CUENA CASAS, M., "Las Fintech de préstamos o crowdlending. La contratación a través de plataformas intermediarias en línea", *Hay Derecho,* 2019, pp. 43 y ss.

CUTILLAS TORNS. J. M., "La transmisión de la clientela en el derecho español", *RGD,* nº.668, 2000, pp. 5624-5646.

CYRENNE. P., "Dual Distribution and Differentiated Products", *Department of Economics of The University of Winnipeg,* 2011, pp.4 y ss.

DANIEL VAZQUEZ, A., ALONSO SOTO, R. y BALCELLS CABANAS, J.M., *Los Contratos de distribución comercial: novedades legislativas y jurisprudenciales,* Tirant lo Blanch, 2010, pp. 45 y ss.

DE COSSÍO, A., *El dolo en el Derecho Civil,* Comares, Granada, 2004, p. 187 y ss.

DE FRANCESCHI, A., "La vendita dei beni digitali", *Edizioni Scientifiche Italiane,* Nápoles, 2019, pp. 101 y ss.

DE LA MAZA GAZMURI, I., *Los límites del deber precontractual de la información,* Aranzadi, 2010, pp. 127-130.

DE LA VEGA GARCÍA, F., "Situaciones de Distribución Dual, Competencia Ex Post y Reglamentos de Exención", *Revista General de Derecho de los Sectores Regulados,* Nº 3, 2019.

DE LA VEGA GARCÍA., F., "Los distribuidores logísticos en participación y su control efectivo en el Derecho antitrust", *Revista de Derecho del Transporte,* 17, 2016, pp. 100 y ss.

DE MIGUEL ASENSIO, P., "Nuevo Reglamento sobre los servicios de intermediación en línea", *La Ley Unión Europea,* núm. 74, 2019, pp. 1-11.

DE VERDA Y BEAMONTE, J.R., "Responsabilidad del gestor del motor de búsqueda por los contenidos por la indexación y almacenamiento de datos contenidos en sitios de internet: la sentencia del Tribunal de Justicia de Luxemburgo (gran sala) de 13 de mayo de 2014", *Actualidad Jurídica Iberoamericana,* Nº. 1, 2014, pp. 251-258

DIAZ GÓMEZ, M.A., "Reflexiones en torno a la responsabilidad de las plataformas electrónicas de economía colaborativa", *Revista de Estudios Europeos* nº 70, 2017, p. 34.

DÍAZ- REGAÑÓN GARCÍA ALCALÁ, C., *Comentarios al Código Civil,* Aranzadi, Pamplona, 2009, pp. 1483 y ss.

DÍEZ ESTELLA, F., "Las restricciones verticales y la distribución on-line de productos de lujo, ¿dónde estamos después de la sentencia Coty?", en *Daños, comercio electrónico y Derecho Europeo de la Competencia* (RUIZ PERIS, J. I., (dir.)), 2019, pp. 39-68.

DÍEZ-PICAZO, L, GULLÓN, A., *Sistema de Derecho Civil*, II, 8ª ed., Tecnos, Madrid.

DITTMER, M.A., y HELGE STRATON-ANDERSEN, K., "Vertical agreements: Tilting Information Exchanges in Dual Distribution Scenarios (Denmark)", *Journal of European Competition Law & practice*, 2022, pp.499 y ss.

DOLMANS, M., y MOSTYM, H., "Internet and Antitrust: An overview of EU a national case law," *e-Competitions Internet & Antitrust*, Art. Nº71276, 2015

DOMÍNGUEZ GARCÍA, M.A., "El contrato de franquicia", en *Contratos Mercantiles* (BERCOVITZ RODRIGUEZ CANO, A. (dir.), CALZADA CONDE, M.A. (dir. Adj.)), t.I, 5ª ed., Cizur Menor, Thomson Reuters-Aranzadi, 2013, pp. 872 y ss.

DOMÍNGUEZ PÉREZ, E.M., "Algunas cuestiones sobre la distribución de productos de imitación: el aprovechamiento de la reputación ajena desde la perspectiva del derecho de marcas y el derecho contra la competencia desleal", en (GALÁN CORONA, E., CARBAJO CASCÓN, F., (coords.)) *Marcas y distribución comercial*, Universidad de Salamanca, 2011, pp.309-338.

DOMÍNGUEZ PÉREZ, E.M., "Obligaciones sobre publicidad comercial" CARBAJO CASCÓN, F. (dir.), *Los contratos de distribución en las propuestas armonizadas del derecho contractual europeo: repercusiones en el derecho español y en la práctica contractual*, Tirant lo Blanch, 2015, pp.395-410.

DURÁN AYAGO, A., "La jurisdicción competente y legislación aplicable a los contratos de distribución internacional" en (CARBAJO CASCÓN, F.) *Los contratos de distribución en las propuestas armonizadoras de Derecho contractual europeo*, Tirant lo Blanch, Valencia 2015, pp. 641 y ss.

DUTTA. S., BERGEN. M., HEIDE. J., y JOHN. G., "Understanding Dual distribution: The case of reps and house accounts", *Oxford University Press*, 1995, pp. 194 y ss.

ECHEBARRIA SÁENZ, J.A. *El contrato de franquicia*, McGraw Hill, 1995.

ECHEBARRÍA SÁENZ, J.A., "Problemas de política jurídica y de técnica jurídica en la regulación de los contratos de distribución", *Revista de Derecho de la competencia y la distribución*, nº10, 2012, pp. 15-53.

ECHEBARRÍA SÁENZ, M., "Acuerdos verticales", en *Derecho europeo de la competencia: (antitrust e intervenciones públicas* (coord. VELASCO SAN PEDRO, L. A.*), Lex Nova,* 2005, pp.134 y ss.

EHRMANN. T., y SPRANGER. G., "Successful Franchising using the Plural form", *Economics and Management of Franchise Networks,* 2004.

EIRANOVA ENCINAS, y E., COESTER-WALTJEN, D., *Código civil alemán comentado: BGB,* Marcial Pons, 1998.

ELUSTONDO CASAS, I., "El contrato de distribución y su vertiente internacional", *Revista jurídica de Distribución y Comercio,* Abril, 2013, pp. 5 y ss.

EMBID IRUJO, J. M., "Algunos criterios de política jurídica para la regulación de los grupos de sociedades" en *Derecho de sociedades: revisando el derecho de sociedades de capital* (coord. OLMEDO PERALTA, E., GALACHO ABOLAFIO, A.F., GONZÁLEZ FERNÁNDEZ, M.B. (dir.), COHEN BENCHETRIT, A. (dir.)), Tirant lo Blanch, Valencia, 2018, pp. 357-384.

EMBID IRUJO, J. M., "El derecho de los grupos de sociedades: entre las medidas de tutela y la organización de la empresa policorporativa, *Revista de Derecho Mercantil,* N° 304, 2017, pp. 13-40.

EMBID IRUJO, J. M., "La ordenación jurídica de los grupos de sociedades: del interés del grupo a la tutela de los socios externos" en *Los intentos de reforzamiento del poder de la junta y de los socios en los grupos de sociedades* (EMPARANZA SOBEJANO, A., (dir.)), Marcial Pons, 2018, pp. 17-43.

EMBID IRUJO, J. M., *Introducción al derecho de los grupos de sociedades,* Comares, Granada, 2003.

EMBID IRUJO, J.M., "Interés del grupo y ventajas compensatorias. Comentario de la sentencia del Tribunal Supremo (Sala Primera) de 11 de diciembre de 2015", *RDM,* N° 300, 2016, pp. 301-320.

ENNIS, S., y KÜHN, K.U., "Minimum Advertised Prices: How to differ from RPM", *University of East Anglia,* 2021, pp. 10 y ss

ENRICH, E., y MALET, J., "La convención de las Naciones Unidas sobre los contratos de compraventa internacional de mercaderías.", *Revista Jurídica de Cataluña,* núm. 1, Barcelona, 1991, pp. 133-150.

ERDOZAIN LÓPEZ, J.C., "Nombres de Dominio", en *Autores, consumidores y comercio electrónico* (dir. MORO ALMARÁZ, M.J.), Colex, Madrid, 2004, pp. 25 y ss.

ESCUDERO PUENTE, A., y TUIT. M., "Nuevas normas de competencia aplicables a los acuerdos de distribución" *Newsletter de PwC Tax & Legal,* 2022, pp. 1 y ss.

ESPINOSA.A, y MONTERO, C. "Una relación híbrida con consecuencias para la competencia", *Investigaciones Ceco,* 2020, pp. 3 y ss.

ESTEBAN DE LA ROSA, F., "La economía colaborativa y las nuevas iniciativas europeas en el ámbito de la contratación a través de plataformas digitales de intermediación: la transformación del modelo de protección internacional de la parte débil" en (dirs. JIMÉNEZ BLANCO, P. y ESPINELLA MENÉNDEZ, A.) *Nuevos escenarios del Derecho Internacional Privado de la Contratación,* Tirant lo Blanch, 2020, pp. 412 y ss.

ESTEVAN DE QUESADA, C., "Información y colaboración empresarial en el Derecho de defensa de la competencia", en (RUIZ PERIS, J.I. y ESTEVAN DE QUESADA, C., (dirs.)), *Cooperación empresarial y Derecho de la competencia,* Tirant lo Blanch, Valencia, 2019, p.54.

ESTEVAN DE QUESADA, C., *Explotación de la dependencia económica en las redes de distribución,* Thomson Reuters Aranzadi, 2017.

ESTEVAN DE QUESADA, C., "Abuso de dependencia económica en redes de distribución", *Hacia un derecho para las redes empresariales* (coord. RUIZ PERIS, J.I.), 2009, pp. 187-222.

ESPINIELLA MENÉNDEZ, A., *Nuevos escenarios del Derecho Internacional Privado de la Contratación,* Tirant lo Blanch, 2020, pp. 412 y ss.

EVANS, D. y SCHMALENSEE, R., *Matchmaker: The New Economics of Platform Business,* Harvard Business Review Press, 2016, pp.1-2.

FAUS SANTASUSANA, J., "Intercambios de información entre empresas y el derecho de la competencia", *Comunicaciones en propiedad industrial y derecho de la competencia,* 2011, pp. 125-148

FERNÁNDEZ MASÍA, E., "Servicios de intermediación en línea en Europa: diseño de un sistema específico de solución de controversias", *Revista Boliviana de Derecho,* núm. 32, 2021, pp.560-585.

FERNÁNDEZ NOVOA, C., *Estudios sobre la protección de la marca renombrada,* Marcial Pons, Madrid, 2014, p. 33 y ss.

FERNÁNDEZ, C., "Intercambios de información", en (MARTÍNEZ, S. y PETIBÒ, J., (dirs.)) *Los acuerdos horizontales entre empresas,* Fundación Rafael del Pino-Marcial Pons, 2009, pp.191-212.

FLORES DOÑA., M., *Impacto del comercio electrónico en el Derecho de la contratación,* Edersa, 2002, pp. 41 y ss.

FOSTER, D., "Market definition when customers multi-source: What can we learn from wholesaling markets?", *Law & Economics, Concurrences,* N°4-2017.

FRANK, J. U., y PEITZ, M., *Market definition and market power in the platform economy,* Centre on Regulation in Europe (CERRE), Bruselas, 2019, pp. 57 y ss.

FRIAS LÓPEZ, A., *Los contratos conexos: estudio de supuestos concretos y ensayo de una construcción doctrinal,* Bosch, Barcelona 1994, p. 145 y ss.

FUENTES NAHARRO, M., "La distribución selectiva y el formato de comercialización: la distribución *on line* y la infracción por demérito de la marca", en AA.VV. (dirs. VIERA GONZÁLEZ, J. y ECHEVARRÍA SÁENZ, M.) *Distribución comercial y Derecho de la competencia,* La Ley, 2011, p. 381 y ss.

GALÁN CORONA, E., "Los contratos de distribución. Ideas generales", en (HERRERO GARCÍA, Mª.J. (Dir)) *La contratación en el sector de la distribución comercial,* Cizur Menor, 2010, p. 23 y ss.

GALLEGO HIGUERAS, G.F., "¿Cómo proteger los Derechos de autor de sus creaciones intelectuales publicadas en Internet?" *REDI,* n° 13 agosto 1999.

GALLINI. N., y LUTZ. N., "Dual Distribution in Franchising", Cowles *Foundation Discussion Papers,* University of Yale, 1991, pp. 4 y ss.

GALLINI. N., y LUTZ. N., "Dual Distribution and Royalties in Franchising", *The Journal of Law, Economics & Organization,* 1992, pp. 471 y ss.

GARCÍA DEL POZO, R.E., "Los negocios y la realidad jurídica de las nuevas tecnologías", en (dir., MORO ALMARAZ, M.J.), *Autores, consumidores y comercio electrónico,* Colex, Madrid 2004, p. 9 y ss.

GARCÍA HERRERA A., *La duración del contrato de distribución,* Valencia, Tirant lo Blanch, 2006.

GARCIA PEREZ, J.F., *El Derecho de autor en Internet,* UNAM Mexico, 2019.

GARCIA RUBIO, M. P., "Responsabilidad social empresarial y autorregulación: los códigos de conducta y las fuentes del Derecho", *Boletín del Ministerio de Justicia,* n° 2141, 2012, p. 2 y ss.

GINER PARREÑO, C.A., y ROBLES MARTÍN-LABORDA, A., "Jurisprudencia europea. Derecho de marcas", *Derecho de los negocios,* 2012, p.107 y ss.

GINÉS FABRELLAS, I., "La compatibilidad entre la indemnización por resolución de contrato laboral y por daños y perjuicios: Comentario a la STS, 1ª, 20.9.2007(La Ley 6828; MP: Luis Fernando de Castro Fernández)", *Indret: Revista para el Análisis del Derecho*, Nº. 1, 2008.

GÓMEZ ASENSIO. C., *La gobernanza de las redes empresariales*, Madrid, Marcial Pons, 2015, p.46 y ss.

GÓMEZ-POMAR, F., y GILI SALDAÑA, M., "Cuestiones de formación del contrato en la Propuesta de Anteproyecto de Ley de contratos de distribución", *InDret*, 1/2010, pp. 1-37.

GONZÁLEZ CASTILLA, F., "Prácticas restrictivas de la competencia en la economía colaborativa: las plataformas digitales en busca de puerto seguro para su modelo de negocio", *Revista del Derecho de la Competencia y la Distribución*, nº 23, 2018, pp. 17 y ss.

GONZÁLEZ DE AUDICANA, W., *Derecho de los consumidores y comercio electrónico*, Thomson Reuters, 2021.

GONZÁLEZ ESTRADA, E., "Distribución exclusiva y competencia", *El trimestre económico*, nº. 326, 2015, pp. 403-431.

GONZÁLEZ LÓPEZ, O. R., *Comercio electrónico*, Ediciones Anaya Multimedia, Madrid, 2010, p.146 y ss.

GONZÁLEZ ORÚS CHARRO, M., *Los Contratos de Distribución. Extinción: Problemática y Práctica.* 1ª edición, Tirant lo Blanch 2017.

GONZÁLEZ-PÁRAMO RODRÍGUEZ, C. y GÓMEZ ÁLVAREZ, A., "Las actividades de las asociaciones sectoriales y el Derecho de la competencia: ¿bajo permanente sospecha?", *Diario La Ley*, 2014, pp. 5 y ss.

GÓRRIZ LOPEZ, C., "Distribución por Intenet y Derecho de Defensa de la Competencia", *Anuario de la Competencia*, 2002, p. 473 y ss.

GUARDIOLA SACARRERA, E., *Contratos de colaboración internacional*, ed. Bosch, Barcelona, 1998.

GUTÍERREZ SANCHEZ, I., "Normativa sobre restricciones verticales: un viaje de ida y vuelta al enfoque económico", *Gaceta Jurídica de la Unión Europea y de la Competencia* 1575-2054, nº 220, 2004, pp. 92 y ss.

HENDRIKSE. G., y JIANG. T., "An incomplete contracting model of dual distribution in franchising", *Journal of Retailing*, 2011, pp. 338 y ss.

HERNÁNDEZ RODRIGUEZ, F., "Los intercambios de información entre empresas competidoras como restricciones por el objeto tras la doctrina «cartes bancaires»", *Actas de Derecho Industrial y Derecho de Autor*, 2014, pp. 536-538

HERNÁNDEZ, J.A., "El contrato de franquicia y el concepto de know how: comentario a una trabajada sentencia del Tribunal Supremo",

Comunicaciones en Propiedad Industrial y Derecho de la Competencia, Nº. 41, 2006, pp.90-101

HOVENKAMP, H., "Federal Antitrust Policy: The Law of Competition and its Practice", *St. Paul, Minnesota: Thomson/West,* 3a ed., 2005, pp. 490 y ss.

IGARTÚA ARREGUI, I., y TRONCOSO FERRER, E., "La Comisión Europea adopta el nuevo Reglamento y Directrices de restricciones verticales ", *Gomez-Acebo y Pombo,* 2022, pp. 1 y ss.

IGLEZAKIS, I., "The legal issues of mobile Apps", *Kluwer Law International,* 2019, pp. 167 y ss.

ILLESCAS ORTIZ R., y PERALES VISCASILLAS, M.P., *Derecho Mercantil Internacional, el Derecho Uniforme.* Ed. Centro de Estudios Ramón Areces, SA Madrid, pp. 99 y 100.

IRACULIS ARREGUI, N., "El incumplimiento de códigos de conducta como acto de competencia desleal", en (VIERA GONZÁLEZ, J.(dir.)) *La reforma de los contratos de distribución comercial,* Madrid, La Ley, pp. 646 y ss.

JARNE MUÑOZ, P., "La responsabilidad precontractual en el sector de la distribución comercial", *Revista de Derecho de la competencia y la distribución,* nº13, 2013, pp. 51-79.

JARNE MUÑOZ, P., "Algunas consideraciones sobre la problemática de la distribución comercial", *ProQuest,* pp. 3 y ss.

JARNE MUÑOZ, P., "El *intuitu personae* en los contratos de distribución integrada", *Actualidad Civil,* nº6, 2016, p.2 y ss.

JARNE MUÑOZ, P., "En torno a la utilización desleal de los signos distintivos y del know how de la franquicia", *La Ley mercantil,* Nº. 28 (septiembre), 2016, pp.4 y ss.

JARNE MUÑOZ, P., "Los límites al recurso a la distribución online en las redes de distribución integrada", en *Cooperación empresarial y derecho de la competencia* (RUIZ PERIS, J.I., ESTEVAN DE QUESADA, C. (dir.)), Tirant lo Blanch, Valencia, 2019, pp. 277-292.

JIMENEZ HORWITZ, M., "Las responsabilidades de las plataformas en línea en el ámbito del Derecho de los contratos: desde la protección de los consumidores hasta la protección de los profesionales y empresarios", *Publicaciones Jurídicas, Centro de Estudios de Consumo,* 2020.

JORDÁ CAPITÁN, E.R., "El bloqueo geográfico en las compraventas en línea con consumidores y empresas", *La Ley Mercantil,* núm. 30, 2016.

JUÁREZ PELÁEZ, P., "Contratos internacionales de distribución", en (CALVO CARAVACA, A.L., CARRASCOSA GONZÁLEZ, J., (coords)) *Curso de Derecho de contratación internacional,* Madrid, Colex, 2003, pp. 333-360.

JUNGERMANN, S., "Will the European Commission change its policy to allow binding MAPs?", *Lexicology,* 2021.

KIRSCH, A., y WEESNER, W., "Can Antitrust Law Control E-Commerce?", *U.C. Davis Journal of International Law and Policy,* nº12, 2006, pp.305 y ss.

KIRSCH. A., y WEESNER, W., "Can Antitrust Law Control E-Commerce? A comparative analysis in light of US and EU Antitrust Law", *U.C. Davis Journal of International Law and Policy* 12, Nº297, 2006, pp.305 y ss.

KURNIAWAN, M., *Luxury or Non-Luxury? The Extent of Third-Party Online Platforms Ban in Selective Distribution System to Non-Luxury Products after the Coty case Ruling,* Tilburg Law School, 2020.

LAMARCA MARQUÉS, A., "La modernización del derecho alemán de obligaciones: la reforma del BGB", *Indret,* Barcelona, 2011, pp.1-10.

LASTIRI SANTIAGO, M., "La franquicia y los bienes intangibles (III): know-how y el secreto industrial", en *Código franquicia* (coord. por BURGOS PAVÓN, G., GARBAYO BLANCH, J., ALONSO PRIETO, M.), 2017, pp. 219-244.

LATORRE LÓPEZ, Á., "La responsabilidad civil derivada del daño ocasionado por un producto defectuoso", en (FERNÁNDEZ ENTRALGO, J. (dir.)) *Cuadernos de Derecho Judicial* nº2, 1999, pp.397-430.

LÁZARO SÁNCHEZ, E.J., "El desistimiento unilateral en los contratos de distribución: análisis de la jurisprudencia al respecto", *Revista la Ley,* nº 4, año 1989, pp. 1206-1213.

LEVIN NAFTAILS, K., "At a glance: vertical agreements in France", *Lexology,* marzo 2020, pp. 5-6.

LEWIN-SOLOMONS. S., "Innovation and Authority in Franchise Systems: An Empirical Exploration of the Plural Form", *University of Cambridge and Iowa State University,* 1999.

LIANOS, I., "The Vertical Horizontal Dichotomy in Competition Law: Some Reflections with Regard to Dual Distribution and Private Labels", en *Private Labels, Brands and Competition Policy,* eds. Ariel Ezrachi & Ulf Bernitz (Oxford: Oxford University Press, 2009, pp.172 y ss.

LIÑÁN HERNÁNDEZ, P., La "sentencia Coty" sobre comercio electrónico: novedades no sólo para el sector del lujo, *Actualidad Jurídica Aranzadi*, 2018, pp. 8 y ss.

LLANEZA GONZÁLEZ, P., *Aplicación práctica de la LSSI-CE: Ley 34/2002, de 11 de julio, de servicios de la sociedad de la información y comercio electrónico,* Editorial Bosch, 2003.

LLORENTE GÓMEZ DE SEGURA, C., "La decisión del Tribunal Supremo de los EEUU en el caso Leegin", *Actualidad Jurídica Aranzadi,* nº 736, 2007, pp. 2-4

LÓPEZ- TARRUELLA MARTÍNEZ, A., "El Reglamento 2018/302 sobre bloqueo geográfico injustificado y su relación con el criterio de las actividades dirigidas", *Bitácora Millenium DIPriv,* núm. 7, 2018.

LÜCKING, J., "B2B e-marketplaces and EC competition law: where do we stand?", *Competition Policy Newsletter,* num 3, 2001, pp. 14 y ss.

LUMINOSO, A., *Contratti tipici e atipici, in Trattato di Diritto Privato a cura di Ludica e Zatti,* Milán, 1995.

MAESTRE RODRÍGUEZ, J.A., "El régimen jurídico de los nombres de dominio" *Iuris: Actualidad y práctica del derecho,* Nº 28, 1999, pp. 40-50.

MALLO MONTOTO, D., *La difusión en Internet de contenidos sujetos al derecho de autor,* Ed. Reus, 2018.

MANZANARES BASTIDA, B., "Aspectos básicos del contrato de distribución internacional", *Tradelex Abogados,* 23 de mayo de 2022.

MARCO MOLINA, J., "Los derechos de autor en la sociedad de la información" *Revista Jurídica de Cataluña,* 1997.

MARTÍ MIRAVALLS, J., "*El contrato de franquicia*", en AA.VV., (VÁZQUEZ ALBERT, D. (dir.)) *Los contratos de distribución comercial novedades legislativas y jurisprudenciales,* Tirant lo Blanch, Valencia, 2010, pp. 106 y ss.

MARTÍ MIRAVALLS, J., "Las restricciones accesorias, necesarias y proporcionadas en el contrato de franquicia", *Actas de Derecho Industrial y Derecho de Autor,* 2007-2008, pp. 341 y ss.

MARTÍ MIRAVALLS, J., "Los códigos de conducta en las redes de franquicias: el modelo americano versus el europeo" *RDM,* 2008 nº 269, pp. 953 y ss.

MARTÍ MIRAVALLS, J., "Redes de distribución: régimen jurídico de las inversiones," *Nuevas perspectivas del derecho de redes empresariales* (RUIZ PERIS, J.I. (dir.)), 2012, pp. 191-227.

MARTÍ MOYA, V., "Hacía un verdadero mercado único digital: la prohibición del bloqueo geográfico en las compras *online*", *Revista Aranzadi de Derecho y Nuevas Tecnologías* nº 47, 2018, pp. 7 y ss.

MARTÍ MOYA, V., "Reseña de: ALONSO ESPINOSA, F. J. (coord.): El nuevo Derecho de marcas (Ley 1712001 de 7 de diciembre, de marcas); Ed. Comares, Granada, 2002", *Revista Derecho Mercantil*, 2003, pp.403-409.

MARTÍ MIRAVALLS, J., "Transparencia y redes empresariales", en (RUIZ PERIS, J.I. (dir.)) *Hacia un Derecho para las redes empresariales*, Tirant lo Blanch, Valencia, 2009, pp. 136 y ss.

MARTÍ MOYA, V., *Geobloqueo y comercio electrónico entre la libre circulación y el derecho de la competencia*, Editorial Boletin Oficial del Estado, Madrid, 2020, pp. 37 y ss.

MARTÍN ARESTI, P., "La legitimación del distribuidor para el uso del signo distintivo del proveedor", en (GALÁN CORONA, E., CARBAJO CASCÓN, F., (coords.)) *Marcas y distribución comercial*, Universidad de Salamanca, 2011, pp.17-38.

MARTÍN ARESTI. P., "Políticas de marca y actividad publicitaria del distribuidor", en (CARBAJO CASCÓN, F. (dir.)) *Los contratos de distribución en las propuestas armonizadas del derecho contractual europeo: repercusiones en el derecho español y en la práctica contractual*, Tirant lo Blanch, 2015, pp.411-421.

MARTINEK, M. y SEMLER, F.J., *Handbuch des Vertribsrechts*. Beck, Múnich, 1997, pp. 112 y ss.

MARTINEZ NADAL, A., y ROSELLÓ RUBERT, F.M., "La experiencia del cliente: análisis jurídico de la publicación on line de comentarios de clientes (*reviews*). En particular el caso de Trip Advisor", *International Journal of Information System and Tourism* (IJIST), 2016, pp. 99-127.

MARTINEZ SANZ, F., *La indemnización por clientela en los contratos de agencia y concesión*, Civitas 1995.

MARTINEZ SANZ, F. y PUTZ, A., "Ámbito de aplicación y cláusula general de competencia desleal, "RCD, núm. 7, pp.17 y ss.

MARTINEZ SANZ, F., La indemnización por clientela de los distribuidores, en AAVV, *Los contratos de distribución* (ALONSO UREBA, A., (dir.), ANTONIO VELASCO, L. (dir.), SAN PEDRO (dir.), ALONSO LEDESMA, C., (dir.), ECHEVARRÍA SÁENZ, J.A., (dir.), VIERA GONZÁLEZ, J. (dir.)), 2010, pp. 587-599.

MARTINEZ- ROJAS, A., "El deber de diligencia de los prestadores de servicios de intermediación en la sociedad de la información, *Revista Aranzadi de Derecho y Nuevas Tecnologías,* nº26 2001, pp. 87-100.

MASEDA RODRIGUEZ, J., *Aspectos internacionales de la concesión mercantil, Universidad de Santiago de Compostela,* 2000.

MASSAGUER, J. y SALELLES, J.R., "El derecho de la propiedad intelectual ante los desafíos del del entorno digital", *RDG,* septiembre 1997, pp. 10940 y ss.

MATE SATUÉ, L.C., "Reflexiones sobre la normativa aplicable a las plataformas de intermediación de servicios jurídicos", *Revista Boliviana de Derecho,* núm. 33, 2022, pp.512-531.

MATO PACÍN, Mª. N., *Cláusulas abusivas y empresario adherente,* Boletín Oficial del Estado (BOE), Madrid, 2017.

MEJIA PAREJA, M., PINTO SANTOS, A.R., y MEJÍA CABALLERO, J.M., "Open access vs derechos de autor", *Ecosistemas del Acceso Abierto* (coord. MERLO VEGA, J.A.), 2018, pp. 207-212.

MICHAEL, S.C., "Investments to Create Bargaining Power", *Strategic Management Journal,* 2000, pp. 497-514.

MIRANDA SERRANO, L.M., "La determinación de la naturaleza jurídica de los servicios que prestan las plataformas digitales en la economía colaborativa. Reflexiones al hilo de la STJUE de 20 de diciembre de 2017 sobre Uber", *La Ley Mercantil,* nº 50, septiembre 2018, p. 2 y ss.

MORALES MORENO, A. M., "Artículo 1266 CC", *Comentario del Código Civil,* (dirs. BERCOVITZ RODRIGUEZ-CANO, DÍEZ-PICAZO PONCE DE LEÓN, SALVADOR CODERCH, PAZ-ARES), 1993, 2ª ed., Tecnos, Madrid 1993, 2ª ed. pp. 462 y 463.

MORALES MORENO, A. M., *El error en los contratos,* Astrea, 2017.

MORALEJO MENËNDEZ, I., La indemnización por clientela en los contratos de distribución, en AA.VV. *Contratos de distribución comercial: garantías personales: ponencias y comunicaciones presentadas en los Congresos organizados* (coord. por ÁVILA DE LA TORRE. A., GARCÍA VICENTE. J.R., VAQUERO PINTO, Mª.J., HERRERO GARCÍA. Mª.J., (dir.)), 2010, pp. 137-154.

MORO ALMARÁZ, M. J., "Servicios de la sociedad de la información y sujetos intervinientes" en *Autores, consumidores y comercio electrónico* (dir. MORO ALMARÁZ, M.J.) Colex, Madrid, 2004, pp. 107 y ss.

MOSCA, F., *Distribution Strategies in Luxury Markets: Emerging Trends,* McGraw-Hill, Universidad de Turín, 2014.

NAVARRO LERIDA, M.S., "La vulneración de los pactos del contrato de distribución como actos de competencia desleal", en *Contratos de distribución comercial: Los aspectos económicos y jurídicos* (ALCALÁ DIAZ, M.A. (dir.)), Bosch, pp. 294 y ss.

OOSTERHUIS, G., "Online platform prohibitions also permitted for non-luxury goods", *HOUTHOFF*, 2020.

ORTEGA DÍAZ, J.F., "La marca del distribuidor: la llamada marca blanca", en (GALÁN CORONA, E., CARBAJO CASCÓN, F., (coords.)) *Marcas y distribución comercial*, Universidad de Salamanca, 2011, pp.269-308.

ORTEGA GIMENEZ, A., *Contratación internacional práctica,* ICEX Manuales prácticos, Madrid, 2013.

ORTEGA RUEDA, J.D., "Régimen jurídico de los dominios en Internet (I): introducción, funcionamiento y naturaleza", *Revista Lex Mercatoria,* Nº. 4, 2016, pp. 91-95.

ORTUÑO BAEZA, Mª. T., "Acuerdos verticales y Derecho de la Competencia: Comentario al Reglamento 2.790/1999 de la Comisión de 22 de diciembre de 1999, relativo a la aplicación del apartado 3 del art. 81 del Tratado CE a determinadas categorías de acuerdos verticales y prácticas concertadas", *Noticias de la Unión Europea,* 204, 2002, pp.28 y ss.

OSTROSVSKY, S., COLLIN-DUBUISSON, C., y GUDERIAN, J., "Closer together? Final UK guidance on vertical agreements closes the gap with the EU – somewhat", *Linklaters,* 2022.

PALAU RAMÍREZ, F., "El contrato de agencia", en RUIZ PERIS, J. I., "El contrato de franquicia" en (RUIZ PERIS, J. I. y MARTÍ MIRAVALLS, J. (dirs.)) *Contratos de distribución; agencia distribución, concesión, franquicia, suministro y estimatorio,* Atelier 2018, p. 197 y ss.

PAUTKE, S., SCHULTZE, J.M., "Expert Report on the review of the Vertical Block Exemption Regulation Information exchange in dual distribution Final report", *European Commission,* 2022, pp. 4 y ss.

PAZ ARES, C., "El comercio electrónico (Una breve reflexión de política legislativa)" en (MATEU de ROS, J.M. y CENDOYA MÉNDEZ de VIGO, J.M., (Coord)) *Derecho de Internet,* Aranzadi y e-Bankinter, Pamplona, 2000, pp. 85 y ss.

PEÑAS MOYANO, M.J. y SÁNCHEZ PACHÓN, L.A., "Control de las condiciones generales de la contratación y otras formas de protección.

Las ventas a distancia en particular", en VV.AA. *Distribución comercial y Derecho de la competencia*, La Ley, Las Rozas, 2011, pp. 103-136.

PERALES VISCASILLAS, M.P., "Los contratos "mixtos" del art. 3.1 de la Convención de Viena de 1980 sobre compraventa internacional de mercancías", en *Estudios de Contratación internacional (Régimen uniforme e internacional privado)* Pontificia Universidad Javeriana, Facultad de Ciencias Jurídicas, Colombia, 2004, pp. 423-454.

PEREZ BATLE, R., "Contrato de agencia. Reclamación por daños y perjuicios", *CEFLegal: Revista práctica de derecho. Comentarios y casos prácticos,* Nº. 14, 2002.

PETIT LAVALL, M.V., "Una aproximación al régimen de las centrales de compras", *Revista del Derecho de la Competencia y la Distribución,* nº 24, 2020, pp. 1-49.

PETIT LAVALL, Mª.V., "Distribución y restricción de ventas *online*", *Revista de Derecho de la Competencia y de la Distribución* nº 25, 2019, pp. 3 y ss.

PLAZA PENADÉS, J., "Propiedad intelectual y tecnologías de la información y la comunicación", en (dir. PLAZA PENADÉS, J.) *Derecho y nuevas tecnologías de la información y la comunicación,* Thomson Reuters Aranzadi, Madrid 2013, p. 615 y ss.

PUENTE MUÑOZ, T., *El contrato de concesión mercantil,* Montecorvo, Madrid, 1976.

QUARANTA, E., "Acordi verticali tra imprese: l´evoluzione della normativa e il nuovo Regolamento UE ", *Agenda Digitale,* 2022.

QUINTANA CARLÓ, I., "Internet y su impacto en el Derecho mercantil", *Revista Aragonesa de Administración Pública, IV Internet y Derecho,* Zaragoza, 2001, pp. 153 y ss.

QUIÑONERO CERVANTES, E., "Contrato de Agencia; incumplimiento parcial. Resolución unilateral del contrato. Indemnización de daños y perjuicios", *Cuadernos Civitas de jurisprudencia civil,* Nº 16, 1988, pp. 237-242.

RETORTILLO ATIENZA, O., "Intercambios de información entre competidores", en (VELASCO SAN PEDRO, L.A., ECHEBARRÍA SÁENZ, M., HERRERO SUÁREZ, C., (dirs.)) *Acuerdos horizontales, mercados electrónicos: y otras cuestiones actuales de competencia y distribución,* Universidad de Valladolid, Instituto de Estudios Europeos Lex Nova, 2014, pp.61-79.

RICHARD A. P., "The Rule of Reason and the Economic Approach: Reflections on the Sylvania Decision", *The University of Chicago Law Review* 45, No 1, 1977, pp.1-20.

RIVERA. C., y ÁLVAREZ. B., "Sentencia del Tribunal Superior de Justicia de Madrid 66/2021, de 22 de octubre (asunto "Cabify-Auro")", *Revista de arbitraje comercial y de inversiones,* Volumen XIV, Thomson Reuters, 2022, pp. 1-7.

RODRIGUEZ DE LAS HERAS BALLELL, T., "La contratación en plataformas electrónicas en el mercado de la estrategia para un mercado único digital en la Unión Europea", en (PASTOR GARCÍA, A.M., (dir.)) *El mercado único digital en la Unión Europea,* 2019, p. 93 y ss.

RODRIGUEZ MARTINEZ, I., "El servicio de mediación electrónica y las plataformas de economía colaborativa", *RDM,* nº 305, 2017, pp. 4 y ss.

RODRIGUEZ PARAJA, Mª. Á., "La imagen de marca de las empresas verticalmente integradas en los sectores energéticos: efectos en la competencia y en el consumidor", en (CASES, L., (dir.)) *Anuario de la competencia,* 2018, pp.273-292.

RONCERO SÁNCHEZ, A., "Caracterización y tipología de los contratos de distribución", en AAVV (dir. ALCALÁ DIAZ, M.A.*) Los contratos de distribución comercial: aspectos económicos y jurídicos,* Bosch, 2015, pp. 50 y ss.

ROSEN. C., GUNKEL. M., y SCHLAEGEL. C., "Determinants and Outcomes of dual distribution: an international study", *Management Research Review,* 2014, pp. 950 y ss.

RUIZ MUÑOZ, M., y GONZÁLEZ, B.A., "Derecho de marcas", *Derecho de la propiedad intelectual,* Tirant lo Blanch, 2017.

RUIZ PERIS, J. I., "El contrato de franquicia", en (RUIZ PERIS, J. I. y MARTÍ MIRAVALLS, J. (dir.)), *Contratos de distribución; agencia distribución, concesión, franquicia, suministro y estimatorio,* Atelier, 2018, pp. 197 y ss.

RUIZ PERIS, J. I., "Las redes empresariales en el Proyecto de Ley de Contratos de Distribución español", en (VIERA GONZÁLEZ, J., ECHEBARRÍA SÁENZ, M., RUIZ PERIS, J.I. (dir.)) *La reforma de los contratos de distribución comercial,* La Ley, 2013, pp. 75 y ss.

RUIZ PERIS, J.I., "Del contrato bilateral a la relación de red", en (RUIZ PERIS, J.I. (dir.)) *Hacia un Derecho para las redes empresariales,* Tirant lo Blanch, Valencia, 2009, pp. 18 y ss.

RUIZ PERIS, J.I., *"Los tratos preliminares del contrato de franquicia"*, Aranzadi, 2000.

RUIZ PERIS, J.I., "Redes de distribución e intromisión en la clientela ajena: un análisis desde el derecho de la competencia" en *Los contratos de distribución* (dirs. ALONSO UREBA, A., VELASCO SAN PEDRO, L.A., ALONSO LEDESMA, C., ECHEVARRÍA SÁENZ, J.A., VIERA GONZÁLEZ, J.), La Ley, 2010, pp. 783-793.

RUIZ PERIS, J.I., *Intromisión en la clientela ajena y redes de distribución* (*Encroachment*), Thomson Aranzadi, 2007, pp. 85 y ss.

RUIZ PERIS, J.I., *Los tratos preliminares en el contrato de franquicia,* Aranzadi, Navarra, 2000.

RUIZ PERIS, J.I., *Nuevas perspectivas del derecho de redes empresariales,* Valencia, Tirant lo Blanch, 2012.

SACRISTÁN BERGIA, F., "Resolución del contrato de concesionario de automóviles y derecho a indemnización por clientela", *Revista de Derecho de la Competencia y la Distribución,* nº2 La Ley, 2008, pp. 277 y ss.

SÁNCHEZ CALERO, F., *Instituciones de Derecho Mercantil,* Vol 11 20 ed. Aranzadi, Thomson Reuters, Navarra 2013, pp. 103 y ss.

SANCHEZ SOLÉ, S., "La famosa aplicación analógica del Artículo 28 de la Ley del contrato de agencia a los contratos de franquicia", *GARRIGUES,* 30/04/2011.

SCHMIDT-KESSEN, M.J., "EU Digital Single Market Strategy, Digital Content and Geo-Blocking: Costs and Benefits of Partitioning EU´s Internal Market", *Colum. J.Eur. L,* n.24, 2018, pp. 569 y ss.

SEGURA MENA, R.E., "El contrato de know how y licencia del Know how", *El Foro,* Nº. 12, 2012, pp. 46-58.

SIMONINI, E., *La vendita delle vetture online e la distribuzione selettiva,* STEM Mucchi Editore, Modena, 2021, pp.65 y ss.

SORENSON. O., y SORENSEN. J.B., "Finding the risk mix: Franchising, Organizational Learning and Chain Performance", *Strategic Management Journal,* 2001, pp. 713-724.

SORO RUSELL, O., "Veinte años de resoluciones judiciales de interés civil y mercantil en materia de códigos de conducta: una repercusión todavía muy limitada", *InDret,* 2010, pp. 12 y ss.

SOTO PINEDA, J.A., "Consideraciones acerca del elemento subjetivo presente en economías colaborativas en entornos digitales", *Actualidad Civil,* nº 2 2018, pp. 1-10.

SOTO PINEDA, J.A., y JARAMILLO DE LOS RIOS, L.F., "Aspectos comunes de las escuelas de Chicago y Harvard en materia de la libre competencia", *Boletín Mexicano de Derecho Comparado,* nº154, 2019, pp. 77-106.

SRINIVASAN. R., "Dual Distribution and Intangible firm Value: Franchising in Restaurant Chains", *Journal of marketing,* 2006, pp.120-135.

TATO PLAZA, A., "La publicidad en Internet", en *Autores, consumidores y comercio electrónico* (dir. MORO ALMARÁZ, M.J.), Colex, Madrid, 2004, pp. 141 y ss.

TEUBNER, G., *Networks as connected contracts: edited with an Introduction by Hugh Collins,* Hart Publishing, 2011, pp.72 y ss.

TORRUBIA CHALMETA, B., "Contratos de distribución", en (DE LA CUESTA RUTE, J.Mª. (dir) y VALPUESTA GASTAMINZA, E., (coord.)) *Contratos mercantiles,* 2ª ed. Barcelona, 2009, pp. 93 y ss.

TORRUBIA CHALMETA, B.," El contrato de concesión o de distribución exclusiva", *Revista de derecho privado,* nº. 94, 2010, pp. 63-87.

TRIGO SIERRA, E., y PÉREZ-PUJAZÓN, E., "La última posición de la jurisprudencia sobre la indemnización por clientela en los contratos de distribución", R*evista de actualidad jurídica de Uría Menéndez,* 2008, pp. 60-67.

TRUJILLO JIMÉNEZ, A., "Reglamento (UE) 2022/720, de la Comisión, de 10 de mayo de 2022, relativo a la aplicación del art. 101, apartado 3, del Tratado de Funcionamiento de la Unión Europea a determinadas categorías de acuerdos verticales y prácticas concertadas (DOUE-L-2022-80724)", *Ars Iuris Salmanticensis,* vol.10, diciembre 2022, pp.179-184.

VALDÉS BURGUI, A. y FAURA ENRIQUEZ, P., "Intercambios ilícitos de información entre competidores: límites y conexión con los cárteles y la clemencia", *Gaceta jurídica de la Unión Europea y de la Competencia, Ed. La Ley,* 2013, pp. 4 y ss.

VALMAÑA OZHAITA, M., "La información precontractual en los contratos de distribución comercial: aspectos económicos y jurídicos", en AA. VV. (ALCALÁ DIAZ, M. A. dir.) *Los contratos de distribución comercial,* Bosch, 2015, pp. 98 y ss.

VAQUER ALOY, A., BOSCH CAPDEVILA, E., y VAZQUEZ GONZÁLEZ, M.P., *Derecho europeo de contratos: Libros II y IV del Marco Común de Referencia,* Tomo II, Atelier, Barcelona, 2012, pp. 1603 y ss.

VAQUERO PINTO, M. J. “Contrato de distribución autorizada o selectiva”, en (BERCOVITZ RODRIGUEZ-CANO, R. (dir.)) *Tratado de contratos,* Vol. III, Tirant Lo Blanc, Valencia 2009, pp. 3190 y ss.

VÁZQUEZ ALBERT D., “El contrato de distribución exclusiva”, en *Contratos de distribución: agencia, distribución, concesión, franquicia, suministro y estimatorio* (RUIZ PERIS, J.I. y MARTÍ MIRAVALLS, J. (dirs.)), Atelier, 2018, pp. 109-158.

VÁZQUEZ LÉPINETTE, T., “Análisis crítico de las disposiciones generales de la Convención de Viena sobre la compraventa internacional de mercaderías” *Revista de Derecho Mercantil,* N.° 217, julio-septiembre, 1995, pp. 8 y ss.

VEGA VEGA, J. A., *Derecho mercantil electrónico,* Reus, Madrid, 2015, pp. 89 y ss.

VÉRGEZ, C., “Sentencia COTY: Reflexiones sobre las posibles limitaciones a las ventas online en plataformas de terceros”, *Anuario de Derecho de la Competencia,* 2018, pp. 333-362.

VICENT LOPEZ, C., *Internet y derechos de autor: nuevos modelos de explotación online,* Aranzadi, 2017, pp. 45 y ss.

VICIANO PASTOR, J., “La tutela de intereses públicos y las redes contractuales. Especial referencia al control de las contrataciones y las redes empresariales”, en (RUIZ PERIS, J.I. (dir.)) *Hacia un Derecho para las redes empresariales,* Tirant lo Blanch, Valencia, 2009, pp. 223 y ss.

VIDAL MARTÍNEZ, P., “Novedades de competencia en materia de reglamentos de exención por categorías de acuerdos verticales, automóviles y seguros”, *Revista de actualidad jurídica de Uría Menéndez,* 2010, pp. 74-79.

WARD, A., y LAVANDERÍA SUÁREZ, P., “Los intercambios de información entre competidores desde el punto de vista del Derecho de la competencia y su calificación como infracciones “por objeto””, *Revista cuatrimestral de las Facultades de Derecho y Ciencias Económicas y Empresariales,* nº95, 2015, pp.53 y ss.

WHISH, R., y BAILEY, D., “Competition Law”, *Oxford University Press,* Oxford, 2012, pp. 546 y ss.

ZABALETA DÍAZ, M., *La explotación de la situación de dependencia económica como supuesto de competencia desleal,* Marcial Pons Madrid, 2020.

ZURIMENDI ISLA, A., *Las restricciones verticales a la libre competencia,* Civitas, Madrid, 2006, pp.231 y ss.

ZURITA HERRERA, P., "Duración y extinción del contrato de distribución en el proyecto de ley del contrato de distribución", *RDPat,* nº. 29, 2012.

ZWIRB, R., "Dual Distribution and Antitrust Law", *Loyola of Los Angeles Law Review* 21, No 4, 1988, pp.1278 y ss.